Sozialreform oder Revolution

Gesellschaftspolitische Zukunftsvorstellungen im Naumann-Kreis
1890-1903/04

von

Inho Na

Tectum Verlag
Marburg 2003

Na, Inho:
Sozialreform oder Revolution.
Gesellschaftspolitische Zukunftsvorstellungen
im Naumann-Kreis 1890-1903/04.
/ von Inho Na
- Marburg : Tectum Verlag, 2003
Zugl.: Bochum, Univ. Diss. 2001
ISBN 3-8288-8562-4

Tectum Verlag
Marburg 2003

INHALT

ANHANG

VORWORT

Es war ein produktives Abenteuer, mich mit der Geschichte eines fremden Landes zu beschäftigen. Die vorliegende Untersuchung wurde im Wintersemester 2000/01 unter dem Titel *Krisen- und Utopievorstellungen im Naumann-Kreis. Eine Studie über die Zukunftserwartungen einer politischen Gruppe von wilhelminischen liberalen Modernisierern (1890-1903)* von der Fakultät für Geschichtswissenschaft der Ruhr-Universität Bochum als Dissertation angenommen. Für die Drucklegung fand eine Überarbeitung statt, wobei diejenige Literatur noch berücksichtigt werden konnte, die bis zum Termin der mündlichen Prüfung am 18.01.2001 erschienen war.

Herrn Prof. Dr. Lucian Hölscher sei für seine zahlreichen Anregungen sowie für außergewöhnliche Hilfsbereitschaft und Geduld an dieser Stelle aufs herzlichste gedankt. Herrn HDoz. Dr. Christian Jansen möchte ich aufrichtig dafür danken, dass er die Mühe auf sich genommen hat, die Arbeit kritisch zu lesen und binnen kürzester Frist die Korreferate zu erstellen. Mein Dank gilt ebenso allen Archivaren, die viele Quellentexte zugänglich gemacht und Hinweise gegeben haben. Zu danken habe ich auch meinen Freunden und Bekannten, die mir durch aufmerksames Korrekturlesen geholfen haben, diese Arbeit zu Ende zu bringen, und schließlich meiner Frau, die mich bei der Arbeit mit festem Vertrauen unterstützt hat.

Ich widme die Arbeit dem Andenken meiner Eltern.

Hwajeong, Korea, im September 2003
Inho Na

EINLEITUNG

„Politische Bedürfnisse treten auf mit Veränderungen, sie treten auf entweder als Angst vor dem Versinken auf der einen Seite, oder sie treten auf als Wille zum Emporsteigen auf der anderen Seite [...]."[1]
- Friedrich Naumann -

Das wilhelminische Zeitalter, das im Brennpunkt des „Aufbruchs in die Moderne"[2] stand, war die Geburtsstunde eines neuen politischen Problembewusstseins und einer neuen politischen Imagination. Hierzu gehören auch die politischen Gedanken des evangelischen Pfarrers, Publizisten und Politikers Friedrich Naumann (1860-1919) und seines Freundes- und Anhängerkreises, die im Nationalsozialen Verein (1896-1903) parteipolitisch ausgedrückt wurden. Die vorliegende Arbeit beschäftigt damit, wie sich die Politik des Naumann-Kreises zu dessen Deutung des damaligen Modernisierungsprozesses verhält.

Der Naumann-Kreis gilt als repräsentative Gruppierung der Wilhelminischen liberalen Modernisierer. Seine Grundgedanken wirken bis in die heutige Zeit[3], und so ist es verständlich, dass die Rezeptionsgeschichte des Naumann-Kreises in Deutschland von dem Versuch geprägt ist, in dieser Gruppe die liberalen Vordenker der modernen Staats- und Gesellschaftslehre nach 1945 zu erblicken.[4] Freilich wurde auch Kritik

---

Diese Arbeit gibt nur die Kurztitel der in den Fußnoten zitierten Schriften an. Deren vollständige Titel befinden sich im Quellen- und Literaturverzeichnis.

[1] Die wirtschaftlichen und politischen Folgen der Bevölkerungsvermehrung, 15.

[2] A. Nitschke u. a., Jahrhundertwende, Reinbeck bei Hamburg 1989.

[3] Der große Umfang der Naumann-Literatur zeigt bereits, dass die nachhaltige Wirkung seines Kreises auf das heutige Deutschland von keiner bürgerlichen politischen Gruppierung aus dem wilhelminischen Kaiserreich übertroffen wird. In der schon 1957 von Alfred Milatz verfassten Friedrich-Naumann-Bibliographie (Droste Verlag: Düsseldorf) beträgt die Zahl der Erinnerungen, Essays und wissenschaftlichen Arbeiten 380. Auch vgl. K. Wegner, Linksliberalismus, in: GG 4 (1978), 120ff.

[4] Vgl. etwa die Bemerkung M. Zimmermanns, die Ideen und die Persönlichkeit Naumanns seien seit 1945 zu einem „cornerstone of the 'German Ideology'" der westlich orientierten Bundesrepublik Deutschland geworden, in: ders., A road not taken, in: JCH 17 (1982), 689ff. Das „harmonisierende Bild" Naumanns (Wegner, a. a. O., Anm. 5), das die klassische Naumann-Biographie von Th. Heuss (Friedrich Naumann, Stuttgart/Tübingen 1937[1] u. 1949[2]) entworfen hatte, entwickelte sich insbesondere seit den 1960er Jahren zum liberalen und demokratischen Bild. Als Beispiel hierfür sind die Broschüre von E. Eppler, Liberale und soziale Demokratie, Villingen 1961 und Friedrich-Naumann-Werke, hrsg. von W. Uhsadel, Th. Schieder, A. Milatz und H. Ladendorf, 6. Bde. (Köln/Opladen 1964ff.) nennenswert. Bei der Ausgabe der Naumann-Werke würdigte besonders Theodor Schieder Naumann als „Denker und Verkünder der liberalen Staats- und Gesellschaftslehre" bzw. als „Einleiter des sozialen Liberalismus" (Vorwort, in: W, Bd. 2, Köln 1964, S. XI).

geübt, teilweise an der ambivalenten Synthese von Protestantismus, Militarismus, Monarchismus, Imperialismus, Liberalismus und Sozialismus und teilweise am radikalen Nationalismus, Sozialdarwinismus und Imperialismus des Naumann-Kreises. Aber auch diese ideologiekritischen Versuche konnten keine Perspektive eröffnen, die den affirmativen Ansätzen gegenüber neu gewesen wäre.[5]

Die theologische und kirchengeschichtliche Forschung zeigt bis heute ununterbrochen Interesse an der Bedeutung Naumanns für die Entwicklung des modernen Protestantismus im 20. Jahrhundert im allgemeinen und die Entwicklung der modernen Sozialethik des deutschen Protestantismus im besonderen.[6] Die politikgeschichtliche Forschung seit 1970 konzentriert sich darauf, die Bedeutung Naumanns und des Nationalsozialen Vereins für die parteipolitische Entwicklung des „Sozialliberalismus" in Deutschland herauszuarbeiten, der ideenpolitisch eine Synthese von Industriekapitalismus, progressiver Klassenpolitik und interventionistischem Sozialstaat bildet.[7]

In der jüngsten Zeit unternimmt man den Versuch, die traditionell im Hintergrund der Rezeptionsgeschichte des Naumann-Kreises stehende Auffassung sozialgeschichtlich zu konkretisieren, wonach dieser liberale Modernisiererkreis im Kontrast

---

[5] Zur kritischen Bewertung der Widersprüchlichkeit zwischen der evangelischen Ethik, dem Sozialdarwinismus und der liberal-demokratischen Sozialreformidee sowie dem nationalistischen Imperialismus im gemischten Gedankensystem Naumanns siehe W. Conze, Friedrich Naumann, in: Schicksalswege Deutscher Vergangenheit, Düsseldorf 1950, 386; W. O. Shanahan, Friedrich Naumann: A German View of Power and Nationalism, in: Nationalism and Internationalism, New York 1950, 352ff; ders., Friedrich Naumann, in: RP 13 (1951), 267ff.; ders., Liberalism and Foreign Affairs, RP 21 (1959), 188ff.; R. Nürnberger, Imperialismus, Sozialismus und Christentum, in:HZ 170:3 (1950) , 525ff. Zu den kritischen Hinweisen auf die Verwandtschaft zwischen den nationalistischen Begriffen Naumanns zum und dem Hitlerschen Nationalsozialismus siehe W. Happ, Das Staatsdenken Friedrich Naumanns, Bonn 1968; dazu vgl. J. Christ, Staat und Staatsraison bei Friedrich Naumann, Heidelberg 1969; ferner P. Gilg, Die Erneuerung des demokratischen Denkens im wilhelminischen Deutschland, Wiesbaden 1965, bes. 212f. Vgl. ferner die einseitige ideologische Kritik an der Naumannschen imperialistischen Politik in der Forschung der ehemaligen DDR wie etwa bei G. Theodor, Friedrich Naumann oder der Prophet des Profits, Berlin 1959. Hierzu siehe auch das nennenswerte Buch von L. Elm, Zwischen Fortschritt und Reaktion, Berlin 1968. Dabei wurde das von Gertrud Theodor gemalte Naumann-Bild in den 80er Jahren auch in der ehemaligen DDR teilweise korrigiert, und zwar durch die Arbeit von J. Villain, Der Nationalsoziale Verein, Diss. Jena, 1985. Auch zur kritischen Bewertung des „Sozialimperialismus" Naumanns und seines Kreises vgl. G. Eley, Reshaping the German Right, New Haven/London 1980, bes. 89, 200 u. 352.

[6] Siehe beispielsweise K. Kupisch, Friedrich Naumann und die evangelisch-soziale Bewegung, Diss. Berlin 1938. In jüngerer Zeit erschienen z. B. die folgenden Darstellungen: H. Timm, Friedrich Naumanns theologischer Widerruf, München 1967; I. Engel, Gottesverständnis und sozialpolitisches Handeln, Göttingen 1972; W Göggelmann, Christliche Weltverantwortung zwischen sozialer Frage und Nationalstaat, Baden-Baden 1987; O. Lewerenz, Zwischen Reich Gottes und Weltreich, Diss. Heidelberg 1993; H. Kramer-Mills, Wilhelminische Moderne und das fremde Christentum, Neukirchen-Vluyn 1997. Vgl. ferner E. I. Kouri, Der Deutsche Protestantismus und die Soziale Frage, Berlin 1984.

[7] D. Düding, Der Nationalsoziale Verein, München 1972; P. Theiner, Sozialer Liberalismus und deutsche Weltpolitik, Baden-Baden 1983; ders., Friedrich Naumann und der soziale Liberalismus im Kaiserreich, in: Karl Holl u.a. (Hg.), Sozialer Liberalismus, Göttingen 1986.; Vgl. auch P. Burger, Magnet für werdende Geister?, in: JzL 3 (1991), 113ff.

zur politischen Rückständigkeit des wilhelminischen Establishments ein Indikator für das deutsche Potential eines „normalen" Modernisierungsweges darstellt, wie er in Westeuropa allgemein beschritten wurde.[8] Im gleichen Zusammenhang steht auch der theoriegeschichtliche Versuch, den von Naumann repräsentierten deutschen Neuliberalismus mit dem englischen zu vergleichen.[9] Bei der neuesten Besichtigung von Naumann wird wiederum ein vertrautes Bild entworfen, in dem Naumann als Repräsentant des Modernismus in wilhelminischer Zeit und somit als Indikator für die Modernität der wilhelminischen Bürger gezeichnet wird.[10]

Doch die anhaltende Vergegenwärtigung der modernen Aspekte des Naumann-Kreises, dessen nachhaltige Wirkung auf die heutige gesellschaftspolitische Diskussion scheinen eine Historisierung des Naumann-Kreises paradoxerweise zu stören. Viele Aspekte des politischen Vorhabens und der politischen Handlungskontexte des Kreises wurden bisher vernachlässigt:

Bei allen bisherigen Versuchen, im Naumann-Kreis den Vorläufer für die deutschen sozialen Liberalen nach 1945 zu sehen, belasten dessen umfangreiche Versuche einer ideenpolitischen Synthese die Historiker. So bemerkte Wolfgang Mommsen in bezug auf Naumann: „Es ist in unserer Gegenwart schwieriger geworden, das Lebenswerk und die Persönlichkeit Friedrich Naumanns gerecht zu würdigen."[11] Hierbei geht es vor allem um die Schwierigkeit, bei der nachträglichen Rekonstruktion der politischen Erwartung des Naumann-Kreises mit den aus der heutigen Perspektive fremden Bestandteilen seiner Synthese wie etwa dem radikalen Nationalismus und dem Monarchismus Bismarckscher Prägung fertig zu werden. Bisher herrschte moralische Kritik an diesen Bestandteilen vor; man betonte dabei ihre ideologische Funktion für die moderne Reformpolitik des Naumann-Kreises, und zwar als Propaganda- und strategisches Mittel für dessen Reformziele.[12] Doch infolge dieses Vorgehens wurde bei der Rekonstruktion der verschiedenen Ebenen seiner Reformziele bisher kaum auf folgende Frage geachtet: Welches ist eigentlich das Gesamtbild der vom Naumann-Kreis erhofften neuen Gesellschaft – jener Gesellschaft, die man durch die ideenpolitische Verbindung von modernen mit derartig fremden Elementen zu verwirklichen suchte?

Überraschend muss erscheinen, dass in der Geschichtsschreibung bisher kaum Versuche unternommen wurden, das Problembewusstsein des Naumann-Kreises im Zusammenhang mit der spezifischen Erfahrung der Wilheminischen Moderne zu se-

---

[8] U. Krey, Der Naumann-Kreis im Kaiserreich, JzL 7 (1995), 57ff.; dies., Von der Religion zur Politik, in: O. Blaschke u. a., Religion im Kaiserreich, Gütersloh 1996, 350ff. Vgl. auch Th. Schieder, in: W, XVIIf.

[9] S.-G. Schnorr, Liberalismus zwischen 19. und 20. Jahrhundert, Baden-Baden 1990.

[10] R. v. Bruch (Hrsg.), Friedrich Naumann in seiner Zeit, Berlin/New York 2000.

[11] W. Mommsen: „Friedrich Naumann in seiner Zeit", in: Friedrich-Naumann-Stiftung. Mitteilungen. I 1985, 5ff. (Zit.: 5.)

[12] Vgl. etwa W. Mommsen, ebd., 6; ders., Wandlungen der liberalen Idee, in: K. Holl/ G. List (Hrsg.), Liberalismus und imperialistischer Staat, 109ff. (bes. 134.) P. Theiner, Sozialer Liberalismus (1983), 306f.

hen, während man für die nationalen und „antimodernen" Rechten in jener Zeit diesen Ansatz vielfach verfolgte.[13] So sind wir heute nicht nur kaum hinreichend über die „Kulturkritik", d. h. die Gesellschaftskritik des Naumann-Kreises informiert, sondern kennen auch nicht die kollektive Mentalität, die den Stil seiner Reformpolitik radikal prägte. Man muss sich in bezug auf den politischen Stil daran erinnern, dass sich der Naumann-Kreis oft sehr radikal gebärdete und beispielsweise eine Obstruktion im Reichstag hinsichtlich des Kampfes um den Zolltarif forderte.[14]

Darüber hinaus wurde vernachlässigt, wie der Naumann-Kreis seine Programmatik und seine Ideen formulierte und propagierte. Es stellt sich mithin die Frage nach der symbolischen Politik. Bisher hingegen richtete man die Aufmerksamkeit nur auf die Inhalte der politischen Ideen bzw. der Programmatik Naumanns und seines Kreises und analysierte diese im organisationsgeschichtlichen sowie biographischen oder ideengeschichtlichen Zusammenhang.

Die vorliegende Arbeit versucht, die angezeigten Lücken zu schließen. Anders als bisher überwiegend vorgetragen, liegt das Interesse nicht in der Deutung der Politik des Naumann-Kreises im Zusammenhang mit der Modernität unserer Epoche, sondern in der Kontextualisierung der Politik dieser liberalen Modernisierer im Rahmen ihrer Gegenwart, d. h. der zeitlichen Strukturen der wilhelminischen Moderne. Im Mittelpunkt stehen die Fragen: Wie verstand der Naumann-Kreis den stürmischen gesamtgesellschaftlichen Wandel seiner Zeit? Wie wurde die Deutung des Prozesses politisch ausgedrückt?

Wenn – wie Reinhart Koselleck formuliert – eine Gegenwart von zwei Kategorien, nämlich von der Erfahrung und der Erwartung der Zeitgenossen strukturiert wird, und wenn die zeitliche Struktur der Moderne grundsätzlich durch die Dynamik einer stetig zunehmenden Entfernung der Erwartung von der bisherigen Erfahrung charakterisiert ist[15], so kann Politik nur der permanente Versuch sein, die stets sich erneuernde Differenz zwischen Erfahrung und Erwartung zu überbrücken. Damit orientiert sich politisches Handeln notwendigerweise an der Zukunft. Insofern kommt es bei der heutigen Untersuchung der Politik des Naumann-Kreises auf die Frage nach dem Zukunftsbild der wilhelminischen Moderne an.

Diese Arbeit untersucht die Zukunftserwartungen des Naumann-Kreises und deren Rolle für sein politisches Handeln. Hierbei geht sie davon aus, dass politisch-soziale Zukunftserwartungen prägende Aspekte einer gegenwärtigen Weltanschauung darstellen und somit in einer Charakterisierung der Überzeugungen, Emotionen und Neigungen einer bestimmten gesellschaftlichen Gruppierung nicht fehlen dürfen.

---

[13] Vgl. etwa K. D. Barkin, The Controversy over German Industrialization 1890-1902, Chicago/London 1970; R. Chickering, We Men Who Feel Most German, London 1984; F. Stern, Kulturpessimismus als politische Gefahr, Bern/Stuttgart 1963.

[14] Siehe Protokoll über die Verhandlungen des Nationalsozialen Vereins zu Frankfurt a. M. (29. 9.-2. 10 1901), 30f.

[15] R. Koselleck, Vergangene Zukunft, Frankfurt a. M. 1989, 349ff.

Ferner liegt der Untersuchung die Annahme zugrunde, dass die verschiedenen Zukunftserwartungen, die auch ihrer unterschiedlichen zeitlichen Tiefe nach zu differenzieren wären, notwendigerweise die politischen Entscheidungen der Zeitgenossen bestimmen.

Zu analysieren sind einerseits die Inhalte der Zukunftserwartungen, wie sie sich aus der Vorausschau und der Programmatik entnehmen lassen. Die Zukunftserwartungen, die im folgenden hauptsächlich thematisiert werden sollen, sind die Krisenerwartungen, und zwar die Naherwartungen verschiedener tiefgreifender Umwälzungskrisen, sowie die Utopiebilder, d. h. die Wunschbilder für eine ideale Gesellschaft. Wenn notwendig, werden hinsichtlich der Krisenerwartungen auch die Angstbilder einer schrecklichen Zukunft untersucht. Bei der Untersuchung all dieser Zukunftserwartungen versucht die vorliegende Arbeit auch, deren jeweilige zeitliche Tiefe erkennbar zu machen.

Zu untersuchen sind andererseits die verschiedenen Aspekte des politischen Handelns, das sich darauf richtete, die tiefe Kluft zwischen der bisherigen Erfahrung und der Zukunftserwartung zu überbrücken. Hier geht es also um Diagnose- und Prognoseverfahren, um die strategische Entscheidungsfindung sowie die Agitationen der Utopie. Durch diese themenübergreifende Untersuchung widmet sich also den konkreten Handlungsprozessen, mit den eine erhoffte Zukunft verwirklicht und eine schreckliche vermieden werden sollte.

Krise und Utopie sind die Hauptthemen der folgenden Untersuchung über die Zukunftserwartungen des Naumann-Kreises. Die Krise ist die Kehrseite des Fortschritts in der modernen Zeit. Sie ist Indikator und Faktor eines epochalen Umbruchs bzw. einer allgemeinen Umbruchsstimmung und drückt als emotional aufgeladenes Schlagwort eine neue Zeiterfahrung aus. So ist die Krise eine „strukturelle Signatur der Neuzeit" (Koselleck). [16]

Bekanntlich ist das Krisenbewusstsein bestimmt von der Erwartung eines Entscheidungspunktes, d. h. von der Perspektive, dass ein Ende des kritischen Zustandes bevorsteht. Die Krisenerfahrungen laufen in der Erwartung einer entscheidenden Krise zusammen. So fungiert die Krisenerwartung als integraler Bestandteil der Krisenerfahrung. Im zeitgenössischen Alltag erscheinen alle aktuellen Krisen nur als Symptom einer kommenden Entscheidungskrise. Je mehr Krisensymptome sich zeigen, desto mehr beschleunigt sich die Entwicklung hin zur endgültigen Entscheidung. Geschichtsphilosophisch spricht man dann von einem historischen Wendepunkt, einer tiefgreifenden Umwälzung oder sogar einer einmaligen bzw. letzten Entscheidung der Geschichte, durch welche alle bisherigen Krisen beseitigt werden können. [17]

---

[16] Vgl. R. Koselleck, Art. „Krise", in: GGB Bd. 3 (1982), 617ff.

[17] Vgl. z. B. die Krisendiagnose des schweizerischen Religiös-Sozialen J. Matthieus: „Wir leben in einer Zeit großer Krisen und scharfer Gegensätze. Wir gehen, wenn nicht alle Zeichen trügen, mächtigen Erschütterungen entgegen. Denn die Konflikte haben auf den verschiedensten Gebieten, dem religiösen wie dem sozialen, dem ethischen wie dem politischen, eine solche Schärfe und Heftigkeit erreicht, dass sie ohne tief

In diesem Sinne bedeutete das Zustandekommen dieser großen Krise zugleich den historischen Aufbruch zu einer neuen Welt, zu einer neuen Gesellschaft und einer neuen Entwicklung. So verknüpften sich Krisen- und Utopieerwartung miteinander – die Krise ist Tür zur Utopie.[18]

Das Wilhelminische Zeitalter war eine Phase der Hochindustrialisierung und damit des tiefgreifenden Umbruchs zur Industriegesellschaft. Auf diese Aspekte stützt sich die Geschichtsschreibung, wenn sie hier von einer Krisenzeit spricht. Hervorgehoben wird vor allem, wie hoch der Modernisierungsdruck war und wie weit sich die Krisenphänomene auf fast alle gesellschaftlichen Lebensbereiche erstreckte.[19] Der „Orientierungsverlust", die „Unsicherheit", das „Bedürfnis nach neuer Überzeugung" und die „Nervosität" werden dabei als Merkmale des zeitgenössischen Krisenbewusstseins bezeichnet.[20] Doch das zeitgenössische Krisenbewusstsein wies, wie erwähnt, ein entscheidendes neues Merkmal auf, nämlich die Erwartung einer fundamentalen Gesamtkrise. Hierfür lieferte jüngst die Forschung Lucian Hölschers über die Endzeiterwartungen die empirische Bestätigung.[21] Während sich Hölscher jedoch auf die Revolutionserwartung und die Eschatologie der kleinbürgerlichen und unteren Schichten konzentriert, will unsere Untersuchung, am Beispiel des Naumann-Kreises zeigen, dass auch in den bürgerlichen Schichten die Erwartung von Umwälzungskrisen – oft sogar eschatologisch ausgedrückt – stets die Erwartung eines evolutionären Übergangs übertraf. Die Erwartung von Umwälzungskrisen umfasste nicht nur die Angst vor einer „sozialen Revolution", sondern auch die Hoffnung auf mögliche andere innen- und außenpolitische Umbruchskrisen. Solcherlei Ängste und Hoffnungen ließen in hohem Maße politischen Handlungsdruck entstehen.

Die politisch-sozialen und kulturell-religiösen Diskurse über die Industrialisierung wurden im Kaiserreich durch die aktuellen Auseinandersetzungen über die Zukunft Deutschlands neu organisiert, so durch die Debatte über die Utopie der sozialisti-

---

eingreifende Umwälzungen nicht gelöst werden können. Wie kaum eine andere Zeit, steht die moderne im Zeichen der Krise.", in: ders., Das Christentum und die soziale Krise, Basel 1913, 1.

[18] Vgl. R. Koselleck, „Krise", 626ff.; ders., Kritik und Krise, Frankfurt a. M., 1973, 1ff. u. 105.; L. Hölscher, Weltgericht oder Revolution, Stuttgart 1989, 135f.

[19] Vgl. etwa A. Nitschke u. a., Jahrhundertwende, passim. Zur Krise der politischen Parteien siehe J. J. Sheehan, Deutscher Liberalismus, in: GG 4 (1978), 29ff.; H.-J. Puhle, Agrarische Interessenpolitik u. preußischer Konservatismus, Bonn-Bad Godesberg 1975; A. Schild, Radikale Antworten von Rechts auf die Kulturkrise, in: JAf 4 (1995), 64ff. Zur „Kulturkrise": R. vom Bruch u. a., Kultur u. Kulturwissenschaften um 1900, Stuttgart 1989; K. Lichtblau, Kulturkrise u. Soziologie um die Jahrhundertwende, Frankfurt a. M. 1996. Für die religiös-weltanschauliche Krise siehe unten Anm. 20.

[20] Vgl. etwa Th Nipperdey, Religion im Umbruch, München 1988, 151ff.; G. Lukàcs, Die Zerstörung der Vernunft, Neuwied a. R. 1962, 9ff. Zur „Nervosität" vgl. Rüdiger vom Bruch, Kaiser und Bürger, in: A. M. Birke/L. Kettenacker (Hrsg.), Bürgertum, Adel und Monarchie, München/Wien 1989, 119ff.; J. Radkau, Das Zeitalter der Nervosität, München/Wien 1998.

[21] L. Hölscher, Weltgericht. Insbesondere zu den theoretischen Überlegungen der Zukunftsforschung siehe ebd., 11ff.

schen Arbeiterbewegung, den „Zukunftsstaat"[22], sowie durch den Streit um die Frage „Industriestaat oder Agrarstaat".[23] Während die Zukunftsstaatsdebatte seit den 1870er Jahren auf die Öffentlichkeit des deutschen Kaiserreichs einen stetigen Einfluss ausübte, entstand die Debatte über Industrie- und Agrarstaat erst um 1900. Das erhöhte Interesse an der Zukunft der wilhelminischen Gesellschaft, das diese Debatten zeigten, weist schon auf die allgemeine Verbreitung der zeitgenössischen Krisenerwartungen hin. Aber zugleich spielten diese Debatten über die Zukunftsfrage eine aktuelle Rolle bei der Konkretisierung von Krisenthemen und bei der Entwicklung der zeitgenössischen Krisenprognosen bzw. -diagnosen sowie bei der theoretischen und programmatischen Formulierung der zeitgenössischen Utopievorstellungen. Insofern wurden auch die Zukunftserwartungen des Naumann-Kreises von den diskursiven Rahmenbedingungen der oben erwähnten Zukunftsdebatten geprägt. Diese diskursive Struktur steht immer im Hintergrund der folgenden Untersuchung der Zukunftserwartungen des Naumann-Kreises.

Die Untersuchung beginnt mit politikgeschichtlichen und sozialgeschichtlichen Betrachtungen, die nicht nur über Entstehung und Entwicklung des Naumann-Kreises informieren, sondern auch den Zusammenhang zwischen seinen Krisen- und Utopieerwartungen bzw. den auf diese gerichteten Handlungen einerseits und der gesamtgesellschaftlichen Situation in jener Zeit andererseits präzisieren. Zuerst verfolgt die Untersuchung die Prozesse der Politisierung der bürgerlichen Reaktion auf die sich immer mehr verschärfende „Soziale Frage" und die entsprechenden Prozesse der Trennung vieler Bürger von den vertrauten Parteimilieus. Hierbei handelte es sich um eine konfliktvolle, programmatische und parteipolitische Neuorientierung bezüglich einer bisher kaum erfahrenen „Sozialreform". Dieselben Vorgänge findet die vorliegende Arbeit im ideen- und parteipolitischen sowie im organisatorischen Entwicklungsprozess des Naumann-Kreises wieder. Hierbei wird auch gezeigt: Je umfangreicher die neue Synthese für die Zukunftsprogrammatik wurde, desto stärker wurde sie - paradoxerweise - zur Ideologie für eine kleine Anzahl von bildungsbürgerlich geprägten Außenseitern innerhalb des protestantischen Bürgertums.

Die Politisierung der bürgerlichen Sozialreform und die Entwicklung des Naumann-Kreises sind Anzeichen des Verdichtungsprozesses der Krisen- und Utopieerwartungen. Im folgenden werden die Krisenerwartungen des Naumann-Kreises behandelt. Zu beschreiben sind erstens das Zwangs- und Druckgefühl, das sich aus der Beobachtung des historischen Wandels der Gesellschaft ergab, und zweitens die verschiedenen Umwälzungsvorstellungen, die im Naumann-Kreis stark von der Alternative einer Umwälzung zum Niedergang oder zum Fortschritt geprägt waren.

---

[22] Hierzu siehe, ebd., 380ff.
[23] Hierzu siehe, K. D. Barkin, The Controversy; ferner W. Struve, Elites Against Democracy, Princeton 1973, 67ff.

Zuerst wird die Erwartung einer sozialen Revolution behandelt, die langfristig ein großes Krisenthema im Zeitalter der Industriellen Revolution bildete. Festzustellen ist, dass bei allem Festhalten an der Unmöglichkeit der sozialen Revolution die Revolutionsangst des Naumann-Kreises - besonders in den 1890er Jahren - groß war. Auch ist zu zeigen: In seiner Diagnose der Revolutionskrise machte er neben dem vom „Manchestertum" prägten Wirtschaftssystem, der Urbanisierung und der materialistischen Kultur und Weltanschauung immer mehr auf die agrarisch-konservative Vorherrschaft als hauptsächlicher Krisenursache aufmerksam. In der Entwicklung Deutschlands hin zu einem „geschlossenen Agrarstaat" sah der Naumann-Kreis den gefährlichsten möglichen Ausgang der Revolutions- und Niedergangskrise.

Zweitens wird die Erwartung eines sozialen Kaisertums behandelt, das zugleich die völlige Beseitigung der konservativ-agrarischen Vorherrschaft bedeutete. Vor allem zu zeigen ist, dass der Naumann-Kreis sich vom Zustandekommen eines sozialen Kaisertums einen tiefgreifenden historischen Wendepunkt und einen Ausgangspunkt zur Utopie erhoffte, d. h. eine solche Entscheidungskrise, die alle bisherigen Entwicklungen zur Revolutions- und Niedergangskrise beenden sollte. Auch untersucht werden sollen die Prognosen hinsichtlich des Zeitpunkts des Anfangs eines sozialen Kaisertums und dessen Bedingungen, die Debatte innerhalb des Naumann-Kreises über diese Prognosen und die mit ihnen eng zusammenhängenden strategischen Entscheidungen sowie über den Wandel der Parteipolitik.

Weiterhin beschäftigt sich diese Untersuchung mit der Erwartung eines Weltkrieges, die stets im zeitgenössischen Krisenerwartungshorizont des 19. Jahrhunderts präsent war. Gezeigt werden soll, dass auch beim Naumann-Kreis die Kriegserwartung nachhaltig die innenpolitische Erwartungen beeinflusste. Der Naumann-Kreis dachte den Krieg nicht nur als unvermeidbare Krise, die dem Fortschritt der Weltgeschichte immanent sei, sondern hielt ihn auch für eine treibende Kraft dieses Fortschritts. Seine Kriegserwartung verdichtete sich zur Erwartung eines Entscheidungskriegs mit England, der einen Aufschwung Deutschlands zu einer industriekapitalistischen Weltmacht ermöglichen sollte. Aber neben der Hoffnung auf diesen Entscheidungskrieg gab es auch Ängste vor einem baldigen Ausbruch dieses Krieges.

Die Untersuchung beschäftigt sich darüber hinaus mit der Utopieerwartung des Naumann-Kreises. Zuerst wird die Rolle der „Utopie" und des „Utopismus" für den Programmentwurf des Naumann-Kreises gezeigt. Danach werden die „nationalsozialen" Utopiebilder in der Zukunftsprogrammatik des Kreises beschrieben. Hierbei handelt es sich neben den parteioffiziellen Programmen des Nationalsozialen Vereins um die Teilentwürfe von Parteigenossen und darüber hinaus um den Naumannschen Gesamtentwurf „Industriestaat". Bei der Analyse des „Industriestaats" werden auch die prognostischen Methoden Naumanns analysiert, um aufzuzeigen, wie der Naumann-Kreis seine Zukunftsprogrammatik theoretisch begründete. Anschließend wird auch die symbolische Politik bei der Agitation seiner Zukunftsprogrammatik untersucht – der Versuch, Symbole zu schaffen, um die „nationalsoziale" Utopie effektiv auszudrücken. Zu analysieren sind mithin die Begriffsoperation, die Metaphernbildung und das Ritual in der Versammlung.

Zum Schluss werden zusammenfassend die Untersuchungsergebnisse bewertet und ein kurzer Ausblick auf den Wandel der Zukunftserwartungen des Naumann-Kreises nach dem Ersten Weltkrieg gegeben.

Diese Arbeit stützt sich vor allem auf den Nachlass Friedrich Naumanns (Bundesarchiv Potsdam), aber auch auf den Nachlass Paul Göhres und den Teil-Nachlass Naumanns (Friedrich-Ebert-Stiftung), welche beide bisher in der Forschung wenig beachtet wurden, sowie auf die Polizeiakten über die Lokalorganisationen des Nationalsozialen Vereins. Der Briefwechsel aus dem Nachlass Naumanns, den diese Arbeit verwendet, wurde zumeist erstmalig ausgewertet. Außerdem wurden auch die sich im Bundesarchiv Koblenz befindenden Nachlässe von Lujo Brentano, Gottfried Traub und Joseph Bloch (Sozialistische Monatshefte) durchgesehen.

Intensiv benutzt wurden neben den Archivmaterialien auch folgende gedruckte Quellen: die Hauptorgane des Naumann-Kreises wie „Die Hilfe" und die Tageszeitung „Die Zeit" sowie das Wochenblatt „Die Zeit", die Protokolle der Delegiertentage, die Flugblätter und Broschüren des Nationalsozialen Vereins sowie die Schriften Naumanns und seiner Anhänger.

1. TEIL:
DIE ENTWICKLUNG DES NAUMANN-KREISES

I. Die Sozialreform als Ausgangspunkt der Politisierung des Naumann-Kreises

1. Die Entwicklung der bürgerlichen Sozialreform zu einer politischen Bewegung im deutschen Kaiserreich

Einen wichtigen zeitgeschichtlichen Hintergrund für die Bildung des Naumann-Kreises und seine Entwicklung zu einer politischen Partei bildete die „soziale Frage" und die in deren Folge einsetzende Politisierung der bürgerlichen Reaktion. Die industrielle Revolution führte in der europäischen Gesellschaft des 19. Jahrhunderts zu tiefgreifenden Umgestaltungen nicht nur im technischen und wirtschaftlichen Bereich – betroffen waren vielmehr beinahe sämtliche Lebenszusammenhänge. Durch das Schlagwort „soziale Frage" sollten die vielfältigen Probleme des Industrialisierungsprozesses zusammenfassend zum Ausdruck gebracht werden. Zu diesen gehörten die verschiedenen Erscheinungen von Lebensnot und Elend, die sich steigernden Klassenkonflikte und damit die politische Radikalisierung der unteren Schichten sowie die Entfremdung der Massen von den traditionellen Sitten und der christlichen Religion u. a. m.

Eine sozialpolitische und sozialethische Reaktion auf diese negativen Auswüchse des gesamtgesellschaftlichen Umbruchs war die „bürgerliche Sozialreform". Diese entwickelte sich in Deutschland bereits seit dem Vormärz neben der sozialistischen Arbeiterbewegung. Charakteristisch für die konventionelle Form der bürgerlichen Sozialreformbestrebungen war jedoch, dass man eine definitive politische Zuspitzung vermied, obwohl diese Bestrebungen selbst schon politischer Natur waren. Erst ab den 1880er Jahren erhielt die bürgerliche Sozialreform den Charakter einer politischen Bewegung, in der die „Sozialreform" als parteipolitische Zielparole für die Parteibildung und die politische Mobilisierung der Wählermassen sowie als Kampfbegriff nicht nur gegen die sozialistische Arbeiterbewegung, sondern auch gegen die etablierten bürgerlichen Parteien bzw. die Machteliten fungierte.

Die Politisierung der bürgerlichen Sozialreformbestrebungen war insofern ein Indikator für die herrschende Unzufriedenheit mit den Traditionen der bürgerlichen Gesellschafts- und Parteipolitik und zugleich Ausdruck des Wunsches nach einer neuen Orientierung. Im folgenden wird dieser Politisierungsprozess vorgestellt.

A. Der „unpolitische" Charakter der konventionellen Form der bürgerlichen Sozialreformbestrebungen

Die bürgerliche Sozialreform wurde primär von politisch neutralen sozialpolitischen Vereinen und „christlich-sozialen" Organisationen der evangelischen oder katholischen Kirche repräsentiert. Bereits im Vormärz konkretisierte sich die theoretische Diskussion über die soziale Frage und deren Lösung, die schon seit der Frühindustrialisierung zu Beginn des 19 Jahrhunderts in bürgerlichen Schichten existierte, zu einer organisierten sozialpolitischen Bewegung. So wurde bereits 1844 in Preußen der *Centralverein für das Wohl der arbeitenden Klassen* gegründet.[1] In jener Zeit entstanden die christlich-sozialen Bemühungen, sich über die Tradition der kirchlichen Sozialfürsorge wie Armenpflege hinaus nun gesellschaftskritisch an der Debatte zu beteiligen. Dabei wurden die gesellschaftlichen Ursachen des individuellen Elends betont.[2]

Die Christlich-Sozialen wollten durch die Sozialreform die Krise der Autorität der Kirche sowie des traditionellen christlichen Ethos und Weltbildes in der modernen säkularen Industriewelt überwinden, ihr Anliegen blieb wesentlich religiös und sozialethisch.[3] Für die bürgerlichen sozialpolitischen Vereine war die Vermengung ihrer Arbeit mit der Parteipolitik bzw. der politischen Ideologie ein Tabu. Diese Neigung ist z. B. bei den bürgerlichen Sozialreformern zu erkennen, die sich im Centralverein engagierten. Sie betrachteten etwa die Arbeiterfrage als „ein rein soziales, vom politischen Bereich völlig lösbares Problem" und lehnten deshalb jede Verknüpfung der Sozialreform mit der Politik ab. Für sie durfte das sozialreformerische Programm keinen Machtkampf, keinen politischen Konflikt herbeiführen.[4] Aufgrund dieser „Abstinenz in politischen Angelegenheiten" (Reulecke) lag das Ziel des Centralvereins sogar in der Zeit der Revolution 1848/49 nur darin, eine sozialreformerische Führungsrolle „im Felde der Volksbildung, der gesellschaftlichen und gewerblichen Zustände"

---

[1] Über den Centralverein siehe J. Reulecke, Sozialer Frieden durch soziale Reform, Wuppertal 1983; auch ders., Die Anfänge der organisierten Sozialreform, in: R. vom Bruch (Hrsg.) Weder Kommunismus noch Kapitalismus, München 1985, 21-59. Zum Überblick der Geschichte der Diskussion über die Sozialpolitik und die Sozialreform bis 1918 siehe E. Reidegeld, Staatliche Sozialpolitik in Deutschland, Opladen 1996.

[2] Vgl. zur christlichsozialen Bewegung W. O. Shanahan, Der deutsche Protestantismus vor der sozialen Frage 1815-1871, München 1962; R. C. Walz, Friedrich Naumann's National-social Society 1896-1903, Ph. D. Diss. New York 1971; H.-Z. Wendland, Der Begriff Christlich-sozial, Köln u. a. 1962; Vgl. ferner zur allgemeinen Darstellung über die Reaktionen der Kirchen auf die soziale Frage im europäischen Zusammenhang: M. Greschat, Das Zeitalter der Industriellen Revolution, Stuttgart u. a. 1980.

[3] Wie Anm. 2.

[4] Vgl. J. Reulecke, Sozialer Frieden, 277.

zu übernehmen. Hierbei blieb die Diskussion über die Verfassungs- und Bürgerrechtsfrage ausgeschlossen.[5]

Sogar bis nach der Jahrhundertwende hielten sich viele bürgerliche Sozialreformer von der politisch-ideologischen Grundsatzdiskussion zurück. Die Mehrheit der repräsentativen Organisationen für die bürgerliche Sozialreform im Kaiserreich, so der 1872 gegründete *Verein für Sozialpolitik* oder die 1901 geschaffene *Gesellschaft für Sozialreform*, blieb gegenüber verfassungspolitischen Fragen wie etwa der Parlamentarisierungs- und der Wahlrechtsfrage gleichgültig. Hingegen richteten sie ihre gesamte Kraft auf pragmatische Lösungen der sozialen Probleme.[6]

Die unpolitische Haltung der bürgerlichen Sozialreform wurde auch theoretisch begründet. Ein wichtiger Grundgedanke, auf den sich die bürgerliche Sozialreform berief, war die „politische Entproblematisierung der sozialen Frage" (Pankoke), während sich die „soziale Bewegung" der unteren Schichten immer mehr politisierte. So begründete der konservative Sozialtheoretiker Lorenz von Stein mit seinem Konzept „Königtum der sozialen Reform" eine unpolitische Reform von oben: Die soziale Reform sei eine Aufgabe der Monarchie und der Staatsverwaltung und beziehe sich nicht auf politische Fragen wie die Regierungs- und Verfassungsform. Die Lösung der Gegensätze zwischen den sozialen Klassen, die für ihn den Kernpunkt aller sozialen Probleme bildeten, sei durch eine „Verwaltung der socialen Reform" möglich.[7] Dem lag auch die Vorstellung zugrunde, dass nur die Monarchie und die Bürokratie neutrale Träger der Sozialreform sein könnten. Auch bei Gustav Schmoller schlagen sich solche Vorstellung nieder:

„[...] den Gefahren der sozialen Zukunft kann nur durch ein Mittel die Spitze abgebrochen werden: dadurch, daß das König- und Beamtentum, das diese berufensten Vertreter der Staatsgedanken, diese einzig neutralen Elemente im sozialen Klassenkampf [...] entschlossen und sicher, die Initiative zu einer großen sozialen Reformgesetzgebung ergreifen und an diesem Gedanken ein oder zwei Menschenalter hindurch unverrückt festhalten [...]."[8]

Die unpolitische Haltung der bürgerlichen Sozialreform bestimmte ihre konkrete Vorgehensweise. Die bürgerlichen Sozialreformer bevorzugten es, ihre sozialpolitischen Ziele durch unmittelbar-persönliche Beeinflussung der Bürokratie und der Regierung

---

[5] Vgl. ebd., 154.

[6] Vgl. R. vom Bruch, Bürgerliche Sozialreform, in: ders. (Hrsg.), Weder Kommunismus, 83f.

[7] Vgl. E. Reidegeld, Staatliche Sozialpolitik, 72.; E. Pankoke, Sociale Bewegung-Sociale Frage-Sociale Politik, Stuttgart 1970, 96.

[8] G. Schmoller, Die soziale Frage und der preußische Staat, in: Preußische Jahrbücher, Bd. 33 (1874), 323-342, wieder abgedruckt in: E. Schraepler, Quellen zur Geschichte der sozialen Frage in Deutschland, Bd. II., Göttingen 1957, Zit.: 65f.

durchzusetzen. Hingegen distanzierten sie sich von den politischen Parteien und deren Politik. Der Verein für Sozialpolitik, der bis zur Jahrhundertwende die maßgebliche Organisation der bürgerlichen Sozialreform war, ist in dieser Hinsicht beispielhaft:[9] Der Verein verzichtete von Anfang an auf einen engeren Anschluss an eine politische Partei, indem er seinen überparteilichen Standpunkt betonte. Dabei scheiterte auch der anfängliche Versuch, sich zu einem Agitationsverein zu entwickeln und massiv und direkt auf die Gesetzgebung einzuwirken, da kein Konsens unter den Teilnehmern herzustellen war. Statt dessen entwickelte sich der Verein mehr und mehr zu einem „Berater der Regierenden und Erzieher des Beamtentums".[10] Die Agitationsarbeit zur Beeinflussung der öffentlichen Meinung wurde aufgegeben. So wandelte sich der Verein immer mehr zu einer akademischen Publikationsgesellschaft.[11]

B. Der bürgerliche Wunsch nach einer sozialreformerischen Massenpartei

Die Entstehung von neuen politischen Gruppierungen, die auf eine sozialreformerische Massenpartei abzielten, kennzeichnete die Politisierung der bürgerlichen Sozialreformbestrebungen im deutschen Kaiserreich. Die Entstehung von politischen Gruppierungen zur Schaffung einer Sozialreform war eine Reaktion auf die damalige innenpolitische Lage, deren typische Merkmale sich zur Jahrhundertwende immer deutlicher zeigten:

1. Nach der Reichsgründung entwickelte sich trotz aller Unterdrückungsversuche wie z. B. durch das Sozialistengesetz die organisierte sozialistische Arbeiterbewegung zu einer Massenbewegung. Der Aufstieg der sozialistischen Arbeiterbewegung, die aus bürgerlicher Sicht die bestehende Ordnung bedrohte, verdeutlicht sich im Fall des Sozialistengesetzes (1890).[12]

2. Trotz dieser Radikalisierung und Politisierung hinsichtlich der sozialen Frage blieben die vorhandenen bürgerlichen Parteien bei der Teilnahme an der Lösung der sozialen Frage zurückhaltend. In den bürgerlichen Parteien stand die Sozialreform niemals traditionell im Vordergrund.

Bei der Entstehung der bürgerlichen Parteien spielte die Diskussion über eine progressive Gesellschaftspolitik als Antwort auf die politischen und sozialen Forderungen der unteren Schichten kaum eine Rolle. Der Hauptstreitpunkt in den politischen Debatten der bürgerlichen Rechtsbewegung – in der Vereinsbewegung wie in der Nationalversammlung – in der Zeit der Revolution 1848/49 war die Frage nach der zukünf-

---

[9] Vgl. D. Lindenlaub, Richtungskämpfe im Verein für Sozialpolitik, Teil 1, Wiesbaden 1967, 26ff.

[10] F. Meinecke, Drei Generationen deutscher Gelehrtenpolitik, in: HZ 125 (1922), 263, Zit. nach: ebd., 28.

[11] Vgl. R. v. Bruch, Gesellschaftliche Funktion und politische Rollen des Bildungsbürgertums, in: J. Kocka (Hrsg.), Bildungsbürgertum im 19. Jahrhundert, Teil IV., Stuttgart 1989, 179.

[12] Zur detaillierten Beschreibung siehe unten „II. Die Angst..." (2. Teil).

tigen Nationalstaatsform: Republik oder konstitutionelle Monarchie? Diese verfassungspolitische Frage wirkte in besonders starkem Maße prägend bei der Entstehung des deutschen Parteiensystems, indem sie als das wichtigste Moment der Spaltung und Neubildung von bürgerlichen Vereinen und Fraktionen in der Revolutionszeit fungierte.[13] Neben der Verfassungsfrage bildete die nationale Frage das Hauptthema der bürgerlichen Parteipolitik und war bis zur Reichsgründung ein wesentlicher Faktor für die Parteibildung. Wie Thomas Nipperdey erwähnte, formierten die „nationalen Probleme", d. h. die Probleme in bezug auf den deutschen „Nationalstaat", die Parteien neu, indem sie ältere verfassungs- oder konfessionspolitische Gegensätze überlagerten. Über die Reichsgründung hinaus gab es, gespeist aus gegensätzlichen Standpunkten in der nationalen Frage, weiterhin Spaltungen und Neubildungen von bürgerlichen Parteien.[14]

In den 1870er Jahren kam die Zoll- und Handelspolitik verschärfend hinzu. Die Zoll- und Außenhandelsfrage bildete das aktuelle Thema der politischen Diskussionen im Parlament, in den Parteien und in der Öffentlichkeit. Diese Frage spielte eine Hauptrolle bei der Entstehung von neuen politischen Gegensätzen in den bürgerlichen Parteien, und zwar wiederum verfassungspolitisch gefärbt, vor allem bei der Spaltung der Nationalliberalen und der Formung der Sezessionisten.[15] In den 1880er Jahren war die sozialpolitische Frage durch die Initiative Bismarcks zur Sozialversicherungsgesetzgebung ein Diskussionsthema in den bürgerlichen Parteien geworden. Aber die Sozialpolitik wurde grundsätzlich nicht als eigene Aufgabe der bürgerlichen Parteien wahrgenommen, obwohl es auch reformbereite Minderheiten innerhalb der bürgerlichen Parteien gab. Vielmehr verursachte die sozialpolitische Frage neuen politischen Streit. Vor allem den Liberalen erwuchs in der sozialpolitischen Diskussion das Dilemma, dass ein alter politischer Streitpunkt, nämlich die Bürgerrechtsfrage, wiederum manifest wurde. Pointiert: Es handelte sich bei der sozialpolitischen Diskussion nicht um die Sozialreform, sondern um die politische Freiheit der Bürger gegen den allmächtigen Interventionsstaat.[16]

Bis zur Jahrhundertwende gab es unter den etablierten Parteien keine, die die Sozialreform zum maßgeblichen Ziel ihrer Parteipolitik erklärte. Wenn sie die Sozialgesetzgebung billigten, befürworteten sie dies nur bis an die Grenzen der sozialen und wirtschaftlichen Interessen ihrer Mitglieder.[17]

---

[13] D. Langewiesche, Die Anfänge der deutschen Parteien, in: GG 4 (1978), 324-361.

[14] Th. Nipperdey, Grundprobleme der deutschen Parteigeschichte im 19. Jahrhundert, in: ders., Gesellschaft, Kultur, Theorie, 1976, 101. Vgl. hierzu Th. Schieder, Das Kaiserreich von 1871 als Nationalstaat, Köln 1961; A. Biefang, Politisches Bürgertum in Deutschland 1857-1868, Düsseldorf 1994.

[15] Vgl. Th. Nipperdey, Deutsche Geschichte 1866-1918, Bd. II., München 1992, 325ff.

[16] Vgl. D. Langewiesche, Liberalismus in Deutschland, Frankfurt a. M. 1988, 187ff.

[17] Vgl. D. Lindenlaub, Richtungskämpfe, 24. Seine Formulierung „Es fand sich bis zur Jahrhundertwende keine Partei, die sich zum Bannerträger der Sozialreform gemacht hätte" (ebd.) muss teilweise korrigiert

23

Neue politische Gruppierungen, die auf eine sozialreformerische Massenpartei abzielten, entstanden quer zu den vorhandenen bürgerlichen Parteienmilieus. Einige von
ihnen boten sich über die vorhandenen parteipolitischen Grenzen hinweg als ein
Sammelbecken für diejenigen an, die mit der vorhandenen bürgerlichen Parteipolitik
unzufrieden oder bisher politisch kaum interessiert waren.

Im konservativen Lager tauchte bereits um 1880 die Idee der Sozialreform als par-
teibildendes Element auf. Die bisher wirkungslos gebliebenen „Sozialkonservativen"[18] organisierten sich nunmehr als selbständige politische Gruppierung. Es entstanden viele politische Vereinigungen und Parteien, die meist bei ihrer Namensge-
bung bewusst auf das Adjektiv „sozial" zurückgriffen:

Unter dem starken Einfluss des konservativen Sozialreformers Hermann Wagener
wurde 1880 die *Sozialkonservative Vereinigung* gegründet, die antikapitalistische und
sozialpolitische Forderungen erhob. Sie wollte durch „durchgreifende sozialpolitische
Reformen" für den „Mittelstand" und die Arbeiter „Herr der gegenwärtig noch fluktu-
ierenden Massen" werden.[19]

Noch wirksamer war eine Serie von Versuchen des Hofpredigers Adolf Stöcker,
der vor allem als Initiator des politischen Antisemitismus in Deutschland bekannt war.
Stöcker bemühte sich durch sein sozialpolitisch-volksparteiliches Konzept, die Konservativen zu erneuern.[20] Mit der Gründung der *Christlichsozialen Arbeiterpartei* von
1878 versuchte er, die christlich-soziale Bewegung innerhalb der Evangelischen Kirche zu einer politischen Partei weiter zu entwickeln, die ein Gegengewicht zur Sozialdemokratie werden sollte. Es gelang ihm zuweilen, die Konservativen christlich-
sozial und antisemitisch zu beeinflussen. Stöcker und seine Anhänger organisierten

---

werden, denn - wie später gezeigt wird - waren bereits seit den 80er Jahren des 19. Jahrhunderts selbständige sozialreformerische Parteien und Vereine besonders innerhalb des konservativen Lagers gegründet worden. Auch der Nationalsoziale Verein entstand im Jahre 1896.

[18] Nach Th. Nipperdey ist der "Sozialkonservatismus" bis zum Ende der 1870er Jahre „nie mehr als eine
ideenpolitische Variante" gewesen, in: Deutsche Geschichte, 334. Das genaue Ursprungsdatum des Terminus „sozialkonservativ" ist noch unbekannt. Aber schon in der Anfangsphase des deutschen Kaiserreiches
bürgerte sich die Bezeichnung „sozialkonservativ" bei den konservativen Vertretern der Sozialreform ein.
Zu diesen gehörten Politiker wie K. Rodbertus, H. Wagener, V.-A. Huber und Meyer, Pastoren wie Witte,
Todt und Stöcker. Siehe hierzu F. Naumann, Sozial-Konservativ?, in: Die Zeit 2/61 (13.3.1897). Auch vgl.
H. Beck, Conservatives and the Social Question in Nineteenth-Century Prussia, in: L. J. Jones/J. Retallack
(Hrsg.), Between Reform, Reaction and Resistance, Providence/Oxford 1993, 61ff.; J. B. Müller, Der deut-
sche Sozialkonservatismus, in: H.-G. Schumann (Hrsg.), Konservatismus, Königstein/Ts. 1984, 199-221,
bes. 199.

[19] Vgl. Art. „Sozialkonservative Vereinigung", in: Lexikon zur Parteiengeschichte, IV., 131ff.

[20] Vgl. Th. Nipperdey, Deutsche Geschichte, 334ff.; H. Berding, Moderner Antisemitismus in Deutschland,
Frankfurt a. M. 1988, 85ff.

sich in der *Christlichsozialen Partei* (gegründet 1881)[21] sowie nach 1890 in weiteren selbständigen politischen oder quasipolitischen Vereinen, die später erwähnt werden. Überdies verkomplizierten die Bildung und Spaltung von zahlreichen antisemitischen Parteien und Vereinigungen unter dem Schlagwort der „Sozialreform" die politischen Verhältnisse: 1880 wurde der *Soziale Reichsverein*, 1881 die *Soziale Reichspartei* gegründet. Der *deutsche Antisemitenbund* von 1884 wollte seine antisemitischen Ziele durch eine „sehr weitgehende Sozialreform" erreichen.[22] Nach 1889/90 entstanden antisemitische Parteien, die in ihrem Namen die Stichwörter „deutsch", „sozial" und „Reform" verwendeten: die *Deutsche Reformpartei* von 1889, die *Deutschsoziale Partei* von 1891, die *Deutschsoziale Reformpartei* von 1894, die *Deutschsoziale* Partei von 1900 und die *Deutsche Reformpartei* von 1900.[23]

Die antisemitischen Parteien verstanden sich bei allen Unterschieden[24] als sozialreformerische Parteien. Folgende Formeln finden sich in den Programmen und Versammlungsresolutionen: „keine Treibung der Judenhetze, sondern nur die Verhinderung der Ausbeutung der Arbeiter durch das jüdische Kapital"[25], „nicht bloße Bekämpfung der Juden, sondern jede den inneren Frieden fördernde Sozialreform"[26], „keine Partei der Sonderinteressen, sondern eine Partei aus dem Volk für das Volk", „Schaffung einer gesunden sozialen Gesetzgebung"[27], „eine durchgreifende Umgestaltung zugunsten jeder ehrlichen Arbeit"[28], „dem kapitalistischen Faustrecht gegenüber die wirtschaftliche Neuordnung, der sozialen Revolution die soziale Reform"[29]. Darüber hinaus gab es in der Programmdebatte der Deutschen Reformpartei den Ver-

---

[21] Stöckers Christlich-soziale Partei trennte sich endgültig 1896 von der deutschkonservativen Partei. Vgl. W. Frank, Hofprediger Adolf Stoecker, Hamburg 1935², 273.

[22] Vgl. Art. „Antisemitische Parteien", in: Lexikon zur Parteiengeschichte I., 77ff., hier: 80.

[23] Vgl. den o. g. Artikel; auch Art. „Deutschsoziale Partei", „Deutschsoziale Reformpartei" u. „Deutsche Reformpartei", in: ebd., II.

[24] Es handelte sich hierbei um verschiedene Positionen bezüglich des Verhältnisses zur Deutschen Konservativen Partei und deren Führungsschicht, Großgrundbesitzer, und bezüglich der Richtung der sozialreformerischen Arbeit zwischen Mittelstandspolitik und Arbeiterpolitik. In diesem Sinne lässt sich Gerlachs Beschreibung der politischen Differenzen unter Antisemiten verstehen: „Der eine war Mittelständler, der andere Arbeiterfreund, der eine Aristokrat, der andere Demokrat. Der eine rief zum Kampf gegen Juden und Junker auf, der andere ging mit den Großagrariern durch Dick und Dünn. Bei jeder Abstimmung fiel die Fraktion auseinander." H. v. Gerlach, Von Rechts nach Links, Zürich 1937, 112.

[25] Versammlungsresolution des deutschen Antisemitenbundes von 1884 [Zit. nach: D. Fricke (Hrsg.), Lexikon, I., 80.]

[26] Programm des Antisemitentages von 1889 in Bochum (Zit. nach: ebd., 82).

[27] Programm der Antisemitischen Volkspartei von 1890 (Zit. nach: ebd., 83f.). Dieses Programm enthielt auch Forderungen wie „Ausdehnung des allgemeinen, geheimen und direkten Wahlrechts", „Meinungs-, Versammlungs- und Vereinsfreiheit".

[28] „Grundgedanken" der Antisemitischen Volkspartei von 1895 (Zit. nach: ebd., II, 541). Diese Gruppe wurde von den aus der Deutschsozialen Reformpartei ausgeschlossenen Ahlwardt und Boeckel gebildet.

[29] Erfurter Programm der Deutschsozialen Reformpartei von 1895 (Zit. nach: ebd.).

such, ihre Zielsetzung neu zu formulieren und die bisherige Beziehung zwischen anti-semitischem Zweck und sozialreformerischem Mittel umzukehren:

> „Sie [sc. die Partei] will vor allem die wirtschaftliche Wohlfahrt aller Stände. [...] Der Kampf gegen das Judentum ist nicht der Daseinszweck, sondern das Mittel zum Zweck." [30]

Nach 1890 entstand auch auf der liberalen Seite[31] eine neue politische Gruppierung mit einer sozialreformerischen Zielsetzung, die ihre parteipolitische Richtung als „sozialliberal" oder „Sozialliberalismus" bezeichnete. Die Terminologie „Sozialliberalismus" selbst war nicht ganz neu, tauchte aber in der politischen Sprache jener Zeit mit neuer Akzentuierung auf.[32] Der „Sozialliberalismus" war nicht nur ein gesell-schaftstheoretischer Ansatz zur Umorientierung des bisherigen Liberalismus, sondern auch die strategische Zielsetzung einer selbständigen Gruppierung, die sich mit die-sem liberalen Revisionismus zu einer eigenen politischen Partei entwickeln wollte. In diesem Sinne unterschied sich die neue „sozialliberale" Richtung von der tradierten sozialreformerischen Strömung einiger liberaler Sozialpolitiker wie etwa Schulze-Delitzsch, Max Hirsch und Franz Duncker oder vom sog. „kommunalen Sozialliberalismus"[33], also von solchen, die weder eine systematische Gesellschaftstheorie oder eine prinzipielle Kritik des herkömmlichen Liberalismus formulierten noch sich als selbständige parteipolitische Richtung formieren konnten.[34]

Theodor Hertzka versuchte, eine dem gesellschaftlichen Zukunftsbild der Sozial-demokratie entsprechende neue liberale Gesellschaftsordnung theoretisch zu begrün-den, indem er betonte: Die „Anwendung der freiheitlichen Prinzipien auf das soziale

---

[30] „Staatsbürger-Zeitung" vom 18.10.1903 (Zit. nach: ebd., 64f.)

[31] Hauptsächlich auf der linksliberalen Seite entstanden die sozialreformerischen Gruppierungen. In der natio-nalliberalen Partei versuchte z. B. Johannes Miquel energisch, ein sozialreformerisches Parteiprogramm zu schaffen. Insbesondere seit 1890 bildete die Zustimmung zur Sozialpolitik oder deren Ablehnung in der na-tionalliberalen Partei eine wichtige Streitfrage, so dass diese Frage neben anderen als verschärfendes Ele-ment bei der inneren Spaltung der Nationalliberalen fungierte. Zu Miquel als Vertreter der Sozialreform in-nerhalb der Nationalliberalen siehe D. Langewiesche, (1988), 198f., 216. Zur Spaltung der Nationalliberalen-len siehe J. Sheehan Deutscher Liberalismus im postliberalen Zeitalter, in: GG 4 (1978), 29ff. (bes. 37.)

[32] Vgl. E. Bernstein, Zur Frage: Socialliberalismus oder Collectivismus?, Berlin 1900, 3: Nach Bernstein wurde dieser Terminus zum ersten Mal von dem Nationalökonomen und Bodenreformer Theodor Hertzka zur Bezeichnung seiner Gesellschaftstheorie in seinem Buch von 1891 (siehe unten Anm. 35) angewandt. Aber die Bernsteinsche Bemerkung ist nicht korrekt. Bereits im Jahre 1845 verwendete Karl Grün den „so-zialen Liberalismus" als Bezeichnung für eine Richtung der Liberaldemokratie. Siehe hierzu U. Engelhardt, „Nur vereinigt sind wir stark", 2 Bde., Stuttgart 1977, Bd. 1., 56(Anmerkungsapparat).

[33] Die Bedeutung des „kommunalen Sozialismus" wurde in jüngster Zeit von Dieter Langewiesche hervorge-hoben. Siehe hierzu ders., Liberalismus, 7ff. u. 200ff.

[34] Zu dieser Unterschiedlichkeit vgl. beispielsweise, K. Holl, Überlegungen zum deutschen Sozialliberalismus, in: der. u. a. (Hrsg.), Sozialer Liberalismus, Göttingen 1896, 227ff.

Gebiet", d. h. „Social-Liberalismus" oder „Soziale Freiheit" sei einzige Aufgabe des Liberalismus. Wenn der Liberalismus „wirklich auf das politische Gebiet beschränkt bleiben müßte", wäre er „ebenso unhaltbar als wertlos".[35] Der liberale Nationalökonom Ignaz Jastrow und seine Anhänger beabsichtigten darüber hinaus, eine neue „sozialliberale" Partei zu schaffen, in der sich die liberalen Sozialreformer und der reformistische bzw. revisionistische Flügel der Sozialdemokratie vereinen sollten: Der Charakter der Partei sei nach ihrer Formulierung eine „Arbeiter-Reformpartei" oder der „Waffenbund für Volksrecht und Volkswohlfahrt", d. h. eine Partei des „sozialen Liberalismus" und der „sozialen Demokratie".[36]

Neben den politischen Parteien des protestantischen Deutschland gab es auch eine neue Tendenz im politischen Katholizismus, obwohl diese nicht zur Bildung einer neuen politischen Gruppierung führte. Angesichts der mit einer radikalen Kritik an der bestehenden Gesellschaftsordnung zusammengehenden sozialen Forderungen der katholischen Arbeiterbewegung konnte das Zentrum erst durch die programmatische Vorstellung des „sozialen Ausgleiches" das Zerbrechen der Partei vermeiden. Aber hinter dieser erfolgreichen innerparteilichen Integration wurde auch die Umwandlung der Sozialmilieus offenbar: Durch das neue soziale Verbandswesen wie beispielsweise den *Volksverein,* die *Christlichen Gewerkschaften* und den *Caritas-Verband* wurde das katholische Milieu um die Jahrhundertwende allmählich umgestaltet, bis es sich „von dem ultramontanen Sozialmilieu in der Reichsgründungszeit" deutlich unterschied.[37]

Diejenigen politischen Gruppen, die eine sozialreformerische Massenpartei schaffen wollten, hielten oft an den Ideenrichtungen ihrer Herkunftsparteien fest. Beispielsweise kritisierte Stöckers Anhänger Graf Solms-Laubach im Namen des „wahren Konservatismus" die Konservativen.[38] Bei den Antisemiten war die völlige Trennung von den Konservativen umstritten.[39] Jastrow stützte sich auf den „jugendlichen Liberalismus", indem er die „soziale Befreiung" der unteren Klassen verlangte.[40] Aber daneben entstanden noch radikalere Wünsche nach einer neuen Massenpartei der Sozialreform. Man suchte über die Grenzen der bestehenden ideenpolitischen Unterschiede der bürgerlichen Parteien hinweg eine völlig neue bürgerliche „sozialistische Partei".

Diese Wünsche verdichteten sich im Konzept der Sammlung aller „Staatserhaltenden" unter dem Banner der Sozialreform gegen die Sozialdemokratie. Dabei befand

---

[35] Vgl. Th. Hertzka, Socialdemokratie und Socialliberalismus, Dresden/Leipzig 1891 (Zit.: 63ff.)

[36] Vgl. ebd.; auch Bernstein, Zur Frage; Art. „Sozialliberal", in: Die Zeit 2/149 (29.6.1897).

[37] Vgl. H.-U. Wehler, Deutsche Gesellschaftsgeschichte, 1849-1914, München 1995, 1058f.

[38] Vgl. D. v. Oertzen, Adolf Stöcker. Lebensbild und Zeitgeschichte, Bd. 2, Berlin 1910, 137.

[39] Siehe oben Anm. 24.

[40] Vgl. I. Jastrow, Sozialliberal, Berlin 1893, 6.

man sich im Einklang mit den sozialpolitischen Erlassen Kaiser Wilhelm II. Nach diesem Konzept seien die vorhandenen politischen Ideenrichtungen für die bürgerlichen Parteien jetzt nicht mehr sinnvoll, hingegen könne allein die Aufgabe der Sozialreform das bürgerliche Parteiwesen neu legitimieren. Dies äußerte der nationalliberale Pädagoge Wilhelm Rein, späterer Mitbegründer des Nationalsozialen Vereins:

„Die soziale Frage steht im Vordergrund und wird voraussichtlich auf lange Zeit hinaus diesen Platz behaupten. Das rein Politische tritt so weit zurück, dass schon jetzt die alten Bezeichnungen und Firmenschilder als bloße Namen erscheinen, denen der rechte Inhalt abhanden gekommen ist. Wäre es da nicht an der Zeit, mit den abgenutzten Aufschriften auch die nicht mehr zutreffenden Parteischeidungen zu beseitigen und im Sinne einer großen Zeit der Sozialdemokratie eine große sozialistische Partei gegenüberzustellen [...]?“[41]

Er bezeichnete die der Sozialdemokratie gegenüberstehende „große sozialistische Partei“ als eine „sozialmonarchische Partei“, unter deren Dach sich die „Masse der Staatserhaltenden Gruppen“ versammeln könnten. Nach seinem Wunsch sollte die neue Partei einen Charakter erhalten, der „in politischer Beziehung konservativ ist, d. h. auf dem Boden [der bestehenden] Verfassung steht, aber in sozialer Beziehung bis zu einem gewissen Grade radikales Gepräge trägt“, um die Arbeiterklassen wieder zu gewinnen.[42]

Adolf Stöcker verfocht nach 1890 ein gleichgeartetes Konzept. Zwar beabsichtigte er, über die Grenzen der Konservativen hinweg die *Sozialmonarchische Vereinigung* und die *Christlich-soziale Vereinigung* sowie den *Evangelisch-Sozialen Kongress* zu gründen.[43] Während er in den ersten beiden Fällen scheiterte, wurde der *Evangelisch-Soziale Kongress* ein Erfolg. Weiterhin fand das Konzept der Sammlung aller „Staatserhaltenden“ unter dem Banner der Sozialreform seinen Ausdruck im Schlagwort der *kaiserlich-sozialistischen Partei*.[44] Darüber hinaus entwickelte sich das Konzept zum Entwurf einer neuen Partei, die auch in der Lage war, den Anspruch auf eine Gesamtreform des deutschen Reiches und Weltpolitik zu erheben, wofür der

---

[41] Vgl. W. Rein, Die zukünftigen Parteien, in: Grenzboten, 13 1890 (wieder abgedruckt in: Kunst- Politik-Pädagogik, zweiter Band, Langensalza 1911,1ff. ,Zit.: 12.)

[42] Vgl. ebd., 12ff.

[43] Vgl. die Satzungen der sozialmonarchischen Vereinigung, in: A. Stöcker, Sozialdemokratie und Sozialmonarchie, Leipzig 1891, 30ff.; M. Greschat, Stoecker und der deutsche Protestantismus, in: G. Brakelmann u. a. (Hrsg.), Protestantismus und Politik, Hamburg 1989, 19ff. (bes.: 53.) Mit dem Evangelisch-Sozialen Kongress zielte Stöcker ursprünglich auf eine politische Organisation für sozialpolitische Reformen und den geistigen Kampf gegen die Sozialdemokratie. Hierzu vgl. ebd.; P. Göhre, Die evangelisch-soziale Bewegung, Leipzig 1896, 145.

[44] Vgl. F. Bauer, Kaiser und Arbeiter. Aufruf zur Bildung einer kaiserlich-sozialistischen Partei, Bonn 1891; R. v. Bruch, Wissenschaft, Politik und Öffentliche Meinung, Husum 1980, 159.

freikonservative Historiker Hans Delbrück die Gründung einer Partei der *nationalen Demokratie* vorschlug.[45]

Die Gründung des *Nationalsozialen Vereins* war ebenfalls der konkrete Ausdruck eines solchen Wunsches nach einer neuen sozialreformerischen Massenpartei. Bei dieser neuen gesellschafts- und parteipolitischen Orientierung ist klar zu erkennen, inwieweit sich die konventionelle Haltung der bürgerlichen Sozialreform änderte. Pastor Teichmann, ein Anhänger Naumanns, betonte: „Und das [sc. die Sozialreform] geht dann nicht anders, als durch das politische Mittel der Parteibildung. Anders kann man im modernen konstitutionellen Staat gesetzliche Einrichtungen nicht herbeiführen, als durch das politische Parteivorgehen."[46] So war die sozialpolitische Arbeit im Rahmen einer politischen Partei für viele Bürger nicht länger ein Tabu, sondern galt ihnen als notwendige Vorgehensweise.

C. Die Kritik an den alten bürgerlichen Parteien

Zur Jahrhundertwende zog die Frage der Sozialreform eine neue Frontlinie quer zu der tradierten Trennung von konservativem und liberalem Lager. Die sich in der Minderheit befindenden Sozialliberalen und Sozialkonservativen, zu denen auch der Naumann-Kreis gehörte, kritisierten immer schärfer die konservativen und liberalen Traditionalisten.

Offene Kritik an der etablierten Mehrheit der Konservativen übte z. B. der Stöcker-Kreis nach 1890[47]: Die Kritik reichte von der Formulierung „Ohne Zweifel ist in der konservativen Partei die Freude an der Sozialreform sehr gering geworden"[48] bis hin zur scharfen Kritik an der „einseitigen Interessenvertretung der Agrarier"[49]. Auch bezeichnete Stöckers Mitarbeiter Dietrich von Oertzen die Unterdrückungspolitik gegenüber der Arbeiterbewegung durch den Großindustriellen Freiherr von Stumm, der in jener Zeit ein Symbol der konservativen Machteliten war, als „sozialreaktionär"

---

[45] Vgl. H. Delbrück, Die Partei der Zukunft, in: Freiland 7/19 (1896), 284ff. u. in: Deutsche Volksstimme, 1/22 (1896)

[46] Teichmann, Die Anteilnahme des evangelischen Geistliche an der gegenwärtigen sozialen Arbeit, in: Die Hilfe 1/38 (1895), 3f. (Zit.: 4.)

[47] Neben der Stöcker-Gruppe griffen auch die Antisemiten die konservative Mehrheit an, und zwar mit folgenden Parolen: „Gegen Junker und Juden!", „Juden, Junker und Pfaffen gehören in einen Topf!" (Zit.: W. Frank, Hofprediger, 238).

[48] Adolf Stöckers Rede im Geschäftsführenden-Ausschuss des Wahlvereins der Deutschen Konservativen von 1895, in: D. v. Oertzen, Adolf Stöcker, 127; Stöcker hat dazu bemerkt: Die konservative Partei ohne Sozialreformgedanken sei „politisch verhängnisvoll". Zu weiteren Konflikten zwischen Stöcker und den Konservativen siehe ebd., 112ff.

[49] Die Rede von Graf Solms-Laubach auf dem Christlichsozialen Parteitag in Frankfurt a. M. von 1896, in: ebd., 200.

und dessen politische Idee als „Fanatismus".[50] So wie die Sozialkonservativen die Konservativen kritisierten, verlangten die Sozialliberalen von den Liberalen, dass deren Wähler ihre Honoratioren kontrollieren sollten, um den Zerfall des Liberalismus zu vermeiden.[51] Darüber hinaus stritten sie für den Rücktritt der älteren Generation, wobei sie beklagten, dass die Vereinigung von Liberalismus und Sozialismus bisher von der älteren Generation der Linksliberalen und der Sozialdemokraten verhindert wurde:

> „Mit allem Respekt vor ihren Verdiensten: die Alten müssen fort von der politischen Bühne, Liebknecht, der Bourgeoisfresser, und Eugen Richter, der Sozialistentöter, mit ihrer ganzen alten Garde. Sie haben ihre Schuldigkeit gethan, sie können gehen. Die neue Zeit braucht neue Männer."[52]

Die Kritik der Vertreter einer sozialreformerisch-massenparteilichen Politik an den vorhandenen bürgerlichen Parteien stützte sich in hohem Maße auf den Nationalismus. Es gehe um die Zukunft des jungen deutschen Nationalstaats – die soziale Frage sei als nationale Frage und die Sozialreform als nationale Politik zu betrachten. So äußerte z. B. der Bodenreformer und Rechtsanwalt Bleicken:

> „Daß gegenwärtig eine soziale Reform dringend nothwendig ist – und daß gerade für das deutsche Volk und Reich die soziale Frage eine Lebensfrage geworden ist, das sollte von keinem vernünftigen Manne länger bezweifelt werden."[53]

Der berühmte Nationalökonom und Soziologe Max Weber, ein enger Freund Naumanns, formulierte in seiner Freiburger Antrittsvorlesung das Ziel einer Sozialreform repräsentativ als „soziale Einigung der Nation".[54]

Ferner wurde kritisiert, dass die vorhandenen bürgerlichen Parteien für die Erfüllung der nationalpolitischen Aufgabe unfähig seien. Hiermit richtete man sich hauptsächlich gegen die Kartellparteien der 80er Jahre, die die soziale Herrschaftskoalition von Großindustriellen und Großgrundbesitzern politisch vertraten, d. h. die Nationalliberalen und die Konservativen. Letztendlich bezog sich diese Kritik aber auf alle alten bürgerlichen Parteien.

Häufig bemängelten die Kritiker den Verlust des nationalpolitischen Idealismus, die sozialpolitische Reaktion, die Vertretung der wirtschaftlichen Sonderinteressen der bürgerlichen Parteien. Die Kartellparteien hätten weder die „rechten Männer" noch

---

[50] D. v. Oertzen (Hrsg.), Von Wichern bis Posadowsky, Hamburg 1908, 175 u. 186.

[51] Vgl. I. Jastrow, Sozialliberal (Zit.: 5).

[52] Art. „Sozialliberal", in: Die Zeit 2/149 (29.6.1897)

[53] B. Bleicken, Damals und Jetzt!, in: Deutsche Volksstimme, 1/26 (1896), 266.

[54] M. Weber, Der Nationalstaat und die Volkswirtschaftspolitik, in: GPS, Tübingen 1958[2], 1ff. (bes.: 19ff.)

den „durchschlagenden großen Gedanken" (W. Rein)[55]. Man klagte ferner über den „stärksten moralischen Verfall" der Kartellparteien, den fortschreitenden Zerfall des Reichstags (Delbrück)[56], die Umwandlung der alten Parteien in „Interessenvereinigungen" (F. Paulsen)[57] und die „absolut langweilige" Politik in Verbindung mit „zahlreichen Vorstößen der Reaktion" (C. Jentsch)[58] u. ä.

Ständig betont wurde der Niedergang der Kartellparteien oder der bürgerlichen Parteien überhaupt. Dagegen hob man den Aufstieg der traditionell als „Reichsfeinde" bezeichneten Parteien wie der Sozialdemokratie und des Zentrums hervor. Beispielsweise äußerte 1899 der Akademiker Albert Baumgarten, ein Anhänger Naumanns, indem er die Notwendigkeit der nationalen Sozialreformpartei betonte:

„Die Anzeichen mehren sich von Woche zu Woche, dass die alten politischen Parteien im Deutschen Reiche dem Zerfall entgegengehen: die konservative Partei rekrutiert sich fast nur noch aus Strebern, die um des täglichen Brotes bzw. um der Karriere willen dem Fähnlein der Junker folgen, und die liberalen Parteien sind entweder in ihrer alten Manchesterdoktrin eingefroren oder haben jeden festen Boden unter sich verloren. Frisch wie einst vorwärts zu schreiten scheinen nur noch das Centrum und die Sozialdemokratie [...]."[59]

Die Sorge um die Zukunft der vorhandenen bürgerlichen Parteien verband sich mit der Erwartung des Niedergangs des deutschen Nationalstaats. Hierbei fungierte die damalige Lage der bürgerlichen Parteipolitik als Symptom der Systemkrise des deutschen Kaiserreichs. Dies lässt sich beispielsweise in der Kritik des christlich-sozialen Pfarrers Julius Werner finden. Dieser betonte, dass die vorhandene Situation des nach Sonderinteressen zersplitterten Parteilebens ähnlich wie „im alten Karthago oder Polenreich vor dem Zusammenbruch" stehe.[60] Aber auch hinsichtlich des erwarteten Militärkonflikts mit einem anderen Staat bemerkte Hans Delbrück: Wenn sich die Regierung bei der Kriegsführung auf die „impotent gewordenen Kartellparteien" stützt, so müsse sich eine „höchst gefährliche, verhängnisvolle Situation" ergeben.[61]

---

[55] W. Rein, Die zukünftigen Parteien, 12f.

[56] H. Delbrück, Die Partei der Zukunft, 285f.

[57] Fr. Paulsen, Eine neue Partei, in: Deutsche Volksstimme, 1/23 (1896), 241.

[58] Zit. nach: R. vom Bruch, Wissenschaft, 158.

[59] A. Baumgarten, Die Zukunftspartei des Deutschen Reiches, in: ADUZ 13/11 (1899), 101. Solche Diagnose befindet sich auch bei Delbrück: „Die Partei, deren letztes Stündchen bereits schlägt, ist die national-liberale [...]. Nicht so nahe wie das Ende der Nationalliberalen dürfte das Ende der Konservativen sein [...]. Dem Jammer der Kartellparteien stehen die glänzenden Erfolge des Zentrums und der Sozialdemokratie gegenüber.", in: H. Delbrück, Die Partei der Zukunft.

[60] J. Werner, Sozialrevolution oder Sozialreform?, Halle 1891, 8.

[61] H. Delbrück, Die Partei der Zukunft, 287.

Bisher galt in der Forschung die These, dass die bürgerliche Reform im deutschen Kaiserreich durchaus unpolitisch geblieben sei.[62] Dagegen zeigt obige Untersuchung, dass sich die bürgerliche Sozialreform spätestens seit den 1880er Jahren zu einer politischen Bewegung entwickelte. Der Hauptaspekt der Politisierung der bürgerlichen Sozialreform bestand in der Entstehung des neuen Konzeptes der sozialreformerischen Massenpartei und entsprechender Gründungsversuche.

Diese neue Orientierung war eine Reaktion auf die massendemokratische Entwicklung im deutschen Kaiserreich. Aus der Einführung des allgemeinen Wahlrechts erwuchs ein „politischer Massenmarkt", der sich um die Jahrhundertwende explosiv vergrößerte. Die Massen politisierten sich durch zunehmende Wahlbeteiligung und durch eine organisierte Interessenvertretung. Diese „Fundamentalpolitisierung" der deutschen Gesellschaft verdeutlicht vor allem die Entwicklung der sozialistischen Arbeiterbewegung zur Massenbewegung.[63]

Wie in diesem Teilkapitel erwähnt, war der bürgerliche Wunsch nach einer sozialreformerischen Massenpartei eng mit der Krisenerwartung verbunden. Von dieser wird im nächsten Teil ausführlich die Rede sein. Was im gegenwärtigen Zusammenhang bemerkt werden sollte, ist die ideologische Rechtfertigung für die Politisierung der bürgerlichen Sozialreformarbeit. Bei verschiedenen Versuchen, die bürgerlichen Parteien in Richtung der sozialreformerischen Massenpartei zu erneuern, fungierte der Nationalismus als gemeinsamer Nenner. So lässt sich die bürgerliche Sozialreformbewegung im ausgehenden 19. Jahrhundert als neue nationalistische Bewegung charakterisieren. Der Nationalismus der bürgerlichen Sozialreformer zeigt durch seine Vermischung mit der modernen Gesellschaftspolitik, dass der Nationalismus in dieser Zeit die progressive Kraft nie verlor, die er vor der Gründung des deutschen Kaiserreichs vor allem durch seine Vermengung mit der bürgerlichen Verfassungsbewegung besessen hatte. Auch in anderen Hinsichten gibt es Kontinuitäten zwischen dem sozialen Nationalismus um die Jahrhundertwende und dem liberalen Nationalismus vor der Reichsgründungszeit: der bürgerliche Militarismus etwa wie auch die ethnische Definition des deutschen Volkes. Insofern sollte die berühmte These vom Umschlag eines „linken" in einen „rechten" Nationalismus um 1880 korrigiert werden.[64] Die bisher genannten Befunde wird die Entwicklungsgeschichte des Naumann-Kreises bestätigen.

---

[62] Vgl. z. B. R. v. Bruch, Weder Kommunismus (1985), 83f.

[63] Vgl. H. -U. Wehler, Deutsche Gesellschaftsgeschichte, 1849-1914, München 1995, 1038ff.; D. Langewiesche, Liberalismus in Deutschland, Frankfurt a. M. 1988, 128ff.

[64] H.-A. Winkler, Vom linken zum rechten Nationalismus, in: GG 4 (1978), 5-28.

2. Die Entstehung des Nationalsozialen Vereins

A. Die „jüngeren" Christlich-Sozialen

Der Naumann-Kreis entstand als eine bestimmte Richtung innerhalb der evangelisch-sozialen Bewegung, die sich durch die Gründung von zwei Organisationen, dem E-vangelisch-Sozialen Kongress und dem Gesamtverband Evangelischer Arbeitervereine Deutschlands im Jahr 1890 institutionell erneut gefestigt hatte. Der Naumann-Kreis bildete sich bereits 1891 bei mehreren Zusammenkünften von Vertretern der Evangelischen Arbeitervereine, die ab 1890 besonders dem Zweck der Aufstellung des Programms des Gesamtverbandes dienten.[65] Er setzte sich hauptsächlich aus Vertretern der Evangelischen Arbeitervereine aus dem Rhein-Main-Gebiet und aus Südwestdeutschland zusammen.[66] Naumann selbst gründete 1891 einen evangelischen Arbeiterverein in Frankfurt a. M., nachdem er 1890 als Vereinsgeistlicher der „Inneren Mission" dorthin berufen worden war.[67] Er wurde später der Vorsitzende des mittelrheinischen Landesverbandes der evangelischen Arbeitervereine.

Der Zusammenschluss des Naumann-Kreises war informell. Dabei gab es aber das ständige Bemühen, gemeinsame Standpunkte zu entwickeln: Der Kreis beschloss in einem Treffen in Verbindung mit dem sozialpolitischen Kurs des Evangelisch-Sozialen Kongresses von 1893, regelmäßig kleine Zusammenkünfte zu veranstalten. Ab 1894 wurden die Zusammenkünfte ein- bis zweimal jährlich im Anschluss an den Evangelisch-Sozialen Kongress oder anlässlich besonderer Angelegenheiten veranstaltet. Mit der Gründung der Wochenzeitung „Die Hilfe" im Dezember 1894 konnte er ein Sprachrohr für seine Gedanken schaffen.[68] Danach entwickelte sich der Nau-

---

[65] Zur Entstehungszeit des Kreises Naumann-Göhre vgl. den Brief Göhres an Naumann vom 28.8.1891, in dem Göhre wie folgt bemerkte: „Und auch Du zählst Dich zu den Alten? Liebster Freund, wir sind die Jungen, Du wie ich, aber wir müssen fest zusammenstehen. Was soll sonst werden? Wir sind noch wenige an Zahl..." Aus: BA Potsdam, NL. Naumann, Nr. 114, Bl. 26.

[66] K. M. Hoffmann, Die Evangelische Arbeitervereinsbewegung 1882-1914, Bielefeld 1988, 63.

[67] Der Frankfurter evangelische Arbeiterverein wurde im Oktober 1891 gegründet. (Siehe dazu: „Die Ziele des Evangelischen Arbeitervereins", in: BA Potsdam, NL. Naumann, Nr. 52, Bl. 107.) Auch nach der Mitteilung des Werkmeisters Justus Bärrn aus Frankfurt a. M. von 10.6.1894 wurde Naumann als Vorsitzender des Mittelrheinischen Verbandes gewählt, wobei der Vorstand fast ausschließlich aus den Angehörigen des Frankfurter evangelischen Arbeitervereins wie Bärrn, Ruth, Trommershausen und Haag bestanden. (Vgl. ebd., Nr. 224, Bl. 2; zu den Vorstands- u. Hilfsausschussmitgliedern des Frankfurter evang. Arbeitervereins: Nr. 52, Bl. 104R.)

[68] Vgl., M. Wenck, Die Geschichte der Nationalsozialen, Berlin 1905, 19ff. u. 39.

mann-Kreis zu einem ausgedehnten Mitarbeiter- und Leserkreis der „Hilfe", der sich „Freunde der Hilfe" nannte.[69]

Die Selbstetikettierung des Naumann-Kreises als die „Jungen" wurde ursprünglich gewählt, um sich insbesondere von der „alten" Richtung der evangelischen Arbeitervereine unter dem Einfluss des Adolf Stöcker nahestehenden Pfarrers Ludwig Weber in Mönchengladbach zu unterscheiden. Allgemein üblich wurde diese Bezeichnung nach der Bemerkung Stöckers während der Tagung des Evangelisch-Sozialen Kongresses 1893, seine Empfindung Naumann gegenüber sei wohl so ähnlich wie die der „Alten" in der Sozialdemokratie gegenüber den „Jungen". So entwickelten sich bis Mitte der 1890er Jahre die polemischen Bezeichnungen „jüngere Christlich-Soziale" oder „junge Christlich-Soziale", mit denen die Gruppierung um Naumann von den sog. „älteren Christlich-Sozialen" um Adolf Stöcker unterschieden werden sollte.[70]

Für die politisch-ideologische Entwicklung des Kreises der „jüngeren" Christlich-Sozialen bot der Evangelisch-soziale Kongress den Nährboden. Die evangelisch-soziale Bewegung stand bisher im Zeichen des Sozialkonservatismus. Ihre repräsentativen Figuren waren Personen wie etwa Johann Hinrich Wichern, Viktor Aimé Huber, Rudolf Todt und Adolf Stöcker, die sich vom politischen und kirchlichen Liberalismus fernhielten. Ihre Antwort auf die Herausforderungen der modernen Industriewelt beruhte auf dem Koordinatensystem von „Thron und Altar", dem monarchischen Prinzip, dem Ständestaat und dem Organismusgedanken. Ihr sozialethisches und sozialpolitisches Verhalten wurde grundlegend vom Patriarchismus geprägt. Parteipolitisch gesehen, gab es konventionelle Affinitäten zwischen ihnen und dem politischen Konservatismus.[71] Besonders bei Stöcker entwickelte sich der christliche Sozialismus zu einem politischen Konservatismus mit besonderer antisemitischer Prägung. „Auf konservativer Basis ein Sozialreformer sein"[72] zu wollen, war seine Grundhaltung, obwohl er eine kritische Position gegenüber den konservativen Machteliten und der einseitigen Interessenvertretung der Konservativen einnahm. Er versuchte beständig, im engen Bündnis mit der Deutschen Konservativen Partei einen sozialpolitischen

---

[69] Nach einem Rundschreiben des Komitees der „Freunde der Hilfe" vom Februar 1896 betrug damals die Zahl der „erklärten Gesinnungsgenossen" der „Freunde der Hilfe" etwa 800. Dazu siehe: „Vertrauliches Anschreiben und Programmentwurf für eine neue Tageszeitung", in: MWG I/4 2. Halbband, Tübingen 1993, 885-895, bes. 890.

[70] Vgl. oben Anm. 65; D. v. Oertzen, Von Wichern, 122.

[71] Vgl. G. Brakelmann, Die soziale Frage des 19. Jahrhunderts, 5. Aufl., Bielefeld 1975, 116ff; W. Göggelmann, Weltverantwortung, 45ff.; E. Kouri, dt. Protestantismus; auch W. Shanahan, dt. Protestantismus. Besonders über Adolf Stöcker: G. Brakelmann u. a., Protestantismus und Politik, Hamburg 1982; W. Frank, Hofprediger; D. v. Oertzen, Adolf Stöcker.

[72] Zit. nach: W. Göggelmann, Weltverantwortung, 61.

Machtblock gegen den Liberalismus und die Sozialdemokratie – d. h. gegen das„moderne Reformjudentum",[73] wie er selbst es nannte – aufzubauen.

Aber durch die Gründung des Evangelisch-Sozialen Kongresses verlor der Sozial-konservatismus seine bisherige führende Position in der evangelisch-sozialen Bewegung. Wie der Initiator dieses Kongresses, Stöcker, hoffte, entstand zum ersten Mal ein gemeinsames Arbeitsforum der verschiedensten Strömungen des deutschen Protestantismus, der bisher aufgrund des Pluralismus der eigenständigen Landeskirchen und der heftigen Rivalität zwischen konservativen und liberalen Kirchenparteien zersplittert war.[74] Trotzdem gelang es Stöcker nicht, den Evangelisch-Sozialen Kongress für seine eigenen politischen Ziele zu gewinnen. Noch schlimmer für Stöcker war der wachsende Einfluss der liberal-modernen Richtung auf den Kongress, einer Richtung, die grundsätzlich dem Partriarchismus und Staatssozialismus der konservativen Christlich-Sozialen verneinend gegenüberstand und gleichzeitig die Bedeutung der autonomen Persönlichkeit und der Individualmoral in der protestantischen Sozialethik betonte.[75] Parallel zu dieser Entwicklung erhöhten sich die Spannungen, und der Konflikt zwischen den Sozialkonservativen um Stöcker und den Sozialliberalen um Harnack spitzte sich so zu, dass Stöcker und seine Anhänger 1896 endgültig aus dem E-vangelisch-Sozialen Kongress austraten. Sie gründeten wenige Monate später die *Freie Kirchlich-soziale Konferenz*. Danach verwandelte sich der Evangelisch-Soziale

---

[73] Der Begriff „modernes Reformjudentum" zeigt den Kern des Antisemitismus' Stöckers. Das „moderne (Reform-)Judentum" war für ihn ein Symbol für alle Herausforderungen der modernen säkularen Industriewelt, die schließlich den christlichen Staat des deutschen Volks zur Katastrophe zu führen schienen. Es war das Symbol einerseits von Geldkapital, Manchesterliberalismus und freisinniger Presse, andererseits des Umsturzes und des revolutionären Sozialismus. Es war auch das Symbol von Materialismus und Atheismus. Im folgenden Brief an Bodelschwingh vom 22. August 1885 lässt sich der Charakter seines Antisemitismus' zusammenfassend erkennen: „Ich habe gegen die Juden nicht einmal Antipathie, ich habe sie als Volk der Verheißung lieb. Wenn ich darüber rede, mache ich auch fast immer mit den rechtschaffenen und bescheidenen Juden eine Ausnahme. Aber im ganzen ist es doch so, dass das moderne Reformjudentum ‚unser Unglück' ist, wie Treitschke einmal sagte. Sie schaffen mammonische Zustände und hetzen in ihrer Presse das Volk auf. Eben wieder hat der Jude Höchberg in Frankfurt a. M. den Sozialdemokraten 100 000 Mark vermacht. Der Jude Singer in Berlin ist Schatzmeister des Berliner Umsturzes. Das ‚Tageblatt' nannte im vorigen Jahr die Armen ‚die alleinige Ursache der sozialen Not'; die ‚Berliner Zeitung beschimpft die deutsche Flagge. Diese wissen das nicht; wer es weiß, muß dagegen auftreten. Die Juden mögen unter uns wohnen, aber sie dürfen unser Volk nicht um seine Königstreue und um seinen Glauben betrügen. Du hast recht, man sollte das Erbarmen und die Liebe mehr hervortreten lassen; wenn ich das tue, schreien sie, das sei gelogen." (Zit. nach: W. Frank, Hofprediger, 314.) Vgl. auch A. Stöcker, Christlich-Sozial, Berlin 1890, 359ff.; M. Imhof, „Einen besseren als Stöcker finden wir nicht", Oldenburg 1996.
[74] Über die Bedeutung des Evangelisch-Sozialen Kongresses als Plattform für die verschiedensten Strömungen des deutschen Protestantismus: G. Brakelmann, Die soziale Frage, 177ff.; P. Göhre, Die ev.-soz. Bewegung, 135ff.; E. Kouri, dt. Protestantismus, 117ff. Zur inneren Spaltung bzw. zum Pluralismus des deutschen Protestantismus siehe, Th. Nipperdey, Religion, 67ff.; W. O. Shanahan, dt. Protestantismus, 3ff.
[75] Vgl. G. Hübinger, Kulturprotestantismus und Politik, Tübingen 1994, 36f.

Kongress unter der Führung Harnacks mehr und mehr zu einem wissenschaftlichen Fachkongress der liberalen Protestanten, der sich um eine protestantische Gesellschaftslehre auf der Basis sozialwissenschaftlicher Erkenntnisse bemühte.[76]

Im eben aufgezeigten Zusammenhang ist nicht der Sieg der sozialliberalen protestantischen Ethik auf dem Evangelisch-Sozialen Kongress wichtig, sondern die Begründung einer neuen Orientierung vieler Christlich-Sozialen durch die Relativierung der sozialkonservativen Tradition und durch die ständige Debatte um das Ziel und die Arbeitsweise der evangelisch-sozialen Bewegung auf diesem Kongress. Diese Veränderungen waren die Voraussetzung für die politisch-ideologische Entwicklung des Kreises der „jüngeren" Christlich-Sozialen.

Die politisch-ideologische Position des Kreises der „jüngeren" Christlich-Sozialen entwickelte sich im Umfeld der konkurrierenden Richtungen innerhalb des Evangelisch-Sozialen Kongresses. Die verschiedenen Richtungen überlappten und kreuzten sich in vielfacher Form, je nach theologischen und kirchenpolitischen, sozialethischen und politischen Überzeugungen und Abneigungen. Hierbei erfassten Schlagwörter wie „orthodox" und „liberal", „konservativ" und „fortschrittlich", „positiv" und „modern" nur jeweils einen Aspekt jeder Gruppe.[77]

In erster Linie zu bemerken ist, dass sich bei der neuen Formulierung des „sozialen Christentums" der Naumann-Kreis keineswegs auf die kirchenpolitische und theologische Frage einließ. So bemerkte Naumann 1895 in einer Agitationsschrift über die Ideen der „jüngeren" Christlich-Sozialen: Der „alte, in absehbarer Zeit nicht zu erledigende Gegensatz von orthodoxer und liberaler Theologie" sei eine „Angelegenheit für sich, die mit dem Unterschied des konservativen und sozialen Christentums nichts zu tun hat."[78]

Die persönliche Zusammensetzung der „jüngeren" Christlich-Sozialen lag theologisch-kirchenparteilich quer zum Konservativen- oder Liberalenschema. Naumann betonte mehrfach, dass sich sein Kreis aus liberalen und konservativen Theologen zusammensetze.[79] Als typisches Beispiel für die Unterschiedlichkeit in den religiösen Herkunftsmilieus seines Kreises stehen Naumann selbst und Paul Göhre, einer der

---

[76] Dazu H. Liebersohn, Religion and Industrial Society, Philadelphia 1986. Vgl. auch V. Drehsen, Evangelischer Glaube, in: H. M. Müller, Kulturprotestantismus, Gütersloh 1992, 190ff.

[77] Vgl. M. Schick, Kulturprotestantismus und soziale Frage, Tübingen 1970, 95ff.; E. I. Kouri, dt. Protestantismus, 121f.

[78] Konservatives Christentum (1895), in: W 1, 464-480, hier: 471f.; auch vgl. Unsere Stellung zur Sozialdemokratie (1893), in: W 5, 75: „Schall gehört seinem Lebensalter nach nicht mehr ganz zu uns ‚Jungen', aber sein Herz ist ganz jung. Er will nicht rückwärts, sondern immer vorwärts. Er hat weniger als sonst ein Geistlicher, der uns durch seine Schriften bekannt wäre, den Mantel der Vergangenheit um seine Schultern hängen. Dabei ist er ein fester, orthodoxer Lutheraner, ein lebendiger Beweis dafür, wie die christlichsoziale Auffassung sehr unabhängig ist von verschiedenem theologischen Standpunkt."

[79] Siehe z. B. seinen Wochenschauartikel in: Hilfe 2/25 (1896), 1f.; Briefkasten, in: ebd. 2/31 (1896), 7.

engsten Freunde Naumanns und ebenfalls eine Symbolfigur des Kreises der „jüngeren" Christlich-Sozialen.

Paul Göhre (geb. am 18. April 1864) ging aus einem liberalen Theologenkreis hervor, und zwar aus dem Freundeskreis der „Christlichen Welt" Martin Rades (1857–1940), der unter dem Einfluss Adolf Harnacks in der Tradition der Ritschl-Schule stand.[80] Seit Göhre im Jahre 1891 seine soziale Reportage *Drei Monate Fabrikarbeiter und Handwerksbursche* publizierte, war er in der Öffentlichkeit als sozial engagierter liberaler Theologe bekannt.[81]

Demgegenüber entstammte Naumann (geb. am 25. März 1860) dem kirchlich orthodoxen und konservativen Milieu. Sein Elternhaus stand in der Tradition des orthodox- lutherischen Pfarrhauses. Er studierte an den Universitäten in Leipzig und Erlangen, die in jener Zeit die „Hochburgen der lutherischen Orthodoxie" waren.[82] Naumanns Umgebung stand unter dem tiefgreifenden Einfluss der konservativen Christlich-Sozialen, namentlich des Vaters der Inneren Mission, Johann Hinrich Wichern, und des Hofpredigers Adolf Stöcker. In den 1880er Jahren wollten Naumanns Freunde in ihm einen zweiten Stöcker sehen. Naumann begann erst seit Ende der 1880er Jahren seine Zusammenarbeit mit dem Kreis der „Christlichen Welt". Er übernahm dabei die Aufgabe, eine Verständigung dieses Kreises junger liberaler Theologen mit der Arbeit der Inneren Mission anzubahnen.[83] Aber trotz seiner Zusammenarbeit mit

---

[80] Die „Christliche Welt" erschien am 21. November 1886 unter dem Titel „Evangelisch-Lutherisches Gemeindeblatt für die gebildeten Glieder der evangelischen Kirchen". Ihr Freundeskreis repräsentierte neben dem „Protestantenverein" den kirchlichen Liberalismus im deutschen Kaiserreich. Aber ihre anfängliche theologische und kirchenpolitische Haltung war offiziell sehr zurückhaltend und vorsichtig, besonders weil ihr Herausgeber Martin Rade anders als der Protestantenverein keine Verquickung mit der Kirchenpolitik wollte. Trotzdem orientierte sich der Kreis der „Christlichen Welt" seit dem Apostolikumsstreit von 1892 kirchenpolitisch mehr und mehr nach links. Er veränderte seine bis dahin zurückhaltende Position in Richtung auf die Stärkung eines entschiedenen kirchlichen Liberalismus. Hierzu Siehe J. Rathje, Die Welt des freien Protestantismus, Stuttgart 1952, 39ff., 84ff.

[81] Vgl. A. Bonus, Paul Goehre, in: Die Gesellschaft, 15/2 (1899), 12-25; J. Brenning, Christentum und Sozialdemokratie, Diss. Marburg 1980; K.-D. Mrossko, Der religiöse Sozialist Paul Göhre, in: Geist und Tat 19 6 (1964), 173ff. Göhres Buch Drei Monate Fabrikarbeiter (Leipzig 1891) erregte damals großes Aufsehen im bürgerlichen Publikum. Dazu beschrieb Martin Wenck wie folgt: „Es galt wie ein Salonroman, den man gelesen haben mußte, wenn man noch als gebildet gelten wollte." in: ders., Friedrich Naumann. Ein Lebensbild, Berlin 1920, 46. Darüber hinaus war das Echo dieses Buchs nachhaltig. Noch 1913 erschien die 22. Auflage als Volksausgabe. Inzwischen wurde das Buch ins Englische, Dänische, Schwedische und Holländische übersetzt. Hierzu siehe K.-D. Mrossko, Paul Göhre und die proletarische Welt, in: Damals 3 (1971), 731ff., bes. 742.

[82] P. Göhre, Friedrich Naumann, in: Die Gesellschaft, 14/1, Heft 11 (1898), 737ff., hier: 739.

[83] Vgl. Th. Heuss, Friedrich Naumann, bes. 11-64; P. Theiner, Soz. Liberalismus, bes. 13-18; auch zur Naumanns Beziehung zu dem Kreis der „Christlichen Welt": M. Wenck, Friedrich Naumann, 42.

diesem Kreis stand er bis Ende der 1890er Jahre innerlich noch auf der Seite der Altgläubigen.[84]

Zusätzlich zu bemerken ist, dass trotz aller Unterschiede und Gegensätze die Ideen Stöckerscher Richtung auf den Naumann-Kreis einen prägenden Einfluss ausübten. Das Konzept der politischen Vertretung des christlich-sozialen Gedankens, das vom Kreis der „älteren" Christlich-Sozialen repräsentiert wurde, bildete auch die Basis für den Kreis der „jüngeren" Christlich-Sozialen. So betonte Göhre, dass „evangelisch-sozial auch ein politischer und sozialpolitischer Begriff ist." Er meinte damit, dass es auch evangelisch-soziale Aufgaben gibt, die „nur durch Überführung des christlichen Geistes in das volkswirtschaftliche Leben auf dem Wege politischer Arbeit, durch Formulierung eig[e]ner sozialpolitischer und rein politischer Forderungen, durch Wahlbeteiligung, Fraktionsarbeit und womöglich Bildung einer eignen christlich-sozialen Partei verwirklicht werden können."[85]

Hierbei sah sich der Naumann-Kreis oft in der Nachfolge Stöckers. So verehrte Naumann Stöcker als „Vater unserer Bewegung".[86] Seine letztliche Aufgabe sah der Naumann-Kreis darin, erneut eine selbständige christlichsoziale Arbeiter- bzw. Volkspartei nach dem Vorbild der von Stöcker hervorgebrachten Christlichsozialen Arbeiterpartei von 1878 zu schaffen.

In diesem Sinne unterschied sich der Naumann-Kreis von anderen maßgeblichen Gruppierungen innerhalb des Evangelischen Kongresses wie etwa den Sulzianern o-der dem Harnack-Kreis. Die Sulzianer zielten auf die „Reformation" der vorhandenen Kirchengemeinde. Sie wollten die Schaffung einer Gemeinde der „sittlichen Persön-lichkeiten", die fähig sein sollte, die sozialethischen Aufgaben in der modernen indus-triellen Welt zu erfüllen. Anders als diese Gruppe um den Dresdner Pfarrer Emil Sul-ze dachte der Harnack-Kreis, dass sich die evangelisch-soziale Arbeit direkt auf die Reform der Mängel in den vorhandenen wirtschaftlichen und sozialen Ordnungen konzentrieren sollte.[87] Aber trotz dieses Standpunktes weigerte er sich, an der sozial-politischen und volkswirtschaftlichen Programmarbeit direkt teilzunehmen. Darüber hinaus wurde die Vermengung der evangelisch-sozialen Bewegung mit der Parteipoli-tik abgelehnt. Die Kirche sollte unparteiisch bleiben. Das Hauptanliegen des Harnack-

---

[84] J. Rathje, Die Welt, 54, 74; Göhre bemerkte 1898 zur theologischen Position Naumanns: „Er steht, theologisch betrachtet, noch heute auf der Rechten Seite. Seit einigen Jahren, seitdem er in der „Hilfe" seine [...] religiösen Betrachtungen schreibt, hat man ihn, namentlich „Kreuzzeitung" und „Reichsbote", vielfach schwerster Ketzerei beschuldigt; auch er sei nichts anderes als einer der verhaßten Ritschlianer geworden. Nichts ist daran wahr." (P. Göhre, Friedrich Naumann, 739.)

[85] P. Göhre, Die ev.-soz. Bewegung, 159.

[86] Was wir Stöcker verdanken, in: W 5, 191; vgl. P. Göhre, Die ev.-soz. Bewegung, 100f.

[87] Hierbei ist auch bemerkenswert, dass Harnack trotz der Ähnlichkeit mit Sulzes Gedanken die Schaffung einer solchen Gemeinde nicht als Ziel, sondern nur als Ausgangspunkt für die evangelisch-soziale Arbeit sah: P. Göhre, Die ev.-soz. Bewegung, 152ff.; vgl. auch M. Schick, Kulturprotestantismus, 63ff.

Kreises lag darin, eine wissenschaftliche Grundlage zu schaffen, um die christliche Ethik und Gesinnung in das gesellschaftliche Leben zu überführen.[88]

Indem der Naumann-Kreis versuchte, den sozialen Protestantismus zur politischen Massenbewegung zu entwickeln, suchte er ein neues Programm für den sozialen Protestantismus, das sich auf eine systematische Gesellschaftstheorie und eine neue sozialethische Lehre stützen sollte,[89] was freilich die Kritik an den vorhandenen christlich-sozialen Programmen verschiedener Richtungen einschloss. Naumann formulierte 1894: „Das Christlich-Soziale ist eben im Stadium der Fragestellung."[90] Und er betonte, dass die Revision des vorhandenen sozialprotestantischen Gedankens zwar bereits begonnen, sich aber inhaltlich noch nicht konkretisiert habe.

Der Naumann-Kreis distanzierte sich allmählich von den politisch-ideologischen Traditionen des sozialen Protestantismus, d. h. in einem weiteren Sinne von den sozialkonservativen Elementen der evangelisch-sozialen Bewegung überhaupt und in einem engeren Sinne von den politisch-ideologischen Grundsätzen des Stöcker-Kreises. Dieser Prozess führte den Naumann-Kreis in eine immer deutlichere Konfrontation mit dem Stöcker-Kreis.

Bei der Konfrontation der „jüngeren" mit den „älteren" Christlich-Sozialen ging es vor allem um die Unabhängigkeit der christlichen Arbeiterbewegung von den Konservativen. So stand im Hintergrund der Kritik der „jüngeren" an den „älteren" Christlich-Sozialen das sachliche Nachdenken darüber, warum es Stöcker nicht gelungen sei, sein ursprüngliches Konzept von einer selbständigen christlich-sozialen Arbeiterpartei (1878) weiter zu entwickeln. Sie sahen im Zusammenschluss Stöckers mit dem politischen Konservatismus nur eine Fehlentwicklung seines Vorhabens. „Ich habe den Eindruck", so sagte Naumann, „dass die christlich-soziale Gruppe vom Gros der Konservativen zwar geduldet, aber nicht gefördert wird."[91] Für den Naumann-Kreis war die Entwicklung der Stöckerschen christlich-sozialen Bewegung unter dem Schutz der konservativen Partei seit 1880/81 nicht nur ein Rückschritt gemessen an den Stöckerschen ursprünglichen Ansätzen zur entschiedenen Vertretung einer Sozialreform, sondern auch ein Prozess, der zur endgültigen Niederlage der christlich-sozialen Ideen innerhalb der Konservativen Partei führen würde.[92] Im Jahre 1895, als

---

[88] P. Göhre, Die ev.-soz. Bewegung, 152ff.; Über das Sulzesche Gemeindeideal: vgl. auch M. Schick, Kulturprotestantismus, 63ff.

[89] Vgl. F. Naumann, Das Recht eines christlichen Sozialismus (1894), in: W 1, 402ff.; vgl. auch andere Propagandaschriften Naumanns für die Gruppe der „jüngeren" Christlich-Sozialen wie z. B. Christlich-Sozial (1894), Gedanken zum christlich-sozialen Programm (1895) oder Jesus als Volksmann (1896). Bis auf letztere wurden diese Schriften in Was heißt Christlich-Sozial?, (Leipzig 1894/96) wieder abgedruckt. Siehe zum Naumannschen christlichen Sozialismus auch W. Göggelmann, Weltverantwortung, 117ff.

[90] Christlich-Sozial (1894), in: W 1, 370.

[91] D. v. Oertzen, Adolf Stöcker, 107.

[92] Vgl. P. Göhre, Die ev.-soz. Bewegung, 64ff.; F. Naumann, Was wir Stöcker verdanken, 191ff.

die Stöckerschen Bemühungen um die Umwandlung der Konservativen Partei in eine sozialreformerische Partei sich als Fehlschlag erwiesen hatten, sah sich die Stöckersche Richtung gezwungen, sich von den Konservativen zu trennen. Hierzu meinte Naumann bedauernd: „Er hätte vor einem Jahre die Konservativen freiwillig verlassen sollen, dann wäre der Unterschied zwischen Alten und Jungen nicht so groß geworden und ihm wäre viel schweres Leid erspart geblieben."[93]

Der Kreis der „jüngeren" Christlich-Sozialen versuchte, die Unabhängigkeit der christlichen Arbeiterbewegung und des christlich-sozialen Gedankens von den Konservativen und deren weltanschaulichen und ideenpolitischen Tradition zu erreichen. Er kritisierte nicht nur das Fehlen des sozialpolitischen Interesses und der Nächstenliebe bei den Konservativen, sondern auch das „konservative Christentum" überhaupt im Namen des „sozialen Christentums".[94] Der Kreis erstrebte die Selbständigkeit der Evangelischen Arbeitervereine und deren Unabhängigkeit vom Einfluss der Konservativen und anderer bürgerlicher Parteien sowie die Auflösung der sozialen Vorherrschaft der Großgrundbesitzer im Ostelbischen Gebiet. Der Naumann-Kreis versuchte, den „patriarchalischen, sozialversöhnenden und Barmherzigkeitsstandpunkt" der sozialkonservativen Gesellschaftspolitik zu revidieren. Er erkannte hierbei die Notwendigkeit des Klassenkampfes des „erwachten Proletariats" an und forderte die „Legalisierung des Klassenkampfes" sowie eine „gesetzlich anerkannte gewerkschaftliche Organisation".[95]

Darüber hinaus zeigte der Naumann-Kreis bezüglich der Sozialdemokratie und der Judenfrage eine neue Orientierung. Trotz aller Forderungen nach der Bekämpfung von Marxismus und Sozialdemokratie als Gegner des Reichs und der christlichen Religion hoffte der Kreis der „jüngeren" Christlich-Sozialen anders als Stöcker „weniger auf deren politische Vernichtung als auf ihre innere Umwandlung" (Wenck) und unternahm daher Versuche in diese Richtung.[96] Er entwickelte das Konzept einer aktiven Einflussnahme in Richtung einer Wandlung der Sozialdemokratie auch nach der Gründung des Nationalsozialen Vereins stets weiter[97] In bezug auf die Judenfrage dominierte immer mehr die Absicht, die Vermengung des christlich-sozialen Programms mit dem Antisemitismus zu vermeiden, der ein wichtiges Element in der Stöckerschen Bewegung bildete – obwohl der Naumann-Kreis grundsätzlich nicht eine Verteidigung der Juden anstrebte. Naumann war beispielsweise der Meinung, dass

[93] Naumanns an Ludwig Weber (Februar, 1895), in: D. Oertzen, Adolf Stöcker, 106f.

[94] Vgl. F. Naumann, Unsere Stellung zur Sozialdemokratie, 70ff. (bes. 84.); ders., Konservatives Christentum, 464ff.; P. Göhre, Die ev.-soz. Bewegung, 127, 135, 163.

[95] Vgl. P. Göhre, ebd., 123ff.; M. Wenck, Die Geschichte, 11ff.; E. Lehmann, Klassenkampf, in: Die Hilfe 2/3 (1896), 2ff.

[96] Vgl. M. Wenck, Die Geschichte, 10; A Titus, Der gegenwärtige Stand der christlich-sozialen Bewegung, in: Die Wahrheit 6 (1896), 33ff.

[97] Siehe unten „B. Von der Nah- zur Fernerwartung"(2. Teil/Kap. IV).

der Antisemitismus für die theoretische Erklärung der sozialen Probleme nicht ausreiche und zur Grundlage für eine angemessene Sozialreformarbeit nicht tauge.[98]

B. Zur Gründung des Nationalsozialen Vereins

Die Schaffung einer eigenständigen christlichen Arbeiterbewegung, die irgendwann die materialistische und internationale Sozialdemokratie beerben sollte[99], war seit 1893/94 das konkrete Ziel des Kreises der „jüngeren" Christlich-Sozialen. Jedoch wurden zumindest bis Anfang 1895 keine konkreten Versuche unternommen, eine geeignete Organisation aufzubauen. Noch weit entfernt blieb man von der Bildung einer Arbeiter- bzw. Volkspartei. Auch die Gründung einer selbständigen Organisation der „jüngeren" Christlich-Sozialen sah man nur als relativ ferne Zielsetzung, ohne jede konzeptionelle Konkretisierung. Naumann z. B. ging davon aus, dass die Tage einer „großen christlichen Arbeiter- und Volkspartei noch nicht angebrochen" seien, weil der Kreis der „jüngeren" Christlich-Sozialen das „Ideenmaterial" noch nicht beisammen habe, mit dem sich eine Partei formieren lasse.[100] Er entwarf keine selbständige Organisation für seinen Kreis, sondern hoffte auf die Entwicklung verschiedener Vereine oder Verbände, in denen sich unabhängig von den vorhandenen politischen Parteien und theologisch-kirchenpolitischen Richtungen alle christlich-sozial gesinnten Leute zusammenschließen könnten. Er hoffte, dass aus der Entwicklung derartiger Organisationen später eine politische Partei entstehen würde, wenn nur der Einfluss

---

[98]Naumann zeigte seinen kritischen Standpunkt gegenüber dem herkömmlichen Antisemitismus der konservativen Christlich-Sozialen erstmals in seinen Thesen zum Programm der evangelischen Arbeitervereine. Hier erklärte er: „Der Kern der sozialen Frage ist nicht die Judenfrage." Daneben forderte er Religionsfreiheit für die Juden und deren Assimilierung im „christlichen und deutschen Geist". (Aus: „Vorarbeit zu einem evangelisch-sozialen Programm", in: BA Potsdam NL. Naumann, Nr. 52, Bl. 24.) Auch referierte er die gleichen Thesen auf einer Delegiertenversammlung der Evangelischen Arbeitervereine in Elberfeld im Januar 1893. In anschließenden Diskussion warnte er nochmals davor, die evangelischen Arbeitervereine in das „antisemitische Fahrwasser" hinüberzulenken: „Die Kardinalfrage bleibe und sei die Frage um das Kapital. Wenn die evangelischen Arbeitervereine als solche antisemitische Vereine würden, so würden sie damit die Mitarbeit sozial denkender Köpfe verlieren." (Aus: Evangelischer Arbeiterbote vom 22.3.1893, in: Brandenburg. LHA., Rep. 30, Berlin C, 15123, Bl. 33R.) Die folgende Debattenrede auf der Versammlung des Deutsch-konservativen Vereins am 27.11.1895 in Frankfurt charakterisiert die Naumannsche Antisemitismuskritik zusammenfassend: „Ich will [...] kein Vertheidiger des Judenthums sein. Etwa Anderes ist aber die Frage, ob der Antisemitismus eine Partei, eine Weltanschauung ist [...]. Der Antisemitismus ist nicht zu einer volkswirtschaftlichen Bestrebung geeignet, als Weltanschauung ist er gefährlich." (Aus: Zeitungsausschnitt im Polizeibericht vom 29.11.1895, in: HstAWi, 407/159-1, Bl. 166R.)

[99] Vgl. etwa F. Naumann, Christlich-Sozial; Die Sozialdemokratie als Vorarbeit für den christlichen Sozialismus, in: Die Hilfe 1/2 (1895), 3ff.

[100] F. Naumann, Unsere Stellung zur Sozialdemokratie, 101.

der von seinem Kreis vertretenen Ideen auf die verschiedenen christlich-sozialen Organisationen stetig wachse.[101]

Aber im Laufe des Jahres 1895 änderte sich die innenpolitische Lage. Die Periode des sozialpolitischen „Neuen Kurses" wurde von der sozialpolitisch reaktionären „Ära Stumm" abgelöst. Diese Änderung beförderte die Konkretisierung des Organisationsgedankens im Kreis der „jüngeren" Christlich-Sozialen.

Die evangelisch-soziale Bewegung geriet mit dem Beginn der „Ära Stumm" in eine Krisensituation.[102] Seit Beginn des Jahres 1895 erfolgten ununterbrochen Angriffe gegen die „sozialen Pastoren" und die evangelisch-soziale Bewegung im Reichstag, in der Presse und in der Kirche. Es war ein allgemeiner Angriff von Seiten der Großindustriellen und der Junker gegen die bürgerliche Sozialreform, speziell gegen die evangelisch-soziale Bewegung. Es ging hauptsächlich um den kritischen Standpunkt zum Establishment und die populär-demokratische Haltung der evangelisch-sozialen Bewegung, die sich im Protest gegen die Umsturzvorlage sowie in der Landarbeiterfrage zeigte. Freiherr von Stumm griff die „Kathedersozialisten" sowie die „jüngeren" und „älteren" Christlich-Sozialen an, wobei er in den Christlich-Sozialen wegen ihrer „Klassenkampfagitation" unter den Arbeitern eine besonders große Gefahr erblickte. Stumm wurde von den Deutschkonservativen, Freikonservativen und Nationalliberalen unterstützt. Die Deutschkonservative Partei und die konservative Presse attackierten Naumann und die „Hilfe", Stöcker und das „Volk" wie auch den Evangelisch-Sozialen Kongress. Naumann wurde häufig als „moderner Thomas Münzer" beschrieben. Die „jüngeren" Christlich-Sozialen wurden sogar als „Sozialdemokratie im geistlichen Gewande" und somit als der „größte und gefährlichste Feind unseres Volks und Staates" verunglimpft.[103]

Stöcker wurde von Stumm hinsichtlich der „Verhetzung der Massen" als „ebenbürtig" mit Naumann bezeichnet.[104] Die Kirchenbehörden griffen die sozial engagierten Geistlichen an. Unter den „jüngeren" Christlich-Sozialen verloren beispielsweise Martin Wenck und Hermann Kötzschke ihr Pfarramt. Göhre wurde von einem kirchlichen Disziplinarverfahren bedroht, so dass er freiwillig aus dem Pfarramt schied. Auch Naumann verzichtete nach einem Konflikt mit dem Frankfurter Konsistorium endgültig auf sein Pfarramt. Schließlich setzte der preußische Oberkirchenrat mit seinem Erlass vom 16. Dezember 1895 die Geistlichen unter Druck. Der Kirchenerlass verbot unter Androhung von Disziplinarstrafen die Beteiligung der Geistlichen an jeder „sozialpolitischen Agitation". Im Februar 1896 wurde ein kaiserliches Telegramm

---

[101] F. Naumann, Das Recht eines christlichen Sozialismus, 416ff.; ders., Christlich-Sozial, 364ff.

[102] Vgl. K. E. Pollmann, Landesherrliches Kirchenregiment und soziale Frage, Walter de Gruyter u. a. 1973; W. Frank, Hofprediger, 262ff.; P. Göhre, Die ev.-soz. Bewegung, 163ff.; M. Wenck, Die Geschichte, 25ff.

[103] J. Villain, Der Nationalsoziale Verein, 33.

[104] D. Oertzen, Adolf Stöcker, 158.

veröffentlicht, das sich insbesondere an Stöcker richtete. Hierin äußerte Kaiser Wilhelm II: „Christlichsozial" sei „Unsinn". Die Pastoren „sollen sich um die Seelen ihrer Gemeinde kümmern" und „die Politik aus dem Spiele lassen, dieweil sie das gar nichts angeht."[105]

Noch Anfang 1895 beriefen die „jüngeren" Christlich-Sozialen sich auf das vor allem von Naumann vertretene Konzept der Vereinigung aller christlich-sozial Gesinnten, um den Angriffen gegen die evangelisch-soziale Bewegung geeint entgegentreten zu können. Hierbei war die vorherrschende Stimmung, dass man vor allem mit den „älteren" Christlich-Sozialen um Stöcker zusammengehen müsse.

Der Naumannsche Plan für ein Zusammentreffen mit den „älteren" Christlich-Sozialen Ende Januar in Kassel zeigte diese Stimmung klar. Auf der Reichstagssitzung vom 9. Januar wurde die „Hilfe" von Stumm scharf kritisiert. Stumm beklagte sich besonders über den Wenckschen Artikel in der „Hilfe", der dem Münchener Sozialdemokraten Georg v. Vollmar gewidmet war. Der Artikel erweckte den Eindruck direkter Kooperation der „Hilfe" mit der Sozialdemokratie.[106] Unter Verweis auf den Wenckschen Artikel warnte schließlich das hessische Oberkonsistorium den Vorstand der südwestdeutschen Konferenz für innere Mission, die Geistlichen besser zu kontrollieren.[107]

In dieser Situation beabsichtigten die „älteren" Christlich-Sozialen eine Abgrenzung gegenüber der „Hilfe". Aber Naumann und seine Freunde befürchteten die Spaltung beider christlich-sozialen Richtungen. So schlugen sie vor, eine Zusammenkunft mit der Stöcker-Gruppe in Kassel zu veranstalten, wobei Naumann betonte, diese Zusammenkunft „soll den Versuch gemeinsamen weiteren Wirkens machen".[108]

Aber die Vereinigungsbemühungen der „jüngeren" Christlich-Sozialen waren vergeblich. Immer deutlicher nahmen die „älteren" Christlich-Sozialen eine Oppositionsstellung gegenüber den „Jüngeren" ein. Die Krisensituation der evangelisch-sozialen Bewegung zwang Stöcker und seine Anhänger dazu, sich den Konservativen gegenüber als loyal zu erklären. Stöcker betonte, dass er auf dem Boden der konservativen Partei stehe, und er bezog, erstmals am 8. Mai im „Volk", kritisch Stellung gegenüber

[105] Zit. nach: W. Frank, Hofprediger, 275f.

[106] Die Hilfe, 1/3 (20.1.1895), 2.

[107] Zuschrift des großherzoglichen Consistoriums vom 8. 1. u. 13. 1. vom 1895, in: BA Potsdam NL. Naumann, Nr. 232, Bl. 106ff.; wieder abgedruckt in: Die Hilfe, 1/4 (27.1.1895), 5f.

[108] Naumann an Voelter (29.1.1895), Voelter an Naumann (31.1.1895) und Göhre an Naumann (29.1.1895), in: ASD NL. Göhre, Nr. 2, keine Paginierung. Naumann hatte vor, Stöcker und seine Anhänger wie Ludwig Weber, Dr. Burkhadt, Adolph Wagner und Julius Werner u. a. einzuladen. Von den „jüngeren" Christlich-Sozialen wurden Göhre, Wenck, Kulemann, Max Weber, Voelter, Lehmann, Lorenz eingeladen.

dem Naumann-Kreis. Es folgte eine Serie von Äußerungen gegen diese Gruppe und die „Hilfe".[109]

Von den „jüngeren" Christlich-Sozialen wurde vor diesem Hintergrund die Warnung vor der Trennung von den „älteren"[110] immer weniger wahrgenommen, und die Bildung einer selbständigen Organisation gewann immer mehr Anhänger. Dieser Wunsch setzte sich auch bei der weiteren Bereitschaft zur Zusammenarbeit mit der Stöcker-Gruppe weiter durch. Die Diskussionen um eine selbständige Organisation häuften sich gegen Ende 1895. Konkrete Vorschläge hierzu waren bereits Gegenstand einer Besprechung der „Freunde der Hilfe", die am 6 Juni in Erfurt stattfand.[111] Ab Herbst wurde die Organisationsfrage auch in der „Hilfe" selbst mehr und mehr diskutiert.[112] In den Versammlungen der „Freunde der Hilfe" für Nassau, Darmstadt und Frankfurt vom 4. und 8. Dezember wurde die Frage zum Hauptthema. So lautete der Titel des einleitenden Referates von Naumann: „Sollen die Nicht-Stöckerschen Christlich-Sozialen eine Organisation bilden, und welcher Art soll diese Organisation sein?"[113]

Die Frage der Bildung einer politischen Partei stand im Zentrum der Diskussion über eine selbständige Organisation. Naumann vertrat – befangen durch sein bisheriges Konzept – noch im November 1895 den Standpunkt, dass die Gegenwart für die Bildung einer politischen Partei noch nicht reif sei. Eher wollte er weitere sozialethische und sozialpolitische Agitationsvereinigungen gründen, die unabhängig von den vorhandenen politischen Parteien sein sollten. Er empfahl, nach dem Vorbild des Evangelischen Arbeitervereins oder der „Vereinigung von Freunden der Hilfe" sowie des „sozialwissenschaftlichen Vereins" weitere Organisationen zu bilden.[114] Doch viele Anhänger von Naumann forderten, so früh wie möglich eine eigenständige Partei

---

[109] Vgl. D. Oertzen, Adolf Stöcker, 106ff., 134ff., 140; K. E. Pollmann, Kirchenregiment, 158ff. Stöcker kritisierte die „jüngeren" Christlich-Sozialen aufgrund folgender Punkte: ihre Stellungnahme zur Sozialdemokratie, ihre Angriffe gegen die Konservativen und die Junker und schließlich ihre Zusammenarbeit mit liberalen Theologen.

[110] Z. B. Lorenz aus Erfurt schrieb am 10. Mai an Naumann, dass wie bisher „die Gewinnung der Geister für den großen ev[angelisch].-soz[ialen]. Gedanken" auf ihre Fahne geschrieben bleiben müsse, und äußerte sein Furchtgefühl: „ Wohl würde eine Spaltung nur Klarheit bringen, aber sie würde uns in die Stellung einer Sekte drängen." (BA Potsdam NL. Naumann, Nr. 232, Bl. 101ff.)

[111] Vgl. Briefkasten, in: Die Hilfe 1 (1895), Nr. 19, Nr. 25.

[112] Z. B. Unsere Organisation, ebd., 1/45 (10.11.1895), 2f.; Warum müssen wir organisieren, ebd., 1/48 (1.12.1895), 6.

[113] Die Hilfe, 1/50 (15.12.1895), 3f.

[114] Siehe Unsere Organisation, ebd., 1/45 (10.11.1895), 2f.; Briefkasten, in: ebd. 1/44 (3.11.1895). Die erste Lokalvereinigung der „Freunde der Hilfe" wurde im Sommer 1895 in Berlin von Tischendörfer und Dr. Jordan gegründet. Siehe hierzu das Rundschreiben Naumanns vom 14.8.1895, in: BA Potsdam NL. Naumann, Nr. 232, Bl. 99ff.

zu gründen. Diese Partei – so die Hoffnung – würde sich dann später zu einer richtigen Arbeiter- und Volkspartei entwickeln.[115]

In den oben erwähnten Versammlungen vom 4. und 8. Dezember[116] wurde klar, dass die Stimmung für die Bildung einer selbständigen Partei unter den „jüngeren" Christlich-Sozialen sehr stark war. Auf beiden Versammlungen vertrat Naumann noch einmal den Standpunkt, dass die Voraussetzungen für eine Parteibildung noch nicht reif seien.[117] Dem Bericht des Protokollanten zufolge lehnte auch Max Weber eine baldige Parteibildung klar ab.[118] Die ablehnenden Meinungen waren aber in der Minderzahl. Deshalb musste Naumann einen Kompromiss eingehen. Er äußerte, dass die „Freunde der Hilfe" darin einig seien, dass etwas Praktisches geschehen müsse, um die Konstituierung einer eigenen Partei energisch voranzutreiben. Auf der Versammlung vom 8. Dezember wurden die Forderungen nach einer baldigen Parteibildung noch lauter. Pfarrer Battenberg aus Frankfurt verlangte, wenigstens den „Ansatz" zu einer christlich-sozialen Partei ohne Zögern aufzuzeigen. Damit traf er, wie der Protokollant berichtet, die im Saal vorherrschende Stimmung: „Nach ihm traten alle Redner – mit nur einer bedeutungslosen Ausnahme – aufs lebhafteste für die Bildung eines solchen ‚Parteiansatzes' ein und bezeichneten allgemein den evangelisch-sozialen Vortragsverein [...] als geeignete Unterlage der neuen Bildung." Darüber hinaus wurde vielfach der Vorschlag gemacht, bei der kommenden Reichstagswahl christlich-soziale Kandidaten aufzustellen. Darauf gab es „allgemeinen Beifall". Schließlich wurde durch die beiden Versammlungen ein provisorischer Ausschuss für Hessen, Hessen-Nassau und Frankfurt gebildet, dessen erste Aufgabe in der Vorlage von Grundlinien für ein zukünftiges Parteiprogramm bestehen sollte.

Parallel zur Verdichtung des Parteibildungswunsches unter den „jüngeren" Christlich-Sozialen wurde auch ihr bisher unscharf definierter Grundgedanke über das Verhältnis von Religion und Politik präzisiert. Wie oben dargestellt, stand diese Frage im Mittelpunkt der Angriffe gegen die evangelisch-soziale Bewegung. Bei der Frage über die Verquickung von Religion und Politik ging es einerseits um die Grenzen der Tätigkeit von sozial engagierten Pastoren und andererseits um die Begründung gesellschaftspolitischer Forderungen aus der christlichen Ethik, wie sie auch für die sozial-

---

[115] Vgl. Göhre an Naumann (12.8.1895), in: BA Potsdam NL. Naumann, Nr. 114, Bl. 46f.; Wittenberg an Naumann (2.11.1895), in: ebd., Nr. 232, Bl. 89ff. (bes.: 89R.)

[116] Siehe dazu das Versammlungsprotokoll in der „Hilfe" der o.g. Nummer in: Anm. 114.

[117] Als Beispiel für die fehlenden Voraussetzungen nannte er: die Zahl von Christlich-Sozialen sei noch zu gering und die Gedankenarbeit für ein Parteiprogramm sei noch nicht weit genug fortgeschritten. Darüber hinaus nannte er den Geld- und Opferbereitschaftsmangel u. a.

[118] Max Weber meinte, dass politische Parteien erst durch „das Auftauchen großer politischer und nationaler Fragen" entstünden, d. h. erst wenn eine Gruppe von politischen Gesinnungsgenossen in die Lage käme, bestimmt bei der Lösung derartiger „Machtfragen" mitzuwirken, werde sie zur Partei: Die Christlich-Sozialen befänden sich gegenwärtig in den allerersten Vorstadien einer Parteibildung.

reformerische Arbeit von „jüngeren" Christlich-Sozialen bisher charakteristisch war. Aber Kritik am „Pastorensozialismus" und den „sozialen Pastoren" übten nicht nur die Kirchenbehörden, die Machteliten und der Kaiser, sondern auch ein Sympathisant der Naumannschen Richtung, der Professor Rudolph Sohm.[119] Seine Kritik auf dem Kongress für Innere Mission in Posen im September 1895 richtete sich insbesondere gegen Stöcker und dessen Anhänger. Dabei wollte er vor allem ein Umdenken der „jüngeren" Christlich-Sozialen in dieser Frage bewirken.[120] Sohm lehnte eine Verbindung des „Christlichen" mit dem sozialpolitischen und politischen Programm überhaupt ab. Er behauptete, das öffentliche Leben bestehe aus dem Kampf der gesellschaftlichen Klassen um die öffentliche Macht. Es gebe keine „christliche soziale Ordnung" und keinen „christlichen Staat" bzw. keine christliche Rechtsordnung. Damit kritisierte er nicht nur die sozialpolitischen Gedanken des „Pastorensozialismus", sondern auch dessen konservatives „christliches Staatsideal", obwohl er selbst konfessionell orthodox und politisch ein überzeugter Anhänger der deutschen konservativen Partei war.[121]

Entsprechende Selbstkritik gab es auch unter den „jüngeren" Christlich-Sozialen. Zur Beteiligung von Geistlichen an der Politik zeigte der Pfarrer Ebert in Hamburg eine negative Haltung. In seinem Brief an Naumann vom 17 Januar 1896 forderte er auf:

„Es lag thatsächlich bei manchen Pastoren eine Überschreitung des geistlich[en] Amtes vor. [...] Laß uns gehorsam predigen gegenüber dem Erlaß des Oberkirchenrats. Es ist gut, daß es so kommt. [...] Wir müssen uns neu einrichten auf den neuen Kurs. [...] Laß uns ruhig die Parole ausgeben: Wer nicht bereit ist, sein Pfarramt dranzugeben, der halte sich von jeder politischen Partei, von der politischen Aktion fern."[122]

Er schlug vor, die Arbeitsweise für die Bewältigung der „sozialen Aufgaben des Pfarramts" neu zu formulieren und zu untersuchen. Der Geistliche sei kein „Kämpfer", sondern „politischer Erzieher des Christenvolkes". Man müsse sich auf das Gemeindeleben zurückziehen. „Wir müssen", – so betonte er,– „den socialen Geist in den Gemeindeorganisationen lebendig machen." In diesem Sinne wies Ebert konkret auf seinen Plan hin, in Anlehnung an das Sulzesche Gemeindeideal „Gemeindeverei-

---

[119] Rudolph Sohm (1841-1917) war Professor für Recht in Leipzig, Kirchenrechtshistoriker und Rechtsphilosoph. Er wurde später Vorstandsmitglied des Nationalsozialen Vereins und spielte darüber hinaus neben Naumann eine führende Rolle. Zur Biographie Sohms vgl.: H. Fehr, Art. „Sohm", in: Deutsches Biographisches Jahrbuch, hrsg. v. Verband der Deutschen Akademien, Bd. II (1917-20), Stuttgart u. a. 1928, 150ff.

[120] Vgl. D. Oertzen, Adolf Stöcker, 114f.; D. Düding, Der Nationalsoziale Verein, 36; M. Wenck, Die Geschichte, 36f.

[121] Vgl. Verhandlungen des 28. Kongresses für innere Mission in Posen, Posen 1895, 31ff.

[122] Ebert an Naumann (17.1.1896), BA Potsdam NL. Naumann, Nr. 232, Bl. 61ff. hier: 62Rf.

ne" oder „evangelisch-soziale Erziehungsvereine für Angehörige aller Parteien" aufzubauen.[123] Obwohl sein Plan keinen Einfluss auf den Entscheidungsprozess zur Parteibildung unter den „jüngeren" Christlich-Sozialen ausübte, gab er mit seiner Formulierung der vorherrschenden Stimmung unter ihnen, dass die Grenzen der Teilnahme
der Geistlichen an der Politik klar bestimmt werden sollten, deutlichen Ausdruck.[124]

Göhre beispielsweise war in dieser Frage ähnlicher Meinung wie Ebert. Bis in die
frühen 1890er Jahre bestand bei Göhre der innere Widerspruch zwischen seinem
normativen Geistlichenbild und seinem sozialen Engagement fort. Bereits Ende der
80er Jahre hatte Göhre den Plan, eine christliche Arbeiterpartei „auf dem Boden des
wahren Rechtsstaates mit sozialem Programm" zu schaffen, um endlich „die sozialdemokratischen Arbeiter" vom „Anarchismus" zu trennen und diese wieder zu gewinnen.[125] Gleichzeitig aber war er der Meinung, dass es „für einen Theologen"
„unthunlich" sei, „aktiver Wirtschaftspolitiker zu sein". Er sah die Hauptaufgabe des
Theologen grundsätzlich in „sozialethische[r], sozialreligiöse[r] Arbeit in seiner Gemeinde und in seinem Kreise".[126] Daher hielt Göhre auch „das Getriebe der Parteibe-
wegung" der Theologen wie z. B. Stöcker für verworren.[127] Trotz seines sozialen Ex-
periments in einer Chemnitzer Fabrik und seines zunehmenden Interesses an nationalökonomischen und sozialpolitischen Themen gestand Göhre: „Ich mache jetzt einen
schweren innerlichen Kampf durch. In meiner Brust ringen sozusagen zwei Seelen:
die nationalökonomische u[nd] die religiöse."[128]

Erst im Laufe des Jahres 1895 gelangte Göhre schließlich zu einem klaren Standpunkt bezüglich der Rolle des „sozialen Pastors". Er konkretisierte seine Gedanken
im Zusammenhang mit dem Entwurf der von ihm erhofften christlich-sozial orientierten Reformpartei „aller kleinen Leute".[129] Er meinte, dass der Geistliche im Gemein-
deamt nicht geeignet für diese „im Kampf befindliche Klassenpartei" sei. Die Aufgabe der Geistlichen sei nicht „sozialer Kampf", sondern die „soziale Versöhnung". In
diesem Sinne könne der Geistliche kein Parteiführer oder Wahlkandidat, sondern
höchstens Wähler bzw. Anhänger sein. Dennoch bedürfe der Geistliche der sozialpolitischen und nationalökonomischen Vorbildung und Schulung, um seine sozialethische Aufgabe zu bewältigen. Darüber hinaus definierte er das Verhältnis zwischen
Politik und Christentum neu. So formulierte er klar:

[123] Ebd, Bl. 63 ff.

[124] Vgl. dazu: Die Resolution Naumanns in bezug auf den Oberkirchenerlass in der Versammlung der „jüngeren" Christlich-Sozialen in Erfurt vom 10/11.2.1896, in E. Kouri, dt. Protestantismus, 217.

[125] Göhre an Naumann (ohne Datum, doch inhaltlich zu urteilen wurde dieser vermutlich Brief im September
1888 geschrieben), in: BA Potsdam NL. Naumann, Nr. 3, Bl. 204ff. bes. 205R.

[126] Göhre an Naumann (1.1.1890), in: BA Potsdam NL. Naumann, Nr. 114, Bl. 18.

[127] P. Göhre, Was thun wir gegen die Sozialdemokratie?, in: Christliche Welt 3/49 (1889), 978ff., hier: 981.

[128] Göhre an Rade (3.12.1890), in: ASD NL. Göhre, Nr. 2, keine Paginierung.

[129] P. Göhre, Die ev.-soz. Bewegung, 177ff.

„Das Christentum muß zwar der künftigen Reformpartei Begeisterung und Mut, ihren Mitgliedern edle Gesinnung, Charakterfestigkeit und Opferfreudigkeit, ihrem sozialpolitischen Handeln das letzte Ideal geben; aber es kann ihm nicht auch ihr Programm, ihr politischen Ideen, ihre parlamentarisches Urteil, ihre volkswirtschaftlichen Ideen, ihre parlamentarische Taktik geben."[130]

Die Naumannsche Erklärung zu den Aufgaben seiner Gruppe vom Januar 1896 spiegelte die Parteibildungsforderungen und die entsprechenden konzeptionellen Änderungen unter den „jüngeren" Christlich-Sozialen wider, die im Laufe des Jahres 1895 immer mehr dominant wurden. Hier trennte Naumann die Aufgabe der „Christlich-Sozialen" in zwei Bereiche, einen politischen und einen religiösen. Gleichzeitig wies er darauf hin, dass später einmal zwei voneinander unabhängige Vereinigungen notwendig sein würden, um die entsprechenden Aufgaben aus beiden Bereichen ohne gegenseitige Schädigung bewältigen zu können und um die politische Verbindung mit religiös Andersdenkenden nicht zu behindern. In bezug auf die politische Aufgabe formulierte Naumann – noch konkreter als vorher – sein politisches Ziel als „regierungsfähigen Sozialismus" oder als „nationalen praktischen Sozialismus". Die Aufgabe der „Christlich-Sozialen" sei dessen Vorbereitung, und in diesem Sinne sei „eine leistungsfähige Ansammlung nationaler Sozialisten" notwendig.[131]

Am 10. und 11. Februar 1896 fand in Erfurt eine Versammlung des „engeren Kreises der jüngeren Christlich-Sozialen" statt. Diese Zusammenkunft war der entscheidende Schritt zur Gründung des Nationalsozialen Vereins. Hier wurde vor allem der Vorschlag Naumanns, einen provisorischen Propagandaverein für eine neue Partei zu gründen, einhellig angenommen. Der Naumannsche Gedanke berief sich auf den Nationalverein aus den 1860er Jahren.[132] So, wie der Nationalverein „aus dem utopischen, kosmopolitischen Liberalismus" eine „regierungsfähige Partei", d. h. die Nationalliberale Partei gemacht habe, brauche man jetzt „einen centralisierten Verein für ganze Deutschland, einen Propagandaverein im großen, einen neuen Nationalverein", um „den Sozialisten" zu „nationalisieren". Dabei äußerte er seinen Grundgedanken, auf dem die Grundsätze des späteren Nationalsozialen Vereins beruhten: Der Verein müsse „die Gebildeten ins Lager der Arbeiter ziehen und die Arbeiter dem [N]ationalen zugänglich machen, um dann, wenn sich der praktisch gesinnte Teil der Sozialdemokratie abspaltet, die neue Partei zu bilden".[133]

---

[130] Ebd. (Das Zitat: 187.)
[131] Was wir wollen?, in: Die Hilfe, 2/1 (5.1.1896), 1ff.
[132] Vgl. zur detaillierten Geschichte des Nationalvereins A. Biefang, Politisches Bürgertum, Düsseldorf 1994.
[133] 28 Personen nahmen daran teil. Das Protokoll dieser Versammlung befindet sich in: BA Koblenz Nachlaß Delbrück, Nr. 32 unter dem Titel: „Neuer Deutscher Nationalverein" und wird wiedergegeben in: E. Kouri, a. a. O, 214ff. (hier: 218.)

Auf dieser Versammlung tauchte auch der Parteiname „Nationalsozialer Verein"
auf. Der Lithograph Christian Tischendörfer schlug die Bezeichnung „nationalsozial"
als Namen für den von Naumann konzipierten Verein vor. Tischendörfer betonte damit, dass die Tradition des Nationalvereins unter Akzentierung der Gesellschaftspolitik forgeführt werden sollte.[134] Darüber hinaus wurde ein Ausschuss von acht Männern[135] gewählt, der die politischen und sozialen Programme der geplanten Partei vorbereiten sollte.

Auf der Heidelberger Versammlung des „Ausschusses der jüngeren Christlich-
Sozialen" vom 6. August wurde vor allem die Gründung einer eigenen Tageszeitung
beschlossen, die dem Hauptorgan „Volk" der „älteren" christlich-sozialen Richtung
entsprechen sollte. Dabei bekamen Hellmut v. Gerlach und Heinrich Oberwinder, die
bisher das „Volk" redigiert hatten, den Auftrag, bei der neuen Zeitung als Redakteure
mitzuwirken.[136] Seit dem 1. Oktober erschien die eigene Tageszeitung in Berlin unter
dem Titel „Die Zeit. Organ für nationalen Sozialismus auf christlicher Grundlage".[137]

Vom 23. bis zum 25. November 1896 fand im Kaisersaal zu Erfurt endlich die Ver-
treterversammlung der „nichtkonservativen Christlich-Sozialen" für die Programm-
und Organisationsberatung statt. Auf dieser Versammlung wurde der Nationalsoziale
Verein gegründet. Und obwohl die meisten Teilnehmer die Bildung einer politischen
Partei erwarteten, schlug Naumann – wie bisher – die Schaffung eines politischen
Propagandavereins für die Vorbereitung einer politischen Partei vor.[138] Trotz dieser
Differenz waren sich Naumann und seine Anhänger darüber einig, dass der Nationalsoziale Verein eine provisorische Organisation für die Vorbereitung einer sozialreformerischen Arbeiter- bzw. Volkspartei unter dem Banner eines „nationalen Sozia-
lismus" sein sollte. Danach entwickelte sich der Nationalsoziale Verein tatsächlich zu
einer politischen Partei, die an den Reichtagswahlen von 1898 und 1903 teilnahm.
Jedoch blieb bei der Entwicklung des Nationalsozialen Vereins zu einer politischen

---

[134] Siehe dazu: Tischendörfer an Naumann (13.9.1901), in: BA Potsdam NL. Naumann, Nr. 148, Bl. 14ff.:
„[D]aß ich das Wort ‚nationalsozial' zuerst ausgesprochen habe, das trifft für unseren Kreis vielleicht zu,
hängt aber mit einer Diskussion zusammen, welche es mir keineswegs gestattet, mich als den Erfinder dieses Wortes zu bezeichnen. An der vertraulichen Erfurter Sitzung wollten Sie einen neuen Nationalverein
und war es uns allen auf Grund Ihrer glänzenden Beweisführung klar, dass das Wort ‚national' in unserer
Firma hineingehöre. Ich machte jedoch darauf aufmerksam, dass das nicht genüge, da eine Partei der Zukunft ohne das Wort ‚sozial' in ihrem Namen nicht auskommen könne. Da nun ‚deutschsozial', was sich
besser ausspreche, bereits vergeben sei, müsse man eben vielleicht ‚nationalsozial' wählen." (Zit.: Bl. 14.)

[135] Gottfried Traub, Wilhelm Kulemann (für ihn als Vertreter: Ernst Lehmann), Friedrich Naumann, Gerhart
v. Schulze-Gävernitz, Max Weber, Paul Göhre, Paul Scheven und Pfarrer Rauh.

[136] Die Hilfe, 2/33 (16.8.1896), 2; Rundschreiben Naumanns an die Mitglieder des Ausschusses der jüngeren
Christlich-Sozialen vom 15.9.1896, in: BA Potsdam NL. Naumann, Nr. 232, Bl. 18f.

[137] Diese Zeitung erschien wegen Geldmangels nur bis zum 30. September 1897.

[138] Vgl. Protokoll über die Vertreter-Versammlung aller National-Sozialen in Erfurt, 1896.

Partei das konkrete Zielbild bezüglich der erhofften Zukunftspartei eines „nationalen Sozialismus" unter den Gesinnungsgenossen umstritten.[139]

Der Naumann-Kreis bezeichnete sich oft als Heimat für die bisher „politisch Heimatlosen".[140] In der Folge bot sich der Nationalsoziale Verein vor allem als neues Sammelbecken für die politischen Überläufer an, die aus den vorhandenen bürgerlichen Parteien austraten. Deren häufigstes Motiv war, dass sie für ihren „Drang nach Sozialreform" in ihren bisherigen Parteien kein Echo fanden.[141] Im wesentlichen rekrutierten sich die Mitglieder des Nationalsozialen Vereins aus dem Kreis der „jüngeren" Christlich-Sozialen. Hinzu kamen diejenigen, die überwiegend aus der konservativen (insbesondere aus dem christlich-sozialen Kreis Stöckerscher Richtung) sowie aus der nationalliberalen Partei stammten. Dagegen kam trotz der Behauptung des Naumann-Kreises bezüglich der Anteilnahme ehemaliger Sozialdemokraten[142] kaum jemand aus der sozialdemokratischen Partei, abgesehen von dem Publizisten Max Lorenz (1871–1906).

[139] Siehe unten „B. Von der Nah- zur Fernerwartung"(2. Teil/Kap. IV).

[140] Siehe z. B. die Begrüßungsversammlung in Erfurt, in: Die Zeit 1/46 (24.11.1896); Nationalsozialer Wegweiser (1902), 3; Weinheimer, K. Ch. Plank, in: Die Hilfe 4/3 (1898), 5.

[141] M. Maurenbrecher, Wochenschau, in: ebd. 6/34 (1900), 1.

[142] Vgl. etwa A. Damaschke, Was ist Nationalsozial?, Berlin o. J., 28ff.

II. Der Nationalsoziale Verein als politische Organisation des Naumann-Kreises

1. Die repräsentativen Personen

Ein wesentliches Kennzeichen des Nationalsozialen Vereins besteht darin, dass er von einer Reihe von engen Freunden und Anhängern Naumanns repräsentiert wurde, deren absolute Mehrheit sich aus Vertretern der bildungsbürgerlichen Schichten zusammensetzte. Ein Teil der engen Freunde und Anhänger Naumanns war formell Mitglied im Nationalsozialen Verein. Andere beteiligten sich inoffiziell an der politischen Arbeit dieses Vereins. Alle wichtigen politischen Entscheidungen und die offizielle Programmarbeit des Nationalsozialen Vereins wurden maßgeblich von diesem engen Freundes- und Anhängerkreis Naumanns beeinflusst. Damit blieb der Nationalsoziale Verein trotz seiner Organisationsversuche in Richtung einer modernen Massenpartei wesentlich eine „Personalgemeinde Naumanns".[143]

Von der Bildung der Richtung der „jüngeren" Christlich-Sozialen bis zur Anfangsphase des Nationalsozialen Vereins rekrutierte sich der enge Freundes- und Anhängerkreis Naumanns zum großen Teil aus sozialpolitisch engagierten Geistlichen. Diese waren wie *Naumann* (geb. 1860) meist in den 1860er Jahren geboren worden und lassen sich in zwei Typen untergliedern.

Den ersten Typus bildeten die christlich-sozialen Pastoren, deren Interesse an sozialer Arbeit hauptsächlich in den Evangelischen Arbeitervereinen verwirklicht wurde. Neben *Göhre* (geb. 1864) gehörten folgende Männer zum engen Freundeskreis Naumanns: der Mannheimer Stadtvikar, Leiter des dort gegründeten Evang. Arbeitervereins und spätere Hornberger Stadtpfarrer *Ernst Lehmann* (geb. 1861); der Vorsitzende des württembergischen Landesverbandes Evang. Arbeitervereine und Stuttgarter Stadtpfarrer *Theodor Traub* (geb. 1860); sowie der Vorsitzende des badischen Landesverbandes Evang. Arbeitervereine und Vereinsgeistlicher der Inneren Mission *Martin Wenck* (geb. 1862).[144] Ebenfalls als Freunde oder Anhänger Naumanns galten der Sekretär des Kölner Evang. Arbeitervereins und spätere Pastor in Bremen *Walther Götz*; der Frankfurter Pfarrer und Mitleiter des dort gegründeten Evang. Arbeitervereins *Friedrich W. Battenberg* (geb. 1847); der Vorsitzende des mitteldeutschen Ver-

---

[143] H. v. Gerlach, Von Rechts, 153.

[144] Zur Biographie Lehmanns und Wencks siehe G. Hübinger, Kulturprotestantismus (1994), 70ff. Auch bezüglich Lehmann, E. Lorenz, Kirchliche Reaktionen auf die Arbeiterbewegung, Sigmaringen 1987.

bandes Evang. Arbeitervereine *Ottomar Lorenz* aus Erfurt; einer der Leiter der westfälischen Evang. Arbeitervereine, *Franz Arndt* aus Vollmarstein; sowie der Leiter der Hamburger Evang. Arbeitervereins Pfarrer *Ebert*.[145]

Viele dieser Freunde und Anhänger Naumanns zogen sich während der oben erwähnten Krisenzeit der christlich-sozialen Bewegung von ihrer offiziellen politischen Arbeit zurück. An der politischen Arbeit des Nationalsozialen Vereins beteiligten sich jedoch weiterhin Battenberg, Lehmann und insbesondere Göhre als zweiter Vorsitzender (März 1897 – September 1898) sowie Wenck als Vereinssekretär (bis April 1901).

Weitere wichtige Anhänger Naumanns waren: *Erwin Gros* (geb. 1865), *Hermann Kötzschke* und *Julius Werner*. Kötzschke aus Sangerhausen verlor wegen des Konfliktes mit dem Großindustriellen Stumm sein Pfarramt und wurde später zweimal als Kandidat des Nationalsozialen Vereins für die Reichstagswahlen aufgestellt. Gros und Werner waren Vertreter des christlichen Sozialismus Stöckerscher Richtung, standen aber zugleich Naumann nahe. Als Werner aus der christlich-sozialen Partei Stöckers austrat und beabsichtigte, an der Gründung des Nationalsozialen Vereins teilzunehmen, verbot der Evangelische Oberkirchenrat seine Teilnahme. Um sein Pfarramt nicht zu verlieren, musste er auf die weitere politische Mitarbeit bei Naumann verzichten.[146] Dagegen trat Gros trotz einer Bestrafung durch die Hessen-Nassausche Kirchenbehörde dem Nationalsozialen Verein bei.[147]

Neben diesen – wie ihre Gegner sie nannten – „politischen Pastoren gab es einen zweiten Typus von solchen Pastoren und Theologen, die erst nach der Gründung der „Hilfe" oder erst nach der Bildung des Nationalsozialen Vereins Mitarbeiter von Naumann wurden: *Arthur Bonus* (geb. 1864), dessen Name vor allem mit der „deutschkirchlichen Bewegung" eng verbunden ist, *Arthur Titus* (geb. 1864), der spätere Kieler Theologieprofessor, sowie die Göttinger und Marburger Theologiedozenten, die die sog. religionsgeschichtliche Schule repräsentierten, wie *Wilhelm Bousset* (geb. 1865), *Adolf Deißmann* (geb. 1866), *Caspar René Gregory* (geb. 1846) und *Johannes Weiß* (geb. 1863). Außerdem sind noch zu nennen die noch jüngeren Theologen wie *Max Maurenbrecher* (geb. 1874), *Paul Rohrbach* (geb. 1869), *Gottfried Traub* (geb. 1869), jüngerer Bruder des oben genannten Theodor Traub, und *Friedrich Weinhausen* (geb. 1867).

Gregory war der zweite Vorsitzende des Nationalsozialen Hauptvereins von der Gründungszeit bis März 1897. Bousset war seit Anfang 1903 als Vorsitzender des Göttinger nationalsozialen Vereins tätig.[148]

---

[145] Zur Tätigkeit dieser Pastoren siehe K.-E. Pollmann, Landesherrliches, passim.

[146] Vgl. ebd., 240f.; Protokoll (23.-25. Nov. 1896), 30f.

[147] Hierzu siehe, F. Naumann, Pfarrer Gros, in: Die Hilfe 3/46 (1897), 3f.

[148] Vgl. StadtA Gö Pol. Dir. Fach 161, Nr. 9, Bl. 21f.

Maurenbrecher, Rohrbach und Weinhausen spielten eine wirksame Rolle in der Publizistik des Nationalsozialen Vereins. Sie begannen dort ihre Karriere als politische Publizisten. Maurenbrecher, dessen gesamter Lebenslauf durch die politisch-weltanschaulichen Schwankungen zwischen der radikal nationalistisch-konservativen Richtung und dem sozialdemokratischen Reformismus sowie zwischen Protestantismus und Monismus charakterisiert ist, war vor allem als Schriftleiter der „Hilfe" und als Vereinssekretär (seit Mai 1901) tätig.[149] Rohrbach war Schriftleiter bei der nationalsozialen Wochenschrift „Die Zeit" und bekannt als Spezialist für imperialistische Außenpolitik.[150] Weinhausen beschäftigte sich mit sozialpolitischen Fragen und den Gewerkschaften. Traub, der später durch den kirchlichen Kampf der Reinoldigemeinde in Dortmund als Vorkämpfer für den kirchlichen Liberalismus bekannt wurde, nahm an der politischen Arbeit des Nationalsozialen Vereins sehr aktiv teil. Seit 1901 war er Vorstandsmitglied des Nationalsozialen Hauptvereins.[151]

Neben diesen jungen Geistlichen ist als eine der wichtigsten Persönlichkeiten für Naumann *Rudolph Sohm* zu nennen. Dieser Leipziger Professor für Kirchenrecht bzw. Rechtsgeschichte war nicht nur einer der Ratgeber und Anhänger Naumanns aus dem Kreis namhafter Gelehrter, die im Evangelisch-Sozialen Kongress eine wichtige Rolle spielten. Anders als z. B. *Hans Delbrück* oder *Adolf von Harnack* beteiligte er sich an der Gründung des Nationalsozialen Vereins. Darüber hinaus zeichnete er sich neben Naumann als „Führer" dieses Vereins aus. Um Sohm formte sich eine bestimmte politische Richtung innerhalb des Nationalsozialen Vereins, nämlich die „konservative Richtung".[152] So beschrieb Dietrich v. Oertzen, ein Anhänger Stöckers, satirisch Sohm und Naumann als „zwei Führer" des Nationalsozialen Vereins, „deren Ansichten sich wie Feuer und Wasser verhielten: der edle und feine Sozialaristokrat Sohm [...], und der idealistische Salonproletarier Naumann [...]."[153]

Zu den bedeutenden Angehörigen des engeren Naumann-Kreises kann ebenfalls eine Reihe liberaler Nationalökonomen gerechnet werden. Junge Nationalökonomen wie *Max Weber* (1864–1920) und *Gerhart von Schulze-Gävernitz* (1864–1943) gehörten bereits – wie oben erwähnt – dem engeren Kreis der „jüngeren Christlich-Sozialen" an und beteiligten sich aktiv an der Formulierung der politischen Grundsätze für die Gründung des Nationalsozialen Vereins.[154] Allerdings nahm Max Weber an

[149] Vgl. M. Jansen, Max Maurenbrecher, Diss. München 1964; L. Bily, „Schwer aber ist es, zu bleiben", in: Liberal 33 2 (1991), 117ff.

[150] Vgl. P. Rohrbach, Um des Teufels Handschrift, Hamburg 1953.; W. Mogk, Paul Rohrbach und das „Größere Deutschland", München 1972.

[151] Vgl. G. Traub, Erinnerungen, München 1949.

[152] Siehe unten „B. Von der Nah- zur Fernerwartung"(2. Teil/Kap. IV).

[153] D. v. Oertzen, Von Wichern bis Posadowsky, 161.

[154] Zu den jüngeren Nationalökonomen vgl. D. Krüger, Nationalökonomen im wilhelminischen Deutschland, Göttingen 1983.

der Arbeit des schließlich gegründeten Vereins nicht mehr aktiv teil. Dies lag teilweise an Differenzen hinsichtlich parteipolitisch-strategischer Fragen, die zwischen ihm und anderen Mitarbeitern entstanden, noch mehr aber wurde seine Aktivität durch seine Gesundheitsprobleme behindert. Trotzdem unterstützte er den Verein ununterbrochen finanziell.[155] Dagegen engagierte sich Schulze-Gävernitz persönlich. Er übte Einfluss auf die Handels- bzw. Zollpolitik des Nationalsozialen Vereins aus. Dazu beeinflusste er den Entscheidungsprozess zur Fusion mit der Freisinnigen Vereinigung.

Lujo Brentano (1844–1931), ein prominenter liberaler Sozialreformer im deutschen Kaiserreich, spielte eine ähnliche Rolle wie Schulze-Gävernitz. Aber darüber hinaus motivierte er viele seiner Münchener Studenten, beim Nationalsozialen Verein mitzuarbeiten. Seine Schüler, z. B. der Historiker *Walter Goetz* (1864–1928) und der Althistoriker *Ludwig Curtius* (1874–1954) sowie der Publizist *Eugen Katz* (1881–1937), spielten aktive Rollen entweder im Münchener Nationalsozialen Lokalverein oder in der Redaktionsstelle der „Hilfe".[156] In der Naumann-Forschung wurde die Bedeutung Brentanos für den Nationalsozialen Vereins bisher nur wenig beachtet. Im Naumann-Kreis selbst jedoch wurde Brentano als einer der „geistigen Nährväter der nationalsozialen Partei" neben Sohm hoch geschätzt.[157]

Darüber hinaus gehörten zu den engen Vertrauten Naumanns und zugleich zu den repräsentativen Persönlichkeiten des Nationalsozialen Vereins Publizisten und Schriftsteller wie *Helmut von Gerlach* (1866–1935)[158], der Bodenreformer *Adolf Damaschke* (1865–1935) und *Paul Scheven*, der sich als promovierter Sozialwissenschaftler und als Chefredakteur des Dresdener Arbeiterblattes vor allem mit dem Evangelischen Arbeiterverein beschäftigt hatte. Zu diesen Persönlichkeiten zählten auch der Jenaer Pädagogikprofessor *Wilhelm Rein* (1847–1929) und der Göttinger Verleger *Wilhelm Ruprecht* (1858–1943). Alle genannten Personen wurden entweder Vorstandsmitglieder (Damaschke, Gerlach und Ruprecht) oder Mitglieder der Kontrollkommission des Nationalsozialen Vereins (Rein und Scheven). Insbesondere Gerlach und Damaschke waren neben Naumann und Maurenbrecher die repräsentativen Agitatoren des Nationalsozialen Vereins. Auch *Wilhelm Kulemann* (1851–1926), nationalliberaler Sozialpolitiker und bisheriger Anhänger der „Jungen", spielte auch oh-

---

[155] Vgl. W. Mommsen, Max Weber und die Deutsche Politik, Tübingen 1974², 132ff.; M. Weber, Max Weber, Tübingen 1984, 235f.; J. Villain, Der Ns. Verein, 182 (bes. Anm.: 212).

[156] Vgl. J. J. Sheehan, The Career of Lujo Brentano, Chicago/London 1966, 144. Auch siehe folgende ausführliche Darstellungen: W. Goetz, Historiker in meiner Zeit, Köln/Graz 1957, 28ff. u. 270ff.; L. Curtius, Deutsche und antike Welt. Lebenserinnerungen, Stuttgart 1950, 83ff. u. 105ff.; Eugen Katz an Brentano (12.5.1903), BA Koblenz NL. Brentano, Bl. 2ff.

[157] Pressestimme: „Nationalliberale Jugend", in: Die Hilfe 9/31 (1903), 6.

[158] Vgl. F.-G. Schulte, Der Publizist Hellmut von Gerlach (1866-1935), Diss. Münster 1986.

ne offizielle Mitgliedschaft eine wichtige Rolle bei der Gestaltung der Politik des Nationalsozialen Vereins, und zwar als enger Mitarbeiter und Berater Naumanns.[159]

Neben den bisher erwähnten Mitarbeitern aus den bildungsbürgerlichen Schichten zählte auch eine kleine Gruppe von gelernten Arbeitern aus den Evangelischen Arbeitervereinen zum Organisationskern um Naumann. Hierzu gehörten der Werkmeister *Justus Bärrn* aus Frankfurt a. M., der Graveur *Paul Haag* aus Frankfurt a. M., der Graveur *Otto Schaal* (geb. 1876) und der Lithograph *Christian Tischendörfer* aus Berlin. Insbesondere Haag und Schaal spielten eine aktive Rolle als Mitglied der Kontrollkommission, ebenso Tischendörfer als Agitator und Vorstandsmitglied (seit Okt. 1899) des Nationalsozialen Vereins.

In diesem Zusammenhang ist zu bemerken, dass neben dem engen Kreis um Naumann auch der Bodenreformerkreis innerhalb des Nationalsozialen Vereins eine wichtige Subgruppe bildete. Beide Gruppierungen können allerdings nicht klar getrennt werden. Personen wie Damaschke, Rein und Schaal waren gleichzeitig überzeugte Anhänger der Bodenbesitzreform. Andersherum bekannten sich viele Bodenreformer als Anhänger Naumanns. *Adolf Pohlmann* (1854–1920), ein berühmter bodenreformerischer Schriftsteller und Großkaufmann, spielte eine wirksame Rolle als Vorstandsmitglied (seit Okt. 1898) im Nationalsozialen Verein. Die Dortmunder Sozialwissenschaftliche Vereinigung, die unter der Leitung des Oberlehrers *Carl Guttmann* eigentlich als Lokalverein des Nationalsozialen Vereins eine Rolle spielte, war zugleich ein korporatives Mitglied des Bundes der deutschen Bodenreformer Damaschkes.[160] Außerdem waren z. B. der Oberlehrer *W. Flegler* aus Hessen, der sechsmal an der Delegiertenversammlung des Nationalsozialen Vereins teilnahm, und der Sanitätsrat *Philip Biedert*, der 1897 als Delegierter für den Elsass gewählt wurde, Anhänger der Bodenreformbewegung.

---

[159] Vgl. W. Kulemann, Politische Erinnerungen, Berlin 1911, 184ff.

[160] Siehe dazu StA Dortmund, Best. Nr.5.-Lfd. Nr. 95.: „Sozialwissenschaftliche Vereinigung", Bl. 57. Die Dortmunder Sozialwissenschaftliche Vereinigung änderte im Mai 1902 ihren Namen in „Verein für kommunale Reform" und entwickelte sich im September 1903 zu einem Lokalverein des liberalen Wahlvereins unter dem Namen Nationalsozialer Verein. (Vgl. ebd. Best. Nr. 5.-Lfd. Nr. 123.: „Sozialliberaler Verein", Bl. 9f.)

2. Die Entwicklung und die Auflösung des Nationalsozialen Vereins

Mit der Gründung des Nationalsozialen Vereins entwickelte sich der Naumann-Kreis zu einer politischen Gruppierung. Er bezeichnete sich danach nicht mehr als die „jüngeren Christlich-Sozialen", sondern als die „Nationalsozialen".[161] Wie dieser Bezeichnungswechsel andeutete, wurde die sozialethische Begründung der Notwendigkeit einer Sozialreform allmählich abgeschwächt. Als Grundlage der Argumentation für eine Sozialreform galt immer mehr der Gedanke eines nationalen Machtstaats. Dies wurde schon in § 1. der „Grundlinien" des Nationalsozialen Vereins wie folgt ausgedrückt: „eine Politik der Macht nach außen und der Reform nach innen".[162]

Der politische Interessensbereich des Naumann-Kreises erweiterte sich über soziale Fragen hinaus auf gesamtstaatliche Fragen. Der Nationalsoziale Verein nahm teil an den Auseinandersetzungen um die aktuellen innen- und außenpolitischen Themen im wilhelminischen Kaiserreich: Er forderte einerseits die Ausdehnung des allgemeinen Wahlrechts auf den Landtag (insbesondere auf den preußischen Landtag) und während des Hamburger Hafenarbeiterstreiks im Winter 1896/97 die Streik- und Koalitionsfreiheit für die Arbeiter. Auch bekämpfte er die Zuchthausvorlage von Mai 1899, die ein Antistreikgesetz vorsah.[163] Andererseits warb der Verein aber für die Flottenpolitik der Regierung. Beispielsweise war bei der ersten Flottenvorlage vom 30. Nov. 1897 die „Hilfe" des Nationalsozialen Vereins „fast das einzige deutsche Blatt", dessen „gesamte Mitarbeiter vom ersten Augenblick an in der Flottenfrage den Regierungsforderungen im vollsten Umfange" zustimmten.[164] Darüber hinaus beteiligte sich der Nationalsoziale Verein seit dem Darmstädter Delegiertentag im Jahr 1898 an den Debatten um die Handelsvertragsfrage sehr aktiv. Hierbei zeigte er sich klar als radikaler Vertreter der freihändlerischen Richtung gegenüber dem agrarischen Protektionismus.

So profilierte sich der Nationalsoziale Verein in der Öffentlichkeit als politische Partei, die nicht nur für soziale und politische Reformen eintrat, sondern auch für den Imperialismus und Industriekapitalismus. Bei seinem Versuch, diese Ziele miteinander in Einklang zu bringen, hatte der Nationalsoziale Verein an zwei politischen Fronten zu kämpfen: einerseits mit der Sozialdemokratie und andererseits mit den bürgerlich-

---

[161] Hierzu vgl. Was wollen wir Nationalsozialen? (Der Flugblatt des Nationalsozialen Vereins Nr. 1, in: Brandenburg. LHA., Rep. 30, Berlin C, 15326, Bl. 202.)

[162] Siehe die Grundlinien des Nationalsozialen Vereins (Beschlossen Erfurt 1896).

[163] Vgl. D. Düding, Der Ns. Verein, 102ff, 109ff. u. 114ff.

[164] Die Hilfe 3/2 (1897), 3. (Zit. nach: ebd., 112.)

konservativen Sammlungsparteien. Hinsichtlich der Sozialdemokratie versuchte der Naumann-Kreis grundsätzlich eine Annäherung an die Revisionisten bzw. Reformisten, bekämpfte aber die Marxisten. Bei seiner Strategie bezüglich der Sammlungsparteien stand die Bekämpfung der preußischen Konservativen im Mittelpunkt.

Doch die Parteipolitik des Naumann-Kreises blieb für die zeitgenössischen Außenstehenden oft ambivalent.[165] Insbesondere in bezug auf die Sozialdemokratie erschienen sowohl Agitation als auch Wahltaktik des Nationalsozialen Vereins inkonsistent. Alle Versuche der Annäherung an die sozialdemokratischen Arbeiterbewegung waren seit der Gründung des Nationalsozialen Vereins innerhalb des Naumann-Kreises immer umstritten. Bei den Reichstagswahlen des Jahres 1898 beschlossen, entgegen den Erwartungen Naumanns und Göhres, fast alle – vermutlich alle – nationalsozialen Wahlvereine, bei den Stichwahlen für die nationalen und bürgerlichen und nicht für die sozialdemokratischen Kandidaten zu stimmen.[166] Die Widersprüche wurden durch die Agitationsweise des Nationalsozialen Vereins weiter verstärkt. Trotz seiner Kritik an den Konservativen übernahm der Verein die konservativen Forderungen nach einer starken Monarchie und einem starken Heerwesen als Kampfmittel gegen die Sozialdemokratie, obwohl er diese ansonsten anerkannte.[167]

Die Absicht des Naumann-Kreises, den Nationalsozialen Verein zu einer Massenpartei zu entwickeln, konkretisierte sich in seinen Bemühungen, eine moderne Parteiorganisation aufzubauen. Beim Aufbau der Organisation nahm der Naumann-Kreis die Organisation der Sozialdemokratie zum Vorbild. Übernommen wurde sowohl die Delegiertenwahl in den Wahlkreisen als auch das Vertrauensmännersystem – Vertrauensmänner als Vermittler zwischen dem Vorstand und den einzelnen Mitgliedern in den Wahlkreisen.[168]

Die Zentralorganisation bestand aus einem Vorstand, einem Vereinssekretär und einer Kontrollkommission. Für den Sitz des Vorstandes wurde zu Anfang Leipzig gewählt, 1898 dann die Verlagerung nach Berlin. Zugleich wurde die Zahl der Vorstandsmitglieder von sieben Mitgliedern auf zwölf erweitert.[169] In Berlin befanden sich auch die Redaktionsstellen der Hauptorgane des Nationalsozialen Vereins wie der „Hilfe" (seit 1897) und der„Zeit", die bis September 1897 unter dem Nebentitel „Organ für nationalen Sozialismus auf christlicher Grundlage" als Tageszeitung und wiederum seit 1901 unter dem Nebentitel „Nationalsoziales Wochenblatt" als Wo-

---

[165] Vgl. P. Theiner, Sozialer Liberalismus (1983), 78f.

[166] Vgl. D. Düding, Der Ns. Verein, 85ff., 129ff.; Die Hilfe 4/27 (1898), 2 u. 10ff.

[167] Vgl. An die Wähler!, in: ebd. 4/19 (1898), 1: „Die Sozialdemokratie steht allen Machtanforderungen des deutschen Volkes feindlich gegenüber. Sie ist gegen die Monarchie. Sie will kein leistungsfähiges Heerwesen. Sie schädigt damit den deutschen Staat, sie schädigt ebenso die Lebensinteressen der aufwärts strebenden Volksmenge."

[168] Vgl. D. Düding, Der Ns. Verein, 135f.

[169] Vgl. Protokoll (Darmstadt 25.-28. Sept. 1898).

chenschrift erschien. Neben der Zentralorganisation wurden nicht nur Ortsvereine, sondern auch Provinzial- und Landesvereine gegründet, die als Mittler zwischen der Zentrale und den örtlichen Organisationen fungieren sollten. Die erste Landesorganisation wurde im Februar 1900 in Schleswig-Holstein in der Form eines föderativen Zusammenschlusses von Lokalvereinen gebildet. Der erste formale Landesverein entstand in Hessen (November 1900), und die folgenden wurden in Württemberg (Juli 1901), im Königreich Sachsen (Oktober 1902) und in Baden (Dezember 1902) gegründet.[170]

Darüber hinaus stellte der Nationalsoziale Verein wie der Nationalverein in den 1860er Jahren einen berufsmäßigen Agitator ein, dessen Tätigkeit vom Vereinssekretär kontrolliert werden sollte. Die Wahl fiel auf den ehemaligen sozialdemokratischen Schriftsteller Max Lorenz.[171]

Die Finanzierung des Nationalsozialen Vereins erfolgte grundsätzlich durch Mitgliedsbeiträge. Jedoch wurde ein erheblicher Teil der Finanzierung durch nur wenige Geldgeber geleistet. Als wichtigste Förderer sind zu nennen: Charles Hallgarten (1838–1908), ein deutsch-amerikanischer Bankier jüdischer Abstammung, der politisch dem linksliberalen Lager nahe stand, und der Bodenreformer und Großhändler A. Pohlmann. Die übrigen Förderer kamen überwiegend aus bildungsbürgerlichen Schichten. Der Vereinssekretär Maurenbrecher bemerkte hierzu: „Unsere besten Geldgeber sind keine ‚Finanzgrößen', sondern einige deutsche Bildungsvertreter in verschiedenen Städten, die aus Überzeugung bei uns stehen und aus persönliche Liebe zu Naumann ihm größere Summen für den Wahlkampf zur Verfügung gestellt haben."[172] Zu diesen gehörten z. B. Gerhard v. Schulze-Gävernitz, Max Weber, Wilhelm Kulemann, Hans Delbrück und der Tübinger Nationalökonom Friedrich J. Neumann (1835–1910). Aber der Geldmangel belastete ständig die Arbeit des Nationalsozialen Vereins.[173]

Das Jahr 1898 war eine Zäsur in der Politik des Naumann-Kreises. Im Laufe jenes Jahres distanzierte man sich allmählich vom bisherigen strategischen Leitgedanken – der Entwicklung des Nationalsozialen Vereins zu einer neuen Arbeiterpartei, die durch die Vereinigung mit der Mehrheit der gemäßigten Sozialdemokraten gegründet werden sollte. Aus den Bemühungen heraus, die parteipolitische Strategie neu zu formulieren, entstand das Konzept eines antiagrarischen Bündnisses von bürgerlichem Liberalismus und Arbeiterbewegung. Dieses Konzept firmierte unter dem Titel „Gesamtliberalismus" bzw. „Kartell der Linken", und es wurde im Vorfeld der Reichstagswahlen von 1903 konkretisiert.

---

[170] Vgl. Ebd., 132ff.

[171] Siehe hierzu BA Potsdam NL. Naumann, Nr. 53 (Protokoll der Vorstandssitzungen), Bl. 14ff.

[172] M. Maurenbrecher, Klarstellung, in: Die Hilfe 9/33 (1903), 4f.

[173] Vgl. J. Villain, Der Ns. Verein, 180ff. Zur Person Hallgarten siehe Th. Heuss, Naumann (1949²), 81.

Von den Motiven und dem Entscheidungsprozess für diese parteipolitische Wende wird später ausführlich die Rede sein. Im gegenwärtigen Zusammenhang ist zu bemerken, dass gemäß dieser konzeptionellen Wende in der parteipolitischen Strategie auch der politische Liberalismus immer mehr in den Vordergrund der Gedankenwelt des Naumann-Kreises trat. So schlug z. B. Christian Tischendörfer, der aus der Christlichsozialen Partei Stöckers stammte, 1901 die Ersetzung des bisherigen Namens „Nationalsozial" durch die Bezeichnung „Sozialliberal" für die Organisation des Naumann-Kreises vor. Er begründete dies folgendermaßen:

„Unser Kampf um eine freiheitliche Sozialpolitik auf nationaler Grundlage hat uns, soweit wir dies nicht schon waren, zu liberalen Männern gemacht und reaktionäre Elemente abgestoßen. [...] Daß die Zukunft einem sozial durchtränkten Liberalismus gehört, dürfte keiner Frage unterliegen. Die Umbildung der liberalen Volksschichten zum gemäßigten Sozialismus stelle ich mir unter Beibehaltung des liberalen Grundprinzips im Namen und Wesen der Bestrebungen nicht allzu schwer vor. Ebenso ist der Anschluss der von Marx abgefallenen Sozialdemokraten unter dieser Firma viel leichter möglich, als vorher."[174]

Um das „Kartell der Linken" gegenüber dem agrarischen Protektionismus zu verwirklichen, konzentrierten insbesondere Naumann und einzelne Vorstandsmitglieder wie z. B. Gerlach ihre Bemühungen auf die gemeinsame Arbeit mit der Freisinnigen Vereinigung Theodor Barths vor dem Hintergrund der Reichstagswahlen von 1903. Aber dieser Versuch geschah nur auf der Ebene der persönlichen Kontakte, ohne dass es zu einer offiziellen Zusammenarbeit gekommen wäre.[175]

Die Freisinnige Vereinigung, die sich in einem „Wahlverein der Liberalen" organisierte, entstand aus der Spaltung der Deutschfreisinnigen Partei von 1893. Diese Partei, die im Jahr 1883 durch die Fusion der Fortschrittspartei Eugen Richters mit den „Sezessionisten" der Nationalliberalen entstanden war, spaltete sich nun wegen der Bewilligung der Heeresvorlage. Anders als die Gruppe Eugen Richters – die sich nach der Spaltung als Freisinnige Volkspartei bezeichnete – bewilligte die Freisinnige Vereinigung die Vorlage.[176]

Die Freisinnige Vereinigung war die Partei der „klassischen kapitalistischen Bourgeoisie", die – nach Ralf Dahrendorf – wie das englische Bürgertum mit dem Selbstbewusstsein einer großbürgerlichen Schicht die konservative Vorherrschaft bekämpften und gegenüber dem Staat die Freiheit des Individuums behaupteten.[177] Wirtschaftspolitisch war sie absolut freihändlerisch orientiert und vertrat vor allem die In-

---

[174] Tischendörfer an Naumann (13.9.1901), in: NL. Naumann, Nr. 148, Bl. 15.

[175] Vgl. D. Düding, Der Ns. Verein, 165ff.

[176] Vgl. K. Wegner, Theodor Barth und die Freisinnige Vereinigung, Tübingen 1968, 1f., 5ff.

[177] Ebd., 33f.

teressen der Finanz- und Handelskreise, wobei namentlich der „Berliner Kreis des Finanzkapitals" von Georg v. Siemens, dem Direktor der Deutschen Bank, im Reichstag repräsentiert wurde. Theodor Barth (1849–1909), der „eigentliche Führer" der Freisinnigen Vereinigung seit Mitte der 1890er Jahre, war schon Mitte der 1880er Jahre dank seiner Wochenschrift „Nation" (1883ff.) ein repräsentativer Publizist des deutschen Liberalismus und eine prominente Stimme gegen die Richtersche doktrinäre Protestpolitik geworden. Von der Führung Theodor Barths geprägt, stellte sich die Freisinnige Vereinigung als diejenige dar, die innerhalb der Linksliberalen das pragmatische Verhalten hinsichtlich der innen- und außenpolitischen Fragen zeigte. Neben ihrem Bekenntnis zum „Manchestertum" gab sie auch positive Stellungnahmen zur staatlichen Sozialpolitik ab und zeigte überhaupt wachsende sozialreformerische Aufgeschlossenheit. Sie unterstützte bei aller Kritik an Kaiser Wilhelm II. und der Reichsregierung deren Militär- und Weltmachtpolitik.[178]

Aus diesem Grund gab es bei der Annäherung des Nationalsozialen Vereins an die Freisinnige Vereinigung keine wesentlichen Schwierigkeiten, obwohl innerhalb des Naumann-Kreises die Ablehnung des Manchestertums und der Großkapitalisten in der Freisinnigen Vereinigung nicht gering war. Die Niederlage des Nationalsozialen Vereins bei den Reichstagswahlen vom 16. Juni 1903 war der entscheidende Anlass zu einer weitgehenden Annäherung an die Freisinnige Vereinigung, die in einer Fusion mündete.

Naumann betrieb energisch den Prozess der Fusion mit der Freisinnigen Vereinigung. Direkt nach der Wahlniederlage betonte er in seinem „Hilfe"-Artikel vom 28. Juni, dass der bisherige Versuch, den Nationalsozialen Verein zu einer politischen Partei zu entwickeln, unmöglich sei. Die Ideen seines Kreises hätten sich noch nicht zu einer parteibildenden Kraft entwickelt. In diesem Sinne forderte er die Auflösung des Nationalsozialen Vereins.[179] Danach bemühte sich Naumann mit Hilfe von Gerlach weiter darum, den Zusammenschluss mit der Freisinnigen Vereinigung zu bewerkstelligen. In der Freisinnigen Vereinigung zeigten vor allem Barth und der Großindustrielle Roesicke ihre Bereitschaft hierzu deutlich. Geheime Verhandlungen über die Fusion wurden durch diese Männer geführt.

Unterdessen wurde die Auflösung des Nationalsozialen Vereins und dessen Fusion mit der Freisinnigen Vereinigung auf die Tagesordnung des Naumann-Kreises gesetzt. Hierbei stieß der Fusionsplan von Naumann oft auf heftigen Widerstand. Zu seinem Fusionsplan äußerten sich Freunde und Anhänger verschieden. Hierbei konnte man drei Standpunkte unterscheiden: Zustimmung zur Fusion; Zustimmung zur Auflösung des Nationalsozialen Vereins, aber Widerspruch gegen die Fusion mit der Freisinni-

---

[178] Ebd., passim.
[179] Die Niederlage, in: Die Hilfe 9/26 (1903), 2f.

gen Vereinigung; Forderung nach Beibehaltung des Nationalsozialen Vereins als eigene politische Organisation.[180]

Auf dem Göttinger Delegiertentag im August verkündete Naumann schließlich die Auflösung der Organisation des Hauptvereins und dessen Anschluss an den Wahlverein der Liberalen. Aber zugleich überließ er es den Einzelmitgliedern und Lokalvereinen, ob diese seiner Entscheidung folgen wollten. Nach einer heftigen Diskussion wurde der Antrag auf Auflösung des Nationalsozialen Hauptvereins einstimmig angenommen. Bis zur Generalversammlung des Wahlvereins der Liberalen im Oktober 1903 schloss sich die Mehrheit des Naumann-Kreises der Freisinnigen Vereinigung an. Nach der Fusion wurden Naumann und Gerlach als Vorstandsmitglieder dieser Vereinigung gewählt. Während einige Nationalsoziale Lokalvereine bei der Fusion den neuen Parteinamen „Sozialliberale Partei" und eine entsprechende Namensänderung bei allen Lokalvereinen forderten, behielten die anderen ihren bisherigen Namen „Nationalsozial" auch nach der Fusion bei.[181]

Die bisherige Entwicklung sei kurz zusammengefasst: Der provisorische Verein der „politisch Heimatlosen", der sich zu einer nationalen Arbeiterpartei entwickeln sollte, wandelte sich allmählich zu einer Linksliberalen Partei. Die Geschichte des Nationalsozialen Vereins ist im parteigeschichtlichen Sinne die Entstehungsgeschichte einer linksliberalen und doch von der Tradition des Linksliberalismus unabhängigen Gruppierung. Es ist zugleich zu beachten, dass die Bedeutung des Nationalsozialen Vereins in der Parteienlandschaft des wilhelminischen Kaiserreichs insgesamt sehr gering war. Die Mitgliederzahl des Nationalsozialen Vereins überstieg erst ab 1899 2000. Im Jahr 1903 betrug sie höchstens etwa 3000.[182] Das schlechte Abschneiden bei den Reichstagswahlen zeigt, dass die Parteipolitik des Nationalsozialen Vereins gescheitert war. Die Beteiligung an der Nachwahl in Plön-Oldenburg am 23. November 1897 mit dem Kandidaten Adolf Damaschke blieb ohne Erfolg. Die Reichstagswahlen von 1898 waren für den Nationalsozialen Verein ebenfalls eine große Enttäuschung. Für ihn wurden nur 27 208 Stimmen abgegeben, wobei es keinem Kandidaten gelang, zumindest in die Stichwahl zu kommen. Abgesehen vom Sieg Gerlachs in Marburg, endeten die Reichstagswahlen von 1903 mit der Niederlage aller nationalsozialen

---

[180] Vgl. die Debatten unter dem Titel „Unsere Niederlage", in : Die Hilfe 9/27 (1903), 2f. und unter dem Titel „Unsere Zukunft" in: ebd., Nr. 28ff. Auch vgl. Protokoll über die Verhandlungen des Nationalsozialen Vereins zu Göttingen (29.-30. Aug. 1903).

[181] Zum detaillierten Prozess der Fusion mit der Freisinnigen Vereinigung siehe D. Düding, Der Ns. Verein, 180ff.

[182] Die Mitgliederzahl des Nationalsozialen Vereins:
15.3.1897: ca. 350, 1.4.1897: 534, 1.5.1897: 706,
1.1.1898: 1146, 1.7.1898: 1615, 1.3.1899: 2038,
Sommer 1901: 2923, 1. Oktober 1902: 2704. [Aus: BA Potsdam, NL. Naumann Nr. 53 (Protokoll für die Sitzungen des Vorstandes des Nationalsozialen Vereins), Bl. 145R.]

Kandidaten. Während die Sozialdemokratie in diesen Wahlen einen glanzvollen Sieg errang, konnte der Nationalsoziale Verein insgesamt nur 30 322 Stimmen erhalten.[183] Er blieb eine bürgerliche Splitterpartei.

Trotz der parteipolitischen Erfolglosigkeit darf der nachhaltige Einfluss der politischen Gedanken, die der Nationalsoziale Verein vertrat, und der Persönlichkeiten, die bei ihm mitarbeiteten, nicht als gering eingeschätzt werden. So liegt die eigentliche Bedeutung des Nationalsozialen Vereins in dessen Rolle als Agitationsverein für eine bestimmte politische Ideologie und als politisch-ideologische Schule, von der – abgesehen von den kommunistischen oder katholischen Gruppierung – die späteren Politiker der Weimarer Zeit in allen bürgerlichen Parteien und auch in der Sozialdemokratie beeinflusst wurden.[184]

Übrigens ist zu bemerken, dass man sich nach der Auflösung des Nationalsozialen Vereins bemühte, die alte Solidarität des Naumann-Kreises aufrechtzuerhalten. Wie Naumann einmal sagte, blieben die „Naumannianer"[185], die sich nicht der Freisinnigen Vereinigung anschlossen, in ihrer großen Mehrzahl jedoch „Freunde der Hilfe". Nach der Fusion wurde der „nationalsoziale Preßverein" unter der Leitung des Münchener Althistorikers Ludwig Curtius gegründet. Das Grundvorhaben dieses Vereins war die beständige Verbindung mit denjenigen, die der Fusion distanziert gegenüberstanden. Bis in die Weimarer Zeit blieb das persönliche Netz der alten „Naumannianer" über alle parteipolitischen Differenzen hinweg ununterbrochen bestehen.[186]

3. Die soziokulturellen Merkmale des Nationalsozialen Vereins: Eine Gruppierung von Außenseitern innerhalb des protestantischen Bürgergertums

Hinsichtlich der Mitgliederstruktur des Nationalsozialen Vereins wurde bisher in der Forschung gut herausgearbeitet, dass dem Nationalsozialen Verein die Massenbasis fehlte. So stammten nicht nur die repräsentativen Gruppierungen dieses Vereins, sondern auch die sonstigen Mitglieder vorwiegend aus den bürgerlichen Schichten, insbe-

---

[183] Vgl. Nationalsozialer Wegweiser (1902), 20; Art. „Nationalsozialer Verein", in: Lexikon zur Parteiengeschichte hrsg. v. D. Fricke, Bd. III., Köln 1985, 441; Die Hilfe 4/47 (1898), 11.

[184] Vgl. Th. Heuss, Friedrich Naumann und sein Kreis, in: Vom Gestern zum Morgen, Berlin 1933., 102ff. (bes., 108ff.)

[185] Zur Terminologie „Naumannianer" siehe ebd., 112; U. Krey, Der Naumann-Kreis (1995).

[186] Vgl. F. Naumann, Was nun?, in: Die Hilfe 9/37 (1903), 2f.; F. Schneider, Nationalsozialer Preßverein, in: ebd. 10/30 (1904), 4f.; Nationalsozialer Preßverein und Vereinstafel in: ebd. 10/35 (1904), 13.; auch U. Krey, Der Naumann-Kreis (1995).

sondere aus dem Bildungsbürgertum. Obwohl der Nationalsoziale Verein die Vereinigung von „Bildung" und „Arbeit" beabsichtigte, gelang es ihm kaum, über die Mitglieder der Evangelischen Arbeitervereine hinaus „kleine Leute" bzw. Arbeiter als Anhänger zu gewinnen (vgl. Tabelle 1). Der Zusammenhang zwischen der „wahlsoziologischen Isolierung" des Nationalsozialen Vereins (Düding) und dessen Wahlniederlage wurde auch innerhalb des Naumann-Kreises selbst klar erkannt.[187] Dennoch wurde bisher weder analysiert, wie das Wirkungspotenzial des Nationalsozialen Vereins soziokulturell bedingt war, noch wie die politischen Entscheidungen des Vereins mit der Mitgliederstruktur zusammenhingen.

Es muss zuerst auf den Zusammenhang zwischen der Mitgliederstruktur und den politischen Entscheidungen des Nationalsozialen Vereins hingewiesen werden. Hervorzuheben ist, dass aufgrund der geringen Zahl von Mitgliedern aus dem wirtschaftlichen Bürgertum (vgl. Tabelle 1, II) und der großen Zahl von bildungsbürgerlichen Mitgliedern (vgl. Tabelle 1, I) die politischen Entscheidungen des Nationalsozialen Vereins viel weniger von materiellen Interessen als von politischem Idealismus bestimmt wurden.

Hierbei ging es vor allem um die Handels- und Zollpolitik des Nationalsozialen Vereins. Die Freisinnige Vereinigung rekrutierte ihre Mitglieder maßgeblich aus dem Wirtschaftsbürgertum, so dass Konstanze Wegner darauf aufmerksam machte, dass bei dieser Partei der Kampf gegen den Schutzzoll nicht nur von den politischen Ideen, sondern auch von den Wirtschaftsinteressen der Bankiers- und Großhändlerschicht motiviert war.[188] Im Vergleich zur Freisinnigen Vereinigung zeigt sich, dass der Naumann-Kreis seine Entscheidung für die freihändlerische und industriekapitalistische Entwicklung im Streit um „Industrie- oder Agrarstaat" vor allem aus einem politischen Idealismus heraus entwickelte.

Aber noch wichtiger ist das Verhältnis zwischen den soziokulturellen Merkmalen der Mitgliedschaft des Nationalsozialen Vereins und dessen politisch-ideologischen Wirkungsmöglichkeiten und Grenzen. Wenn die Mitgliedschaft – wie schon erwähnt – vom Bildungsbürgertum geprägt wurde, dann ist z. B. zu fragen: Auf welche bildungsbürgerlichen Bevölkerungskreise übten der politische Idealismus oder die Ideologie, noch genauer, die Zukunftsentwürfe des Nationalsozialen Vereins eine Anziehungskraft aus? Oder: Wo bestand eine soziokulturelle Kohärenz zwischen bildungsbürgerlichen und kleinbürgerlichen Mitgliedern?

---

[187] Z. B. die Maurenbrechersche Analyse, in: Die Hilfe 9/33 (1903), 5.

[188] K. Wegner, Th. Barth (1968), 29ff. Der konstituierende Parteitag der Freisinnigen Vereinigung im Dezember 1893 zeigte in der sozialen Zusammensetzung der Delegierten einen relativ hohen Anteil an Bankiers, Kaufleuten und Unternehmern (37,4%), bei einem bildungsbürgerlichen Anteil von 42, 2%. [L. Elm, Zwischen Fortschritt u. Reaktion, 26.]

Um die Frage nach der Affinität eines soziokulturell bestimmten Bevölkerungskreises zu einer politischen Partei zu beantworten, stützt sich diese Arbeit auf den Begriff „sozialmoralisches Milieu". Der Soziologe Lepsius sieht das Parteiensystem des deutschen Kaiserreichs als von den „sozialmoralischen Milieus" bestimmt. Hierbei definiert er das „sozialmoralische Milieu" als ein soziokulturelles Gebilde, das sich auf einen bestimmten Bevölkerungsteil bezieht. Dieses Gebilde wird „durch eine Koinzidenz mehrerer Strukturdimensionen wie Religion, regionale Tradition, wirtschaftliche Lage, kulturelle Orientierung und schichtspezifische Zusammensetzung der intermediären Gruppen" konstruiert. Er unterscheidet die politisch dominanten sozialmoralischen Milieus in vier Typen: das *katholische* Sozialmilieu, das *konservative* Milieu, das *bürgerlich-protestantische* Milieu und das *sozialistische*.[189]

Der Nationalsoziale Verein konnte sich kaum aus der sozialistischen Arbeiterschaft oder der *katholischen* Bevölkerung rekrutieren und musste sich also wesentlich aus dem protestantischen Bürgertum zusammensetzen. Es gab neben den bildungs- und wirtschaftsbürgerlichen Mitgliedern auch eine kleine Zahl von sog. Arbeitermitgliedern. Dabei handelte es sich überwiegend um Handwerksmeister und Facharbeiter, die sich meist auch in den Evangelischen Arbeitervereinen organisierten. Diese soziale Gruppe gehörte in bezug auf ihre wirtschaftliche Lage und ihre kulturelle Orientierung eigentlich zum protestantischen Kleinbürgertum.[190]

Das sozialmoralische Milieu des protestantischen Bürgertums, d. h. das *„bürgerlich-protestantische"* Milieu, war nach Lepsius nicht geschlossen, sondern in verschiedene Teilmilieus gespalten. Aufgrund der großen sozialökonomischen und regionalen Unterschiede war es labil und offen. Die ursprünglich liberale und demokratische Orientierung ging immer mehr verloren, während die kleinbürgerliche Neigung zur „hypertrophen Gesinnung der Staatserhaltung" zunahm. Ferner charakterisiert Lepsius dieses Milieu durch einen beständigen Assimilationsprozess zum *„konservativen"* Milieu hin, das einerseits feudal-agrarisch und andererseits gouvernemental-bürgerlich geprägt war.[191]

Das dominante Teilmilieu innerhalb des *„bürgerlich-protestantischen"* Milieus war – präzis genommen – konservativ, kleinbürgerlich und radikal-nationalistisch ge-

---

[189] Vgl. M. R. Lepsius, Parteiensystem und Sozialstruktur, in: G. A. Ritter (Hrsg.), Deutsche Parteien vor 1918, Köln 1973, 56-80. (bes. 68.)

[190] Die linksliberale Zeitung „Welt am Montag" beschrieb die nichtbürgerlichen Mitglieder des Nationalsozialen Vereins als „etliche Handwerksmeister und „bessere" Arbeiter". Siehe hierzu: Die Hilfe 4/ 41 (1898), 11.

[191] Vgl. M. R. Lepsius, Parteiensystem, 76ff. Die bürgerliche Ausprägung des konservativen Milieus wurde von der „adelig-bürgerlichen Amtsaristokratie" (G. Hübinger, Kulturprotestantismus u. Politik, 19) und den evangelischen Geistlichen vertreten, die quasi als Staatsbeamte betrachtet und in beträchtlichem Umfang für obrigkeitliche Verwaltungszwecke instrumentalisiert wurden (O. Janz, , Bürger besonderer Art, Diss., Berlin 1990, 10ff).

prägt. So zeichnete sich die Sozialmoral der gewöhnlichen protestantischen Bürger durch ein Selbstbewusstsein aus, das sich an der moralisch-kulturellen Distanzierung von der katholischen Bevölkerung, der Arbeiterbewegung sowie von anderen Minderheiten orientierte.

Mit diesem dominanten Teilmilieu waren auch viele Mitglieder des Naumann-Kreises mehr oder weniger verbunden. Dies zeigte sich insbesondere am konfessionellen Bewusstsein, dem Nationalismus Bismarckscher Prägung, dem „Kulturkampf-liberalismus" und den quasiständischen Wertvorstellungen sowie der politisch-ideologischen Sozialisation.

So lässt sich schon in den Diskussionen über die Beziehung der Religion zur Politik auf der Erfurter Vertreterversammlung des Jahres 1896 eine antikatholische und antisemitische Unterströmung klar erkennen.[192] Auch die Sozialdemokratie war – wie bereits erwähnt – aufgrund ihres Materialismus ständig Gegenstand weltanschaulicher Angriffe von Seiten des Naumann-Kreises. Darüber hinaus war die politische Gesinnung des Kreises stark nationalistisch, „bismarcksch" orientiert. Die Zeitung „Die Zeit" des Nationalsozialen Vereins z. B. stellte deutliche Abgrenzungen zwischen dem Kreis der liberalen Nationalökonomen um Naumann und der „sozialliberalen" Gruppe um den Nationalökonomen Ignaz Jastrow fest:

„Diese Gruppe besteht aus Jungliberalen vom linken Flügel, die sich immer eingehender mit sozialen Fragen befassen. Sie haben nicht den starken nationalen Zug der aus ähnlicher Umgebung herausgewachsenen Professoren Max Weber und v. Schulze-Gävernitz, sind wohl überhaupt nicht stark bismarckisch beeinflusst [...]."[193]

Für die politisch-ideologische Sozialisation Naumanns und anderer spielten *die Vereine deutscher Studenten* (VDSt) eine besondere Rolle. Die VDSt entstanden in den frühen 1880er Jahren unter dem starken Einfluss von Stöcker und Treitschke und entwickelten sich zu einer repräsentativen rechtsstehenden Studentenorganisation für den bismarcksch, monarchisch und christlich geprägten antiliberalen Nationalismus, den militanten Antisemitismus und auch den anti-ultramontanischen Kulturkampf.[194] Sohm, einer der „geistigen Nährväter" des Naumann-Kreises, war ein Ehrenmitglied der VDSt. Naumann war neben Diederich Hahn, dem späteren Geschäftsführer des Bundes der Landwirte, der Mitgründer von Berliner und Leipziger Gruppen der VDSt. Gerlach, der Sohn eines schlesischen Junkers, Maurenbrecher, der Neffe des

---

[192] Vgl. Protokoll (23.-25. Nov. 1896), 56ff. Siehe auch W. Schack, Die Nationalsozialen u. der neue Liberalismus, Hamburg 1903, 15ff.

[193] Art. „Sozialliberal", in: Die Zeit 2/149 (29.6.1897).

[194] Vgl. Konrad H. Jarausch, Student, Society, and Politics in imperial Germany, Princeton 1982, 266ff., 325ff; N. Kampe, Studenten und >Judenfrage< im Deutschen Kaiserreich, Göttingen 1988; H. Roos-Schumacher, Der Kyffhäuserverband der Vereine Deutscher Studenten 1880-1914, Gifthorn 1986.

berühmten freisinnigen Politikers Eugen Richter und Sohn eines liberalen Historikers, der Nationalökonom Christian Klumker (1868–1942) und Mitglieder der noch jüngeren Generation des Naumann-Kreises wie der Nationalökonom Gerhard Keßler (geb. 1883) und der Redakteur der „Hilfe" Wilhelm Heile (geb. 1881) waren auch Mitglieder der VDSt.[195] Somit erschien der Nationalsoziale Verein vielen Zeitgenossen als eine Fortsetzung der VDSt im praktisch-politischen Leben.[196]

Eine Verbundenheit des Naumann-Kreises sogar mit der bürgerlichen Spielart des konservativen Milieus lässt sich bei dem Göttinger Verleger Ruprecht feststellen. Wegen seiner Teilnahme an der Verteidigung der streikenden Hamburger Hafenarbeiter verlor er seine Stellung als Reserveoffizier (Hauptmann). Die Stellung eines Reserveoffiziers war das Symbol eines quasiständischen Werts im konservativen Milieu. Der Verlust seines Status als Reserveoffizier bedeutete für ihn vor allem eine Verletzung seines Stolzes und seiner Ehre. So sagte er:

„Die Entlassung berührte mich, der ich mit Leib und Seele Soldat war, persönlich tief, völlig überwunden habe ich sie erst, als ich 1914 an der Spitze meiner Landsturmkompagnie in Frankreich einrückte, aber sie hat mich keinen Augenblick in meiner monarchischen Gesinnung und meiner Wertschätzung unseres alten Heerwesens erschüttern können."[197]

Trotzdem stand der Naumann-Kreis niemals im Zentrum der oben erwähnten dominanten Teilmilieus, die im protestantischen Bürgertum verankert waren. Darüber hinaus wurde er aufgrund seiner Politisierung, die zum Konflikt mit dem Establishment führte, in seiner Verbundenheit mit solchen Teilmilieus freiwillig oder zwangsweise immer mehr geschwächt. Daher wurde der Naumann-Kreis allmählich eine Gruppierung von *soziokulturellen Außenseitern* innerhalb des protestantischen Bürgertums. Die verschiedenen Merkmale des Naumann-Kreises als Kreis protestantisch-bürgerlicher Außenseiter, die sich in der Organisation des Nationalsozialen Vereins verfestigten, werden im folgenden vorgestellt:

1. Hinsichtlich seiner generationsspezifischen Merkmale lässt sich der Naumann-Kreis keineswegs als etablierte Gruppe in der protestantisch-bürgerlichen Gesellschaft bezeichnen. Wie die oben erwähnte Zusammensetzung des Naumann-Kreises andeutet, war die Mehrheit der Mitbegründer und führenden Persönlichkeiten des Nationalsozialen Vereins in den 1860er Jahren geboren. Diese Generation war im Vergleich zu den führenden Politikern anderer liberaler Parteien jung: Nationalliberale Politiker

---

[195] Vgl. Th. Heuss, Naumann (1949²), 233f.

[196] Siehe K. Maßmann/R. P. Oßwald, VDSter. Fünfzig Jahre Arbeit für Volkstum und Staat, Berlin 1931, 23.

[197] Wihlem Ruprecht und das Haus Vandenhoeck & Ruprecht, in: G. Menz (Hrsg.), Der deutsche Buchhandel der Gegenwart in Selbstdarstellungen, Leipzig 1925, 144f. (Zit.: 145.)

wie etwa Rudolf v. Bennigsen (geb. 1824) oder die Freisinnigen wie etwa Eugen Richter (geb. 1838) und Karl Schrader (geb. 1834) sowie Th. Barth (geb. 1849) waren allesamt viel älter, und selbst Ernst Bassermann als einer der jüngsten Nationalliberalen Politiker ist bereits 1854 geboren. Sohm, der Älteste der sog. Vatergeneration des Naumann-Kreises, war immerhin noch sechs Jahre jünger als Adolf Stöcker (geb. 1835). Schließlich waren die christlich-sozialen Revisionisten Naumann und Göhre jünger als der marxistische Revisionist Eduard Bernstein (geb. 1850).

Viele weitere Mitglieder wurden darüber hinaus bis zum Zeitpunkt der Auflösung des Vereins „fast ausschließlich aus geringeren Lebensaltern" rekrutiert, so dass im Nationalsozialen Verein die Generation Naumanns selbst schon nicht mehr jung war.[198] Hierzu bemerkte Ruprecht (geb. 1858): „Außer den Leipziger Professoren Sohm und Gregory und Naumann selbst gehörten der neuen Partei zunächst fast nur Leute an, die wesentlich jünger als ich waren."[199]

In dieser junge Generation von Pastoren, Juristen und Universitätsdozenten sowie Lehrern und Studenten, fanden sich freilich keine Angehörigen der etablierten Schichten des Bildungsbürgertums. Sie waren einfache Pfarrer, Prediger und Vikare, deren Handlungsspielräume vom Kirchenregiment und der Kirchenbürokratie kontrolliert wurden. Sie waren Referendare, Lehrer und Privatdozenten, die nur niedrige Stelle ihrer beruflichen Hierarchien besetzten. Die absolute Mehrheit des Naumann-Kreises stand ohnehin in keinem Zusammenhang mit einer großen kirchen- oder staatsbürokratischen Karriere. Im Gegenteil wurde in vielen Fällen der berufliche Werdegang durch das sozialpolitische bzw. politische Engagement im Naumann-Kreis bedroht oder zerstört.

Die Strafmaßnahmen der kirchlichen Behörden gegen die christlich-sozialen Pastoren wie Göhre, Gros, Naumann, Kötzschke, Wenck und Werner u. a. wurden schon oben erwähnt. Die deutlich erkennbare Tendenz einer Distanzierung vieler Geistlicher vom Nationalsozialen Verein (vgl. Tabelle 1) ist ein Beweis dafür, dass die Teilnahme am Nationalsozialen Verein für die jungen Pastoren die Gefährdung ihrer beruflichen Existenz bedeutete. Die wenigen, die als Pastor außer Dienst eine offizielle Mitgliedschaft erwarben, nahmen einen Bruch mit der bisherigen Lebenswelt in Kauf.[200]

Helmut v. Gerlach wollte nach dem Jurastudium höherer Verwaltungsbeamter werden, weshalb er als Regierungsreferendar in Berlin und Schleswig seine Karriere begann. Aber in dieser Zeit schrieb er seine sozialkritischen und politischen Artikel für

[198] Preßstimme: „Nationalliberale Jugend", in: Die Hilfe 9/31 (1903), 6.

[199] G. Menz, Der deutsche Buchhandel, 144.

[200] Wie G. Traub bemerkte, wirkte auch die Naumannsche radikale imperialistische Äußerung bezüglich der sog. „Hunnenrede" Wilhelms II. von 1900 den Rücktritt vieler Geistlichen aus dem Nationalsozialen Vereins. (Vgl. G. Traub, Erinnerungen, München 1949, 20.) Aber dies sei nur ein Beschleunigungsmoment für die schon vorhandene Rückzugstendenz.

die christlich-sozialen Blätter Stöckers und besonders seit 1888 für das „Volk". Die Pressionen der Regierung zwangen ihn, sich zwischen Karriere und Gewissen zu entscheiden. Schließlich entschied er sich, die Karriere zu opfern.[201]

Arthur Titus, der als Theologieprivatdozent am Nationalsozialen Verein energisch teilgenommen hatte, kandidierte 1898 für die Professur für Dogmatik an der Universität Kiel. Er wurde vor die Wahl gestellt, entweder auf seine politische Tätigkeit zu verzichten, oder die Professur nicht zu bekommen. Er entschied sich, seine bisherige Tätigkeit als Vertrauensmann im Nationalsozialen Verein aufzugeben. Er schrieb an Naumann, um sich zu rechtfertigen: „Offen gestanden, für das Martyrium des bloßen politischen Gedankens von der Unabhängigkeit des Beamten, des Professors habe ich nicht genügenden Sinn, weil für mich die Politik doch immer erst in zweiter Linie kommt. Meiner ganzen Anlage, meiner Neigung und meiner Beschäftigung nach bin ich in erster Linie Theologe und für einen bloßen politischen Gedanken meiner Zukunft aufzuopfern wäre nicht das richtige [...]." Und wenn er seine bisherige politische Tätigkeit nicht mehr ausüben könne, „so würde ich" – sagte er – „natürlich bemüht sein, die Säule der Bewegung zu bleiben, aber als Säule unfühlbar."[202]

Zur noch jüngeren Generation gehörten im wesentlichen die studentischen Mitglieder, die um 1880 geboren wurden. Bei ihrer politisch-ideologischen Sozialisation spielten *die Sozialwissenschaftlichen Studentenvereinigungen* (SStV) eine prägende Rolle. Die SStV wurden Mitte der 1890er Jahre im Umfeld des Evangelisch-Sozialen Kongresses gegründet. Sie waren anders als die VDSt nicht antisemitisch, sondern sozialliberal orientiert. Die politisch-ideologische Entwicklung der jüngeren Naumann-Anhänger durch die SStV war Faktor und Indikator für die zunehmende Trennung des Naumann-Kreises von den dominanten Milieus in der protestantisch-bürgerlichen Bevölkerung. In diesem Zusammenhang soll bemerkt werden, dass Gerlach und Naumann aufgrund ihrer wachsenden politischen Linksorientierung gezwungen waren, aus dem Kreis der Alten Herren der VDSt auszutreten.[203]

2. Die Stellung des Naumann-Kreises als Außenseitergruppe lässt sich auch im Zusammenhang mit der Schichtzugehörigkeit seiner Mitglieder erkennen. Diese kamen kaum aus den bürgerlichen Oberschichten. Der Sekretär des Nationalsozialen Vereins Wenck schrieb, dass nur „einzelne reichere Kaufleute, Fabrikanten, Privatiers und hohe Beamte" dem Verein beitraten.[204] Auch unter den bildungsbürgerlichen Schichten, die Wenck als „mittelmäßig besoldete Schicht" beschrieb, konnte der Nationalsoziale Verein neben den Geistlichen nur die Lehrer verschiedener Art erfolgreich

---

[201] Vgl. H. v. Gerlach, Erinnerungen eines Junkers, Berlin o. J., 43ff.

[202] Titus an Naumann (26. 12 1898), in: BA Potsdam NL. Naumann, Nr. 308, Bl. 127f.

[203] Vgl. Peter Burger, Magnet für werdende Geister. Zur SStV siehe auch K. Chr. Köhnke, Wissenschaft und Politik, in: O. Rammstedt (Hrsg.), Simmel und die frühen Soziologen, Frankfurt a. M. 1988, 308ff.

[204] M. Wenck, Die Geschichte (1905), 106.

mobilisieren. Die Lehrer hatten im Vergleich zu anderen bildungsbürgerlichen Schichten wie etwa Universitätsprofessoren oder Geistlichen nur ein geringes soziales Prestige.

Die Häufigkeit der Berufsangabe „Professor" auf den Delegiertenlisten ist den vielen Gymnasiallehrer geschuldet. Diese waren spätestens im Jahr 1903 die zweitgrößte Gruppe auf der nationalsozialen Delegiertenversammlung (vgl. Tabelle 1). Auch in den Nationalsozialen Lokalvereinen bildeten sie eine der bedeutendsten sozialen Gruppen (vgl. Tabelle 2).

Beachtenswert waren auch eine deutlich wachsende Zahl von Volksschullehrern, die sich dem Nationalsozialen Verein anschlossen (vgl. Tabelle 1 und 2). Der Vorsitzende des Lehrervereins Franz Wolff gehörte von 1900 bis 1902 als Vorstandsmitglied zum Nationalsozialen Verein, und im Jahre 1903 wurden zwei andere Lehrer in den Vorstand gewählt.[205]

Die Gruppe der Volksschullehrer war wegen der nicht vorhandenen akademischen Ausbildung normalerweise von der Kategorie des Bildungsbürgertums ausgeschlossen oder wurde höchstens als eine Randgruppe gerechnet.[206] Die Volksschullehrer jedoch waren davon fest überzeugt, dass sie als Vertreter der Volksbildung eine der wichtigsten Gruppen der „Gebildeten" sein sollten. Um eine Verbesserung ihres sozialen Ansehens zu rechtfertigen, betonten sie die soziale und nationale Pflicht der „Gebildeten" und charakterisierten diese als „natürliche Führer des Volkes". Die Pflicht der „Gebildeten" bestehe in der „geistigen Versorgung und seelischen Hebung der Volksmasse" oder in der „Gesinnungsveredelung des Volks" sowie der „geistigen Führung der Masse". Sie erhoben Anspruch auf ihre Befreiung aus der Kontrolle durch die Geistlichen und forderten die Gleichstellung mit den Professoren sowie eine bessere Ausbildung. Die Volksschullehrer sahen im Nationalsozialen Verein einen wichtigen Vertreter für die Anerkennung ihrer sozialen Rolle als Gebildete.[207]

3. Bei der Charakterisierung des Naumann-Kreises als eine protestantisch-bürgerliche Außenseitergruppierung spielte dessen religiöses Verhalten eine besondere Rolle. Die allgemeine Bedeutung der Religion im deutschen Kaiserreich war wesentlich größer als zu späteren Zeiten. So übte – wie Nipperdey bemerkte – die Religion als ein Stück Deutungskultur einen maßgeblichen Einfluss auf die gesamten Lebenszusammenhänge der damaligen Zeitgenossen aus.[208]

---

[205] Vgl. Protokolle der nationalsozialen Delegiertenversammlungen.(1900, 1902 und 1903).

[206] Vgl. K. Vondung, Das wilhelminische Bildungsbürgertum, Göttingen 1976., 27.; U. Engelhardt, „Bildungsbürgertum", Stuttgart 1986, 161.

[207] Vgl. J. Beyhl, Die Befreiung der Volksschullehrer aus der geistlichen Herrschaft, Berlin 1903; Die Befreiung der Volksschullehrer (Schluss), in: Die Hilfe 3/5 (1897), 4f.; ders., Aus Volksschule und Lehrerbewegung, in: ebd. 5/53 (1899), 3f.; E. Schlaikjer, Die Literatur und die Volksschullehrer, in: ebd. 5/39 (1899), 9f.

[208] Vgl. Th. Nipperdey, Religion im Umbruch, 7f.

Beim religiösen Verhalten des Naumann-Kreises handelte es sich um „Kulturprotestantismus". Dieser Begriff, der zuerst von traditionell orientierten Christen polemisch und pejorativ verwendet wurde, bezeichnet eine moderne religiöse Denkrichtung. Bei aller Mehrdeutigkeit lässt sich der Kulturprotestantismus als eine Denkrichtung beschreiben, welche die traditionellen christlichen Glaubensinhalte an das moderne naturwissenschaftlich-technische Weltbild anpassen und zu einer neuen religiösen Kultur umformen will, die der nationalstaatlichen und industriekapitalistischen Lebensform entspricht. Theologie- und kirchengeschichtlich fungierte dieser Begriff als Äquivalent für die Bezeichnung der liberalen Theologie und des kirchlichen Liberalismus innerhalb des Protestantismus. Sozialgeschichtlich war der Begriff mit dem protestantischen Bildungsbürgertum und dessen Normen und Kulturidealen eng verbunden. Der „Deutsche Protestantenverein" und Martin Rades liberallutherische Kirchenzeitschrift „Die Christliche Welt" galten als klassische kulturprotestantische Institutionen.[209]

Gangolf Hübinger betont in seiner Forschung die Bedeutung des Kulturprotestantismus für die Bildung des „liberal-protestantischen" Teilmilieus innerhalb des protestantisch-bürgerlichen Milieus. Dazu weist er darauf hin, dass sich die kulturprotestantischen Leitwerte für den Zusammenschluss der Linksliberalen im späten Kaiserreich als das „entscheidende Ferment" (S. 16.) erwiesen.[210] Hierbei macht er mehrfach auf die Bedeutung des Naumann-Kreises hinsichtlich des kulturprotestantischen Kommunikationsnetzes und der engen Beziehung zwischen dem Kulturprotestantismus und dem politischen Linksliberalismus aufmerksam.

Jedoch scheint die Hübingersche These über eine direkte und einseitige Beziehung des Kulturprotestantismus zum politischen Linksliberalismus nicht immer überzeugend zu sein, weil diese religiöse Denkrichtung auch mit anderen politischen Ideologien wie etwa dem antiliberalen Radikalnationalismus enge Beziehungen unterhalten konnte.[211] Darüber hinaus erweck Hübinger den Eindruck, dass der Kulturprotestantismus bei der Gruppenidentitätsbildung des Naumann-Kreises und dessen politischen Entwicklung die wichtigste Rolle gespielt habe. Dabei wird die Rolle der anderen wichtigen geistigen Bindungskräfte für den Naumann-Kreis wie etwa des sozialen Protestantismus, des Nationalismus und des Vertreterbewusstseins der „deutschen Bildung" u. a. m. kaum beachtet.

Bei aller Kritik an den Hübingerschen Thesen ist jedoch nicht zu übersehen, dass nach der Gründung des Nationalsozialen Vereins sich die kulturprotestantische Prägung des Naumann-Kreises immer mehr verstärkte. Wie oben erwähnt, waren die

---

[209] Vgl. F.-W. Graf, Kulturprotestantismus, in: H. M. Müller (Hrsg.), Kulturprotestantismus, Gütersloh 1992, 21ff.

[210] Vgl. G. Hübinger, Kulturprotestantismus (1994).

[211] Siehe dazu W. Graf, Kulturprotestantismus, 52ff.

Geistlichen der „jüngeren" christlich-sozialen Richtung bereit, die innerprotestanti-
sche Konfessionsgrenze zwischen kirchlichem Konservatismus und Liberalismus zu
überschreiten und eine neue Form von Protestantismus, d. h. einen sozialen Protestantismus zu finden. Dies war eine wichtige Voraussetzung für eine weitere Entfaltung
der kulturprotestantischen Religiosität im Naumann-Kreis. Nach der Gründung des
Nationalsozialen Vereins suchte der Naumann-Kreis über den Sozialprotestantismus
hinaus ständig eine erweiterte Form einer neuen religiös-weltanschaulichen Synthese,
die den Glauben in der immer mehr sich wandelnden modernen Welt bewahren und
politische Handlungen innerlich rechtfertigen sollte. Aber ein neues religiöses Konzept war unter Naumann und seinen Freunden inhaltlich umstritten. Schon auf der ersten Vertreterversammlung versuchte der Naumann-Kreis, einen gemeinsamen Nenner
für eine Synthese von Politik und Religion zu finden, aber dies gelang nicht. Im Jahre
1900 gab es heiße Debatten über die Synthese von Imperialismus und Ethik.[212]
Der Kulturprotestantismus spielte für den Beitritt zum Nationalsozialen Verein insofern eine entscheidende Rolle, als ein sozialpolitisch engagierter protestantischer
Bürger bei der konservativ-orthodoxen Richtung einen konfessionellen Zwang empfand. So war beispielsweise der junge Student Gustav Stresemann (1878–1929), der
spätere Gründer der Deutschen Volkspartei und Reichskanzler in der Weimarer Republik, enttäuscht vom „Manchestertum" und den Spaltungen des damaligen Liberalismus und suchte neue politische Ideen, die seinen Vorstellungen bezüglich der sozialen Frage entsprachen. Bei seiner Entscheidung, sich dem Nationalsozialen Verein
anzuschließen, spielte seine kulturprotestantische Neigung eine besondere Rolle. So
äußerte er:

„Zu Stöcker zu gehen, verbot dem innerlich liberal Denkenden seine Orthodoxie und die
Begleitererscheinungen des christlich-sozialen Kampfes in Berlin. Da kam Friedrich
Naumann [...]."[213]

Hierbei erwies sich der Nationalsoziale Verein als ein Forum für die kulturprotestan-
tisch geprägte religiöse Sozialisation. Diesem Forum konnten einige Mitglieder orthodoxen Glaubens trotz all seiner Kritik am traditionellen Kirchenchristentum verbunden bleiben. Andere Mitglieder konnten hingegen dogmenfrei Christen sein. Hierbei
gab es aber keine klaren Abgrenzungen zu einer anti- oder außerkirchlichen sowie

---

[212] Vgl. die Debatten über Ethik u. Politik, in: Die Hilfe 6 (1900), Nr. 33ff. ; auch die Debatte zwischen Damaschke und Sohm über die „Hunnenrede" auf der Leipziger Delgiertenversammlung; ferner die Artikel
von Bonus, Maurenbrecher und Rohrbach über Christentum u. Nationalismus, in: Die Chritliche Welt,
(1901), Nr. 23ff.

[213] Friedrich Naumann, in: Stresemann. Reden und Schriften, 1. Bd., Dresden 1926, 241ff. (Zit.: 244.)

einer postchristlichen Religiosität.[214] So konnte man freireligiös bzw. neureligiös sein. Schließlich war die Religiosität mancher Mitglieder heftigen Wandlungen unterworfen. Der extremste Fall ist wohl Gerlach. Dieser war ursprünglich konservativ-orthodox gewesen, ging aber durch die Kontakte mit seiner nationalsozialen Freunden wie etwa Maurenbrecher und Gottfried Traub zum kirchlichen Liberalismus über und wurde schließlich ein Atheist, dessen vage Religiosität erst durch den Pazifismus Kantischer Prägung befriedigt wurde.[215]

Hierbei empfand die Mehrheit des Naumann-Kreises die größte Affinität zum freien Protestantismus der Christlichen Welt Martin Rades. Die nationalsoziale Sozialwissenschaftliche Vereinigung in Dortmund, die sich 1903 zum „Nationalsozialen Verein" entwickelte, zeigt die enge Verbindung einer Lokalorganisation des Nationalsozialen Vereins mit den „Freunden der Christlichen Welt". Nach der Mitgliederliste von 1904 befanden sich 35 Mitglieder der „Vereinigung der Freunde der Christlichen Welt" (gegründet 1903) in Dortmund-Stadt. 10 Mitglieder davon waren Frauen, denen gesetzlich die Mitgliedschaft in einem politischen Verein nicht erlaubt war. 10 der 25 männlichen Mitglieder der „Vereinigung der Freunde der Christlichen Welt" waren auch Angehörige des „Nationalsozialen Vereins" in Dortmund.[216] Auch 47 Teilnehmer an den Delegiertenversammlungen des Nationalsozialen Vereins von 1896 bis 1903 organisierten sich in der „Vereinigung der Freunde der Christlichen Welt". Diese waren führende Mitglieder des Nationalsozialen Vereins. Sie spielten eine so wichtige Rolle in der jeweiligen Lokalorganisation, dass über die Hälfte von ihnen (ca. 56 %) mindestens zweimal als Delegierte gewählt wurde. Von den Vorstandsmitgliedern des Nationalsozialen Vereins gehörten C. Gregory, Naumann und Ruprecht zu dieser Vereinigung.[217]

Die kulturprotestantische Prägung des Nationalsozialen Vereins verstärkte dessen Isolierung von der Mehrheit der protestantisch-bürgerlichen Bevölkerung, weil der Kulturprotestantismus nur eine randkirchliche Erscheinung war, die sich auf das städtische und universitäre Umfeld beschränkte. Der Normaltyp des protestantischen Gemeindemitglieds war „konservativ-moralprotestantisch", so dass man den „Moralpro-

---

[214] Zu den vagen Grenzen des Kulturprotestantismus mit freireligiösen und postchristlichen Tendenzen siehe G. Hübinger, Kulturprotestantismus, Bürgerkirche, in: W. Schieder (Hrsg.), Religion und Gesellschaft im 19. Jahrhundert, Stuttgart 1993, 272ff. (bes.: 273.) Beispielsweise trat Maurenbrecher aus der Landeskirche aus und nach dem Ersten Weltkrieg schloß sich an dieser wieder an.

[215] Siehe hierzu H. v. Gerlach, Erinnerungen, 145ff.

[216] Siehe hierzu An die Freunde Nr. 8a (12.12.1904), 65ff. u. die Mitgliederliste, in: StA Dortmund, Best.Nr.5-Lfd. Nr. 123, keine Paginierung.

[217] Siehe die Teilnehmerliste zu den Protokollen der nationalsozialen Delegiertenversammlung (1896-1903) und An die Freunde Nr. 8a (12.12.1904), 65ff.

testantismus" als dominante religiöse Form des protestantischen Milieus betrachten kann.[218]

Zwischen 1898 und 1903 entstanden ca. sechzig nationalsoziale Lokalorganisationen, deren Struktur von Wahlvereinen bis zu freien Vereinigungen reichte. Ihre Hauptverbreitungsgebiete waren sowohl Großstädte wie etwa Berlin, Hamburg, Frankfurt, Leipzig als auch Universitätsstädte wie etwa Göttingen, Marburg und Heidelberg. Auch in den mittleren und kleinen Städten Nord-, Mittel- und Südwest- bzw. Süddeutschlands verbreiteten sie sich.

Der Nationalsoziale Verein konnte jedoch – abgesehen von einigen Städten – im ostelbischen Gebiet und im rheinisch-westfälischen Industriegebiet kaum Fuß fassen. Hier lagen die Hochburgen des ländlich oder kleinbürgerlich geprägten konservativ-moralprotestantischen Milieus.[219]

Obwohl es auch der Gruppe der „älteren" Christlich-Sozialen um Stöcker nicht gelang, sich in den normalen protestantischen Gemeinden zu verwurzeln, war diese Gruppe im „Verbandsprotestantismus" wie etwa in der Inneren Mission und in den Evangelischen Arbeitervereinen einflussreich. Dessen Massenbasis gehörte soziokulturell zum gleichen Milieu wie der kleinbürgerlich und konservativ geprägte Moralprotestantismus der Bürgergemeinden.[220]

Nun trennte sich aber der Naumann-Kreis – wie oben erwähnt – bei der Gründung des Nationalsozialen Vereins vom Stöcker-Kreis, wobei er einen wichtigen Bezugspunkt zum moralprotestantischen Kleinbürgertum verlor. Infolgedessen konnte sich der Nationalsoziale Verein selbst in den Gebieten, in denen er Fuß fasste, in den kleinbürgerlichen Schichten der protestantischen Bevölkerungskreise – abgesehen von der regionalen Basis der ehemaligen „jüngeren" Christlich-Sozialen – nicht verankern: Der *Frankfurter Nationalsoziale Verein* stand bezüglich seiner Organisationsgrundlage und seines Organisationsumfeldes in enger Verbindung mit dem Evangelischen Arbeiterverein der Richtung der „jüngeren" Christlich-Sozialen bzw. mit den Vereinen der Inneren Mission unter der Leitung Naumanns.[221] Er gewann damit nicht

---

[218] Vgl. G. Hübinger, Kulturprotestantismus, Bürgerkirche, in: W. Schieder (Hrsg.), Religion (1993), 272f.

[219] Vgl. J. Villain, Der Ns. Verein, 161ff. Zum protestantisch-konservativen Milieu des rheinisch-westfälischen Industriegebiets siehe, G. Brakelmann, Ruhrgebiets-Protestantismus, Bielefeld 1987.

[220] Vgl. J.-Ch. Kaiser, Zur Politisierung des Verbandsprotestantismus, in: W. Schieder (Hrsg.), Religion (1993), 254ff.

[221] Der Frankfurter Nationalsoziale Verein entstand im Februar 1897 durch die Namensänderung des vorhandenen „Christlichsozialen Vereins", aus dem ein Jahr vorher eine Minderzahl von Anhängern „älterer Richtung" Stöckers ausgetreten war. (Vgl. HstA Wi, 407/159-1, Bl. 178ff. u. 207ff.). Dass die Netzbildung der Evangelischen Arbeitervereine, der Christlichsozialen Vereine und der Vereine der Inneren Mission wie etwa der Jünglingsvereine in der Stadt Frankfurt und deren Umgebung unter der Führung des Naumann-Kreises verfestigt war, lässt sich an Titel und Inhalt der nationalsozialen Zeitung „Frankfurter Volksbote. Beiblatt zur „Hilfe". Organ für christliche Vereine in Frankfurt a. M. und Umgegend" (Redakteur: Paul Haag), 1895ff. ablesen.

nur viele kleine Kaufleute sowie niedrige Beamte und Angestellte als Mitglieder, sondern viele Handwerksmeister und Facharbeiter und darüber hinaus eine nicht geringe Zahl von Arbeitern. Aber ein entsprechender Erfolg bezüglich des Kleinbürgertums bzw. der Arbeiterschaft gelang dem *Berliner Nationalsozialen Verein* nicht. Um diese Bevölkerungskreise zu gewinnen, die in Berlin zum vorhandenen Evangelischen Arbeiterverein Stöckerscher Richtung neigten, gründete der Berliner Naumann-Kreis im Oktober 1895 einen neuen Evangelischen Arbeiterverein, der später „Evangelischsozialer Verein" genannt wurde. Trotzdem war der erwartete Erfolg bezüglich der Organisation des Evangelischen Arbeitervereins selbst und der Rekrutierung der kleinbürgerlichen bzw. Arbeitermitglieder nicht befriedigend.[222] In erster Linie wurden Volksschullehrer gewonnen (vgl. Tabelle 2).

Darüber hinaus zogen die Nationalsozialen Lokalvereine, deren Umfeld nicht im Evangelischen Arbeiterverein, sondern in den bildungsbürgerlichen Sozialreformorganisationen wie der „Sozialwissenschaftlichen Vereinigung" oder der „Sozialwissenschaftlichen Studentenvereinigung" bestand, kaum kleinbürgerlichen Schichten an. Beispielsweise war der *Dortmunder Nationalsoziale Verein*, der typischerweise linksliberal-kulturprotestantisch geprägt war[223], fast völlig isoliert von den kleinbürgerlichen Schichten. Er konnte nur einige Postbeamte bzw. -assistenten anwerben. Dagegen fühlten sich die Gymnasiallehrer und besonders die Volksschullehrer angezogen. Der *Göttinger Nationalsoziale Verein,* der von der Göttinger religionsgeschichtlichen Schule geprägt war, war eine Hochburg des universitätstheologischen Kulturprotestantismus.[224] Hier zeigt sich ein deutlicher Kontrast zum Frankfurter Lokalverein. Dessen Mitglieder stammten fast ausschließlich aus dem Bildungsbürgertum im engeren Sinne (vgl. Tabelle 2).

---

[222] Vgl. Brandenburg. LHA., Rep 30, Berlin C, 15123, Bl.1f., 5, 15 u. 33R.

[223] Die Sozialwissenschaftliche Vereinigung in Dortmund (gegründet im Juli 1896), die - wie oben erwähnt - wirklich als Nationalsoziale Lokalorganisation fungierte (vgl. auch Die Hilfe 3/47 (1897), 11), war eine Organisation der liberalen Sozialreformer. Einer der Führer dieser Vereinigung war neben dem oben erwähnten Oberlehrer Guttmann der linksliberale Rechtsanwalt Friedrich Kohn, der Vorsitzende des Demokratischen Vereins und des Vereins „Jung Deutschland" in Dortmund (siehe hierzu Politische Vereine, in: Dortmunder Adreßbuch 1896).

[224] Der Göttinger Nationalsoziale Verein stand in enger Beziehung mit der Göttinger Sozialwissenschaftlichen Studentenvereinigung, die ein führender Vertreter des Protestantenvereins, der Osnabrücker Pfarrer August Pfannkuche (1870-1929), 1893 in seiner Studentenzeit besonders unter dem Einfluss Paul Göhres gegründet hatte. An dieser Organisation nahm auch der Theologieprivatdozent Wilhelm Bousset sehr aktiv teil, der diese Organisation mit Ruprecht zu einer Lokalorganisation des Nationalsozialen Vereins entwickelte. Vgl. W. Kluge, August Pfannkuche, Mehlbergen 1982, 104ff.; P. Burger, Magnet, 118f. Zur Bedeutung der Religionsgeschichtlichen Schule für den Kulturprotestantismus siehe, G. Lüdemann, Die Religionsgeschichtliche Schule, in: H. M. Müller, (Hrsg.) Kulturprotestantismus, 311ff.

Resümierend lässt sich feststellen: Das größte Wirkungspotenzial des Nationalsozialen Vereins lag in der protestantisch-bürgerlichen Bevölkerung. Doch das sozialmoralische Gesamtmilieu dieses Bevölkerungskreises war charakterisiert durch die Tendenz der moralisch-kulturellen Versäulung zwischen dem konservativ geprägten dominanten Milieu, das in den kleinbürgerlichen Massen verankert war, und dem bildungsbürgerlich-liberal orientierten Minderheitsmilieu, aus dem sich der Nationalsoziale Verein rekrutierte. Damit waren den politischen Möglichkeiten des Naumann-Kreises enge Grenzen gesetzt.

Tabelle 1: Die Delegierten auf den Vertretertagen des Nationalsozialen Vereins

	1896	1897	1898	1899	1900	1901	1902	1903
	Zahl	Zahl	Zahl	Zahl	Zahl	Zahl	Zahl	Zahl
	(%)	(%)	(%)	(%)	(%)	(%)	(%)	(%)
I. *Bildungsbürger*								
* Geistliche	41	20	25	23	12	13	20	13
	(35,0)	(19,0)	(24,0)	(19,8)	(11,9)	(10,2)	(12,9)	(6,8)
* Professoren [davon Theolo-	14[4]	15[1]	11[2]	13[2]	9[1]	13	21[2]	26[1]
gen], Oberlehrer, Rektoren	(12,0)	(14,3)	(10,6)	(11,2)	(8,9)	(10,2)	(13,5)	(13,7)
* Höhere Beamte, Rechtsan-	3	1	2	2	4	4	8	11
wälte, Referendare	(2,6)	(1,0)	(1,9)	(1,7)	(4,0)	(3,1)	(5,2)	(5,8)
* Redakteure, Schriftsteller,	5	5	6	11	9	10	10	13
[Künstler]	(4,3)	(4,8)	(5,8)	(9,5)	(8,9)	(7,9)	(6,5)	(6,8)
* Ärzte	–	–	3	5	–	3	2	5
			(2,9)	(4,3)		(2,4)	(1,3)	(2,6)
* Doktoren, wiss. Assistenten,	4	3	3	2	3	7	11	19
sonstige akad. Berufe	(3,4)	(2,9)	(2,9)	(1,7)	(3,0)	(5,5)	(7,1)	(10,0)
* Studenten	6[4]	5	3[1]	5	2	5[1]	3	9[3]
[davon theol.]	(5,1)	(4,8)	(2,9)	(4,3)	(2,0)	(3,9)	(1,9)	(4,7)
II. *Wirtschaftsbürger*								
* Fabrikanten, Verleger, Direk-	9	7	6	5	6	5	4	7
toren, Bankiers	(7,7)	(6,7)	(5,8)	(4,3)	(5,9)	(3,9)	(2,6)	(3,7)
* Kaufleute, Rentiers	5	8	10	10	8	13	13	17
	(4,3)	(7,6)	(9,6)	(8,6)	(7,9)	(10,2)	(8,4)	(8,9)
* Landwirte [davon: Gutsbe-	3	3	3[1]	–	–	1	1	1
sitzer]	(2,6)	(2,9)	(2,9)			(0,8)	(0,6)	(0,5)
III. *Lehrer, Beamte u. Angestellte ohne akademische Ausbildung*								
* Lehrer ohne akad. Ausbil-	3	20[1]	15	18	18[1]	19	39	32
dung [davon Lehrerinnen]	(2,6)	(19,0)	(14,4)	(15,5)	(17,8)	(15,0)	(25,2)	(16,8)
* Beamte ohne akad. Ausbil-	1	2	2	2	5	5	5	9
dung	(0.9)	(1,9)	(1,9)	(1,7)	(5,0)	(3,9)	(3,2)	(4,7)
* Angestellte ohne akad. Aus-	4	–	2	2	6	6	1	7
bildung	(3,4)		(1,9)	(1,7)	(5,9)	(4,7)	(0,6)	(3,7)
IV. *Handwerker u. Arbeiter*								
* Handwerker, Facharbeiter	14	13	12	17	14	15	17	15
	(12,0)	(12,4)	(11,5)	(14,7)	(13,9)	(11,8)	(11,0)	(7,9)
* Sonstige Arbeiter	3	3	1	1	3	3	–	2
	(2,6)	(2,9)	(1,0)	(0,9)	(3,0)	(2,4)		(1,1)
V. *Sonstige*								
* Frauen ohne Berufsangabe	2	–	–	–	–	–	2	–
	(1,7)						(1,6)	
* Keine Berufsangabe	–	–	–	–	–	2	3	4
						(2,0)	(2,4)	(2,1)
* **Summe**	**117**	**105**	**104**	**116**	**101**	**127**	**155**	**190**

Quellen: *Protokoll über die Vertretersammlung aller National-Sozialen in Erfurt* (1896); *Protokolle über die Verhandlungen des Nationalsozialen Vereins* (1897–1903).

Tabelle 2: Die Mitgliederstruktur der Lokalorganisationen des Nationalsozialen Vereins

	Frankfurt a. M. (Mai 1898)		Berlin (Okt. 1901)		Dortmund (Aug. 1899)		Göttingen (Nov. 1903)	
	Zahl	%	Zahl	%	Zahl	%	Zahl	%
* Geistliche	8	(5,4)	2	(1,3)	9	(16,1)	2	(7,7)
* Professoren, Oberlehrer, Rektoren	6	(4,0)	7	(4,6)	10	(17,9)	6	(23,1)
* Höhere Beamte, Rechtsanwälte, Referendare	2	(1,4)	6	(3,9)	3	(5,4)	2	(7,7)
* Redakteure, Schriftsteller	–	–	7	(4,6)	–	–	–	–
* Ärzte	2	(1,4)	2	(1,3)	–	–	–	–
* Doktoren, sonstige akad. Berufe	4	(2,7)	10	(6,5)	2	(3,6)	5	(19,2)
* Studenten	–	–	20	(13,1)	–	–	4	(15,4)
[davon can. Theologie]			[8]					
* Fabrikanten, Verleger, Direktoren, Bankiers	1	(0,7)	3	(2,0)	1	(1,8)	2	(7,7)
* Kaufleute, Rentiers, Agenten	21	(14,2)	15	(9,8)	3	(5,4)	3	(11,5)
* Lehrer ohne akad. Ausbildung	10	(6,8)	52	(34,0)	24	(42,9)	1	(3,8)
* Beamte ohne akad. Ausbildung	7	(4,7)	6	(3,9)	2	(3,6)	–	–
* Angestellte ohne akad. Ausbildung	6	(4,0)	2	(1,3)	2	(3,6)	–	–
* Handwerker, Facharbeiter	59	(39,9)	12	(7,8)	–	–	1	(3,8)
* Sonstige Arbeiter	18	(12,2)	6	(11,8)	–	–	–	–
* Keine Angabe	4	(2,7)	3	(2,0)	–	–	—	—
* Summe	148		153		56		26	

Quellen: *1* Der Nationalsoziale Verein für Frankfurt u. Umgebung (HstA Wi, 407/159 Bd. 2., Bl. 57ff. *2* Der Nationalsoziale Verein für Berlin u. Umgebung (Brandenburg. LHA, Pr. Br. Rep. 30, Berlin C, Tit. 95, Nr. 15326, Bl. 239f.) *3* Die Sozialwissenschaftliche Vereinigung für Dortmund u. Umgebung (StA Do, Best. 5, Lfd–Nr.: 95, Bl. 15ff.) *4*. Der Nationalsoziale Verein Göttingen. Ortsgruppe des liberalen Wahlvereins in Berlin (StadtA Gö, pol. Dir., F.161 Nr. 9., Bl. 22.)

2. TEIL: DIE UMBRUCHSERWARTUNGEN

I. Gegenwartsgefühl: Zwang und Druck am Vorabend einer neuen Zeit

Der Bielefelder Historiker Joachim Radkau stellt die These auf, dem Krisenbewusstsein der wilhelminischen Zeitgenossen entspreche gar keine objektiv fassbare Krise, es erkläre sich vielmehr aus einer „nervösen" Wahrnehmung der Wirklichkeit. Seine These begründet sich auf die lange Hochkonjunktur seit den 1890er Jahren, die ständige innere Konsolidierung des deutschen Kaiserreiches, die Abnahme des revolutionären Pathos innerhalb der Sozialdemokratie und die erfolgreiche Modernisierung des Verwaltungssystems.[1] Radkau hebt damit vor allem auf die Differenz zwischen der zeitgenössischen Erfahrung und der rückblickenden Betrachtung eines Modernisierungsstadiums ab. Diese rein psychohistorische Charakterisierung ist jedoch teilweise problematisch, weil sich das zeitgenössische Krisenbewusstsein durchaus auch auf rationale Beobachtungen stützte. Darüber hinaus lässt sie außer acht, dass die Naherwartung eines entscheidenden Umbruchs die politischen Handlungsspielräume der wilhelminischen Zeitgenossen auf Entweder-Oder-Situationen einengte und somit also sehr konkrete Auswirkungen haben konnte.

Die Erwartung einer bevorstehenden Umwälzungskrise bei Naumann und seinem Umkreis zeigt sich zunächst in Äußerungen zum allgemeinen Gegenwartsgefühl. Vorherrschend war das Gefühl, die Gegenwart sei das Ende eines Übergangsstadiums und eine neue Zeit breche bald an. Dieses Gefühl lässt sich an vielen Orten des politisch-sozialen Diskurses des Naumann-Kreises erkennen, so bereits in der Naumannschen Schrift von 1889. Hier formulierte Naumann im Zusammenhang mit dem Wandel der sozialen Verhältnisse:

„Wir stehen am *Vorabend* einer neuen Zeit. Die sozialen Verhältnisse werden und müssen sich ändern, ja sie sind schon in der Änderung begriffen."[2]

Die Erwartung des notwendigen Niedergangs der alten Parteien, wie sie Naumann in einem kritischen Artikel über die Nationalliberalen in der „Hilfe" von 1897 äußert, stützte sich dann auf das noch deutlichere Bewusstsein, einer neuen Zeit anzugehören:

„Wir stehen jetzt im *Beginn* einer neuen Zeit, aber die neue Zeit braucht auch neue Männer, also keine Konservativen und keine Nationalliberalen, keine Sozialdemokraten – keine Antisemiten."[3]

---

[1] J. Radkau, Das Zeitalter der Nervosität, 273f.
[2] Arbeiterkatechismus (1889), in: W 5, 45.
[3] Der Niedergang der Nationalliberalen Partei, in: Die Hilfe 3/50 (1897), 5.

Otto Hötzsch (1876–1946), der spätere Professor für osteuropäische Geschichte, der als Mitarbeiter der „Hilfe" und Herausgeber der „Akademischen Blätter" tätig war, äußerte 1901, im Rückblick auf die Entwicklung seit 1888, sein Gefühl, dass sich „Neues und Großes" – also „herrliche Tage" – ankündigten, obwohl die Ziele und die „praktischen Inhalte dieses Neuen" auch jetzt noch unbekannt seien. Und mit besonderem Bezug auf den politischen Gesinnungswandel seiner Zeitgenossen erklärte er, dass dank der „Weltpolitik mit Macht" die bisherige „Übergangszeit des Tastens und Suchens" sich „dem Ende zuzuneigen" beginne.[4]

Die Grundstimmung des Naumann-Kreises war also, dass die alte Welt unwiederbringlich zu Ende gehe und damit der Wandel des alten politischen, sozialen und Gesinnungssystems unvermeidbar sei. Und Naumann machte deutlich, er habe nicht vor, „Schutzwächter einer zerbröckelnden Vergangenheit" zu sein.[5] In diesem Sinne sagte er auf einem Delegiertentag des Nationalsozialen Vereins mit Schiller: „Das Alte stürzt, es ändern sich die Zeiten, und neues Leben blüht aus den Ruinen."[6]

In dieser Erwartung des notwendigen Übergang zu einer neuen Welt ist freilich ein Zukunftsoptimismus erkennbar. Bei Naumann zeigt ein lebenslang ununterbrochener Fortschrittsoptimismus, auf den in der Literatur bereits vielfach hingewiesen wurde.[7] Schon in seinen frühen Schriften, so z. B. im *Arbeiterkatechismus*, hob er hervor, dass die Tendenz der sozialen Entwicklung zum „Sozialismus", d. h. zu einer „gemeinschaftlichen" Gesellschaftsordnung unaufhaltsam sei.[8] Ebenfalls im *Arbeiterkatechismus* drückte Naumann auf optimistische Weise seinen Glauben an das Nahen einer neuen Zeit des „Sozialismus" aus, in der das Elend, die Ungleichheit und die Gegensätze der Gegenwart aufgehoben sein sollten:

„Unser Schiff hat guten Wind, seine Segel sind geschwellt, seine Fahnen flattern. Wir fahren gleichsam in die neue Welt. Schon tauchen am Rande die Bergrücken des neuen Festlandes auf. Zwar ehe wir anlanden, wird noch mancher liebe Tag vergehen. Aber nur Mut! Vorwärts, nicht rückwärts! Vorwärts mit vereinten Kräften!"[9]

Seine Hoffnung auf eine neue Zeit beruhte auf langfristigen sozioökonomischen und politischen Entwicklungstendenzen. Seine Begeisterung über die industrielle Entwicklung drückte Naumann deutlich aus. Er verwies auf den Fortschritt der Technik und des Verkehrs, die Massenproduktion und den Massenkonsum und den daraus resultie-

---

[4] M. Maurenbrecher, Eine Wandlung in den Vereinen Deutscher Studenten, in: Die Hilfe 7/30 (1901), 10f.
[5] Christlich-Sozial, in: W 1, 343.
[6] Von unserm Vertretertag, in: Die Hilfe 6/40 (1900), 11.
[7] Etwa W. Mommsen, Einleitung des dritten Bandes der Naumann-Werke, XXIII; G. Hübinger, Politische Werte und Gesellschaftsbilder des Bildungsbürgertums, in: NPL 32/2 (1987), 189-210, bes. 198ff.
[8] vgl. Arbeiterkatechismus, in: W 5, 36, 52; Das soziale Programm (1891), in: W 1, 173, 177.
[9] Arbeiterkatechismus, in: W 5, 45

renden wirtschaftlichen Wohlstand. Seine Zeit, als „neue Kulturstufe", die sich in „Fabriken" und „Eilzügen" manifestiere, sei ein „Segen Gottes".[10] Tendenzen zu politischen Fortschritten erblickte Naumann in einer Reihe von bürgerrechtlichen Entwicklungen und sozialen Gesetzgebungen.[11] Diesen Fortschrittsoptimismus zeigten auch seine Anhänger, beispielsweise in ihren Debatten mit den Malthusianern.[12]

Doch andererseits ist das allgemeine Gefühl eines Bruchs in der inneren und äußeren Entwicklung Deutschlands zu erkennen, das sich mehr und mehr zu einer Niedergangsstimmung vertiefte. Während der Optimismus des Naumann-Kreises aufgrund der langfristigen Entwicklungstendenz der deutschen Gesellschaft auf die Zukunft gerichtet war, richtete sich der Pessimismus auf den gegenwärtigen Übergangsprozess.[13] Die gesellschaftliche Entwicklung erschien in den Augen Naumanns und seiner Anhänger als kein friedlicher und langsamer Fortschritt, sondern als ein Prozess, dem die Gefahr von Katastrophe und Niedergang immanent war. Dieses Bewusstsein verschwand deshalb bei aller Wahrnehmung der bisherigen technischen, sozioökonomischen und politischen Fortschritte der deutschen Gesellschaft nie.

Schon bei Naumann lässt sich ein Bruch- und Niedergangsgefühl in bezug auf die industrielle Entwicklung Deutschlands erkennen, die sonst – wie oben erwähnt – Quelle seines Optimismus war. Der schnelle Wandel der Zeit, der für ihn vor allem auf die revolutionäre Entwicklung der Technik und des Verkehrs zurückzuführen war, war für Naumann Anlass nicht nur zu Optimismus, sondern auch zu Angst: „Im Eilzug dieser Tage zu sitzen" habe „etwas Berauschendes und Beängstigendes zugleich".[14] Auch im Zersetzungsprozess der Familie, den Naumann als notwendige Erscheinung der Industrialisierung bezeichnete, erblickte er gleichzeitig eine Untergangsgefahr für die Sittlichkeitsideale.[15]

Mit am größten war seine Niedergangsangst jedoch im Hinblick auf die Klassengegensätze. Naumann kennzeichnete seine Zeit als „Zeitalter der sozialen Kämpfe", weil er in diesen Kämpfen keine rein sozialen Interessenkonflikte, sondern einen allgemeinen Gegensatz sah, der sich auch politisch und kulturell zuspitzte. Die „sozialen Kämpfe" seien der Gesamtkampf zwischen dem *alten Bestand* und *der neuen Bewegung*, d. h. der Kampf zwischen dem „Olymp der alten Ideen" und den „Titanen von der Maschine", in dem einerseits die Macht historischen Rechts, Polizei und Strafgesetz, Verwaltung und Heer, monarchische Treue und kirchliche Überlieferung sowie

---

[10] Das soziale Programm, in: W 1, 150ff.
[11] Arbeiterkatechismus, in: W 5, 16ff.
[12] Hierzu siehe unten „A. Die Überbevölkerung".
[13] Vgl. S.-G. Schnorr, Liberalismus, 125ff.: Schnorr wies auf den Naumannschen pessimistischen Grundton in anderem Zusammenhang hin.
[14] Das soziale Programm, in: W 1, 150.
[15] Vgl. ebd., 204ff.; Atbeiterkatechismus, in: W 5, 36ff.

die Partei der Staatserhaltenden, andererseits die Kraft neuer Gedanken, die wirkliche und die eingebildete Not, der Drang nach Neuem, die Lust am Zerbrechen und die Sozialdemokratie einander gegenüber stehen. Die „sozialen Kämpfe" stellten sich somit für Naumann als ein Hauptsymptom für eine gewaltsame und fundamentale Bruchgefahr im Übergang zur neuen Zeit dar: Diese „neue nervenstarke Bewegung" wolle „den gesamten alten Bestand unserer christlichen Zivilisation zu Staub zertreten."[16]

Naumanns Niedergangsangst war auch in Hinsicht auf die internationale Dimension der industriekapitalistischen Entwicklung des 19. Jahrhunderts groß. Die Migration der Bevölkerung und die imperialistische Konkurrenz waren neben dem Klassengegensatz stets Thema in den Gegenwartsanalysen und warnenden Prognosen Naumanns. In seinem Wochenschau-Artikel von 1897 in der „Hilfe" wies Naumann auf die Gefahr hin, die von Polen und England auf die Lage in Deutschland ausgehe. In Polen sah er ein Symbol der billigen Arbeitskraft und in England ein Symbol der weltbeherrschenden wirtschaftlichen Macht. Beide bedrohten, so Naumann, die Existenz und die gesellschaftliche Entwicklung des deutschen Volkes. Deutschland verliere im Osten an die Polen und im Westen an die Engländer. So bemerkte er: „Aus Sparsamkeit und Schwäche untergraben wir unser Volkstum und damit die Möglichkeit wirklich großer sozialer Reformen."[17]

Otto Hötzsch bekannte im Zusammenhang mit der Politik der wilhelminischen Periode seine pessimistischen Grundstimmung, während er an gleicher Stelle – wie schon erwähnt – mit Optimismus eine neue Zeit erwartete. Von 1890 bis 1900 habe das deutsche Kaiserreich in vielerlei Hinsicht eine politisch-soziale Entwicklung erlebt. Die Bevölkerungszahl, für ihn Indiz nationaler Macht, sei beständig gewachsen; der Aufschwung von Handel und Industrie sei in der Wirtschaftsgeschichte fast beispiellos; der Wohlstand und die Behaglichkeit des Lebens sei in den „Arbeiterstand" hinein erweitert worden; man habe die ständige Vergrößerung des Kolonialbesitzes und den militärischen bzw. außenpolitischen Erfolg in Ostasien erlebt. Trotzdem sei jene Zeit eine „unerfreuliche Zeit", die den „Pessimismus" und die „Resignation" rechtfertige. Denn er sah in der neuen Ära unter Wilhelm II. die Markierung eines scharfen Bruchs mit dem Zeitalter Bismarcks in allen Bereichen und zugleich die Ungewissheit der staatspolitischen Zukunftsziele: „An Stelle langsam ruhigen Fortschritts trat sprunghaftes Umherfahren".[18]

Wie oft man im Naumann-Kreis bewusst seinen pessimistischen Eindruck von der Gegenwartssituation verschwieg, um den optimistischen Glauben an die erhoffte Zukunft zu betonen, zeigte ein Artikel Weinhausens, der 1900 für die „Hilfe" geschrie-

---

[16]Das soziale Programm, in: W 1, 143.
[17] Wochenschau, in: Die Hilfe 3/50 (1897), 1.
[18] M. Maurenbrecher, Eine Wandlung.

ben wurde. Sein Artikel gehörte zu einer Rück- und Ausblicksartikelserie über die Gesamtentwicklung Deutschlands, die geplant wurde, um den Gesinnungsgenossen des Nationalsozialen Vereins eine optimistische Überzeugung von einem neuen Jahrhundert nahe zu bringen und ihnen damit klare Aufgaben zu stellen. Hier bedarf es sorgfältiger Interpretation.

Weinhausen beschrieb zunächst die Entwicklung der deutschen Gesellschaft im 19. Jahrhundert, die vor allem durch den Aufschwung von Handel und Industrie repräsentiert wurde. Im ausgehenden 19. Jahrhundert erlebe der deutsche Industriekapitalismus seine wunderbare Blütezeit und trete gleichzeitig in eine neue Stufe der Entwicklung, gekennzeichnet durch organisierte Formen wie Trusts und Syndikate. Diese Entwicklung sei trotz der „teilweisen" negativen Seiten, die man aber überwinden könne, grundsätzlich notwendig und positiv. Dagegen sah Weinhausen in der Arbeiterfrage und damit im Klassengegensatz die große Fehlentwicklung der vergangenen Jahrzehnte. So schrieb er schließlich, die Kluft des Gegensatzes zwischen der sozialistischen Arbeiterbewegung und der bürgerlichen Gesellschaft bleibe in der Gegenwart tief – einerseits durch die reaktionäre Politik der bürgerlichen Gesellschaft und andererseits durch das grundsätzliche Festhalten der Sozialdemokratie an den alten „Wahnsinnidee einer 'völkerbeglückenden' Utopie" und des „Giftes des Klassenhasses." Trotzdem würde – so hoffte er – diese Frage im 20. Jahrhundert friedlich gelöst werden.

Aber dahinter lässt sich ein pessimistisches Bewusstsein erkennen: So bemerkte er trotz seiner Bewunderung des Aufschwungs von Handel und Industrie wie folgt: „Angesichts dieser Schlußergebnisse müßten wir mit Verzweiflung im Herzen von dem sozialen Gemälde des 19. Jahrhunderts scheiden." Darüber hinaus stützte sich seine optimistische Prognose bezüglich der Lösung der Klassengegensätze auf allzu schwachen Grund, sowohl theoretisch als auch empirisch. Seiner Ansicht nach würden sich der wachsende Patriotismus in den Volksschichten und die zunehmende sozialreformerische Gesinnung in den gebildeten Schichten gegenseitig verstärken und weiter wachsen. Als Begründung hierfür gibt er nur die „Naturnotwendigkeit" an, und er muss bekennen, dass diese Ansätze für seine erhoffte Zukunft gegenwärtig nur ein „kleiner Lichtblick" seien.[19]

Insgesamt lässt sich die Grundstimmung im Naumann-Kreis wie folgt charakterisieren: Der Naherwartung einer neuen Zeit entsprechend waren der Zukunftsoptimismus und der Gegenwartspessimismus verdichtet zu dem Druckgefühl, dass man immer an einem Scheideweg stehe, der nur zwei Alternativen biete: gewaltsamer oder friedlicher Übergang, Fortschritt oder Niedergang. In der folgenden Äußerung Naumanns lässt sich das Druckgefühl gut erkennen:

---

[19] Die soziale Bewegung des neunzehnten Jahrhunderts, in: Die Hilfe 6/2 (1900), 5f.

„Wir wählen nicht einen Weg, weil er uns klug scheint, sondern eine *neue Welle des Volkslebens* rauscht heran, und wir liegen zufällig gerade da im *Wasser*, wo sie sich be-ängstigend emporhebt."[20]

Dieses Gefühl wurde nicht selten in den Reden und Schriften der Naumannschen Gefolgschaft ausgedrückt, beispielsweise auch in der Diagnose über die Gegenwartslage Deutschlands:

„[W]ir [stehen] keineswegs in Herrlichkeit [da], sondern mitten in einer höchst gefährlichen, alle unsere Kräfte fordernden und auf Jahrhunderte hinaus, wenn nicht auf immer, über unsere Zukunft in der Weltgeschichte entscheidenden Krisis!" (Paul Rohrbach)[21]

Noch stärker zeigt sich dieses Druckgefühl in folgender Äußerung:

„ Jeder Tag des neuen Jahres kann eine *entscheidende Wendung* bringen." (Weinhausen)[22]

Die Politik des Naumann-Kreises appellierte oft an dieses Druckgefühl, um den Handlungswillen für die Verwirklichung der erhofften Zukunft zu betonen:

„Die neue Zeit wird kommen. Daran zweifeln die Sozialisten nicht. Wie aber wird sie kommen?" (Naumann)[23]
„Gegenüber der unerhörten, unheimlichen Übergewalt Englands giebt es nur zwei Möglichkeiten. Entweder man beugt sich oder man kämpft." (Naumann)[24]
„Der Ausfall der nächsten Wahlen bedeutet also nicht nur die Antwort auf die Frage: Schutzzoll oder Freihandel? sondern zugleich die Entscheidung: Wahlrecht oder Wahlrechtsverschlechterung, Freiheit oder Reaktion!" (Gerhard Hildebrand)[25]

All diese Beispiele zeigen, dass eine Krisenstimmung, d. h. ein Druckgefühl vor einer unvermeidbaren Umwälzung der bestehenden Zustände, als Grundmotiv das politische Handeln Naumanns und seiner Gesinnungsgenossen beständig beherrschte. Das im Naumann-Kreis herrschende Gegenwartsgefühl von Zwang und Druck fand auch einen politischen Ausdruck, und zwar in der Erwartung einer sozialistischen Revolution, eines sozialen Kaisertums und eines Weltkrieges. Im folgenden wird zunächst

---

[20] Christlich-Sozial, in: W 1, 342.
[21] P. Rohrbach, Deutschland unter den Weltvölkern, Berlin-Schöneberg 1903, 7f.
[22] Wochenschau, in: Die Hilfe 3/1 (1897), 1
[23] Das soziale Programm, in: W 1, 177.
[24] Wochenschau, in: Die Hilfe 6/10 (1900), 1
[25] Krachende Throne oder krachendes Wahlrecht!, in: Die Hilfe 8/44 (1902), 3.

von den Ängsten vor einer sozialistischen Revolution bei Naumann und seinem Anhängerkreis die Rede sein.

II. Die Angst vor einer sozialistischen Revolution

Der Begriff „soziale Revolution" trägt alle Charakteristika des modernen Revolutionsbegriffs. „Soziale Revolution" kann einerseits ein politisches Ereignis wie Umsturz oder Bürgerkrieg sein, andererseits eine langfristige Systemänderung. Diese Doppeldeutigkeit ergab sich aus den Erfahrungen der Französischen Revolution und der raschen Industrialisierung, nämlich der industriellen Revolution seit dem ausgehenden 18. Jahrhundert.

Die Zeitgenossen kennzeichneten mit dem Wort „Soziale Revolution" eine neue Revolution, die anders als die bisherige „politische Revolution" auf die Umwandlung der Gesellschaft selbst abzielen sollte. Bereits 1794 tauchte die neue Vokabel „Révolution sociale" in Deutschland auf, um eine neue Tendenz aus der Französischen Revolution zu benennen. Insbesondere seit der Revolution von 1830 wurde die nächste Revolution als „soziale Revolution" erwartet.[26]

Die Sozialdemokratie im deutschen Kaiserreich stellte sich als Partei der „sozialen Revolution" vor. Die Sozialdemokratie wurde insbesondere während der Zeit des Sozialistengesetzes vom Marxismus geprägt. Das Erfurter Programm von 1891 trug deutliche Züge einer revolutionären Bewegung. Der sogenannte theoretische Teil dieses Programms erklärte den notwendigen Zusammenbruch der bestehenden politisch-sozialen Ordnungen und den Übergang zur sozialistischen Gesellschaft, deren Grundcharakter durch die Vergesellschaftung der Produktionsmittel bestimmt werden sollte.[27]

Gleichzeitig zeigte diese Partei ein ununterbrochenes Wachstum zur Massenpartei. So erhielt sie bei den Reichstagswahlen von 1871 3,2% der Stimmen, 1877 jedoch bereits 9,1%. In der Zeit des Sozialistengesetzes (1878–1889/90) stieg der sozialdemokratische Stimmenanteil in den Reichstagswahlen immer weiter an: die Stimmenanteil von 1884 war 9,7% und 1887 10,1%. Nach dem Fall des Sozialistengesetzes gelang der Sozialdemokratie der „Durchbruch" zur Massenpartei: Sie erhielt bei den Reichstagswahlen von 1890 19,8% der Stimmen, 1898 27,2%, 1903 31,7% und 1912 34,8%.[28] Bis 1914 zählte sie ca. 1,1 Millionen Mitglieder. Darüber hinaus besaßen die Freien Gewerkschaften, die dieser Partei nahe standen, 1914 2,6 Millionen Mit-

---

[26] Vgl. R. Koselleck, Vergangene Zukunft, 79f.

[27] Vgl. Th. Meyer/S. Miller/J. Rohlfes, Lern- und Arbeitsbuch. Geschichte der deutschen Arbeiterbewegung, Bd. 207/I, Bonn 1984, 180; Geschichte der deutschen Arbeiterbewegung III, hrsg. v. Institut für Marxismus-Leninismus, Berlin 1966, 134f.

[28] G. Hohorst u.a., Sozialgeschichtliches Arbeitsbuch II, 2. Aufl., München 1978, 173ff.

glieder; und die sozialdemokratisch organisierten Konsumgenossenschaften zählten 1,6 Millionen Mitglieder.[29]

Die kontinuierliche Auseinandersetzung mit der Sozialdemokratie charakterisierte grundsätzlich das politische Handeln des im Nationalsozialen Verein organisierten Naumann-Kreises.[30] Besonders die politische Arbeit von Naumann war bis zu seinem Tod durch das ununterbrochene Ringen mit der Sozialdemokratie gekennzeichnet.[31] Hierbei spielte trotz aller Wertschätzung der Sozialdemokratie und trotz aller Anerkennung der Arbeiterbewegung die Angst vor einer Revolution eine zentrale Rolle. In der Forschung ist diese Sorge des Naumann-Kreises jedoch bisher kaum untersucht.

1. Bilder einer sozialistischen Revolution

Die Stimmung Naumanns und seiner Anhänger, dass das deutsche Kaiserreich vor einer Systemkrise stehe, trat am deutlichsten in ihren Erwartungen einer sozialistischen Revolution hervor. Beispielsweise beschrieb 1896 der Marburger Theologieprofessor Johannes Weiß den Gegenwartszustand als „verhängnisvolle[n], klägliche[n] Krankheitszustand". Er beklagte die politisch-soziale Zerrissenheit des deutschen Volkes: Das politische Leben sei nun eine Arena für die Interessengruppen geworden. Weite Schichten des Volkes seien dem „Pauperismus (Verarmung)" und der „Degeneration (Entartung)" anheimgefallen. Doch hierin lagen für Weiß nur Teilaspekte einer Gesamtkrise. Tiefste Sorge bereitete ihm die Entwicklung der Sozialdemokratie hin zur Massenbewegung:

„Es ist ein heilloser Zustand, daß ungeheure Massen [...] aus ihrer Unbefriedigtheit heraus auf den Zusammenbruch des Ganzen hoffen. Die Feindseligkeit der Sozialdemokratie gegen Staat und Volksgemeinschaft ist ein erschreckendes Symptom dafür, daß ein riesiger Teil des Volkes im eigenen Hause sich nicht mehr wohl fühlt."[32]

Die sozialistische Revolution bedeutete für Naumann und seine Anhänger – wie für seine meisten bürgerlichen Zeitgenossen – einfach eine Niedergangsgefahr. So meinte Wilhelm Rein: „Sicher ist, daß die Arbeiterrevolution unsere Kultur an den Rand des Abgrundes bringen würde."[33] Die Revolutionsangst des Naumann-Kreises ergab sich

---

[29] H.-U. Wehler, Deutsche Gesellschaftsgeschichte, 1045.

[30] Vgl. D. Düding, Der Ns. Verein, 102; J. Villain, Der Ns. Verein, 7f.

[31] Siehe hierzu F. Sponsel, Friedrich Naumann und die deutsche Sozialdemokratie, Diss. Erlangen 1952, bes. 206.

[32] J. Weiß, Gedanken zum neuen christlich-sozialen Programm, in: Die Hilfe 2/36 (1896), 1f. (Zit. 1.)

[33] W. Rein, Die zukünftigen Parteien, in: Grenzboten, 9.

inhaltlich aus den Vorstellungen von einem sozialistischen „Zukunftsstaat" sowie aus der Erwartung eines Bürgerkriegs. Hierbei hielt man den plötzlichen Ausbruch eines allgemeinen Arbeiteraufstandes und damit eines Bürgerkrieges für viel wahrscheinlicher als die Verwirklichung eines sozialistischen Zukunftsstaats nach dem Sieg der Revolution.

Das von Naumann entworfene Bild vom sozialistischen Zukunftsstaat trug grausame Züge: die Vernichtung der Freiheit und des Eigentums, die Zerstörung des Familienlebens und des Christentums und die Verarmung des Volkes im sozialistischen Zukunftsstaat.[34] Diese Naumannsche Vorstellung wich nicht von derjenigen der meisten seiner Zeitgenossen in der bürgerlichen Bevölkerung ab.[35]

Das schreckliche Bild des zukünftigen Bürgerkriegs bildete den Hauptteil der Angstvorstellung des Naumann-Kreises vor einer sozialistischen Revolution. Dreierlei Punkte waren charakteristisch dafür: 1. Die zukünftige Revolution würde viel gewaltsamer als die bisherigen Revolutionen sein. 2. Der erhoffte Gesellschaftswandel durch diese blutige politische Auseinandersetzung würde unmöglich sein. 3. Die Revolution würde damit schließlich nur die Stärkung der Reaktion oder die Entkräftung der nationalen Macht[36] bewirken.

So meinte 1891 Paul Göhre im Hinblick auf den Zusammenhang zwischen dem revolutionären Ereignis und der Verwirklichung eines „sozialen Zukunftsstaats": Wenn die „Katastrophe" kommt, würde man, „selbst von vornherein von deren augenblicklichen Unmöglichkeit überzeugt, gar nicht ernstlich an die Verwirklichung des Sozialstaates denken." Die „soziale Revolution" würde „im Nu eine rein politische werden." „[W]ir werden ein anderes 1797 erleben, nur größer, blutiger Opfer- und schmerzensreicher als dieses war, bis endlich das deutsche Kaisertum wieder die Macht erhält."[37] Im gleichen Jahr äußerte Julius Werner seine Vorstellung einer sozialistischen Revolution ebenfalls als „Katastrophe", wonach „unter deren Trümmer [sic!] sich die Sozialdemokratie selbst begräbt". Seiner Erwartung nach könnte die Sozialdemokratie „höchstens im ersten Anlauf einen kurzlebigen Pyrrhussieg erringen" und würde „ein sich selbst zerfleischendes Pöbelregiment von 36 oder 48 Stunden an sich reissen".[38]

Naumann sah 1900 in einer künftigen sozialen Revolution eine Revolution voraus, deren „Greuel niemand sich genügend vorstellen kann". Als Grund dafür betonte er:

---

[34] Vgl. Arbeiter-Katechismus, in: W 5, 1, 4, 8, 11, 18, 21; Was tun wir gegen die glaubenslose Sozialdemokratie?, in: W 1, 112, 118, 120; Das soziale Programm, in: ebd., 207, 214; Unsere Stellung, in: W 5, 88 ff.

[35] Vgl. L. Hölscher, Weltgericht, 403ff.

[36] Siehe F. Naumann, Wochenschau, in: Die Hilfe 1/51 (1895), 2; G. Traub, Erinnerungen, 18: „Wir wollten keine soziale Revolution von außen her, woran nur England und Frankreich ihre Freude gehabt hätten."

[37] P. Göhre, Wird die Sozialdemokratie siegen?, in: Die Christliche Welt, 5 (1891), 92.

[38] J. Werner, Sozialrevolution, 38f.

„Eine moderne Revolution ist nicht ein Zwischenspiel, wie es die früheren bürgerlichen Revolutionen in Berlin, Leipzig und Frankfurt waren, [...], eine Revolution, die um die Souveränität kämpft, ist ein Ringen auf Leben und Tod, ungeheuer in ihrem Zerstörungen, wie der Krieg der Zukunft [...]. Nur eine Revolution größten Stiles kann im Staate etwas ändern."[39]

Hierbei glaubte er an keinen Sieg einer sozialistischen Revolution, dagegen an eine blutige Niederlage eines Arbeiteraufstandes und damit das Eintreten einer Diktatur. So erwartete Naumann aufgrund seiner Einschätzung der starken Macht des damaligen Staates und des besitzenden Bürgertums: „Die Zusammenballung der staatserhaltenden Kräfte würde ungeheuer sein, die Niederlage unsagbar blutig, die Folge ein aristokratisch-despotisches Zwangsregiment von tyrannischer Macht."[40]

Darüber hinaus setzte sich Max Maurenbrecher im gleichen Jahr mit der Kautskyschen Erwartung einer sozialen Revolution als langfristiger Gesellschaftssystemänderung auseinander: „[...] so führt auch der Zusammenbruch des Kapitalismus den Sozialismus noch um keinen Schritt näher, im Gegenteil, er wirkt nur reaktionär und wirft uns wieder in längst überholte Stadien der Entwicklung zurück."[41]

Die Angststimmung des Naumann-Kreises wurde jedoch nicht nur durch das schreckliche Bild einer zukünftigen Revolution bestimmt, sondern auch durch die Erwartung, dass der Tag des Revolutionsausbruchs nicht mehr fern sei. Zu fragen ist: Wie intensiv war die Angst vor einer sozialistischen Revolution im Naumann-Kreis? Inwieweit hielten Naumann und sein Anhänger eine sozialistische Revolution für wahrscheinlich?

2. Die Revolutionserwartungen im wilhelminischen Kaiserreich

---

[39] Demokratie und Kaisertum, in: W 2, 28.

[40] Ebd., 29. Das Bild des Naumann-Kreises von einer sozialistischen Revolution zeigte keine wesentliche Differenz zu den üblichen Vorstellungen seiner bürgerlichen Zeitgenossen. Beispielsweise erwartete der geheime Regierungsrat C. v. Massow in seinem Buch Reform oder Revolution! (Berlin 1894) eine sozialistische Revolution als „die schrecklichste aller Revolutionen unter Verhältnissen wie sie keine Periode der Vergangenheit gekannt hat" bzw. als „Kampf der Vernichtung bis aufs äußerste" (S. 13), weil die „sociale Revolution" - anders als die „politische Revolution", deren Ziel nur auf den Wechsel der Herrschaft beschränke - „der Kampf aller gegen alle, nicht um die Staatsgewalt, nein um Besitz und Eigentum sei und damit den „Kampf des Arbeiters gegen den Bürger bis zur Vernichtung" erfordere. (S. 34f.) Hierbei rechnete er schließlich mit dem Sieg der bürgerlichen Seite. Dennoch sei der Sieg nur ein scheinbarer Sieg, denn es sei unvermeidlich, „daß mit den Vernichtungsmitteln der Neuzeit geführte Kampf der einen Hälfte unseres wehrpflichtig-waffengeübten Volkes gegen die andere Ströme von Blut zum Opfer fordert, daß Zerstörung und Trümmer ihn begleiten." (S. III) Insgesamt - so befürchtete er - würden „Deutschlands Blüte und

Um auf die oben gestellte Fragen zu antworten, versucht diese Arbeit in erster Linie, das geistige Klima im wilhelminischen Kaiserreich zu charakterisieren. Im folgenden wird ein diachroner Vergleich der Revolutionserwartungen in der wilhelminischen Zeit mit denen in anderen Perioden vorzunehmen sein. Hierbei handelt es sich einerseits darum, inwieweit eine sozialistische Revolution im öffentlichen Diskurs als aktuelles Thema eine Rolle spielte, und andererseits um die temporale Tiefe der Revolutionserwartung, d. h. wie nah oder wie fern man sich den Zeitpunkt der Revolution vorstellte. Das Ergebnis wird sein, dass eine Krisenstimmung nicht nur den Naumann-Kreis, sondern auch dessen Zeitgenossen im wilhelminischen Kaiserreich erfasste und prägte.

A. Quantitative Analyse

Inwieweit wurde die Zeitstimmung im wilhelminischen Kaiserreich von der Revolutionserwartung geprägt? Eine Antwort auf diese Frage lässt sich durch eine statistische Analyse derjenigen Publikationen finden, deren Titel zu erkennen gibt, dass sie eine sozialistische Revolution thematisierten. Die statistische Analyse dieser Literatur bietet einen Indikator dafür an, wie aktuell die Erwartung dieser gewaltsamen Umwälzungskrise in der öffentlichen Diskussion war.

Die Schlagwörter für die Bezeichnung der sozialistischen Revolution, die sich im politisch-sozialen Diskurs des 19. Jahrhunderts mehr und mehr häuften, waren beispielsweise „Soziale Revolution", „Zukunftsrevolution", „Soziale Krise", „Soziale Gefahr". Dabei wurden auch „Sozialer Krieg" bzw. „Sozialer Kampf" als Bezeichnungen des Revolutionssymptoms zunehmend wiederholt.

In ganz Europa nahmen seit 1870 die Schriften, deren Titel solche Schlagwörter oder die entsprechenden Ausdrücke enthielten, deutlich zu. Den Höhepunkt markiert die Zeit von den 1880er bis zu den 1900er Jahren. Für diese Zeit ist auch eine zunehmende Zahl von Romanen über die „Zukunftsrevolution", wie z. B. „The Rebellion of 1950"[42] oder „Die Revolution von 1912"[43], charakteristisch (vgl. Tabelle 3).

In Deutschland gab es drei Phasen, in denen man eine deutliche Vermehrung der Literatur über die Revolution erkennen kann: die Periode der Französischen Revolution (1785–1799), die der Revolution von 1830 bzw. von 1848/9 und die Jahrhundert-

---

Wohlstand" durch diesem Bürgerkrieg vernichtet werden, somit würde „seine Widerstandskraft gegen den äußeren Feind gelähmt, vielleicht gebrochen" sein. (ebd.) Vgl. auch 15ff., 40.

[41] M. Maurenbrecher, Wochenschau, in: Die Hilfe 6/8 (1900), 1f. (Zit.: 2.)

[42] L. Sampson, The Rebellion of 1950. Battle of London (a dream of the future), in: To Day, Nr. 22 (1885).

[43] Siehe Tabelle 5.

wende (1880–1912). Dabei ist es merkwürdig, dass diese Periode ohne tatsächliche revolutionäre Ereignisse eine starke Zunahme solcher Schriften zeigte. Im Zeitraum von 1860 bis 1912 bezeichneten die 1890er Jahre einen Höhepunkt. Aber auch nach 1900 erschien noch eine große Menge Literatur über die sozialistische Revolution (vgl. Tabelle 4).

Tabelle 3: Die Literatur über die sozialistische Revolution in Europa
1794–1908

	1794–1839	1840–1849	1850–1859	1860–1869	1870–1879	1880–1889	1890–1899	1900–1908
Sozialer Krieg	–	2	–	1	5	2	1	–
Soziale Krise	2	2	1	1	2	7	7	3
Soziale Gefahr	–	–	–	2	–	4	3	1
Soziale Revolution	1	3	4	1	7	8	10	16
Zukunfts-revolution	–	–	–	–	1	2	3	4
Summe	3	7	5	5	15	23	23	24

Quelle: J. Stammhammer: *Bibliographie des Socialismus und Kommunismus*, 3Bde., Jena 1909 (Neudruck: Aalen 1963).

Tabelle 4: Die Literatur über die Revolution in Deutschland 1785–1912

	Revolution*	Soziale (sozialistische)Gefahr/ Communismus**	Soziale Krise/ Soziale Katastrophe	Sozialer Krieg/ Sozialer Kampf	Summe
1785–1799 *(Alle 10 Jahre)*	7	–	–	–	7
1800–1809	–	–	–	–	–
1810–1819	1	–	–	–	1
1820–1829	1(1)	–	–	–	1
1830–1839	14(2)	1	–	–	15
1840–1849	16(1)	8	1	–	25
1850–1859	8(3)	–	–	–	8
1860–1864 *(Alle 5 Jahre)*	1	–	–	–	1
1865–1869	4	2	–	1	7
1870–1874	1	–	–	2	3
1875–1879	3	–	–	–	3
1880–1884	2	1	1	–	4
1885–1889	3	3	–	1	7
1890–1894	14	1	4	–	19
1895–1899	10	–	–	–	10
1900–1904	4	1	–	–	5
1905–1912	14	3	1	2	20

* *( ) = Soziale Revolution bzw. Revolution im Zusammenhang mit der „Sozialen Frage". In die Zahlenangaben der seit 1860 erschienenen Schriften wurden auch die Schriften eingeschlossen, die neben „Revolution" die Schlagwörter „soziale Revolution", „sozialistische Revolution", „Revolution der Zukunft" und deren Varianten in ihren Titeln enthielten. Hierbei wurden die Schriften über ein bestimmtes revolutionäres Ereignis wie z. B. die Französische Revolution von 1789 für den Zeitraum von 1800 bis 1912 grundsätzlich ausgeschlossen. Nur insofern sie dessen soziale Aspekte behandelten, wurden sie ausnahmsweise hier eingeschlossen.*
** *Unter dem Schlagwort „Communismus" wurden nur die Zahlen der von 1800 bis 1859 erschienen Schriften angegeben.*
Quellen:

I. 1785–1859: L. Dilcher, *Der deutsche Pauperismus und seine Literatur*, Frankfurt a. M. 1957, S. 163; P. Mombert, Aus der Literatur über die soziale Frage u. Arbeiterbewegung, in: C. Grünberg (Hrsg.), *Archiv für die Geschichte des Sozialismus und der Arbeiterbewegung*, Leipzig 1921; J. Stammhammer, a. a. O.

II. 1860–1912: *Karl Georgs Schlagwort-Katalog*, 7 Bde. (1883–1912), Leipzig 1913; J. Stammhammer, a. a. O.

Charakteristisch für die Jahrhundertwende – insbesondere für die 1890er Jahre – war, dass die Literatur über die sozialistische Revolution nicht nur in ihrer Gesamtzahl, sondern auch in der Zunahme der Schriften, die im Titel die Verdichtung der Revolutionserwartung in den bürgerlichen Schichten ablesen ließen, einen Höhepunkt markierte (vgl. Tabelle 5).

Tabelle 5: Schriftenverzeichnis als Indikator der bürgerlichen Naherwartungen der sozialistischen Revolution 1880–1911

Jahr	Titel (Autor, Erscheinungsort)
1880	* Reformation und soziale Revolution (G. A. Koelreuther, Berlin)
1884	* Das Wetterleuchten der socialen Revolution und Was geschehen muss, um einen Arbeiter-Krieg abzuwenden. Ein Mahnruf an die gebildeten und besitzenden Klassen, besonders an die Hirten der kirchlichen Gemeinden (Anonym, Breklum)
1890	* Social-Revolution oder Reformation. Ein Wort an das deutsche Volk (Ed. Schall, Braunschweig)
1891	* Sozialrevolution oder Sozialreform? (J. Werner, Halle)
	* Wird die Sozialdemokratie siegen? Ein Blick in die Zukunft dieser Bewegung (L. v. Kunowski, Bielefeld)
	* Der Sozialdemokrat kommt! (Anonym, Freiburg i. Br.)
1892	* Reformation oder Revolution (O. Vorwerg, Herischdorf b. Warmbrunn)
	* Ehe denn die Schlacht beginnt. Ein Mahnruf an die deutsche Jugend und ihren Kaiser (W. Hipler, Leipzig)
	* Die vorige und die kommende Revolution. Eine Vorlesung aus Anlass des französischen Revolutions-Jubiläums dem deutschen Volke gehalten (O. Fleischmann, Kaiserslautern)
1893	* Die friedliche Revolution des 20. Jahrhunderts (Brodbeck, Zürich)
1894	* Zwei Reden gehalten in der Versammlung des „Deutschen Volksvereins" aus Wien am 29. Juni 1894 in Judenburg. II. Sociale Reform oder sociale Revolution, besprochen v. G. Schönerer (Steiermark, Leipzig)
	* Gehen wir einer sozialen Katastrophe entgegen? (H. Mojon, Basel)
	* Reform oder Revolution! (C. v. Massow, Berlin)
1896	* Soll man die Socialdemokratie zur akuten Revolution, zu Strassenkämpfen zwingen? (Fechenbach-Lautenbach, Leipzig)
1897	* Die friedliche sociale Revolution am Anfang des 20. Jahrhunderts. Ein Zukunftsbild von einem Menschenfreunde. (Anonym)
1905	* Die wahre Lösung der sozialen Frage und warum wir trotz unserer sozialen Gesetzgebung „dem Untergange in reißendem Tempo".(1. Enz. Pius X.) entgegen gehen (J. Tillmans, Maria-Martental bei Kaiserreich.)
1906	* Revolution oder Evolution? Ein freikonservatives Ostpredigt für das Herrentum

	europäischer Rasse (J. Lanz-Liebenfels, Wien)
1907	* Die Revolution von 1912 (Bundschuh, Leipzig)
1911	* Sozialdemokratie und Weltgericht (O. Feuerstein, Lorch)

Quellen: Carl Georgs Schlagwort-Katalog; J. Stammhammer, a. a. O.

Wie bisher analysiert, nahmen die Schriften über die sozialistische Revolution um die Jahrhundertwende nicht nur in Deutschland, sondern auch in ganz Europa deutlich zu, wobei die 1890er Jahre den Höhepunkt dieses Prozesses markierten. Dadurch lässt sich sagen, dass in dieser Zeit die Erwartung einer sozialistischen Revolution in der Öffentlichkeit sehr verbreitet war. So wurde das wilhelminische Kaiserreich von der Krisen- und Niedergangsstimmung in Erwartung einer sozialistischen Revolution dominiert.

B. Analyse der Formel „Reform oder Revolution"

Die Sozialreform bildete den Zielkonsens unter Naumann und seinen Gesinnungsgenossen vom Nationalsozialen Verein. Aber es ist unbestreitbar, dass in der sozialreformerischen Politik des Bürgertums das Furchtgefühl vor einem plötzlichen Umsturz „von unten" als wichtiges Motiv immer existierte. Der Nationalökonom K. Pribram betonte 1925 im Zusammenhang mit dem Anfang der bürgerlichen Sozialreform: „Die Furcht vor einer sozialrevolutionären Bewegung war ja an der Wiege der sozialen Reform Pate gestanden."[44] Darüber hinaus war überhaupt die bürgerliche Reformpolitik des 19. Jahrhunderts im weiteren Sinne, d. h. nicht nur im sozialpolitischen, sondern auch im verfassungspolitischen Sinne neben der Unterdrückungspolitik eine Reaktionsweise auf die Herausforderungen der revolutionären sozialen Bewegung.

In den bürgerlichen Forderungen nach einer Reformpolitik tauchte stets die Revolution als Gegenbegriff der Reform auf. Die Reform und die Revolution bedeuteten geschichtsphilosophisch einander widersprechende Alternativen für den notwendigen Wandel. Revolution bedeutete einen Wandel durch „Gewaltsamkeit" und „ Plötzlichkeit", Reform dagegen Wandel durch „Planmäßigkeit", d. h. „Evolution" und „Entwicklung".[45]

So stützten sich die bürgerlichen Reden für politisch-soziale Reformen des 19. Jahrhunderts bei allen Variationen stets auf eine wiederkehrende Argumentationsformel: rechtzeitige Reform oder gewaltsame Revolution. Die Mahnungen, nach denen

---

[44] K. Pribram, Die Wandlungen des Begriffs der Sozialpolitik, in: Die Wirtschaftswissenschaft nach dem Kriege, 2. Bd., München/Leipzig 1925, 223ff. (Zit.: 231.)
[45] Vgl. R. Koselleck, Art. „Revolution", in: GGB Bd. 5 (1984).

unterlassene Reformen die Revolution hervorrufen würden, hatten seit 1789 zugenommen und waren spätestens in den 30er und 40er Jahren des 19. Jahrhunderts in der bürgerlichen Öffentlichkeit weit verbreitet. Dies lässt sich anhand von staatswissenschaftlichen Schriften, Lexika und Wörterbüchern erkennen.[46] Auch im Kaiserreich tauchten derartige Mahnungen häufig auf: „Gewaltsames Hemmen für nothwendig erachteter Reformen führt zur Revolution."[47] „Es ist eine alte Wahrheit: wer sich nicht zu billigen Reformen herbeiläßt, öffnet Revolutionen Tür und Tor."[48].

Damit stellte sich die Revolution als eine im historischen Übergang immanente mögliche Gefahr dar. Doch hierbei lässt sich auch erkennen, dass man eine soziale Revolution nicht immer akut erwartete. Beispielsweise betonte der Artikel „Revolution" im Rotteckschen und Welckerschen Staatslexikon von 1842, dass der möglichen Gefahr einer sozialen Revolution reformierend vorgebeugt werden müsse. Gleichzeitig machte der Verfasser dieses Artikels deutlich, dass er keine große Angst vor einer sozialen Revolution hatte. Der Eintritt einer sozialen Revolution schien ihm in der nahen Zukunft nicht möglich zu sein. Er urteilte: „In neuerer Zeit" seien „wie die Kriege, so auch die Revolutionen *seltener und schwieriger*" geworden, und besonders durch wohl nur noch von den unteren Klassen der Bevölkerung angestrebte „Emeuten [*sic!*] und Aufstände" könnten „schwerlich erfolgreiche Umwälzungen" bewirkt werden. Hierbei betonte der Verfasser allerdings, um die Notwendigkeit von Reformen zu begründen: „Dies Alles kann indessen den Eintritt neuer revolutionärer Bewegungen wohl erschweren, diese können jedoch dadurch allein nicht verhindert werden." [49] Trotzdem ist klar, dass seine Revolutionserwartung nicht aktuell war.

Die 60er Jahre des 19. Jahrhundert waren die Anfangsphase der sozialistischen Arbeiterparteien Deutschlands. In dieser Zeit wurde die Gefahr einer sozialen Revolution noch konkreter als früher wahrgenommen. Der Verfasser des Artikels „Revolution" berichtete in der dritten Auflage des Rotteckschen Staatslexikons von 1865 über die Anzeichen der Gefahr einer sozialen Revolution: Hierzu zählte er das politischsoziale Wachstum der großstädtischen Arbeiter und die Einflüsse Lassalles und seiner Gesinnungsgenossen auf die Arbeiter. Die sozialistische Revolutionstheorie Lassalles und seiner Gesinnungsgenossen könne „in Zeiten großer politischer Gärung leicht den Staat wenigstens in eine augenblickliche Gefahr" bringen, weil sie nämlich mit dem Versprechen hervortreten, den Lohnarbeiter sofort und ohne eigenes Zuthun zum

[46] Vgl. E. Reidegeld, Staatliche Sozialpolitik, 65ff.; R. Koselleck, Art. „Revolution", in: GGB Bd. 5, bes. 749ff., auch E. Wolgast, Art. „Reform, Reformation", in demselben Band, bes. 346ff.

[47] Anonym, Art. „Revolution u. Reform", in: Meyer's Neues Konversations-Lexikon, 2. Aufl., Bd. 13 (1871), 594ff., hier: 595

[48] W. Rein, Die zukünftigen Parteien, in: Grenzboten, 14f.

[49] Anonym, Art. „Revolution", in: Das Staats-Lexikon, hrsg. v. K. v. Rotteck/K. Welcker, Bd. 13 (1842), 722ff., hier: 738.

Herrn zu erheben." Aber der Verfasser scheint, wenn man von folgender Passage ausgeht, noch nicht zu denken, dass eine soziale Revolution bald eintreten wird:

„Wir sind der festen Überzeugung, daß jene [sc. sozialistische Revolutions-] Theorien auch nicht auf die kürzeste Zeit praktisch werden können." 50

Darüber hinaus äußerte F. Muthard, der Verfasser des Artikels „Reformen" in demselben Lexikon, die optimistische Erwartung einer künftigen friedlichen Entwicklung der deutschen Geschichte. Es sei nämlich im historischen Prozess seit 1848 gelungen, die Revolutionsgefahr reformierend abzuwenden.[51]

Seit den 1870er Jahren jedoch verschwand dieser Optimismus allmählich. Trotz der politischen Entwicklung wie z. B. der Reichsgründung erkannten viele Bürger, dass aufgrund der sich zuspitzenden „sozialen Frage" die Gefahr einer zukünftigen Revolutionskrise zunahm. So wurde 1872 *der Verein für Sozialpolitik* gegründet. Aber in der Zielerklärung des Vereins, die sich auf die Formel „Revolution oder Reform" stützte, gab es noch keine besonderen Bemerkungen, die von einer bevorstehenden Revolutionsgefahr zeugten.[52]

Das tatsächliche Wachstum der Sozialdemokratie sowie deren zunehmende revolutionäre Agitationen weckten bei vielen Bürgern die Befürchtung, eine soziale Revolution könne schon bald bevorstehen. Staatlicherseits reagierte man auf die Gefahr mit dem Sozialistengesetz von 1878, das sich jedoch nicht als wirksam erwies. Die sozialdemokratische Wählerzahl begann seit den Reichstagswahlen von 1884 wieder beständig anzusteigen. Seitdem nahm die bürgerliche Revolutionsangst schnell zu. Dabei veranlasste selbst die Aufhebung des Sozialistengesetzes im Jahre 1890 eine weitere Verbreitung der Naherwartung einer sozialen Revolution in der bürgerlichen Öffentlichkeit.[53]

So kam in vielen Reden über die Notwendigkeit einer Sozialreform die konkrete Angst vor einer bevorstehenden sozialen Revolution zum Ausdruck. Keine mögliche Revolutionsgefahr in ferner Zukunft, sondern „die drohende" Revolutionsgefahr bil-

---

[50] Anonym, Art. „Revolution", in: ebd. 3. Aufl. (1865), 547ff., hier: 550.

[51] So behauptete er: „Die Erfahrungen aus dem Jahre 1848 und seit diesem Jahre haben unendlich vieles gethan, um Regierungen und Völker über die rechte Zeit und das rechte Maß der Reformen aufzuklären. Viel ist zu thun übrig, viel Rost der Vergangenheit klebt noch unserer Zeit an. Wer aber aufmerksam den Zustand vor zwanzig Jahren mit dem jetzigen vergleicht, der möcht wohl zu der Ansicht gelangen, daß die Zahl der heilsamen Reformen in den letzten beiden Decennien in allen deutschen Landen groß und der Weg angebahnt ist, auf dem Deutschland zu einer engeren Einigung und zu einer organischen Stärkung gelangen kann.", aus: F. Muthard, Art. „Reformen (politisch)", in: Das Staats-Lexikon, hrsg. v. K. v. Rotteck/K. Welcker, 3. Aufl. (1865), 396.

[52] Vgl. D. Lindenlaub, Richtungskämpfe, 1.

[53] Vgl. Hölscher, Weltgericht, 221ff.; auch beispielsweise, siehe W. Reins Rede in: Anm. 70. dieses Kapitels.

dete die Begründung für eine Sozialreform. So wies das *Einladungsschreiben zur Gründungstagung des Evangelisch-Sozialen Kongresses* von 1890 auf folgendes hin:

„Die *drohende* Gefahr, welche in dem Wachstum der Sozialdemokratie und ihrer zunehmenden Entfremdung von der Kirche beschlossen ist, muß die Freunde der Evangelischen Kirche mit Besorgnis erfüllen."[54]

In einer Äußerung des Hauptbegründers des Evangelisch-sozialen Kongresses, Stöcker, lässt sich deutlich die Verdichtung der Revolutionserwartung im kirchlichen sozialreformerischen Kreis erkennen. Stöcker konstatiert 1891: „Viele Zeitgenossen [...] leben [in] der Überzeugung, daß wir vor einer unentfliehbaren Katastrophe stehen, und ohne Sorge ist niemand.". Einen einzigen Ausweg gäbe es noch: „die unvermeidliche Sozialreform".[55]

Der geheime Regierungsrat C. v. Massow beschrieb 1894 in seinem Buch: „Reform oder Revolution!" die bürgerliche Krisenstimmung dieses Jahres:

„Man mag eine Zeitung oder Zeitschrift irgend welcher Farbe und von irgend welchem Standpunkt geschrieben in die Hand nehmen, eine Rede im Parlament, in einer Partei- oder Vereinsversammlung hören oder lesen, immer und immer wieder findet man den Hinweis auf «die Wetter, welche in der Tiefe grollen und unsere Zukunft bedrohen»."[56]

Dabei äußerte er selbst sein Angstgefühl, wonach „mit jedem Jahre der Verzögerung notwendiger Reformen" die bürgerliche Gesellschaft der Revolution immer mehr entgegen reife.[57] Aufgrund dieser Beurteilung prognostizierte er eine bald kommende soziale Revolution, wobei er die soziale Revolution mit „Aufruhr", „Arbeiteraufstand" und „Bürgerkrieg" gleichsetzte. So gab er zu verstehen:

„Früher oder später, vielleicht erst in *zehn Jahren*, aber zum Kampfe muß es, wenn wir nicht reformierend eingreifen, kommen."[58]

Massows Buch fand eine zustimmende Resonanz. Ein Rezensionsartikel in der Naumannschen „Hilfe" von 1896 empfahl sein Buch als „höchst lesenswert und lesbar". Der Artikel mahnte auch aufgrund der Naherwartung einer Revolution:

---

[54] Zit. aus: V. Drehsen, Evangelischer Glaube, in: H. M. Müller (Hrsg.), Kulturprotestantismus, Gütersloh 1992, 195.
[55] A. Stöcker, Sozialdemokratie und Sozialmonarchie, Leipzig 1891, Zit.: 3 u. 4.
[56] C. v. Massow, Reform od. Revolution, V.
[57] Ebd., 13.
[58] Ebd., 15.

„Die Zeit drängt zur raschen Reform!"[59]

Es gab viele Erinnerungen, die auf den engen Zusammenhang zwischen der Naherwartung einer sozialen Revolution bei vielen Jungakademikern in den 1890er Jahren
und deren starker Forderung nach einer Sozialreform hinwiesen. So erinnerte sich
Gustav Radbruch, der später der Sozialdemokratie beitrat:

> „Wir Jungen waren in einer erwartungsvollen *Vorabendstimmung*, die große soziale
> Umwälzungen anzukündigen schien, die kommende soziale Revolution."[60]

So lässt sich auch durch die diachrone Analyse der Argumentationsformel „Reform
oder Revolution" erkennen, dass sich die bürgerlichen Revolutionsängste in der Anfangsphase der wilhelminischen Periode, d. h. in den 1890er Jahren deutlich intensi-
vierten, und dass sich hierbei die bürgerlichen Revolutionserwartungen teilweise zu
Erwartungen des baldigen Ausbruches einer sozialistischen Revolution verdichteten.

Das politische Handeln des Bürgertums wurde gerade von diesem Gefühl der
Revolutionsfurcht bestimmt. Beispielsweise zeigte die Programmdebatte innerhalb der
evangelischen Arbeitervereine – wodurch die Gruppe der „jüngeren" Christlich-
Sozialen um Naumann entstand – dass die verdichtete Revolutionserwartung einen
maßgeblichen Einfluss auf deren politische Entscheidungsprozesse ausübte. Die Pro-
grammdebatten der evangelischen Arbeitervereine Anfang der 90er Jahre zeugen von
einer Veränderung der Ziele: Hauptgegner war nun nicht mehr der „Ultramontanismus" bzw. die Zentrumspartei, sondern die Sozialdemokratie und deren „Irrlehren".[61]
Alle drei Richtungen, die sich nach 1890 innerhalb der evangelischen Arbeitervereine
formten, gingen davon aus, dass die dringende Gegenwartsaufgabe vor allem im politischen und weltanschaulichen Kampf gegen die Sozialdemokratie liegt. Es ging bei
den Auseinandersetzungen zwischen den drei Richtungen um eine antisozialdemokratische Kampfweise und damit zusammenhängend um den Grundcharakter der evangelischen Arbeitervereine.[62]

---

[59] Meyer, „Reform oder Revolution", in: Die Hilfe 2/21 (1896), 5f.

[60] G. Radbruch, Der innere Weg, 1951, 55 (Zit. aus: R. v. Bruch, Wissenschaft, 157). Zur Biographie von
Radbruch (1878-1949) vgl. F. Osterroth, Biographisches Lexikon des Sozialismus, Bd. I., Hannover 1960.

[61] Vgl. K. M. Hoffmann, Die ev. Arbeitervereinsbewegung, 51; Naumann formulierte in diesem Sinne wie
folgt: „Das Hauptkennzeichen der evangelischen Arbeitervereine ist die Hervorhebung evangelischer
Grundsätze gegenüber der materialistischen Weltanschauung, wie sie von der Sozialdemokratie vertreten
wird." (BA Potsdam, NL. Naumann, Nr. 52, Bl. 68.)

[62] Die „Bochum-Gellsenkirchener" Richtung erkannte neben Arbeiterfürsoge und -selbsthilfe auch die Notwendigkeit einer staatlichen Sozialpolitik für die Arbeiter, um die Sozialdemokratie zu bekämpfen. Aber sie
bemühte sich neben der sozialpolitischen Tätigkeit, vor allem den kirchlich-konfessionellen Charakter der
evangelischen Arbeitervereine beizubehalten, so dass sie in enger Verbindung vor allem mit den Nationalliberalen und dem Evangelischen Bund nicht nur die Sozialdemokratie, sondern auch den Katholizismus be-

3. Die Revolutionserwartungen im Naumann-Kreis

A. Die Naherwartung um 1890

Die Angststimmung vor einer sozialen Revolution auch beim Naumann-Kreis war grundsätzlich viel größer als bei den Bürgern der 1860er und 70er Jahre. Insbesondere um 1890 war das Bewusstsein Naumanns und seiner Anhänger von der Erwartung bestimmt, dass der Tag der Revolution immer weiter herannahe. Vor allem ihre Überzeugung – sie teilten sie mit den meisten Zeitgenossen –, dass die Sozialdemokratie trotz aller staatlichen und bürgerlichen Sozialreform- oder Unterdrückungsmaßnahmen immer weiter zu einer revolutionären und antichristlichen Massenbewegung anwachse, verursachte diese Zunahme der Revolutionsangst.

Naumann und Göhre fühlten sich bereits Ende der 1880er Jahre durch die Sozialdemokratie einem großen Druck ausgesetzt. Schon in seiner Langenberger Pfarrerzeit (1887–1890) war Naumann bereit, die sozialdemokratischen Bemühungen um eine „neue Wirtschaftsordnung" anzuerkennen. Aber er pflegte gleichzeitig zu mahnen, dass die „Christen und Patrioten" jeden sozialdemokratischen Umsturzversuch bekämpfen müssten.[63] Göhre war von 1888 bis 1890 als Hilfsredakteur bei der „Christlichen Welt" tätig. In dieser Zeit stand die energische Auseinandersetzung mit der Gefahr einer revolutionären Sozialdemokratie im Vordergrund seiner schriftstellerischen Aktivität. Naumann und Göhre sahen in der Radikalisierung und im Wachstum der Sozialdemokratie und in der Unfähigkeit der bürgerlichen Gesellschaft, auf diese Tendenz zu reagieren, die beiden treibenden Kräfte, die das deutsche Kaiserreich in

---

kämpfte. Aufgrund dieser Haltung vertrat sie schließlich das Konzept der „Gelben"-Gewerkschaften. Hingegen wollte die Webersche und Stöckersche Richtung , d. h. „Alten", in Anlehnung an die Konservativen durch sozialpolitische Maßnahmen die Sozialdemokratie bekämpfen und dabei nicht nur keinen konfessionellen Gegensatz mit dem Katholizismus, sondern darüber hinaus einen antisozialdemokratischen Block mit den katholischen Arbeitern aufbauen, so dass sie sich schließlich an der Gründung der christlichen Gewerkschaften beteiligte. Die „Jungen" wollten noch entschlossener als die „Alten" die Veränderung der evangelischen Arbeitervereine hin zur sozialpolitischen Arbeiterorganisation. Dabei forderten sie auch eine Zusammenarbeit mit Katholiken. Darüber hinaus wollten sie diese Vereine als Grundlage einer selbständigen Arbeiterbewegung entwickeln, welche politisch-weltanschaulich der sozialistischen Arbeiterbewegung entgegenstehen, aber gleichzeitig um der praktischen Arbeiterinteressen willen mit dieser zusammenarbeiten sollte. In bezug auf die Gewerkschaftsfrage verlangten die „Jungen" den Anschluß der evangelischen Arbeitervereine an die Freien Gewerkschaften, und forderten gleichzeitig die Trennung dieser Gewerkschaften von der Sozialdemokratie. Vgl. ebd., 61ff.; Zur Betonung der „Interkonfessionalität" der „Alten" in der christlichen Arbeiterbewegung: D. v. Oertzen, Von Wichern, 210f., 227.

[63] Siehe z. B. F. Naumann, Ist die Sozialdemokratie unchristlich?, in: Kirchliche Nachrichten, Nr. 4, (4.8.1888), 15. Diese Zeitung befindet sich in: BA Potsdam NL. Naumann Nr. 61.

Richtung einer gewaltsamen Revolution zu führen schienen. Naumann äußerte 1888 in einem Brief an Wichern:

> *„Warten, bis das soziale Problem theoretisch gelöst ist, können wir nicht.* In unserer Arbeiterschaft wird jetzt für die Sozialdemokratie fieberhaft gearbeitet. Kein Mensch stellt das zurecht, was tagtäglich unsere Sozialdemokratenblätter ins Volkwerfen, denn keine Bürgerzeitung außer den wertlosen Lokalblättchen dringt in die Masse."[64]

Auch 1889 drückte er seine Sorge um die verschärfte Frontstellung zwischen der bürgerlichen Gesellschaft und der Sozialdemokratie aus. Naumann beschrieb diese Situation als Vorabend eines Bürgerkriegs, in der *„kein Parlamentieren, keine Waffenstillstände"* zwischen den „zwei Heeren" noch vermitteln könnte. Wenn es sich weiter so entwickeln würde, sei ein „Blutbad" unvermeidbar. Hierbei kritisierte Naumann vor allem die Sozialdemokratie. Diese habe im Wydener Kongress von 1880 eine „Kriegserklärung" abgegeben. Die Sozialdemokratie zeige in Wirklichkeit eine ununterbrochene Bereitschaft zum gewaltsamen Umsturz, obwohl sie unter der Revolution „nicht in jedem Fall einen Barrikadenkampf" verstanden und somit angeblich eine „unblutige Revolution" gemeint habe.[65]

Die Naumannsche Furcht vor einem künftigen „Blutbad" verstärkte sich auch durch seine Betrachtung des zunehmenden Wahlerfolgs der Sozialdemokratie besonders in den evangelischen Gebieten Deutschlands. Naumann charakterisierte dabei die Sozialdemokratie als „Macht der Glaubensvernichtung" und verglich die sozialdemokratische Herausforderung mit der Bedrohung durch den „Mohammedanismus" im Mittelalter. So prognostizierte Naumann angsterfüllt:

> „Es erscheint nicht als unwahrscheinlich, daß schon die nächste Reichstagswahl eine Million sozialdemokratischer Stimmgeber voll machen wird. [...] Soll es sich noch einmal wiederholen, was damals geschah, als der Mohammedanismus kam? Sollen von den Gebieten, in deren Schoße der Staub von ungezählten lutherischen Christen liegt, die Kreuze verschwinden? Gott verhüte es! Dessen sind wir ja gewiß, daß das Reich unseres Herrn niemals untergeht, aber dafür haben wir keine Verheißung, daß es immer in unserem lieben Lande und Volke bleiben muß. [...] Wir werden *im nächsten Jahrzehnt* ohne Zweifel noch mehr verlieren, die Sozialdemokratie wird noch mehr gewinnen."[66]

---

[64] Naumann an Wichern vom 12. 12. 1888 [Zit.: Th. Heuss, Naumann (1949²), 524.]

[65] So meinte Naumann: „Werden sie [die Sozialdemokratie] aber auch in bewegten Zeiten, wo alles kocht und gärt, ihre Heerscharen genügend im Zaum halten, um das Blutbad zu vermeiden? Bis heute scheint es nicht so, als ob eine Jahrzehnte hindurch gepredigte Revolution würde unblutig bleiben.", in: Arbeiterkatechismus (1889), in: W 5, 46f.

[66] Ebd. Diese Prognose von Naumann verrät nicht allein seine Sorge um den Niedergang des Christentums. Vielmehr zeigt sie gerade sein Angstgefühl vor einer kommenden „sozialen Revolution", in der auch der Niedergang des Christentums selbst eingeschlossen ist, d. h. vor einem totalen Zusammenbruch der bürger-

Göhre prognostizierte 1889, aus Anlass des Bergarbeiterstreiks im Ruhrgebiet, dass die Folge der sozialdemokratischen Radikalisierung *„in den kommenden Jahrzehnten in erschreckender Weise"* zu Tage treten müsse.[67] Angesichts der erhöhten Bedrohung durch die „ sittliche Rohheit" und die „Umsturzideen" des „Sozialdemokratismus" sei die bürgerliche Gesellschaft machtlos. Unter den bürgerlichen Schichten herrsche das pessimistische Gefühl vor, dass es bisher unmöglich gewesen sei, die Nöte der unteren Schichten zu beheben, und aufgrund dieser schlechten Erfahrungen seien viele Bürger nun „ratlos", sähen „keinen Ausweg" und wüssten „überhaupt nichts mehr zu tun".

Hierzu äußerte er: Vor allem von der „Unterdrückung" des radikalisierten „Sozialdemokratismus" werde es abhängen, „ob die notwendige wirtschaftliche Neugestaltung sich friedlich oder gewaltsam vollziehen wird." Er glaubte, dass die heutige Gesellschaft „die Entscheidung darüber selbst – noch! – in der Hand" habe.[68]

Im Jahre 1890 entstand der sozialpolitische „Neue Kurs", der durch den Fall des Sozialistengesetzes und die Februarerlasse Kaiser Wilhelm II. charakterisiert wurde. Naumann und seine Anhänger hofften durch diesen Reformkurs der Regierungspolitik auf eine neue Wende. Trotzdem verwandelte sich ihre Hoffnung in Verzweiflung angesichts des ungebremsten Heranwachsens der Sozialdemokratie zu einer revolutionären Massenpartei. So bemerkte 1900 Friedrich Weinhausen rückblickend: „Nun wurde die Aufhebung des Sozialistengesetzes bei Freunden wie Gegnern desselben als ein Ohnmachts-Zugeständnis des Staates angesehen, die hochherzigen Februarerlasse Kaiser Wilhelm II. weckten kein denkbares Echo mehr in der Arbeiterseele [...]".[69]

Vielmehr fungierten bei den späteren Anhängern von Naumann die politischen Ereignisse des Jahres 1890 als Grundlage für die Naherwartung einer sozialistischen Revolution. Obwohl Wilhelm Rein den Fall des Sozialistengesetzes als etwas Positives sah, äußerte er zugleich seine Revolutionsangst wie folgt:

„Der Fatalist freilich [...] wird einfach 1789/90 und 1889/90 in seinen Gedanken nebeneinander stellen, um die jetzige Bewegung ganz begreiflich zu finden. Aber wie sie auslaufen, wohin sie uns führen wird, wer will das sagen? Von dem Beibehalten des Sozialistengesetzes kann im Ernste doch niemand etwas Einschneidendes hoffen. [...] es hat

---

lichen Gesellschaft im Sinne eines großen historischen Wandels, so wie die Sozialdemokraten konventionell den Revolutionsbegriff verstanden. Dabei sahen die Sozialdemokraten in diesem Wandel einen Entwicklungsbruchs im historischen Fortschritt, Naumann hingegen sah in diesem großen historischen Wandel nur den Niedergang der christlichen Zivilisation.

[67] P. Göhre, Die gegenwärtige Entwicklung des Sozialdemokratismus zur anarchischen Weltanschauung, in: Die Christliche Welt, 3 (1889), 447ff.

[68] Ebd.

[69] F. Weinhausen, Die soziale Bewegung, in: Die Hilfe 6/2 (1900), 5.

die Überzeugung zum Fanatismus gesteigert; es hat die Verfolgte Sache mit dem Nimbus des Märtyrertums umgeben. Was Wunder, daß aus den Wahlen solche Ergebnisse hervorgegangen sind! [...] Versagt dem Arbeiter jedes Eingehen auf seine Forderungen, und ihr werdet sehen, daß *wir einer Katastrophe zueilen.*"[70]

Im Jahr 1891 drückte Julius Werner im Hinblick auf den sozialdemokratischen Reichstagswahlsieg von 1890 seine Revolutionsangst aus. Trotz seiner Hoffnung darauf, dass nach dem Wahlsieg die Unterstützung für die Sozialdemokratie wieder abnimmt, lässt sich schon durch die Metapher der „Hochflut" sein Furchtgefühl vor einer Revolution erkennen:

„Scheint es nicht so, als wollte sich die Hochflut, welche am 20. Februar mit 1427000 sozialdemokratischen Stimmen ihren Höhepunkt erreicht, wieder verlaufen? Muss nicht mit innerer Notwendigkeit auf die fieberhaft betriebene Agitation eine Zeit der Ermüdung, des Zerfalles folgen?"[71]

Im Verlauf des Jahres 1890 verstärkte sich die Revolutionserwartung Göhres. Dies ergab sich aus den Erfahrungen, die er im Sommer desselben Jahres als Fabrikarbeiter gemacht hatte. Göhre hatte in der Chemnitzer Arbeiterwelt die Erkenntnis gewonnen, dass es unmöglich sein würde, Sozialdemokratie und Arbeiter zu trennen. Die gesamte Arbeiterschaft schien mit nur geringen Ausnahmen in der Sozialdemokratie „ihre einzige starke und berufene Repräsentantin" zu erblicken. Die Arbeiter – so sagte er – „wissen sich als Sozialdemokraten, folgen den Führern und glauben an sie, ihre Worte und Schriften wie an ein neues Evangelium." Das Bewusstein der Arbeiterschaft sei, dass „die Sozialdemokratie heute die Arbeiterschaft ist."[72] Aus dieser Erkenntnis folgerte er, dass die Beseitigung der Sozialdemokratie unmöglich sei. In diesem Sinne kritisierte er die konventionelle antisozialdemokratische Bekämpfungs- und Vernichtungsvorstellung von Kirche und Staat, wie sie beispielsweise in den politischen Strategien von Stöcker und Bismarck zu erkennen sei.[73] Ein weiteres Anwachsen der Sozialdemokratie schien Göhre vielmehr unvermeidbar:

„Die deutsche Sozialdemokratie ist heute so wenig mehr zu beseitigen, als es die moderne Arbeiterbewegung überhaupt ist. [...] Es ist meine wohlüberlegte Ansicht, daß sie auch in Zukunft noch wachsen.[...] Auch keine freisinnigen Gewerkvereine, keine christlichen Jünglings- und Männervereine, keine evangelische Arbeitervereine werden diese

---

[70] W. Rein, Die zukünftigen Parteien, in: Grenzboten 13 (1890), 2f.

[71] J. Werner, Sozialrevolution, 2f.

[72] P. Göhre, Drei Monate Fabrikarbeiter, Leipzig 1891, 108f.

[73] Ebd., 214.

Entwicklung aufhalten. Denn sie ist, wie mir scheint, zu einer *geschichtlichen Notwendigkeit* geworden."[74]

In dieser nicht umkehrbaren Fortentwicklung der Sozialdemokratie sah Göhre eine Gefahr: Je mehr sozialdemokratische Agitation die Arbeitermassen beeinflusse, desto deutlicher würden diese dazu tendieren, sich von der christlich-patriotischen Moral abzuwenden. Dies führe schließlich zur Zunahme der Bereitschaft zum gewaltsamen Aufstand bei solchen Massen.[75] Gegenwärtig sei diese Entwicklung schon so weit fortgeschritten, dass ein revolutionärer Volksaufstand nur noch „einen Schritt" entfernt liege:

„Es ist kein Zweifel: heute ist dieser letzte eine Schritt noch nicht gethan; heute denkt das Volk, wir sahen es, noch an keine Empörung und Revolution. Aber es ist abermals kein Zweifel, daß *ihre Gefahr näher ist als das Volk wohl selbst wähnt.*"[76]

Die Göhresche Naherwartung einer sozialistischen Revolution und seine Angst davor zeigen sich in seinem Rezensionsartikel über Kunowski von 1891 noch deutlicher. Der Landesgerichtspräsident Leopold von Kunowski stellte in seinem Buch „Wird die Sozialdemokratie siegen?"[77] die These auf, dass die Sozialdemokratie bis zur absoluten Mehrheit im Reichstag weiter anwachsen und infolgedessen sicher „in zwei bis drei Jahrzehnten" plötzlich einmal siegen werde, so dass eines Tages die gewaltsame Diktatur der Sozialdemokratie eintreten werde, um den „sozialen Zukunftsstaat" zu verwirklichen. Dazu meinte Göhre in Hinsicht auf den Zeitpunkt einer Revolution:

„Ich glaube nicht, daß es so schnell gehen wird, wie Kunowski meint. [...] Aber wirds wirklich so weit kommen müssen? [...] ‚Nach bloß menschlicher Berechnung ist es zu spät'? wohl, so spät noch nicht, aber spät genug. Es ist *die zwölfte Stunde.*"[78]

Auch Naumann zeigte 1890, dass seine Sorge vor einer Revolution weiter zugenommen hatte. Die innenpolitische Lage sei ein „langwieriger Bürgerkrieg". Der gegenwärtige scheinbare Stillstand sei „dem Stadium einer Belagerung entsprechend", in dem „Belagerer und Belagerte beide den ersten Illusionen entsagten, nutzlose Einzelfechtereien vermeiden und mehr auf das baldige Mürbewerden des Gegners vertrauen

---

[74] Ebd. Die ähnliche Äußerung machte Naumann 1894: „Die Sozialdemokratie ist nun einmal ein Stück Volksleben geworden, Sie muß sich weiter ausleben. (Christlich-Sozial, in: W 1, 344.)
[75] Hierzu siehe „C. Der religiöse u. sittliche Verfall" (bes. Göhresche Beschreibung).
[76] Ebd., 157.
[77] Dazu siehe die Tabelle 5.
[78] P. Göhre, Wird die Sozialdemokratie siegen?, in: Die Christliche Welt, 5 (1891), 92.

als auf eigene Kraft."[79] Besonders in Hinblick auf die Wahlsiege der Sozialdemokratie rechnete Naumann damit, dass sich die Lage immer mehr zum entscheidenden Kampf verschärfe. So warnte er:

„Die Mahnung, „die Dinge doch nicht tragisch zu nehmen", ist nur Morphium bei *fortgehender Krankheit*. Die Lage ist sehr, sehr ernst.[...] Von Jahr zu Jahr hat man gewartet, daß die wogende See ruhiger werden sollte, und die Wellen wurden nur immer größer. Die Zahlen der sozialdemokratischen Wähler geben einen Anhalt zur Beurteilung des *sich verschärfenden Kampfes*."[80]

Wie bereits mehrfach erwähnt, verdichteten sich die Revolutionserwartungen Naumanns und seiner Anhänger besonders im Verlauf des Jahres 1890 zu Naherwartungen. In ihren Augen schien die vorhandene Widerstandkraft der bürgerlichen Gesellschaft gegenüber der Massen-Mobilisierung der Sozialdemokratie sehr gering zu sein.

B. Zwischen der Hoffung auf die „Mauserung" der Sozialdemokratie und der Angst vor einer sozialistischen Revolution bis zur Jahrhundertwende

Die Tendenz der „Mauserung" der Sozialdemokratie, d. h. der Umwandlung von einer revolutionären Partei zur praktischen Reformpartei, wurde von Naumann und seinen Anhängern immer wieder zur Begründung für ihre Annäherung an den rechten Flügel der Sozialdemokratie angeführt. Die Umwandlungstendenz bei der Sozialdemokratie war für Naumann und seine Anhänger ein sicherer Indikator für die Beruhigung der Revolutionsgefahr. Je weiter die sozialdemokratische „Mauserung" zu gehen schien, desto weniger erwarteten sie eine Revolution. Ihre Erwartung einer weiteren „Mauserung" der Sozialdemokratie in die erhoffte Richtung, d. h. hin zur nationalistischen und religionsfreundlichen Partei, wirkte prägend auf die innerparteiliche Diskussion, wovon im künftigen Kapitel detailliert die Rede sein wird.

Die „Mauserung" der Sozialdemokratie wurde besonders seit 1893/94 im Naumann-Kreis deutlich wahrgenommen. In dieser Zeit wurde das Anwachsen der reformistischen Richtung innerhalb der Sozialdemokratie offenbar. Die Wortführer dieser Richtung wie etwa Georg v. Vollmar und Eduard David forderten vor allem ein positives Bauernprogramm, das im Gegensatz zur offiziellen Agrarpolitik dieser Partei stand, die auf dem Marxismus beruhend den notwendigen Untergang des bäuerlichen

---

[79] Das soziale Programm der evangelischen Kirche, in: W 1, 144. Dieses Buch wurde im August 1890 geschrieben.
[80] Ebd., 145.

Kleinbetriebs voraussah. Der Frankfurter Parteitag von 1894 zeigte deutlich den Elan dieser sog. „Opportunisten".[81]

In jener Zeit verdichtete sich die Erwartung der sozialdemokratischen „Mauserung" insbesondere bei Naumann und Göhre zur Hoffnung auf eine baldige Entzweiung der Sozialdemokratie durch die Bildung von starken Reformistengruppen. Göhre äußerte in seinem Brief vom 17. 2. 1893 eine solche Hoffnung. Er plante bereits den Zusammenschluss von evangelischen und sozialdemokratischen Arbeitervereinen „Vollmarscher Gedankenrichtung". Hierbei war es nur seine Sorge, dass diese reformistische Richtung „sicher niemals" kommen würde, „wenn Stöcker mit uns ist." Denn Stöckers Antisemitismus und seine Anbindung an die konservative Partei verhindere die Vereinigung mit der reformistischen Richtung der Sozialdemokratie.[82]

Im Jahre 1893 beobachtete Naumann: „Es ist [...] ganz offenbar, daß dieser chiliastisch-kollektivistische Gedanke, diese ‚Seele' des Systems, nicht mehr in aller Kraft die Partei erfüllt. Die sozialreformerischen Gedanken steigen in die Höhe."[83] Trotzdem sei jener Gedanke weiterhin die „Eigentümlichkeit der heutigen Sozialdemokratie". Doch bereits 1894 stellte er eine konkrete Prognose in bezug auf die sozialdemokratische Umwandlung auf, indem er auf die sich verstärkende Position reformistischer Praktiker verwies. Die innere Spaltung der sozialdemokratischen Partei sei vielleicht nur noch ein Jahrzehnts entfernt:

„Wir glauben, daß jener Prozeß der Mauserung, [...] wenn er noch vielleicht *ein Jahrzehnt* fortschreitet, dazu führen muß, daß sich eine absolute radikale Linke und eine praktische Rechte der Sozialdemokratie bildet. Wie die radikale Linke aussehen wird, ist uns keineswegs klar, aber daß sie entstehen muß, scheint uns sicher. Es wird stets Elemente geben, die ihrer Natur nach für praktische Politik nicht geeignet sind. Die Rechte aber wird der Hauptstamm der soliden, tüchtigen, gut organisierten Arbeiter sein."[84]

Aufgrund der möglichen Bildung einer sozialdemokratischen „Rechten" prognostizierte er darüber hinaus mittelfristig mögliche Ansätze für die Rechristianisierung der sozialdemokratischen Massen:

„Natürlich wird diese Rechte sich nicht ohne weiteres in das hineinstürzen, was sie heute ‚Muckerei' nennt, aber nach dem psychologischen Gesetz, das in den Enkeln diejenigen Stücke aus dem Geistesbestand ihrer Großväter gern aufleben, welche von den Vätern beiseitegeschoben wurden, wird die nächste Generation der Sozialdemokratie weni-

---

[81] Vgl. Institut für Marxismus-Leninismus (Hrsg.), Geschichte, 163ff.
[82] NL. Naumann, BA Potsdam, Nr. 114, Bl. 37.
[83] Unsere Stellung, in: W 5, 92.
[84] Christlich-Sozial, in: W 1, 364.

ger Opposition gegen die ‚Kirche' und mehr Sehnsucht nach wahrer Religion enthalten als heutige."

In diesem Sinne erwartete Naumann langfristig, dass endgültig „große Teile der Masse, die heute zur Sozialdemokratie gehören, christlich-sozial sein" würden.[85]

Entsprechend dieser Zukunftserwartung ließ auch seine Revolutionserwartung nach. So rechnete Naumann an gleicher Stelle mit folgendem: Die Sozialdemokratie werde zu einer Mehrheitspartei im Parlament anwachsen und demgemäss werde deren politischer Einfluss deutlich zunehmen. Trotzdem könne dies nicht dazu führen, ihr Revolutionsunternehmen zu verwirklichen:

> „Die Sozialdemokratie wird noch eine ganze Zeit weiter wachsen[...]. Jedenfalls aber steht für uns fest: die Sozialdemokratie kann die Welt nicht aus den Angeln heben, denn wenn sie die Majorität der Wähler annähernd vielleicht erreicht, wird ihre revolutionäre Kraft zum guten Teil verdampft sein. Wir werden, so denken wir, erleben, daß die sozialdemokratischen Einflüsse auf die Weltgeschichte etwa so stark werden, wie die Einflüsse des bürgerlichen Liberalismus waren. Es wird vieles von den Einzelforderungen der Sozialdemokratie durchgesetzt werden, aber Volk und Monarchie, Glaube und Kirche haben ein längeres Leben, als Parteien haben können."[86]

Aber dieser Optimismus Naumanns dauerte nur kurz. Im darauf folgenden Jahr, als auf dem Breslauer Parteitag der Sozialdemokratie der Agrarprogrammentwurf der „Praktiker" mit eindeutiger Mehrheit unter dem Einfluss von Marxisten abgelehnt wurde, schwand seine Hoffnung auf eine baldige Umwandlung der Partei. Er schätzte nun: „Es hat noch gute Weile bis zur allgemeinen radikalen Reformpartei."[87] Hinzu kam vor allem, dass sich die innenpolitische Lage seit Ende 1894 veränderte: der Kurswechsel der Regierungspolitik vom bisherigen „Neuen Kurs" zur Repressivpolitik gegenüber der sozialistischen Arbeiterbewegung. Dieses führte Naumann wiederum zur Naherwartung einer sozialistischen Revolution. Hingegen wurde seine bisherige Hoffnung auf eine Umwandlung der Sozialdemokratie verringert. Ähnlich wie viele Vertreter einer Sozialreform sah Naumann in dieser Unterdrückungspolitik nur einen Grund für die Vergrößerung der Feindseligkeit der Arbeiter gegen die bestehende

---

[85] Ebd.

[86] Ebd., 343f.; Diese Naumannsche Prognose stützte sich außer auf das Wachstum des reformistischen Flügels bzw. die Wahrscheinlichkeit der Spaltung der Sozialdemokratie auch auf den unrealistischen Charakter der sozialdemokratischen Revolutionsprognose, d. h. der marxistischen „Zusammenbruchstheorie", die sich auf die Kapitalkonzentration und die allgemeine Verelendung der Massen berief (1) sowie auf den allmählichen Aufstieg der bürgerlichen Sozialreformbewegungen. (2)

[87] Wochenschau, in: Die Hilfe 1/42 (1895), 1f.

Ordnung und damit die Gefahr eines sozialdemokratischen Umwandlungsbruchs mit dem entsprechenden Anwachsen des Revolutionspathos.[88]

So tauchte die Warnung Naumanns vor einer sozialistischen Revolution nach 1895 häufig auf. Er sagte 1895 in Hinblick auf die Umsturzvorlage, die der erste Versuch des neuen innenpolitischen Reaktionskurses war: „Wir haben ein Stück Weltgeschichte erlebt, das man erst dann recht versteht, wenn man es unter einem allgemeinen Gesichtspunkt betrachtet. Es handelt sich um die Frage: wie vermeidet man eine *herankommende* Revolution?" Hierbei warnte er vor den Gefahren der Unterdrückungspolitik und betonte die Anerkennung der berechtigten Forderungen der sozialdemokratischen Arbeiterbewegung.[89]

Die politische Aufgabe, deren Erledigung im Januar 1896 von Naumann bei der Gründung des Nationalsozialen Vereins erstmals gefordert wurde, nämlich einen „regierungsfähigen Sozialismus" vorzubereiten, ergab sich für ihn daraus, dass das deutsche Kaiserreich am Scheideweg stehe und ohne Reform die Revolution unvermeidbar sei. So rechnete er mit folgendem: „Bei dem weiteren Wachsen der sozialistischen Gesinnung im deutschen Volke wird ein Punkt kommen, wo die bisherige Politik der Regierung ohne Änderung nicht mehr regierungsfähig sein wird." Das hohenzollernsche Kaisertum müsse dann entweder die Reichsverfassung brechen oder „einen Frieden mit dem Sozialismus" schließen. „Auf den Verfassungsbruch (Aufhebung oder Verkürzung des Wahlrechts) rechnet die Sozialdemokratie. [...] Darin, daß ein Rechtsbruch von Seiten der Regierung eine ganz unberechenbare Unruhe in die deutsche Bevölkerung bringen würde, irrt sich die Sozialdemokratie wohl nicht. Man denke sich die deutschen Großstädte am Abend eines Staatsstreiches!"[90]

Trotz der begründeten Hoffnung auf eine sozialdemokratische „Mauserung" blieb die revolutionäre Naherwartung im Naumann-Kreis bis zur Jahrhundertwende vorherrschend. Naumann und seine Anhänger sahen im Wachstum der sozialdemokratischen Mitglieder- und Wählerzahlen vor allem ein Anzeichen für die stetig steigende Unzufriedenheit der Masse mit der bestehenden Gesellschaft und die entsprechend zunehmende revolutionäre Stimmung. Dieser Zusammenhang bestätige sich darin, dass dem reformistischen und revisionistischen Flügel der Sozialdemokratie die Massenbasis fehle. So wurde oft betont: Die Revolutionsgedanken bei den Führern der

---

[88] Vgl. etwa: Zur Entwicklungsgeschichte des Sozialismus, in: Die Wahrheit 6 (1986), 97ff.; Schon zwei Jahre vorher kritisierte Naumann konkret die Umsturzvorlage, indem er sich auf eine ähnliche Argumentationsweise berief. So behauptete er, die Entwicklung der Sozialdemokratie zu einer „praktischen Partei" würde durch ein neues Unterdrückungsgesetz aufgehalten. Aus: Wochenschau, Die Hilfe (1894), Probenummer 1., 1.

[89] Wochenschau, in: Die Hilfe 1/3 (1895), 1.

[90] F. Naumann, Was wir wollen ?, in: Die Hilfe 2/1 (1896), 1.

Sozialdemokratie nähmen weiter ab, aber der Instinkt der sozialdemokratischen Masse weise immer noch in Richtung der Revolution.[91]

Beispielsweise äußerte 1895 der Nationalökonom Lujo Brentano, der grundsätzlich glaubte, dass sich nach dem englischen Vorbild auch die deutsche Gesellschaft durch eine friedliche Lösung der sozialen Probleme weiter entwickeln würde, seine große Sorge vor der Revolutionsgefahr: Nach dem Fall des Sozialistengesetzes sei eine „Milderung des revolutionären Tones bei den Sozialdemokraten" auffallend. Aber trotzdem zeigten sich die immer noch „bedrohenden sozialen Gefahren" in der ununterbrochenen Zunahme der sozialdemokratischen Wähler, die „ihre revolutionäre Gesinnung gegenüber dem Bestehenden bekundeten". Diese Lage würde vor allem durch die Verzögerung der „dringenden Reformen" und die Verschärfung der Unterdrückungspolitik durch die Regierung verschlimmert.[92]

Nach der Gründung des Nationalsozialen Vereins vermieden Naumann und seine Gesinnungsgenossen, unmittelbar ihre Revolutionserwartungen auf den Versammlungen oder in der offiziellen Parteipublizistik zu äußern, und darüber hinaus behaupteten sie die angebliche Unmöglichkeit einer Revolution.[93] Denn sie wollten nicht nur die Gesinnung der sozialdemokratischen Masse in die von ihnen erhoffte Richtung lenken, sondern auch die pessimistische Stimmung bei ihren Anhängern sowie in der bürgerlichen Bevölkerung mildern, in der sie ein großes Hindernis für die Mitwirkung bei der weiteren sozialdemokratischen Umwandlung sahen.[94] Trotzdem drückten sie oft durch den Hinweis auf die von der sozialdemokratischen Masse ausgehende Gefahr oder überhaupt auf die „Masse" mittelbar ihre Revolutionsängste aus.

Insbesondere die Anhänger von Rudolph Sohm, die den rechten Flügel des Nationalsozialen Vereins bildeten, wiesen oft auf die „Gefahr der Masse" hin. So betonte Christian J. Klumker aus Leipzig auf der ersten Nationalsozialen Versammlung von 1896: „Haben wir aber sie [sc. eine politisch interessierte Volksmasse] zur Herrschaft

---

[91] Siehe die folgende Anm. 92.

[92] L. Brentano, Sozialpolitik und Umsturzvorlage, in: Die Zukunft 10 (1895), 397-407. Vgl. auch F. Naumann, Bebel und Bernstein, Berlin-Schöneberg 1899. Der folgende Artikel in der Maximilian Hardenschen Zukunft (8 (1894), 577-582), „Wer stürzt um?", zeigte ein ähnliches Wahrnehmungsmuster wie das im Naumann-Kreis Herrschende. So sagte der Verfasser: „Diese Herren [sc. die Arbeiterführer] glauben schon längst nicht mehr an das Wahngebilde einer kommunistischen Weltgesellschaft und sie hissen die rothe Fahne nur, weil hinter ihnen die Menge eine die Nerven anregende Zerstreuung verlangt." (Zit.: 582.)

[93] Vgl. etwa F. Naumann, Demokratie und Kaisertum, in: W 2, 20ff.; ders., Die revolutionäre Phrase, in: Die Zeit 1/32 (1901/02: II. Bd.), 163ff.

[94] Beispielsweise beklagte Rudolph Sohm in Hinblick auf die Wahlniederlage des Nationalsozialen Vereins von 1903: „[U]nter Gebildeten haben wir nicht das gehoffte Verständnis gefunden. Die Furcht vor der Sozialdemokratie treibt die Gebildeten täglich mehr in die Arme der Reaktion." Zit.: Die Hilfe 9/31 (1903), 2. Darüber hinaus beklagte der Vorstand des Nationalsozialen Vereins, dass seine Anhänger aufgrund ihrer Angst vor der Sozialdemokratie nicht bereit seien, bei der Stichwahl die sozialdemokratischen Kandidaten zu wählen. Siehe hierzu Die Hilfe 9/27 (1903), 1.

gebracht, so giebt es kein Bremsen, kein Rückwärtsschrauben mehr[...]."[95] Der Göttinger Verleger Wilhelm Ruprecht warnte vor dem „Terrorismus der Masse" und wandte sich gegen Göhres Behauptung, eine „proletarisch-demokratischen Gesinnung" sei wichtiger Bestandteil der nationalsozialen Politik. Er fürchtete eine Sozialdemokratie ohne „Führer", wobei er die sozialdemokratischen Führer positiv als diejenigen betrachtete, die meistens aus den bürgerlichen Klassen stammten oder sich jedenfalls aus der Masse heraushoben. Aber leider würden die sozialdemokratischen Führer wieder und wieder den „Instinkten und Forderungen der Masse" folgen.[96]

Ähnlich äußerte sich auch Naumann in Hinblick auf den Wahlsieg der Sozialdemokratie im Jahre 1898: „Wir hören das Lachen, uns klingt das Getöse in den Ohren, mit denen die internationale, revolutionäre Sozialdemokratie die neuen Herden ihrer Anhänger begrüßt, aber mit Masse allein macht man keine Zukunft."[97]

Bei aller Zurückhaltung wurde die Revolutionsangst manchmal doch direkt ausgesprochen. Ein Beamter erklärte in einer Äußerung im Jahre 1898, dass die Naherwartung einer sozialen Revolution ein Hauptmotiv für seinen Beitritt zum Nationalsozialen Verein sei:

„Was mich persönlich für den nationalen Sozialismus gewonnen hat, ist für mich das Bewußtsein, [...] daß unser heutiges Wirtschaftsleben ernster und gründlicher Reformen bedarf. [...] Das Wachsen der Sozialdemokratie, von dem auch, wie ich fürchte, die nächsten Reichstagswahlen Zeugnis abgeben werden, schließt auf der andern Seite die ungeheure Gefahr in sich, daß ein gewaltsamer Bruch unserer Entwicklung herbeigeführt werde. Ich kann mich nun der Einsicht nicht verschließen, daß in diesem gewaltsamen Durchbruch uns und unserem Vaterlande unermeßliches Unglück *bevorsteht*, falls wir ihm nicht zuvorkommen."[98]

So nahm die Angststimmung, die sich aus einer revolutionären Naherwartung ergab, kaum ab. Noch konnte die Hoffnung auf einige gemäßigte Sozialdemokraten die Furcht vor der Radikalisierung der Massen nicht übertreffen.

C. Die allmähliche Verschiebung des Horizonts der Revolutionserwartung nach 1900

---

[95] Protokoll (23.-25. Nov. 1896), 60.
[96] W. Ruprecht, Göhre oder Sohm?, in: Die Hilfe 4/32 (1898), 6f. (bes., 7.)
[97] Wochenschau, in: Die Hilfe 4/26 (1898), 1.
[98] Weshalb ich als Beamter nationalsozial geworden bin, in: Deutsche Volksstimme, 9/8 (1898), 236f.

Obwohl die Angst vor einer sozialen Revolution nachhaltig das Bewusstein Naumanns und seiner Anhänger beeinflusste, lässt sich – langfristig gesehen – auch erkennen, dass die revolutionäre Naherwartung allmählich nachließ. Diese Tendenz verstärkte sich nach der Jahrhundertwende. Die Einschätzung, dass sich die Revolutionsgefahr langsam, aber sicher in die ferne Zukunft verschiebe, setzte sich mehr und mehr durch.

Die neue Bewertung stützte sich zum einen auf die verschiedenen, immer deutlicheren Anzeichen einer sozialdemokratischen „Mauserung" wie z. B. die wachsende Unabhängigkeit der Gewerkschaften von der sozialdemokratischen Partei, die Änderung des Charakters des Streiks[99] und das weitgehende Wachstum des reformistischen bzw. revisionistischen Flügels, obwohl es hierbei keine einheitliche Auffassung über die Richtung und das Tempo der weiteren Umwandlung der Sozialdemokratie gab. Insbesondere in der Bernsteindebatte[100], die bereits 1896 unter den sozialdemokratischen Theoretikern begonnen hatte, aber erst nach 1898 öffentliches Interesse weckte, erblickten Naumann und seine Gesinnungsgenossen eine entscheidende Triebfeder des sozialdemokratischen Umwandlungsprozesses. So bemerkte Naumann: „Bernstein ist eine, ist die bedeutendste Übergangserscheinung vom marxistischen zum nationalen Sozialismus."[101]

Zum anderen stützte sich die Neubewertung auf die Revolutionsrhetorik bei den Marxisten, die nicht mehr ernst gemeint schien. Folgende Aussagen häuften sich immer mehr: Im Wilhelm Liebknechtschen Zukunftsstaatsbild sei bei aller Ähnlichkeit mit der Marxschen Auffassung „der Gedanke der Revolution" hinter dem der „Evolution" fast völlig verschwunden.[102] „An wirkliche ernsthafte Revolution" dächten auch die „rotgefärbten" Damen Clara Zetkin und Rosa Luxemburg nicht.[103] Die Sozialdemokratie sei „revolutionär ohne Revolution".[104] Im Kautskyschen Revolutionsbegriff sei „die große Kluft zwischen Gegenwarts- und Zukunftsstaat" verschwunden.[105]

Man kann auch deutlich erkennen, wie sehr sich die Stimmung des Naumann-Kreises im Vergleich zu der Zeit zwischen 1890 und 1895/96 geändert hatte: Bereits 1898 äußerte P. Stein, der Verfasser des Artikels über die deutsche Gewerkschaftsbewegung in der „Hilfe", seine revolutionäre Fernerwartung. Er sah den Hauptgrund für die sozialdemokratische „Mauserung" im wirtschaftlichen Aufschwung der letzten fünf Jahre, der der Arbeiterschaft gezeigt habe, „daß die kapitalistische Welt noch in

---

[99] Vgl. P. Stein, Stand der Gewerkschaftsbewegung, in: Die Hilfe 4/27 (1898), 4f.; F. Weinhausen, Unpolitische Gewerkschaften, in: ebd. 6/22 (1900), 1f.

[100] Hierzu siehe etwa H. Grebing, Der Revisionismus, München 1977.

[101] Wochenschau, in: Die Hilfe 7/25 (1901), 2.

[102] R. Sohm, „Zukunftsstaatliches", in: Cosmopolis 9 (1898), 875ff. (hier: 876.)

[103] Das Ende der Revolution in Belgien, in: Die Hilfe 8/19 (1902), 1f. (bes.: 2.)

[104] Politische Notizen, in: ebd. 8/21 (1902), 2.

[105] M. Maurenbrecher, Vergesellschaftung, in: ebd. 9/1 (1903), 3f. (bes.: 4.)

der Fülle der Kraft steht, daß nicht an einen baldigen Kladderadatsch zu denken ist." In diesem Sinne stellte er fest:

„Das Proletariat lernt einsehen, daß die heutige Generation noch nicht zum Siege kommen wird[...]. Und weil keine Generation Opfer für ein „Nichts" sein will, so macht sich das Proletariat daran, für sich selbst zu sorgen und überläßt die Sorge für den erdumspannenden Zukunftsstaat, in dem nur noch Freie und Freunde wohnen sollen, den Kindern und Enkeln und Urenkeln."[106]

Durch einen diachronen Vergleich der Naumannschen Propagandareden über den sich entschärfenden revolutionären Charakter der Sozialdemokratie lässt sich die Verschiebung seines Erwartungshorizonts bezüglich einer Revolution erkennen: 1897 formulierte er: „In den achtziger Jahren fürchtete man sich tatsächlich vor den Sozialdemokraten, heute thut man es nicht mehr. Man hat in den milden Jahren gesehen, *wie wenig Kraft* der Revolution thatsächlich vorhanden ist[...]".[107] 1903 äußerte er: „Die Sozialdemokraten haben den alten Gedanken der Revolution *im allgemeinen aufgegeben*, Sie haben aber keinen neuen politischen Gedanken an seine Stelle gesetzt."[108]
Die Revolutionserwartung beruhte nach der Jahrhundertwende nicht mehr auf dem Wachstum der Sozialdemokratie, das bisher als Symptom für die Revolutionsgefahr gedeutet worden war, sondern auf den möglichen Krisenereignissen in der Zukunft wie etwa Krieg oder Wirtschaftskrise sowie Wahlrechtsverschlechterung. So gab Max Maurenbrecher 1900 angesichts der ablehnenden Haltung der Sozialdemokratie gegenüber der Weltmachtpolitik besorgt zu verstehen: „[W]as muß die Folge sein, wenn heute im ersten Falle eines wirklichen ernsten Krieges die Arbeiterschaft unter der Führung der Sozialdemokratie von dem einheitlichen Willen des übrigen Volkes sich absplittert?"[109] Naumann hielt 1904, in der dritten Auflage seines Buches „Demokratie und Kaisertum", eine Revolution zwar für möglich, dachte dabei aber an eine „unbeabsichtigte Gefühlsrevolution", die eine notwendige Folge sein würde, „wenn einmal Hungerzeit oder Wahlrechtsverschlechterung eintreten."[110] So verlor die Revolutionserwartung im Naumann-Kreis mehr und mehr die frühere Aktualität.

---

[106] Stand der Gewerkschaftsbewegung in Deutschland, in: ebd. 4/27 (1898), 4f. (Zit.: 5.)
[107] Wochenschau, in: ebd. 3/41 (1897), 1.
[108] Nationalsozialen und die Wahlen, in: ebd. 9/18 (1903), 2f. (Zit.: 3.)
[109] Wochenschau (Der chinesische Krieg), in: ebd. 6/28 (1900), 1f. (Zit.: 2.)
[110] Demokratie und Kaisertum, Anmerkungsapparat, in: W 2, 29f.

III. Die Ursachen der Systemkrise

Die Kritik des Naumann-Kreises an der wilhelminischen Gesellschaft war eng verbunden mit dem zeitgenössischen Bewusstein einer Systemkrise, wie es bisher dargestellt wurde. In der Gesellschaftskritik nicht nur des Naumann-Kreises, sondern aller reformorientierten bürgerlichen Gruppierungen wurde formelhaft betont, dass das Elend, die Unzufriedenheit und die Spaltung des deutschen Volkes Anzeichen für die Gefahr einer sozialen Revolution und deren befürchtete Folgen, d. h. die Schwächung der Volkskräfte bzw. die Gefährdung der nationalen Existenz seien.

Naumann und seine Anhänger versuchten, die tieferen Ursachen der Krisensituation aus einem Komplex von wirtschaftlichen, sozialen, politischen und moralischen Fehlentwicklungen des deutschen Kaiserreichs systematisch zu erklären. Hierbei glaubten sie, dass primär die politisch-sozial herrschenden Schichten für solche Fehlentwicklungen verantwortlich seien. Die Sozialdemokratie oder das Judentum sowie die Katholiken – diejenigen, die in der protestantisch-bürgerlichen Welt traditionell als „Reichsfeinde" stigmatisiert wurden und gegen die mehr oder weniger auch beim Naumann-Kreis feindselige Stimmung herrschte – waren hingegen für sie keine Krisenverursacher, sondern vielmehr Begleiterscheinungen dieser Fehlentwicklungen, d. h. Krisenphänomene.[111] Dieser Standpunkt des Naumann-Kreises steht in klarem Kontrast z. B. zu dem von Stöcker. Dieser sah die Hauptursache der sozialen Krise vor allem im Judentum. Auch in der Sozialdemokratie, die für ihn einen konkreten Aspekt des jüdischen Geistes bedeutete, erblickte er mehr als eine bloße Krisenerscheinung. Hierbei hob er die besondere Verantwortung der Sozialdemokratie für die Verschlimmerung der vorhandenen weltanschaulichen und sittlichen Volkszustände hervor. In diesem Zusammenhang bezeichnete Stöcker die Sozialdemokratie als „Gift" und „Verseuchung".[112]

Wesentliche Punkte der Gesellschaftskritik des Naumann-Kreises betrafen einerseits ethische Defizite des Industrialisierungsprozesses und andererseits Fehlentwick-

---

[111] Vgl. etwa R. Sohm, Die Nationalsozialen u. die Sozialdemokratie (Flugblatt des Nationalsozialen Vereins 5): „Die Macht der Sozialdemokratie beruht ausschließlich in den Mißständen, unter denen der deutsche Arbeiter leidet." (in: Brandenburg. LHA., Rep. 30, Berlin C, 15326, Bl. 206R.); F. Naumann, Wochenschau (Zionismus u. Antisemitismus), in: Die Hilfe 5/33 (1899), 1f.: „Der Antisemitismus wirkt auf die Juden ebenso wie der Kulturkampf auf die Katholiken. Wozu aber sollen wir eine Dummheit nochmals machen, die wir zum Schaden unseres politischen Lebens schon einmal gemacht haben?" (Zit.: 2.); ferner siehe den Weinhausenschen Artikel über den „taktischen Fehler" der staatserhaltenden Parteien, die zur Katholiken einseitig gegnerisch stehenbleiben und die Umwandlungsmöglichkeit des Zentrums zur nationalen Partei nicht anerkennen, in: ebd., 5/12 (1899), 5.

[112] Siehe oben Anm. 73 in: 1. Teil; Der 6. evangelisch-soziale Kongreß, in: Die Hilfe 1/24 (1895), 1.

lungen des politischen Herrschaftssystems, was sich vor allem in der Vorherrschaft der konservativ-agrarischen Macht zeige. Nach der Gründung des Nationalsozialen Vereins wendete sich die Kritik des Naumann-Kreises noch häufiger gegen die konservativ-agrarische Vorherrschaft. Vor allem in dieser sah er eine Hauptursache der Systemkrise. Sie verschärfe die Industrialisierungsprobleme, verhindere aber zugleich die unentbehrliche industrielle Entwicklung Deutschlands und mache nötige Reformen unmöglich. Besonders nach 1902, nach dem Scheitern seiner zollpolitischen Forderung, richtete der Naumann-Kreis seine Aufmerksamkeit auf die immer stärker wachsende Bedeutung des Zentrums innerhalb des konservativ-agrarischen Hegemoniesystems.[113]

1. Die Kritik an Begleiterscheinungen der Industrialisierung

A. Die Überbevölkerung

Im Diskurs über die Industrialisierung im 19. Jahrhundert war die Überbevölkerungsfrage immer das grundlegende Thema. Auch für die Kritik des Naumann-Kreises an den sozial-ökonomischen Zuständen des deutschen Kaiserreichs bildete diese Frage einen Ausgangspunkt. Dabei wichen sie aber nicht von ihrer grundsätzlich positiven Einstellung zur Industrialisierung ab.

Viele Zeitgenossen erblickten im unheimlichen Bevölkerungswachstum den Hauptgrund für die politisch-sozialen Umwälzungen.[114] Vor allem die Bevölkerungstheorie von Thomas Robert Malthus, die angesichts der arithmetischen Steigerung von Nahrungsmitteln bei gleichzeitigem geometrischem Wachstum der Bevölkerung einen katastrophalen Existenzkampf in der Zukunft prognostizierte, war dabei Quelle einer pessimistischen Geschichtsphilosophie. Seit dem letzten Drittel des 19. Jahrhunderts organisierten sich die Anhänger von Malthus in Europa in Vereinigungen wie etwa der „Malthusian League" (1877) und publizierten ihre Ideen. Diese neue soziale Bewegung und deren soziale Theorie wurde als „Neumalthusianismus" gekennzeichnet. Die Anhänger von Malthus erklärten die Überbevölkerung als die wichtigste Quelle für soziale Missstände wie etwa Pauperismus, Ungebildetheit, Verbrechen und

---

[113] Beispielsweise sagte Naumann in bezug auf die Zentrumsgefahr in der zweiten Auflage von „Demokratie und Kaisertum" (Mai 1900): „Der Zeitpunkt für den prinzipiellen Kampf von Demokratie und Ultramontanismus kommt erst später." (S. IV.) Aber er bemerkte in der dritten Auflage (Juli 1904): „Vieles, was über das Zentrum in den früheren Auflagen als bevorstehend angesehen wurde, ist jetzt als vorhanden zu kennzeichnen." (S. III.)

[114] Vgl. P. Kennedy, In Vorbereitung auf das 21. Jahrhundert, Frankfurt a. M., 1996, 11ff.

Krankheit. Sie behaupteten, alle möglichen Geburtenkontrollmaßnahmen und vor allem künstliche Präventivmittel für die Empfängnisverhütung seien notwendig, um einer Überbevölkerung vorzubeugen. Die Auseinandersetzungen zwischen Sympathisanten und Gegnern von Malthus liefen quer durch die politischen Lager. Es ging hierbei nicht nur um ökonomische, sondern auch um ethische und religiöse Fragen.[115]

Eine scharfe Kritik am Malthusianismus dominierte im Naumann-Kreis. Naumann und seine Gesinnungsgenossen zeigten grundsätzlich Abscheu vor dem Malthusianismus, die sich im wesentlichen aus ihren religiösen und ethischen Standpunkten ergab. Der Malthusianismus war für sie nur ein „Rat der Sünde", eine „Blasphemie" (Naumann)[116], ein „Teufelswerk" (Hermann Kötzschke)[117] sowie ein Verteidiger des „Mammonismus" (Adolf Damaschke).[118] Die Diskussion des Naumann-Kreises über den Malthusianismus hing in diesem Sinne mit dessen Kulturkritik an der bürgerlichen Gesellschaft zusammen, von der später ausführlich die Rede sein wird.[119]

Auch bei Leuten wie etwa Wilhelm Kulemann, die dachten, dass die christliche Ethik keine Antwort auf die Bevölkerungsfrage geben könne, war der Malthusianismus wegen seiner pessimistischen Vorstellung von der gesellschaftlichen Entwicklung im sozialpolitischen und staatspolitischen Sinne schlecht angesehen.[120] Von diesem Standpunkt ausgehend kritisierte der Naumann-Kreis, dass der Malthusianismus effektive Reformen im Inneren und eine wirkungsvolle Nationalitätspolitik nach außen verhindere. Die antimalthusianistische Haltung des Naumann-Kreises zeigte sich nochmals deutlich in den sich um 1900 verschärfenden Debatten über „Agrar- und Industriestaat"[121], bei denen es um Modelle für die künftige Entwicklung Deutschlands ging. Beispielsweise lag der These von der unvermeidlichen Gefahr der industriestaatlichen Entwicklung die Angst vor Überbevölkerung zugrunde.

Diese These wurde von dem der Stöckerschen christlich-sozialen Bewegung nahestehenden konservativen Nationalökonomen, Adolph Wagner, aufgestellt. Demnach würde die schnelle industriestaatliche Entwicklung Deutschlands und die entsprechende Entwicklung anderer Länder eines Tages zu einer Hungerkatastrophe führen. Wagner wies auf die Endlichkeit des Austauschs zwischen Agrargütern und Industrieprodukten hin. Bei weiterer Industrialisierung der meisten Agrarstaaten nehme deren Fähigkeit immer ab, landwirtschaftliche Erzeugnisse auszuführen, während die Bevölkerungsvermehrung in Deutschland inzwischen weit fortschreite, bis die deut-

---

[115] Vgl. W. Kulemann, Christenthum und Malthusianismus, Göttingen 1897, 5ff.

[116] Unsere Stellung (1893), in: W 5, 79f.

[117] H. Kötzschke, Die Gefahren des Neumalthusianismus, Berlin 1895, 10.

[118] A. Damaschke, Die Bodenreform, 7. Aufl., Jena 1912, 34.

[119] Siehe unten „C. Der religiöse u. sittliche Verfall".

[120] W. Kulemann, Christenthum, passim.

[121] Siehe unten „C. Der agrarische Schutzzoll u. die Gefahr".

sche Landwirtschaft die Bevölkerung nicht mehr ernähren könne. Deshalb sei es notwendig, die rasche industrielle Entwicklung und das damit eng zusammenhängende schnelle Bevölkerungswachstum aufzuhalten. Auf diese Vorstellung antwortete der damalige nationalökonomische Experte des Naumann-Kreises Lujo Brentano wie folgt: Adolph Wagner „empfiehlt dem deutschen Volke den Selbstmord, damit es nicht Gefahr laufe, getötet zu werden."[122]

In den Antworten Naumanns und seiner Anhänger auf die Malthusianer finden sich ihre gemeinsamen Auffasungen zur Überbevölkerungsfrage. Diese lassen sich unter folgenden Punkten zusammenfassen:[123]

1. Die Bevölkerungsvermehrung an sich sei nicht Ursache der sozialen Misere, sondern im Gegenteil Ursache und Symptom des Wohlstandes eines Volks im gegenwärtigen Zeitalter fortschreitender Technik. Die Steigerung der Bevölkerungszahl bedeute ein Wachstum der Arbeits- und Konsumkraft und sei damit eine notwendige Voraussetzung und ein sicherer Faktor für das Wachstum der Produktivität und des Wirtschaftsaufschwungs einer Gesellschaft. „Die Summe der Leistungen der Menschen wächst in geometrischem Verhältnis, während die Zahl nur in arithmetischer Progression zunimmt."[124] – Dies war eine wichtige volkswirtschaftliche Position des Naumann-Kreises. Außerdem sei – so behauptete besonders Naumann – die wachsende Bevölkerungszahl auch ein treibender Faktor für die Steigerung des politischsozialen Einflusses der arbeitenden Schichten und der nationalen (militärischen) Macht und darüber hinaus für den gesamtgesellschaftlichen Fortschritt. So wurde die Bevölkerungsvermehrung selbst nicht als Krisen-, sondern als Fortschrittselement betrachtet.

2. Wie die Malthusianer erkannte auch der Naumann-Kreis in Überbevölkerungsphänomenen wie Arbeitslosigkeit oder Verstädterung Gefahren des Industrialisierungsprozesses. Dennoch war die Grundstimmung: Man könne die nötigen Nahrungsmittel vor allem durch den technischen Fortschritt, und zwar besonders im Bereich des Ackerbaus und zugleich durch die internationale Arbeitsteilung in der industriellen und landwirtschaftlichen Produktion sichern. Darüber hinaus könne das Überbevölkerungsproblem durch rationelle Bevölkerungspolitik wie etwa durch innere Kolonisation auf der Basis einer Bodenreform und die Gewinnung äußerer Kolonien überwunden werden.

3. Eine mögliche weltweite Hungerkrise durch Überbevölkerung sei höchstens in ferner Zukunft zu erwarten. Deshalb habe diese Katastrophenerwartung nur theoreti-

---

[122] L. Brentano, Adolph Wagner über Agrarstaat und Industriestaat V, in: Die Hilfe, 7/28 (1901), 2f.

[123] Vgl. ebd.; H. Kötzschke, Die Gefahren; W. Kulemann, Christenthum; F. Naumann, unserer Stellung, in: W 5; ders., Neudeutsche Wirtschaftspolitik, Berlin-Schöneberg 1902, 9ff.; ders., Die wirtschaftlichen und politischen Folgen der Bevölkerungsvermehrung, München 1903.

[124] Das Zitat.: H. Kötzschke, Die Gefahren, 6.

sche Bedeutung: Die Bevölkerung selbst würde durch weitere Fortschritte des indus-triellen Kapitalismus, durch sozialreformerische Interventionen und die hieraus fol-gende Erhöhung des Lebensstandards tendenziell abnehmen. Dank einer reichlichen Volksernährung und gesunder Erwerbsverhältnisse würde der Genuss des Ge-schlechtsverkehrs durch andere Vergnügungen immer mehr ersetzt werden, so dass sich die Geburtenzahlen vermindern würden.

Aber es gab auch Dissidenten innerhalb der Naumann-Gruppe wie etwa Max We-ber. Gegenüber einem solchen Kulturoptimismus seiner Freunde warnte dieser, dass die Bevölkerungsprobleme in Zukunft durch technischen Fortschritts nie ganz zum Verschwinden gebracht werden könnten.[125] Dennoch sagte auch er keine große Hun-gerkrise voraus und prognostizierte eine Tendenz zur weiteren bevölkerungspoliti-schen Konsolidierung der Gesellschaft.

So trennten Naumann und seine Anhänger den Komplex „Bevölkerungsvermeh-rung" theoretisch von der „Überbevölkerung", wobei sie allgemein ihre optimistische Haltung in der demographischen Frage zeigten. Die Überbevölkerung bedeutete für sie – wie im folgenden zu zeigen ist – nur eine Auswirkung der Fehlentwicklungen des Wirtschaftssystems und der Politik.

B. „Kapitalismus"

Einen Hauptmangel im vorhandenen Wirtschaftssystem sahen Naumann und seine Freunde bzw. Anhänger in der falschen Vermögens- und Einkommensverteilung, die man sowohl in der Stadt und als auch auf dem Land überall feststellen könne. Trotz des wirtschaftlichen Wachstums vertiefe sich die materielle Not der Massen. Nau-mann bemerkte: „Unser Nationalvermögen wächst, dabei aber wächst die Not der Hilflosen und die Unbefriedigtheit ganzer Bevölkerungsklassen."[126] Darüber hinaus empfand er, dass die wirtschaftliche Ungleichheit seiner Zeit ein sehr ernstes Problem darstelle: „Noch vor hundert Jahren lagen Reichtum und Armut nicht so weit ausein-ander wie in diesen Tagen."[127]

Naumann und seine Anhänger führten die Missstände in der Vermögens- und Ein-kommensverteilung auf einen strukturellen Fehler des Kapitalismus zurück, der vor allem vom ökonomischen Liberalismus geprägt und deshalb ein Laisser-faire-Kapitalismus sei.[128] Diese Form des Kapitalismus schien sich nicht allein auf die In-

---

[125] M. Weber, Was heißt christlich-sozial? (1894), in: MWG I/4, 1. Halbband, Tübingen 1993, 350ff., bes. 360.

[126] Das soziale Programm, in: W 1, 200.

[127] Arbeiterkatechismus, in: W 5, 15.

[128] Vgl. F. Naumann, Das soziale Programm, in: W 1, 166ff.; Staatssozialismus, in: Die Hilfe 2/4 (1896), 1f.

dustrie und den Handel zu beschränken, sondern sich auch auf die Landwirtschaft zu erstrecken. Naumann und seine Anhänger beschrieben „Kapitalismus" als System für den „Zinsgenuß ohne Leistung"[129] (Naumann) und kritisierten in diesem Sinne die Unsittlichkeit der Großunternehmer, des Bank- und Handelskapitals sowie der Großgrundbesitzer. Ihre Kritik war vor allem gegen den Profit dieser besitzenden Klassen gerichtet, der durch Aktien, Bodenbesitz und Staatsschulden u. a. gemacht würde. In der Kapitalismuskritik des Naumann-Kreises bildete aber die Frage der kapitalistischen Produktionsweise wie z. B. die Frage des Privatbesitzes der Produktionsmittel keinesfalls ein Hauptthema. Trotz der schlechten sozialen Verhältnisse wurde der Fortschritt der Produktivität im kapitalistischen System deutlich anerkannt. Ein Mitglied des Nationalsozialen Vereins, Zollmann, bemerkte, dass „unsere heutige volkswirtschaftliche Frage nicht eine Frage der Produktion ist, geschweige [denn] eines vermeintlichen Anarchismus in der Produktion, sondern eine Frage des Konsums, der Verteilung der vorhandenen oder zu erzeugenden Güter."[130]

Viele im Naumann-Kreis glaubten, vor allem aus der Einkommensungleichheit erklärten sich die Hauptphänomene der Revolutionskrise, Massenarbeitslosigkeit und Wirtschaftskrise. Die übliche Erklärungsweise im Naumann-Kreis war: Die Arbeitslosigkeit sei kein Resultat der Überbevölkerung oder der Überproduktion, wie viele Zeitgenossen es behaupteten, sondern die Folge der niedrigen Konsumkraft der Massen. Die Güterproduktion, die von der Willkür einer geringen Anzahl von Kapitalisten abhängig sei, steige mehr und mehr, aber die Masse sei wegen mangelnden Einkommens unfähig, die Güter zu kaufen. Aufgrund dieses Zustands wiederhole sich der Zirkel von Überproduktion, Produktionsbeschränkung, Arbeitslosigkeit und wiederum der Verminderung der Massenkonsumkraft.[131]

Aber bei aller Kritik an der kapitalistischen Wirtschaftsordnung entwickelte sich im Naumann-Kreis keine systematische und theoretisch kohärente Kapitalismuskritik. Insgesamt war die Uneinigkeit charakteristisch für die wirtschaftliche Gedankenwelt Naumanns und seiner Anhänger. Es fehlte bei ihnen eine geschlossene ökonomische Theorie. So stellte Klumker aus Leipzig in der ersten Vertreterversammlung des Nationalsozialen Vereins von 1896 fest: „Wir kennen keine solche alles beherrschende

---

[129] Z. B. Gedanken zum christlich-sozialen Programm, in: W 5, 67.

[130] Vgl. Zollmann, „Hilfe" -für wen? (I/II), in: Die Hilfe 2/17 (1896), 2f. und 2/20 (1896), 2ff. (Zit., 2). Auch A. Damaschke, Die Bodenreform, 34ff.; Kötzschke, Die Gefahren, 29ff.; Kulemann, Christenthum, 25f.; auch der damals Naumann nahestehende Bodenreformer M. Flürscheim, Sozialpolitische Briefe an einen Arbeiter, (Artikelserie), in: Die Hilfe, 1/27ff. (1895). Siehe auch die Naumannschen Schriften in: Anm. 135.

[131] Wie Anm. 130. Nach 1900 suchte aber Naumann aufgrund seiner Betrachtung der Organisierungstendenzen des Kapitalismus die Hauptursache der Wirtschaftskrise vor allem in der falschen Konstruktion und Organisation der Industrie sowie deren Betriebs- und Kreditform. vgl. ders., Neudeutsche Wirtschaftspolitik (1902), 18, 34ff.

Idee, die das ganze Wirtschaftsleben bestimmt. Wir sind der Ansicht, dass eine ganze Reihe Tendenzen nebeneinander und durcheinander wirksam sind, dass ein solch' einfaches Schema nicht anwendbar ist. Ja, ich glaube sagen zu dürfen: Wir sind uns – dasselbe ist in der wissenschaftlichen Erörterung der Fall – kaum darüber einig, welches die wichtigsten dieser Tendenzen sind und wie sie wirken."[132] Innerhalb des Naumann-Kreises gab es einerseits die liberalen Nationalökonomen wie beispielsweise Lujo Brentano, Gerhart Schulze-Gävernitz und Max Weber, die die Notwendigkeit der Entwicklung des Industriellen Kapitalismus für die Zukunft Deutschlands betonten. Aber zugleich finden sich nicht wenige antikapitalistische Gemüter unter den Anhängern Naumanns.[133] Neben den liberalen Nationalökonomen gab es viele Bodenreformer, die eine relativ geschlossene theoretische Kapitalismuskritik vertraten. Sie sahen im privaten Bodenbesitz die Hauptursache aller sozialen Nöte und forderten vor allem die Vergesellschaftung der Boden- und Grundrente. Aber zugleich gab es innerhalb dieses Vereins immer auch ablehnende Stimmen gegen bodenreformerische Theorien.[134]

In der Gründungsphase des Nationalsozialen Vereins um 1895 gab es im Naumann-Kreis Versuche, eine umfangreiche Kapitalismuskritik zu entwickeln. Dessen sog. „praktischer Antikapitalismus" zeigte sich aber als widerspruchsvolle Mischung von bodenreformerischen Gedanken, Kathedersozialismus und konservativer christlich-sozialer sowie antisemitischer Kapitalismuskritik. Ein typisches Beispiel für solch einen Eklektizismus bot die Naumannsche Kapitalismuskritik zu jener Zeit. Naumann war für Betriebskonzentrationen, aber gleichzeitig gegen Kapitalkonzentrationen. Er erkannte die Bedeutung der Entwicklung der Großindustrie an, verneinte aber eine positive Funktion des Kapitals für die industrielle Entwicklung, indem er bewusst den Kapitalbegriff als „Privileg, Zinsen irgendwelcher Art zu genießen," definierte.[135]

Doch die Rolle der Kapitalismuskritik in der wirtschaftspolitischen Debatte des Nationalsozialen Vereins nahm allmählich ab. Paul Göhre beklagte die Änderung der Mehrheitsstimmung im Naumann-Kreis. So formulierte er: die starke antikapitalistische Gesinnung der „jüngeren" Christlich-Sozialen habe sich nach der Gründung des

---

[132] Protokoll (23-25 Nov. 1896), 61.

[133] Beispielsweise zeigten viele nationalsoziale Mitglieder gegenüber dem Vorschlag des Parteivorstands zur Fusion mit der Freisinnigen Vereinigung ihre Abscheu gegen diese „Kreis des Banks- und Börsenkapitals". Siehe Ebners Artikel in: Die Hilfe 9/34 (1903), 1f. Auch Alfred Scheel drückte seine Feindseligkeit gegenüber den „Großindustriellen, Großkaufleuten, Börsenleuten" in seinem Artikel aus, in: Die Hilfe 9/35 (1903), 2f. Siehe ferner die ähnliche Haltung Damaschkes, in: ders., Zeitenwende, 2. Bd., Leipzig/Zürich 1925, 388.

[134] Vgl. A. Damaschke, Friedrich Naumann, in: Bodenreform 30/18 (1919), 262ff.

[135] Das Zitat: Christlich-Sozial, in: W 1, 362; vgl. etwa diese Schrift, 357, 361f.; Unsere Stellung (1893), in: W 5, 90f.; Gedanken zum chr.-soz. Programm (1895), in: ebd., 67. Zur Kritik am Naumannschen Gedanken siehe Max Weber, Was heißt Christlich-Sozial?(1893).

Nationalsozialen Vereins mehr und mehr zur Annäherung an „bürgerlich-capitalistische Kreise" entwickelt.[136]

Darüber hinaus wurden Konzentrations- und Organisierungstendenzen des Kapitalismus für notwendig und wünschenswert in bezug auf die Steigerung der nationalen Produktivität gehalten. In diesem Sinne äußerte sich beispielsweise Alfred Weber, ein jüngerer Bruder Max Webers, in seinem Vortrag über die Kartellfrage auf dem Delegiertentag des Nationalsozialen Vereins von 1902. Und sein Vortrag fand unter den Delegierten eine positive Resonanz.[137]

Dies entsprach der Entwicklung des deutschen Kapitalismus vom „Manchestertum" zum sog. „organisierten Kapitalismus". Im gleichen Zusammenhang wandelte sich Naumanns Kapitalismusverständnis. Unter dem „Kapitalismus" verstand er in seiner christlich-sozialen Zeit – wie oben beschrieben – vor allem ein willkürliches System der Besitzenden für den Zinsgenuss. 1902 hingegen hielt er– angelehnt an Werner Sombart – den Kapitalismus, und zwar den „modernen Kapitalismus", für *die* Lebensform der Gesamtwirtschaft in der modernen Zeit, die „alle anderen alten Formen besiegte". Der „Kapitalismus" ist somit zu einem unvermeidbaren historischen Prozess geworden. Der Kapitalismus, so meinte Naumann, „ist unser Schicksal, die Ursache unserer Größe und unserer Leiden." Hierbei waren einzelne Kapitalisten oder die Ungleichheit des Besitzes nicht wesentlich für den Kapitalismus. So definierte er das „Wesen des Kapitalismus" als die „Unpersönlichkeit des Erwerbsbetriebes" oder die „Mathematik des Mammonismus". In diesem Sinne bedeutete der Kapitalismus für Naumann vor allem eine rationalisierte Produktionsweise.[138]

Insgesamt wurde im Naumann-Kreis immer mehr die positive Seite des Kapitalismus, d. h. das wirtschaftliche Wachstum durch Industrie und Welthandel betont. Man sah darin eine unentbehrliche Bedingung für den sozialen, politischen und kulturellen Fortschritt Deutschlands.

C. Der religiöse und sittliche Verfall des großstädtischen Lebens

Bei aller Begeisterung über die industriestaatliche Entwicklung Deutschlands zeigten sich viele im Naumann-Kreis besorgt über die planlose Urbanisierung. Naumann und seine Anhänger – wie viele ihrer Zeitgenossen im kirchlichen und konservativen Mi-

---

[136] Vgl. P. Göhre, Wandlungen der Nationalsocialen, in: SM, 5/12 (1901), 60ff.

[137] Vgl. Protokoll über die Verhandlungen des Nationalsozialen Vereins zu Hannover (2.-5. Okt. 1902), 54ff.

[138] Vgl. Seine Artikelserie über den Kapitalismus in: Die Zeit 2 (1902/03: I. Bd.), 166ff., 205ff u. 229ff. (wieder abgedruckt in: B. v. Brocke, Sombarts >Moderner Kapitalismus<, München 1987, 110ff., Zit.: 118.)

lieu – sahen in der Großstadt vor allem einen Nährboden für den weltanschaulichen und sittlichen Verfall des deutschen Volks.

Das Großstadtbild war überhaupt negativ gemalt. Beispielsweise beschrieb Wilhelm Rein aufgrund seiner Erfahrung in London: „Der Schmutz und das Elend ist zu massenhaft." Er bemerkte zum Leben der großstädtischen Bevölkerung weiter: „Die Masse demoralisiert. Sie verdirbt die Luft, die Wohnung, das Essen, die Kleidung, vor allem aber die Gesinnung." So bezeichnete er die großstädtische Bevölkerung als „physisch und moralisch degenerierte Masse".[139] Auch Naumann urteilte: „Ein regelloses Wachstum der Bevölkerung erzeugt große und offenbare Mißstände, es schafft Riesenstädte und damit schwere Notstände für das ganze Volk."[140] Georg Biedenkapp sah darüber hinaus in der durch die Großstädte repräsentierten Überbevölkerung eine Niedergangsgefahr der deutschen geistigen Kultur, „da die bloß materiellen Menschen immer mehr das Feld behaupten müssen und somit auch die Nachfrage nach den Erzeugnissen der Künstler, Dichter und Denker in ihrem Sinne bestimmen."[141]

Naumann übte ausführlich ethische Kritik am großstädtischen Leben. Die gesundheitliche Frage in der Großstadt sei nur eine Nebensache. Es handele sich hierbei vornehmlich um den Verfall der geistigen Kultur. Die jüngere Generation in der Großstadt verliere die Kraft, systematisch zu denken. Ihre Denkweise sei von begrifflicher Oberflächlichkeit bestimmt. Im Zusammenhang mit dieser stehe der Untergang der moralischen Vorstellungen: „Die Sitte ist nirgends schwächer als in de[r] Großstadt. [...] Die Moral der Familie leidet. [...] Die Religion verliert an Kraft. [...] An Stelle konkreten Glaubens treten im besten Falle zerfließende Allerweltsbegriffe."[142]

Für den Naumann-Kreis waren vor allem die Lebensverhältnisse in den Großstädten bzw. in den industriellen Ballungsgebieten Ursache für Gesinnungsverfall und Demoralisation der Arbeiterbevölkerung. Der Werkmeister Justus Bärrn aus Frankfurt, ein Mitkämpfer Naumanns im evangelischen Arbeiterverein und Vorstandsmitglied des Nationalsozialen Lokalvereins, vertrat die Beschwerden der Arbeiter: „Die alte ruhige Zeit des Arbeitens, Verdienens, Genießens ist vorüber. Der Arbeit ist zu wenig, das Verdienst zu gering – nur die Sucht nach Genuß ist groß geblieben." Und er meinte zur Abfolge dieser Notstände: „Der Arbeiter wird abgestumpft, er verliert mit der Zeit die Hoffnung, den Glauben an die Menschen, den Glauben an Gott, er wird Materialist." Gleichzeitig betonte er, dass die überlastende Arbeitzeit schließlich zur Entkirchlichung und zum Zerfall des Familienlebens in der Arbeiterschaft führe.[143]

---

[139] W. Rein, Gegen die Großstadt, in: Die Hilfe 3/8 (1897), 10f.

[140] Wochenschau, in: Die Hilfe 2/41 (1896), 1.

[141] G. Biedenkapp, Vorwärts oder zurück?, in: Die Hilfe 1/44 (1895), 3f. (bes., 3.)

[142] F. Naumann, Großstadt oder Kleinstädte?, in: Patria!, Berlin-Schöneberg 1902, 43ff. (Hier: 47ff.)

[143] J. Bärrn, Offener Brief an Herrn Pfarrer von Seydewitz, in: Die Hilfe 1/39 (1895), 4ff. (Hier: 5.)

So wurde im Naumann-Kreis häufig der enge Zusammenhang zwischen den proletarischen Lebensumständen in den Großstädten bzw. Fabrikzentren einerseits und der Zersetzung der Familie und der Entchristlichung andererseits hervorgehoben.[144]

Im Gegensatz zu seiner Abscheu gegenüber dem großstädtischen Leben zeigte der Naumann-Kreis oft seine Sympathie für das ländliche Leben. „Das Leben auf dem Land" sei – so formulierte Naumann – „sittlich und körperlich gesunder als das Leben in den großen Städten". In diesem Sinne bedeutete die Landwirtschaftsfrage vor allem die Frage der „Erhaltung von Menschenkraft und Familienleben."[145] Darüber hinaus betonte Naumann, dass die „immer neu aus der Provinz zuströmende Moral" das Leben der Großstädte „vor dem inneren Bankrott" bewahre.[146] Auf dem zweiten Delegiertentag des Nationalsozialen Vereins von 1897 wies der Pfarrer Erwin Gros hinsichtlich der Bedeutung der bäuerlichen Lebensform auf folgendes hin:

„In der Stadt sind viele Individualitäten, geschaffen durch die verschiedenartige Bildung und Beschäftigung. Da dies beides bei dem Bauernstand fast ganz gleich ist, wirkt der Bauer als Gattung. Er hat eine gattungsmäßig festgeprägte Art und zwar repräsentiert er die Urart des deutschen Volks, die Urform des deutschen Menschen, auch seine Urkraft. Das macht die naturgemäße Lebensweise. Er repräsentiert die Gesunde Leiblichkeit des Volkes."[147]

Im Hintergrund der Kritik des Naumann-Kreises am großstädtischen Leben stand ein allgemeines Unbehagen über die moderne säkulare Kultur, die von der großstädtischen Lebensform repräsentiert wurde. Naumann charakterisierte die moderne Kultur allgemein als „Glaubensarmut" oder „geistige Magerkeit" und beklagte: „Wir sind so nüchtern geworden, daß wir vor innerer Kälte fast umkommen. Wir sind reich an Wissen und Bettler am Gemüt. Für unendliche Hingebung, für Liebe bis zum Tode, für Aufopferung und Andacht, für Gebete und ewiges Hoffen sind wir zu dürr geworden. Man hat uns gelehrt, daß wir saftlos, herzlose Halbmenschen sein müßten, wenn wir auf der ‚Höhe der Zeit' stehen wollten. O wehe über diese öde, dürre, o wehe über die armselige Aufgeklärtheit!"[148]

Insbesondere die Geistlichen im Naumann-Kreis beklagten die Entchristlichung und den Materialismus als kulturellen Grundschaden der modernen Industriewelt. Sie glaubten, die konkreten Symptome des Verfalls von Gesinnung und Moral – wie etwa Individualismus, Egoismus, Genusssüchtigkeit und Unzucht – stehe in engem Zu-

---

[144] Vgl. F. Naumann, Das soziale Programm, in: W 1, 207; ders., Christentum und Familie, Berlin 1892; Teichmann, Die Anteilnahme des evangelischen Geistlichen..., in: Die Hilfe 1/38 (1895), 3f.

[145] Wochenschau, in: Die Hilfe, 1/1 (1895), 2.

[146] F. Naumann, Großstadt od. Kleinstädte, 48.

[147] Protokoll über die Verhandlungen des Nationalsozialen Vereins zu Erfurt (26-29 Sept. 1897), 111.

[148] Jesus als Volksmann, in: Göttinger Arbeiterbibliothek, Göttingen 1896, 1f. (Zit.: 2).

sammenhang mit diesem Grundschaden. Naumann meinte, der „Materialismus" als Gesinnungs- und moralische Form beherrsche diese Welt „der Diesseitigkeit", d. h. die „gottlosen Reichen" und die „glaubenslosen Armen". Unter „Materialismus" verstand er vor allem eine sich auf die falsche Moral stützende Lebensanschauung. Der Lebenszweck der modernen Menschen werde – so meinte er – allein von Arbeit, Genießen und Streben bestimmt, wobei der Idealismus keinen Platz habe. Aus dieser Haltung folge der „theoretische Materialismus", der das „Selbstbewußtsein der gottfremdeten modernen Welt" ist. Dieser theoretische Materialismus, mit dessen Ausgestaltung gleich mehrere wissenschaftliche Disziplinen beschäftigt seien, übe erheblichen Einfluss auf die Tagesliteratur und die Unterhaltungsliteratur aus.[149]

Naumann sah im ökonomischen Liberalismus eine konkrete Konsequenz des materialistischen Denkens der bürgerlichen Schichten. Die Folgen dieses „wirtschaftlichen Individualismus" seien trotz aller positiven Aspekte „die bösen Geister der Rücksichtslosigkeit und Selbstsucht".[150] Aber er wies auch auf folgendes hin: Die „materialistische Geistesströmung" dringe von den höheren Klassen zu den breiten Schichten des Volkes durch. In der Sozialdemokratie erblickte er „die äußerste Konsequenz der materialistischen Strömung der Gegenwart".[151] Beide bestritten einen zähen Kampf um die „Erdengenüsse", und zwar „den Kampf ums Dasein". So erschien der Materialismus als treibende Kraft der harten sozialen Konflikte.[152]

Hermann Kötzschke kritisierte die damalige Tendenz in den bürgerlichen Schichten, die Kinderzahl zu beschränken. Er sah in dieser Tendenz, die er als „Neumalthusianismus" bezeichnete, einen entscheidenden Verfall der Ehe- und Familienmoral. Er bemerkte, der „Neumalthusianismus" hänge zusammen mit dem „materialistischen, genußsüchtigen Zuge unserer Zeit".[153] Wesentliches Merkmal des Neumalthusianismus sei die Beschränkung der Kinderzahl ohne Einschränkung des Geschlechtsgenusses. Die sittliche Bedeutung des Ehe- und Familienwesens – die Hervorbringung und Erziehung von gesunden Kindern – sei durch diese Tendenz zuhöchst gefährdet. Im Zweikindersystem wie in Frankreich gäbe es die „Angstkinder". Die Ehe sei nur ein „Genußinstitut". Dies würde schließlich zum Untergang eines Volkes führen.[154] Er erkannte als Nährboden für den Neumalthusianismus die auf „Sittenlosigkeit" und „Genußsucht" gegründete soziale Kultur Frankreichs: Das französische Zweikindersystem habe sich nur durchsetzen können „auf Grund einer ausgedehnten Prostitution

---

[149] Das soziale Programm, in: W 1, 159ff., 244.
[150] Ebd., 166ff.
[151] Ebd., 179f.
[152] Ebd., 162.
[153] H. Kötzschke, Die Gefahren des Neumalthusianismus, 61.
[154] Ebd., 52f.

und Maitressenwirtschaft und einer ausgebildeten Geheimwissenschaft der künstlichen Unfruchtbarkeit".[155]

Hierbei zeigte Kötzschke seine große Sorge um die Verbreitung dieser französischen Kultur und damit der neumalthusianistischen Tendenz im Deutschland: Die „seichte französische Roman- und Novellenliteratur" und das „französische Ehebruchs-Drama" sowie die „Pariser Unzuchtoperette" habe die deutsche Gesellschaft mit Sünden angesteckt. Und „als Gipfel des Schmutzes ist dann der Neumalthusianismus mit seinen Greueln zu uns herübergekommen, mit der Prostitution und dem Geheimmittelschwindel zur Verhütung des Kindersegens. Die Pariser Gummiartikel bilden eine beliebte Annonce in allen möglichen Zeitungen." Als Folge dieses Prozesses sei der Neumalthusianismus in den „obern und mittleren Ständen" eine Macht geworden. Darüber hinaus warnte Kötzschke: „Wie überhaupt der theoretische und praktische Materialismus der oberen Stände allmählich in die unteren hinabgesickert ist, so werden auch die neumalthusianistischen Ansichten und Bestrebungen von Berg zu Thal ihren Lauf nehmen."[156]

Das Unbehagen an der säkularisierten Industriewelt bildete über die Geistlichen hinaus – mindestens in der Frühphase – eine Grundstimmung des Naumann-Kreises. So zeigte ein Angehöriger der „jüngeren" Christlich-Sozialen im Saar-Gebiet seine Unzufriedenheit mit dem vorhandenen Gesinnungs- und Sittenzustand: Die Gebildeten seien charakterisiert durch einen „religiös wie sozial gleich großen Indifferentismus". Die „genußsüchtige" Arbeiterbevölkerung neige zum „Fatalismus der Sozialdem[okratie]".[157] Im gleichen Zusammenhang beklagte man auch die „Degeneration (Entartung)" der Frauen. In den letzten Jahrzehnten sei – so behauptete man im Naumann-Kreis– die Degeneration der Frauen quer durch alle Stände fortgeschritten. Überall vorhanden seien „Stumpfheit, Gleichgültigkeit, unreine Begierden, Lebensüberdruß [...] auf der einen – Verflachung, Ueberreizung, Genußsucht, Kraftlosigkeit auf der anderen Seite". Man betonte hierbei: „Unzweifelhaft hängt die Degeneration der Frau mit dem Untergraben der Religion zusammen."[158]

Darüber hinaus gab es im Naumann-Kreis die Sorge, dass der von der religionslosen Weltanschauung beeinflusste Gesinnungs- und Sittenverfall notwendigerweise zu einer sozialen Revolution führen müsse. Julius Werner beklagte, der „Umsturz" werde vom „Atheismus", dem „Individualismus" und der „Selbstsucht" der gegenwärtigen Gesellschaft vorbereitet. So warnte er: „Gleichviel von wem sie verkündet und gefördert wird: von Sozialistenführern oder blasierten Genussmenschen, von Realpolitikern oder von pessimistischen Propheten der Wissenschaft – die soziale Revolution

---

[155] Ebd., 9f.
[156] Ebd., 10ff.
[157] Caerßer(?) an Naumann (1.9.1893), in: BA Potsdam, NL. Naumann Nr. 308, Bl. 66ff. (bes., Bl. 67R, 68.)
[158] Anonym, Zur Frauenfrage, in: Die Hilfe 1/41 (1895), 2.

ist, bewusst oder unbewusst, das Ziel einer Strömung, welche tief durch unsere Zeit hindurchgeht."[159]

Paul Göhre äußerte große Sorge über den geistigen Zustand der Arbeiterschaft in seiner Reportage über die Chemnitzer Fabrikarbeiterwelt. Göhre sah vor allem im erheblichen Einfluss der „widerchristlichen materialistischen Weltanschauung" der Sozialdemokratie auf die Chemnitzer Arbeiter eine Revolutionsgefahr. Er meinte, obwohl die offiziellen sozialdemokratischen Parteiideologien wie der Republikanismus, der „wirtschaftliche Kommunismus" bzw. der Internationalismus unter den Arbeitern unpopulär seien, werden ihre alte christliche Sittlichkeit, Religion und Bildung durch die sozialdemokratische Bildung und Agitation weiter abgebaut. Dies führe zu einem tatsächlichen Gesinnungs- und Weltanschauungsvakuum. So sei der geistige Zustand der Chemnitzer Arbeiterschaft von Resignation und Verzweiflung ohne Glaubensersatz sowie von einem Mangel an Werten und Lebenssinn gekennzeichnet.[160]

Gerade in diesem demoralisierten geistigen Zustand der Arbeiterwelt sah Göhre eine direkte Ursache einer sozialen Revolution: „Der Chemnitzer Arbeiter" so meinte er, „sträubt sich heute noch mit Händen und Füßen gegen den Gedanken einer blutigen Revolution." Aber „gleichwohl leugne ich die Gefahr einer Revolution keinen Augenblick." Die Eintrittsgefahr einer Revolution liege nicht in den „augenblicklichen politischen und sozialen Gesinnungen" der Arbeitermassen, sondern in der „Unterlassung oder Verschleppung einer grundlegenden Sozialreform" sowie vor allem in der „erbärmlichen, neuen Lebensanschauung", die „sich heute infolge der sozialdemokratischen Agitation weithin im Volke verbreitet hat."[161] Noch detaillierter beschrieb Göhre den Zusammenhang dieses „erbärmlichen" geistigen Zustands des Volkes mit dem Eintreten einer blutigen Revolution: Der Ton der vollendeten Hoffnungslosigkeit – wenn er „einen Schritt weiter" gehe – könne „in den Schrei der Wut, der Empörung umschlagen, die alles zerstört, weil sie nichts für lebenswert findet, die an allem verzweifelt, weil sie an sich selbst verzweifeln mußte." Dann sei die „Entfesselung aller Leidenschaften, die Revolution des Volkes da."[162] Wie bereits erwähnt, glaubte Göhre, dass es einen engen Zusammenhang zwischen Entchristlichung, Demoralisierung und „sittliche[r] Entartung" der Arbeiterwelt einerseits und der sozialen Revolution andererseits gebe.[163]

Hierzu ist auch zu bemerken, dass sich die Kritik des Naumann-Kreises an der säkularisierten Industriewelt schließlich gegen die Kirche richtete: Die Kirche sei in erheblichem Maß für die Entchristlichung und die „sittliche Entartung" – besonders der

---

[159] J. Werner, Sozialrevolution, 4f.
[160] Vgl. P. Göhre, Drei Monate Fabrikarbeiter, 113ff, 142ff.
[161] Ebd., 128.
[162] Ebd., 157.
[163] Vgl. auch P. Göhre, Wird die Sozialdemokratie siegen?, in: Die Chr. Welt, 91f.

Arbeiterschichten – verantwortlich. So sagte z. B. Naumann: „Die Kirche ist viel zu viel eine Erziehungsanstalt und eine Staatseinrichtung geworden. Jesus ist halb vergessen. Das ist die Gefahr des Christentums. [...] Ein Aufwärtsstreben des vierten Standes ohne christlichen Glauben wäre für Deutschland verhängnisvoll."[164] Resümierend lässt sich feststellen, dass sich der Naumann-Kreis durch seine Kritik an der Urbanisierung und an der großstädtischen Lebensform nicht immer kulturoptimistisch zeigte. Sein Unbehagen an der Säkularisierung und Demoralisierung der Bevölkerung in der Großstadt bzw. im industriellen Ballungsgebiet entwickelte sich sogar zur Großstadt- und Fremdkulturfeindlichkeit. Hierin ähnelt die Gesellschaftskritik des Naumann-Kreises den Ansätzen der kulturpessimistischen und antimodernen Konservativen. Doch anders als diese sah der Naumann-Kreis die Ursache der Kulturkrise der wilhelminischen Moderne gerade in der politischen, sozialen und kirchlichen Vorherrschaft der Konservativen.

2. Die Kritik an der konservativ-agrarischen Vorherrschaft

Bei aller Hochschätzung für einige Aspekte des Konservatismus wie dessen Königstreue und Unterstützung für die nationale Machtpolitik[165] sahen Naumann und seine Anhänger in den Konservativen vor allem eine Interessenvertretung der Junker. So bemerkte Naumann: „Im Wort ‚Konservativ' liegt heute kein staatspolitisches Programm mehr, sondern nur noch eine Interessenvertretung."[166] Das bestehende politische System betrachteten sie als ein Interessenbündnis, in welchem sich die Hegemonie der Konservativen durchsetze. Das konservative Hegemoniesystem wurde im innenpolitischen Handbuch für den Nationalsozialen Verein „Demokratie und Kaisertum" wie folgt analysiert:[167] Das System funktioniere durch das Kartell mit den Nationalliberalen, d. h. das „Kartell der Besitzenden"[168], und auch durch die Koalition mit dem Zentrum in zollpolitischen und klerikalen Fragen. Darüber hinaus erhalte das System eine Massenbasis unter den Bauern und im städtischen Mittelstand, repräsentiert durch die Antisemiten und den Bund der Landwirte . All diese Parteien wurden häufig kritisiert. Aber sie waren – abgesehen vom Zentrum – in der Kritik des Naumann-Kreises nur von sekundärer Bedeutung. Man sah vor allem in der politisch-sozialen Übermacht der Junker, die den Kern dieses konservativen Vorherrschaftssys-

---

[164] Wochenschau, in: Die Hilfe 2/9 (1896), 1f.
[165] Vgl. Zwischen den Parteien, in: ebd. 2/15 (1896), 2.
[166] Wochenschau, in: ebd. 5/37 (1899), 1f. (Zit.: 2)
[167] Demokratie und Kaisertum, in: W 2, 147ff.
[168] F. Naumann, Wochenschau, in: Die Hilfe 3/50 (1897), 1.

tems bildeten, die Hauptursache für die damalige Krisenlage und damit die größte Gefahr für das deutsche Kaiserreich.

Bei der Kritik an den Konservativen und den Junkern gab es eine gemäßigte Position im Naumann-Kreis. Die sog. „konservative" Richtung Rudolph Sohms zeigte bei aller Kritik am sozialen Egoismus und am reaktionären Charakter der gegenwärtigen Konservativen oft zugleich Sympathie für diese. Die Sohmsche Richtung – insbesondere Sohm selbst – hoffte auf einen Gesinnungswandel bei den Konservativen, und in diesem Sinne kritisierte sie die Politik der „Vernichtung des Großgrundbesitzes" von Naumann und den anderen radikaler Denkenden wie etwa Göhre.[169] Trotzdem war eine scharfe Kritik an den Konservativen und an den Junkern im Naumann-Kreis vorherrschend. In der Publizistik des Nationalsozialen Vereins waren diese ostelbischen Großgrundbesitzer nur ein Krebsschaden, der die Zukunft Deutschlands gefährde. So wurden die Junker beschrieben als „ Gegner des sozialen Fortschritts"[170] bzw. „Todesfeind aller sozialen Reformen"[171] oder als „untergehender Stand", der „eine ungeheure wirtschaftliche und politische Schädigung unseres Volkes bedeutet".[172] „Die Herrschaft der Konservativen" bedeutete für den Naumann-Kreis überhaupt – wie Naumann es ausdrückte – „ein nationales Unglück ersten Ranges."[173] Die Grundstimmung im Naumann-Kreis war, dass sich durch die Interessenpolitik der Junker, durch deren rücksichtsloses Streben nach politischer Vorherrschaft die Schäden und die möglichen Gefahren für den Industrialisierungsprozess des deutschen Kaiserreichs verschärften. Hierbei unterschied sich die Gesellschaftskritik des Naumann-Kreises trotz aller Gemeinsamkeit deutlich von der dominanten Gesellschaftskritik im christlich-sozialen bzw. kirchlichen Milieu.

A. Die Junker als Zerstörer der Landwirtschaft

Die ursprüngliche Kritik des Naumann-Kreises an der Vorherrschaft der Konservativen stand im Zusammenhang mit der Agrarfrage. Naumann und seine Gesinnungsgenossen kritisierten die Junker als Zerstörer der deutschen Landwirtschaft, in der sie – wie erwähnt – die Grundlage für das gesunde Leben des deutschen Volkes sahen. In ihrer Kritik ging es einerseits darum, dass die Junker für das Elend der Landbevölkerung im deutschen Osten verantwortlich seien, und andererseits darum, dass der von

---

[169] Vgl. ebd.; Protokoll (26.-29. Sept. 1897), 27ff., 51ff. (Die Rede von Sohm, Martin, Trommershausen und Ruprecht sowie Max Lorenz.); R. Sohm, Volkspolitik oder Massenpolitik?, in: Die Hilfe 4/28 (1898), 3f.; ebd. 4/24 (1898), 11.

[170] Arbeiternot und Großgrundbesitz, in: Die Hilfe 4/18 (1898), 5.

[171] Soziale Gesinnung, in: ebd. 8/29 (1902), 1f.

[172] Briefkasten, in: ebd., 4/20 (1898), 7.

[173] F. Naumann, Gesunde Entwicklung!, in: Die Zeit 2/115 (18.5.1897).

diesen Großgrundbesitzern verursachte landwirtschaftliche Niedergang über den deutschen Osten hinaus die gesamte deutsche Volkswirtschaft negativ beeinflusse.

Paul Göhre beschrieb 1894 in seinem Bericht für den Evangelisch-sozialen Kongress über die Landarbeiter die landwirtschaftliche Fehlentwicklung im deutschen Osten. Augangspunkt seiner Beschreibung bildeten dabei der kapitalistische Betrieb des auf dem feudalen Sonderrecht des „Fideikommisses" beruhenden ostelbischen Großgrundbesitzes und die Änderung des Charakters der ostelbischen Landbevölkerung: „Die heutige Wirtschaft des ostelbischen Großgrundbesitzers ist zu einer kapitalistischen geworden; er produziert mehr und mehr ausschließlich für den öffentlichen Markt. Er ist gezwungen, intensiv seine Felder zu bewirtschaften." Infolgedessen sei die traditionelle „Interessengemeinschaft" zwischen dem Großgrundbesitzer und seinen Insten gebrochen, und damit falle die Grundlage für die dauernd kontraktisch gebundene typische Landarbeiterbevölkerung im Osten weg. Es sei eine unaufhaltsame Tendenz, dass sich die Insten zu Wanderarbeitern, d. h. zu „freie[n] unseßhafte[n] Tagelöhner[n]" wandelten, sobald sie ihr konventionelles Recht verlören, von einem eigenen Stückchen Land zu profitieren.[174]

Göhre schilderte die sich verschlimmernde soziale Lage der ostelbischen Bevölkerung: Die sich zu Wandererarbeitern wandelnden Instleute und ihre Familien seien einer „ungeheuren materiellen, sittlichen und geistigen Degradation" ausgesetzt. Hinzu komme, dass unter den Wandererarbeitern das „halbbarbarische" und „katholische" russische und polnische Element immer mehr gewinne, das viel niedrigere Löhne erhalte. Dieser Prozess führe endgültig zu einem „Zurücksinken auf ein viel niederes Niveau des inneren wie äußeren Lebens" der deutschen Landbevölkerung im Osten.[175] Naumann wies umfassend auf das Elend der Landbevölkerung im Osten hin: Im Großgrundbesitz gebe es die vorherrschende Neigung, „die Ernährung der Tagelöhner mit Nahrungsstoffen zu besorgen, die nicht wertvoll genug sind für weiteren Transport, also mehr mit Kartoffeln und weniger mit Brot." Im dünnbevölkerten Osten seien die Menschen in wenigen Wohnhäusern zusammengepresst. Die Steigerung der Zahl der Kinder auf dem Land sei im allgemeinen im Gebiet des Großgrundbesitzes am größten. Aber „der Großgrundbesitz vermehrt die Volkszahl, ohne Platz zu schaffen." Auch gebe es ein „Darniederliegen" aller Handwerksgewerbe in den kleinen Landstädten des Ostens, „denn der Tagelöhner kann keinen kräftigen Handwerkerstand ernähren, und der Gutsherr lässt sich vom Handwerker nur gelegentlich etwas machen."[176]

---

[174] P. Göhre/M. Weber, Die deutsche Landarbeiter. Bericht über die Verhandlungen des 5. Evangelisch-sozialen Kongresses, Frankfurt a. M. 1894, 54ff.

[175] Ebd.

[176] Wochenschau, in: Die Hilfe 2/10 (1896), 1f.

Die schädliche Wirkung des Großgrundbesitzes war in den Augen Naumanns und seiner Gesinnungsgenossen nicht allein auf den Osten beschränkt, sondern betraf die gesamte deutsche Landwirtschaft. Sie sahen vor allem in der über das ostelbische Gebiet hinaus zunehmenden Anzahl von armen und besitzlosen Wanderarbeitern eine Grundschädigung für das gesamte Land. So beklagte ein Landarzt aus Schleswig-Holstein in einem Artikel in der „Hilfe" von 1895: „Die menschliche Arbeitskraft ist im landwirtschaftlichen Großbetrieb ebenso zur Ware geworden... so suchen die Gutsbesitzer in den wohlhabenden westlichen Provinzen, wo die Arbeitslöhne hoch sind, ihren Bedarf an menschlicher Arbeitskraft im Osten einzukaufen[...]. Früher war das Landvolk durchweg sesshaft[...]. Heutzutage giebt es auf dem Lande eine Wanderbevölkerung."[177] Göhre beschrieb die Massenwanderung von Osten nach Westen: „Ein Teil der degradierten Instleute" ziehe nach Westen, um hier Arbeit zu suchen. „Im ganzen Reich bis hierher an den Rhein trifft man die Heimatlosen an".[178]

Naumann und seine Gesinnungsgenossen glaubten, dass die Junker durch diesen Prozess schließlich für das Wachstum der Großstädte und das Massenelend der städtischen Bevölkerung verantwortlich seien. Die Endstation der Wanderung der Landproletariermassen seien die Großstädte. So betonte Naumann: „Auch die industrielle Arbeiterschaft hat schweren Schaden durch die Landverteilung des Ostens. Bei uns wird die Reserve-Armee der ungelernten Arbeiter nicht aussterben, sie wird alle Gewerkschaften und anderen Organisationen zu nichts machen oder wenigstens schwer hindern, solange der Osten seine Kinder nicht in dem Lande behält, wo sie geboren werden." Insbesondere das Gebiet des Großgrundbesitzes sei „eigentlich Nährboden für das Anwachsen der Riesenstädte."[179]

Neben dieser wirtschaftlichen Kritik gab es stets eine nationalistische Kritik an den Junkern im Naumann-Kreis. Nach dieser Kritik seien die Junker ein Gegner des deutschen Vaterlandes geworden, weil sie die Abnahme der deutschen Bevölkerung im ostelbischen Gebiet und dessen Polnisierung verursachten.[180]

B. Die Repressivpolitik unter der konservativ-agrarischen Hegemonie

Der Naumann-Kreis übte auch im sozialpolitischen bzw. verfassungspolitischen Zusammenhang scharfe Kritik an der konservativ-agrarischen Vorherrschaft. Während der meisten Zeit von der Gründung bis zur Auflösung des Nationalsozialen Vereins

---

[177] Einiges über die Umwälzung in der Landwirtschaft (schluß), in : ebd. 1/32 (1895), 4.

[178] P. Göhre/M. Weber, Die deutsche Landarbeiter, 56.

[179] Die Hilfe 2/10 (1896), 2. Vgl. P. Göhre/M. Weber, Die deutsche Landarbeiter.

[180] Vgl. etwa P. Göhre/M. Weber, Die deutsche Landarbeiter, 60; F. Naumann, zwischen den Parteien, in: Die Hilfe 2/15 (1896), 1ff. ferner M. Weber, Der Nationalstaat und die Volkswirtschaftspolitik, in: GPS 2 Aufl. 1958, 1ff.

war die innenpolitische Lage vor allem durch die sozialpolitischen Repression charakterisiert. Die innenpolitische Konstellation von 1894/95 bis 1899 prägten der bisher mehrfach erwähnte Freiherr v. Stumm-Halberg und Johannes v. Miquel, der die „Sammlungspolitik" der konservativen und nationalliberalen Parteien initiierte, die gegen die Sozialdemokratie gerichtet war. Um die sozialistische Arbeiterbewegung zu unterdrücken, wurde eine Serie von Gesetzesvorlagen vorgebracht, so z. B. die „Umsturzvorlage" (1894), mit der man auf die Verschärfung der Strafen zielte, und die „Zuchthausvorlage" (1899), mit der man das Recht auf Streik und auf die Bildung von Gewerkschaften begrenzen wollte. Die Repressivpolitik gegenüber der Sozialdemokratie und der Freien Gewerkschaften wurde auch in die Einzelstaaten verlegt. So führte die sächsische Regierung 1896 ein Dreiklassenwahlrecht nach preußischem Vorbild ein. Auch die preußische Regierung entwarf das „kleine Sozialistengesetz" (1897) und die „Lex Arons" (1898), d. h. ein Gesetz, das die Sozialdemokraten vom akademischen Lehramt ausschloss.[181]

Im Naumann-Kreis galt dieser innenpolitische Reaktionskurs – wie 1899 der damalige Parteisekretär des Nationalsozialen Vereins Martin Wenck formulierte – als „die größte Gefahr für die innere Entwicklung Deutschlands". Hierbei waren parteipolitisch vor allem die Konservativen und die Nationalliberalen die Hauptadressaten der Kritik des Naumann-Kreises, wegen ihrer „Sammlungspolitik", die ein erneuter Ausdruck des seit 1878 tradierten Interessenbündnisses der Junker mit den Großindustriellen war. So sagte Wenck: „Die Macht dieser Reaktion beruht auf der konservativ-nationalliberalen Waffenbrüderschaft."[182] Die Bekämpfung der konservativ-nationalliberalen „Politik der Sammlung" bildete neben der Bekämpfung der Sozialdemokratie die Hauptwahlparole des Nationalsozialen Vereins für die Reichstagswahlen von 1898.[183]

Naumann und seine Anhänger betonten häufig, dass die reaktionäre Politik des Herrschaftssystems nicht nur ein großes Hindernis für die bürgerrechtlich-freiheitliche Entwicklung, sondern vor allem auch ein Nährboden für Revolutionstendenzen sei. Beispielsweise hatte man in der oben erwähnten Wahlparole folgende Auffassungen: Die konservativ-nationalliberale „Politik der Sammlung" „will die Sozialdemokratie mit äußeren Zwangsmitteln bekämpfen, mit Einschränkung der Vereinsfreiheit und des Wahlrechts. Sie steigert damit die revolutionäre Gefahr und hindert den Arbeiterstand an der Geltendmachung seiner praktischen gewerkschaftlichen Interessen."[184] Denn die antisozialdemokratische Unterdrückungspolitik veranlasse einerseits unmittelbar eine Steigerung des revolutionären Radikalismus in der Arbeiterschaft, und an-

---

[181] Vgl. K. E. Born, Gebhardt. Handbuch der deutschen Geschichte Bd. 16, München 1991[14], 213ff.
[182] M. Wenck, Reaktion und Sozialdemokratie, in: Die Hilfe 5/44 (1899), 3f. (hier: 3.)
[183] Vgl. An die Wähler!, in: Die Hilfe 4/19 (1898), 1.
[184] Ebd.

dererseits mache sie durch die Unterdrückung der liberalen und sozialreformerischen Kräfte die notwendigen Reformen unmöglich.[185]

In den Augen des Naumann-Kreises hatte die Repressivpolitik ihre Ursache im Streben der preußischen Konservativen, d. h. der Junker, ihre Übermacht zu erhalten. Hierbei schienen beispielsweise Stumm oder die Nationalliberalen nur eine Nebenrolle zu spielen. Stumm, der Großindustrielle, wurde als „eiserner Halbagrarier" und die von ihm beeinflusste Regierung als ein mit dem „konservativen Großgrundbesitzertum verbundenes Regiment" beschrieben.[186] Auch in der Kritik der antisozialdemokratischen „Sammlungspolitik" wurde die Rolle der nationalliberalen Partei als Diener der agrarischen Konservativen betont. So meinte Wenck: „Die Nationalliberalen aber, welche abgesehen von der Gruppe um Bassermann, im Reichstag nichts anderes mehr sind, als Schleppenträger der konservativen Partei, sind ja gerade dadurch in diese jammervolle politische Rolle gekommen, daß sie sich in der Furcht vor dem sozialdemokratischen Umsturz unter die Fittiche der preußischen Konservativen retteten."[187] Naumann unterstrich darüber hinaus die aktive Rolle der Konservativen bei den Konflikten zwischen Unternehmern und Arbeitern. Ihm zufolge arbeiteten die Konservativen nach folgendem Konzept: „Man muß möglichst viel Unfriede zwischen der industriellen Oberschichten und Unterschicht säen, indem man mit den Unternehmern zusammen die Arbeiter politisch drückt".[188]

Naumann charakterisierte die reaktionäre Innenpolitik als „Daseinskampf" der Junker. So meinte er: „Dieser Konservative ist als Klasse von brutaler Rücksichtslosigkeit, wenn er Macht erhalten will."[189] Und „je härter dieser Kampf wird", desto härter werde der Konservative. Hierbei betonte Naumann, die harte reaktionäre Politik dieser preußischen Konservativen erkläre sich vor allem aus ihrem Charakter als „politische Rasse": „Es ist Rasse in den Leute, aber keine weiche Rasse. Ihre Natur ist alte Herrennatur, das heißt patriarchalische Milde gegen persönliche Diener, aber Starrheit gegen alle Unbotmäßigen."[190]

---

[185] Vgl. die Naumannschen Kritik an der Umsturzvorlage und an der Kaiserrede für die Zuchthausvorlage in Oeynhausen, in: Die Hilfe 1/3 (1895), 1f. und in: ebd. 4/38 (1898), 1f.; der kritische Artikel über die Koalitionspolitik der Reichsregierung, in: ebd. 4/5 (1898), 4f.; die Gerlachsche Rede über „die Landtagswahlen und die reaktionäre Gefahr" in Marburg (30.9.1898), in: ebd. 4/42 (1898), 12; ders., Zuchthausvorlage und Weltpolitik, in: ebd. 4/49 (1898), 4f.; die Maurenbrechersche Kritik an der sächsischen Regierung, in: ebd. 6/9 (1900), 1f.; ferner F. Weinhausen, Die soziale Bewegung des neunzehnten Jahrhunderts, in: ebd. 6/2 (1900), 5f. (bes. 6.)

[186] Vgl. F. Naumann, Wochenschau, in: Die Hilfe 4/18 (1898), 1f.; ders., Wochenschau, in: ebd. 5/18 (1899), 1f.; ders., Wochenschau, in: ebd. 5/34 (1899), 1f.

[187] M. Wenck, Reaktion und Sozialdemokratie, in: ebd. 5/44 (1899), 3.

[188] Demokratie und Kaisertum, in: W 2, 171.

[189] Ebd., 149.

[190] Ebd.; Wochenschau, in: Die Hilfe 5/37 (1899), 2.

Durch diese sozialdarwinistische Rhetorik akzentuierte Naumann, dass sich der Interessenkampf der Konservativen für die alte Herrschaft so kompromisslos wie der Rassenkampf ums Dasein entwickele. Hierbei betonte er auch, dass die konservative Politik notwendigerweise immer reaktionär bleiben würde, weil sich die Gesinnung der preußischen Konservativen ebenso wie ein Rassencharakter nicht ändern könne. So war die Kritik des Naumann-Kreises an der reaktionären Innenpolitik vor allem gegen die preußischen Grundbesitzer und deren politische Vertretung gerichtet. [191]

Obwohl bis 1899 die Zeit der harten Repressivpolitik aufgrund des Scheiterns der wichtigen antisozialdemokratischen Gesetzesvorlagen abgelaufen war, sah der Naumann-Kreis in den erneuten Bestrebungen der konservativ-agrarischen Kräfte zur Erhöhung der Getreidezölle einen Entscheidungskampf gegen alle „demokratisch-sozialen" Kräfte. Als wie gefährlich dieser Kampf im Naumann-Kreis galt, ist das Thema folgender Darstellung.

C. Der agrarische Schutzzoll und die Gefahr eines „geschlossenen Agrarstaats"

Es gab seit 1890 ununterbrochen Konflikte um die Zollfrage, die wiederum in den Auseinandersetzungen um die Handelsverträge der Regierung Bülow von 1902 einen Höhepunkt erreichten. Die Handelsverträge der Jahre 1891–1893, die unter Reichskanzler Caprivi abgeschlossen wurden, lösten die bisherigen hohen Schutzzölle ab. Caprivis Handelsverträge wurden vor allem von den durch v. Kanitz vertretenen konservativen Politikern und von dem Bund der Landwirte, der eine von den Junkern geführte konservativ-agrarische Massenorganisation war, angegriffen. Diese konservativen Agrarier – verbündet mit einer maßgeblichen Anzahl von Nationalliberalen – verlangten die Einführung neuer hoher Schutzzölle, insbesondere erhöhter Getreidezölle. So verlangte z. B. der Bund der Landwirte, die bisherigen Vertragstarife für Getreide von 3,50 Mark je Doppelzentner auf 7,50 Mark zu erhöhen. Dagegen zielte der Nationalsoziale Verein auf niedrigere Tarife als die Caprivische Regierung.

Aber es ging bei der Zollfrage nicht allein um die Zolltarife, sondern darüber hinaus um die gesamtgesellschaftliche Zukunft Deutschlands überhaupt, d. h. um die Alternative zwischen industriestaatlicher und agrarstaatlicher Entwicklung. Die Konflikte um Agrar- oder Industriestaat entwickelten sich besonders in den theoretischen Debatten der Nationalökonomen, in denen die gegensätzlichen wirtschaftlichen, sozialen, politischen und kulturellen Vorstellungen zur deutschen Zukunft aufeinander trafen. [192]

So stand auch die antischutzzöllnerische Politik des Naumann-Kreises im weiteren Zusammenhang mit der entscheidenden Frage „Agrarstaat oder Industriestaat". Be-

---

[191] Vgl. Demokratie und Kaisertum, in: W 2, 173.
[192] Vgl. K. D. Barkin, The Controversy, 44ff, 131ff., 186ff.

reits in der Gründungsphase des Nationalsozialen Vereins äußerten die liberalen Nationalökonomen, dass Deutschland in der Zollfrage an einem Scheideweg stehe, und die Alternative zu einem durch industriestaatliche Entwicklung zu erreichenden politischen und wirtschaftlichen Aufschwung sei der Weg in die Katastrophe. Gerhart v. Schulze-Gävernitz hielt 1895 im Evangelischen Arbeiterverein zu Frankfurt a. M. einen Vortrag über die sozialdemokratische Agrarpolitik. Dabei betonte er, nur ein enges Bündnis zwischen dem „liberalen Bürgertum" und der „Arbeiterbewegung" könne es verhindern, „daß die Getreidezölle wesentlich erhöht werden und dadurch unsere Export-Industrie getötet wird."[193] Schulze-Gävernitz meinte zu Naumann im Zusammenhang mit der Gründung des Nationalsozialen Vereins: „Können Sie Ihrem Parteitag die übereingekommenen Leitsätze annehmbar machen, so ist dies immerhin ein Fortschritt, später müssen Sie wohl noch freiheitlicher, capitalistischer, entschiedener antiagrarisch (d. h. antijunkerlich) werden."[194] Auch Max Weber hob 1896 die Bedeutung der gegenwärtigen Situation auf dem ersten Vertretertag des Nationalsozialen Vereins in Erfurt hervor: „Sie haben heute einzig und allein die Wahl, welches von den einander bekämpfenden Interessen der heute führenden Klassen Sie stützen wollen: das bürgerliche oder das agrarisch-feudale[...]. Zwischen ihnen müssen Sie wählen, und, wenn Ihnen die Zukunft der Bewegung am Herzen liegt, die bürgerlich-kapitalistische Entwicklung wählen."[195]

Aber bis Mitte 1898 äußerte der Naumann-Kreis keine eindeutig ablehnende Stellungnahme zum agrarischen Schutzzoll. Es gab bis zu diesem Zeitpunkt bei aller Kritik am Großgrundbesitz vielmehr die Überzeugung, dass der Schutzzoll für die Erhaltung der Landwirtschaft notwendig sei. So sagte Max Maurenbrecher: „Bis in den Wahlkampf 1898 hinein finden sich Spuren, daß die nationalsozialen Politiker für Schutzzoll auf Agrarprodukte eintreten wollten."[196] Beispielsweise enthielt das Programm zum Schutz der Kleinbauern, das 1897 auf dem zweiten Delegiertentag des Nationalsozialen Vereins vom Landwirt Wilhelm Moser vorgeschlagen wurde, „genügender Zollschutz für landwirtschaftliche Produkte unter gleichzeitiger Wahrung der Interessen der Konsumenten und der auf den Export angewiesenen Industrie."[197] Naumann selbst schätzte die Bedeutung des agrarischen Schutzzolls für die Entwicklung von Industrie und Handel als gering ein. So formulierte er im Zusammenhang mit der Debatte um den Industrie- oder Agrarstaat: „Die widerstreitenden Interessen von

---

[193] Wochenschau, in: Die Hilfe 1/18 (1895), 1.

[194] Schulze-Gävernitz an Naumann (12.8.1896), BA Potsdam, NL. Naumann Nr. 130, Bl. 1.

[195] Protokoll (23-25 Nov. 1896), 49.

[196] M. Maurenbrecher, Das nationalsoziale Experiment, in: Die Hilfe 19/37 (1913), 551ff. (Zit.: 553).

[197] Protokoll (26-29 Sept. 1897), 9.

Handel und Industrie einerseits und Landwirtschaft andererseits müssen um der Volkserhaltung willen von Fall zu Fall vereinbart werden."[198] Trotzdem dauerte es nicht lange, bis sich die Stimmung grundlegend veränderte. Auf dem Darmstädter Delegiertentag im September 1898 zeigte sich der Naumann-Kreis eindeutig als Gegner des agrarischen Schutzzolls, als er die handelsvertragspolitischen Thesen von Schulze-Gävernitz und dem Großkaufmann und Bodenreformer Adolf Pohlmann einstimmig annahm. Es wurde festgestellt, dass für den Fortschritt von Handel und Industrie und damit für das Wohlergehen der städtischen Arbeiterbevölkerung und darüber hinaus für die Zukunft des deutschen Volkes gerade der Kampf gegen die Hochschutzzollpolitik der Agrarier von entscheidender Bedeutung sei.[199]

Alle Kritiken des Naumann-Kreises gegen die Konservativen konzentrierten sich nun auf deren agrarische Hochschutzzollpolitik. Naumann sah 1900 hier den Kern des konservativen Hegemoniesystems: „In der inneren Politik arbeitet die gesammelte Macht des Konservatismus gegen den Industrialismus als Gesamterscheinung."[200] Er setzte die Frage „Industriestaat oder Agrarstaat" in Analogie zu der Frage „Preußen oder Österreich" am Vorabend der Reichsgründung, um eine historische Bedeutung des Zollkampfes als Entscheidungskampf um die Hauptrichtung der zukünftigen Entwicklung Deutschlands klarzumachen.[201]

Bis zu den Reichstagswahlen von 1903 konzentrierte sich die Tätigkeit des Nationalsozialen Vereins vor allem auf den Kampf um den Zolltarif. Allein im Zeitraum vom 10. Oktober 1900 bis Mai 1901 wurden ca. 160 Versammlungen des Nationalsozialen Vereins abgehalten, in denen zumeist über die Handelsverträge und den Kampf gegen die Erhöhung der Getreidezölle diskutiert wurde. Dabei machte er sich auch zum Sprachrohr für die am Caprivischen Zollsystem orientierte freihändlerische Argumentation von liberalen Nationalökonomen wie insbesondere Lujo Brentano und Gerhart v. Schulze-Gävernitz. Auch diese antischutzzöllnerische Politik bot einen Ausgangspunkt für die Annäherung zwischen dem Nationalsozialen Verein und der Freisinnigen Vereinigung Theodor Barths.[202]

---

[198] National-sozialer Katechismus, Berlin 1897, 20. Die schutzzöllnerische Stellungnahme Naumanns in seiner christlich-sozialen Zeit lässt sich erkennen vor allem in: ders., Zum sozialdemokratischen Landprogramm, Göttingen 1895.

[199] Vgl. Protokoll über die Verhandlungen des Nationalsozialen Vereins zu Darmstadt (25-28 Sept. 1898), 68ff.

[200] Ebd., 171.

[201] Kaiser und Arbeiter, in: Die Hilfe 7/16 (1901), 3; Was heißt Industriestaat?, in: ebd. 8/14 (1902), 2f.

[202] Vgl. M. Wenck, Die Geschichte, 110ff.; D. Düding, Der Ns. Verein, 159ff.; K. D. Barkin, The Controversy, 186ff. Zum Bericht der nationalsozialen Versammlung siehe die Nationalsoziale Agitation, in: Aus unserer Bewegung (Die Hilfe vom 2. 6. 1901). Die Organe des Nationalsozialen Vereins „Die Hilfe" und „Die Zeit" fungierten zu jener Zeit auch als eine Plattform für die Debatte zwischen den liberalen und kon-

Die Kritik des Naumann-Kreises an der Schutzzollpolitik der konservativen Agrarier lässt sich in erster Linie als eine wirtschaftspolitische Antwort auf die Forderung
nach agrarischen Schutzzöllen charakterisieren. Die übliche antiagrarische Propaganda des Nationalsozialen Vereins stützte sich vor allem auf die These, die auf dem
Darmstädter Delegiertentag von 1898 angenommen wurde: Die Getreidezölle seien
bedeutungslos für die mittleren und kleinen Bauern, die „entweder mehr Getreide
kaufen als verkaufen, oder wenigstens keinen Getreideüberschuß auf den Markt bringen."[203] Auch im Zusammenhang mit dem staatlichen Protektionismus wurde übli-
cherweise darauf hingewiesen, dass die Schutzzölle vorteilhaft nur für die Industrie-
zweige seien, die in der Form von Syndikaten- bzw. Kartellbetrieben ein Monopol auf
dem heimischen Markt ausüben, so dass – wie Naumann formulierte – die Schutzzölle
das System verewigten, nach dem das Inland die „Generalunkosten" der Produktion
und das Ausland nur die „Spezialkosten" der ausgeführten Waren trägt, „das heißt ein
System, bei dem wir unter Preis verkaufen, also mehr Ware abgeben als einneh-
men."[204] Außerdem übte der Naumann-Kreis Kritik am Verhältnis von Schutzzöllen,
Steuerpolitik und Weltmachtpolitik.[205]

Darüber hinaus betonten Naumann und seine Anhänger die zukünftigen Gefahren,
die durch das agrarische Schutzzollsystem entstehen würden. Sie befürchteten das
Ziel eines „geschlossenen Agrarstaats" der Konservativen, der im Hintergrund der
Forderungen nach einer Getreidezollerhöhung stand. So kritisierte Naumann:

„Wir sind noch mitten drin im Kampf zwischen Agrariertum und Industrialismus. Bei
uns ist die Getreidezollbewegung im Aufsteigen. [...] Was dunkel und unbestimmbar
hinter den Agitationen unserer Konservativen liegt, ist der geschlossene Agrarstaat, eine
unausführbare Idee, aber eine Gedankenmasse, die deshalb nicht wirkungslos ist. Der
Landmann ist eigentlich für diese Anschauung der einzige wirkliche Träger des nationalen Wirtschaftslebens, die Industrie ist [...] „Schwindel'".[206]

Über den Entwicklungsprozess Deutschlands zu einen solchen „geschlossenen Agrarstaat", der durch die Erhöhung der Getreidezölle ermöglicht werden sollte, gab es im

---

servativen Nationalökonomen. Hierzu siehe die Artikelreihe von L. Brentano gegen A. Wagner unter dem
Titel: Adolph Wagner über Agrarstaat und Industriestaat, in: Die Hilfe Nr. 23ff. (1901); Debatte Brentano-
Oldenburg, in: Die Zeit 2 (1902/03: II. Bd.), 326ff., 422ff., 460ff., 552ff., 582ff., 614ff., 646ff., 682ff.,
716ff. Zu Wagners Kritik gegen Brentano und die Nationalsozialen siehe: A. Wagner, Agrar- und Industriestaat, Jena 1901.
[203] Vgl. Protokoll (1898), 20f., 94ff., 111f.
[204] F. Naumann, Nationale Produktion, in: Die Hilfe 7/37 (1901), 3f. (Hier: 4.) Vgl. auch L. Brentano, Die
Schwierigkeiten der Freihandelsbewegung in Deutschland, in: ebd. 7/1 (1901), 2ff.; Die Pohlmannschen
Rede, in: Protokoll (1898), 71f.
[205] Vgl. ebd., 93f.; K. D. Barkin, The Controversy, 204.
[206] Wochenschau, in: Die Hilfe 5/37 (1899), 1.

Naumann-Kreis viele warnende Prognosen, die sich wie folgt zusammenfassen las-sen:[207]

- Die städtische arbeitende Bevölkerung würde durch die Steigerung der Lebensmit-telpreise immer mehr unter wirtschaftlichem Elend sowie schlechter Ernährung lei-den.
- Deutschland würde mit aller Welt in Zollkriege geraten, d. h. das Ausland würde sicherlich bei der Erhöhung der Zölle Deutschland folgen. Hierdurch würden der Welthandel und die Industrie immer mehr ruiniert werden, indem die Produktions-kosten sich verteuern und die Absatzgebiete sich verschließen würden.
- Die Übermacht der Großgrundbesitzer und auch der mit diesen verbündeten Unter-nehmer der Schwerindustrie[208] würden weiter wachsen. Dagegen würden die wün-schenswerte Vermehrung und Stärkung der ländlichen Klein- und Mittelbetriebe auf Kosten des Großgrundbesitzes ausbleiben.
- Die politische Führung würde den freiheitsfeindlichen Richtungen ausgeliefert wer-den.
- Ein Zollkrieg könnte auch sehr leicht in einem militärischen Krieg münden. Hier-durch würde die nationale Sicherheit gefährdet werden.

Darüber hinaus gab es auch langfristige Prognosen über die drohenden zukünftigen Zustände, zu denen die oben erwähnten Prozesse schließlich führen würden:

1. Die folgende Warnung v. Schulze-Gävernitzes auf dem Darmstädter Delegiertentag von 1898 zeigte repräsentativ die Krisenstimmung des Naumann-Kreises im Zusam-menhang mit einer internationalen Konstellation, in der sich die Konkurrenz der Nati-onen immer mehr verstärkte. In seiner Prognose ging er von der Gefährdung der wirt-schaftlichen und imperialistischen Machtstellung bzw. -entwicklung Deutschlands aus:

„So kann Deutschland, ähnlich wie Frankreich, auf Jahrzehnte und vielleicht Jahrhun-derte hinaus ein Leben zweiten Ranges fortführen. Ich glaube, dann wäre die Weltbedeutung besser gewesen, die das Volk Goethes und Kants besessen hat, dann wäre es eine jämmerliche Verschwendung von Geisteskraft, wenn heute die deutsche Intelligenz sich konzentriert auf die politischen und wirtschaftlichen Fragen, dann wären

---

[207] Vgl. etwa Protokoll (25-28 Sept. 1898); Anonym, Deutschland und der Weltmarkt, in: Die Hilfe 4/20 (1898), 5f.; F. Naumann, Handelsverträge oder Brotwücher?, Berlin-Schöneberg 1900; M. Maurenbrecher, Wochenschau, in: Die Hilfe 7/3 (1901), 1f.; ders., Wochenschau, in: ebd. 7/10 (1901), 1; An unsere Freun-de!, in: ebd. 7/33 (1901), 1.

[208] Bei aller positiven Einschätzung der Rolle der Großindustrie für die Entwicklung Deutschlands wurde die Kritik des Naumann-Kreises an den Unternehmern der Schwerindustrie immer mehr verschärft. Beispiels-weise Naumann kritisierte neu in der dritten Auflage seines Buches „Demokratie und Kaisertum", die im Jahre 1904 erschien: „Die Industrie der Rohstoffe und Halbfabrikate... entwickelt sich zu einer Art neuer Feudalherrschaft." (in: W 2, Anmerkungsapparat, 185.)

Waffenthaten, die das Deutsche Reich zusammengebracht haben, von beschränkt europäischer Bedeutung gewesen, und zwar weil sie auf die Weltentwicklung nicht Einfluß gehabt hätten."[209]

2. Die Katastrophenerwartung im Naumann-Kreis bezog sich besonders auf die Bevölkerungsvermehrung. Wenn die notwendige Entwicklung des „Industrialismus" fehlt, d. h. wenn die modernen Mittel des Verkehrs, des Gewerbes und der Technik für den wirtschaftlichen Aufschwung nicht mehr eingesetzt werden würden, bedeute das Bevölkerungswachstum nur ein Unglück.[210] Folglich bezog sich die Prognose Naumanns von 1902 auf eine Hungerkatastrophe in einem „geschlossenen Agrarstaat":

„Im Jahre 1925 haben wir nach menschlicher Voraussicht 80 Millionen Bewohner in Deutschland. Wovon werden diese 80 Millionen leben, wenn sie überhaupt leben können? Ungefähr soviel wie heute werden von der Landwirtschaft leben, die Ziffer der Landwirtschaft nimmt ja schon lange nicht mehr zu."[211]

3. Darüber hinaus sprach Naumann den innenpolitischen Aspekt des „geschlossenen Agrarstaats" konkret an:

„Der Agrarstaat muß den Einfluß der gewerblichen Masse auf die Gesetzgebung brechen, damit er sich in seinem Wesen erhalten kann, er muß die Abschaffung des allgemeinen Wahlrechtes und verwandter liberaler Einrichtungen aus Selbsterhaltungstrieb ernstlichst ins Auge fassen[...]."[212]

4. Bei einer Schutzzollpolitik unter konservativ-agrarischer Vorherrschaft rechnete Naumann zwangsläufig mit Revolutionsgefahr:

„Ein wachsendes Volk mit einer rückständigen Wirtschaftspolitik ist ein Volk, das der Sorge und der Revolution in die Arme läuft."[213]

5. Darüber hinaus gab es auch Sorgen hinsichtlich der kulturellen Zukunft Deutschlands. Die Sorgen ergaben sich nicht nur aus der konservativ-junkerlichen Haltung als „Gegner des Bildungsfortschritts", sondern insbesondere aus dem wachsenden politi-

---

[209] Protokoll (25-28 Sept. 1898), 99.
[210] Vgl. F. Naumann, Neudeutsche Wirtschaftspolitik (1902), 9ff., 38f.; ders., Die wirtschaftlichen und politischen Folgen..., 7ff.; J. Roth, Einiges über Handelsverträge, in: Die Hilfe 3/40 (1897), 1ff.
[211] Neudeutsche Wirtschaftspolitik (1902), 38.
[212] Deutschland am Scheidewege, in: Die Zeit 1/27 (1901/02: II. Bd.), 3ff. (hier: 5.)
[213] Neudeutsche Wirtschaftspolitik (1906), in: W 3, 534.

schen Einfluss des Zentrums innerhalb des konservativ-agrarischen Hegemoniesys-tems.[214] Das politische Anwachsen der katholisch-ultramontanen Macht bedeutete für den Naumann-Kreis, wie Gottfried Traub formulierte, die zunehmende Wirkung einer „kulturfeindlichen" Kraft, welche „technischen Fortschritt" sowie „Freiheit und Bildung" bekämpfte.[215]

Bei der Kritik an den agrarischen Konservativen stellte der Naumann-Kreis nicht nur die bisher erwähnten befürchteten Zukunftsbilder in den Vordergrund, sondern auch die erhofften Zukunftsbilder. So fungierten auch die Zukunftsentwürfe des Naumann-Kreises in der Agrar- und Industriestaatsdebatte als wichtiges Propagandamittel. Von ihnen wird in den folgenden Teilen dieser Untersuchung ausführlich die Rede sein.

---

[214] Vgl. die Naumannsche Bemerkung über den Zerfall der Nationalliberalen und des Wachstums des Zentrums bereits in: Wochenschau, in: Die Hilfe 4/10 (1898), 1.

[215] Vgl. der Traubsche Vortrag in Göppingen (23.7.1899), in: ebd. 5/32 (1899), 13.

IV. Die Hoffnung auf ein soziales Kaisertum

1. Die Bedeutungen eines sozialen Kaisertums im Naumann-Kreis

A. Die geschichtsphilosophische Bedeutung eines sozialen Kaisertums

Im Mittelpunkt aller Zukunftshoffnungen des Naumann-Kreises stand die Erwartung eines sozialen Kaisertums, welches der Revolution und der Gefahr nationalen Niedergangs entgegenstehen sollte. Die Entstehung eines sozialen Kaisertums bedeutete für Naumann und seine Anhänger einen politischen Umschwung in Richtung des von ihnen erhofften Zukunftsstaats. Der Tag des Zustandekommens eines sozialen Kaisertums sei – so formulierte Naumann– „einer der glücklichsten Wendepunkte in der Geschichte unseres Vaterlandes" und „ein Ausgangspunkt für Wohlsein und Gerechtigkeit".[216] Die geschichtsphilosophische Rolle dieser Umwälzung für Naumann und seine Freunde entsprach somit der einer sozialen Revolution bei den Sozialdemokraten in jener Zeit.

Man identifizierte die Schaffung eines sozialen Kaisertums mit einem politischen Umbruch hin zur „inneren Einigung" oder „sozialen Einigung" des deutschen Kaiserreichs – für die bürgerliche Bevölkerung das immer erträumte Ziel aller nationalstaatlichen Entwicklung. In diesem Sinne erklärte Rudolph Sohm: So wie sich die Reichsgründung auf „das Bündnis zwischen der monarchischen und der nationalen Idee" stützte, werde das Zustandekommen „des Bündnisses zwischen dem monarchischen und dem sozialen Gedanken" und „die Auflösung des gleichfalls nur anscheinenden Widerstreites zwischen Monarchie und sozialer Bewegung" durch die Schaffung „einer höheren Einheit, des sozialen Kaisertums" gerade „eine zweite Gründung des Reichs, eine zweite Gründung der Monarchie" bedeuten.[217]

Gleichzeitig stellte der Beginn eines sozialen Kaisertums einen Bruch mit den von der konservativen Vorherrschaft geprägten damaligen politisch-sozialen Verhältnissen dar. So deutete Naumann die Entstehung eines sozialen Kaisertums als tiefgreifende Zäsur zwischen der gegenwärtigen Zeit der Reaktion und der kommenden „sozialreformerischen" und „liberalen industriellen" Periode, die er in der Anfangsphase des Nationalsozialen Vereins als Zeit des „praktischen Sozialismus" bzw. des „nationalen

---

[216] F. Naumann, Was wir wollen?, in: Die Hilfe 2/1 (1896), 1.

[217] R. Sohm, Die sozialen Aufgaben des modernen Staates, Leipzig 1898, 31.

Sozialismus" bezeichnete,[218] oder als den „große[n] Umschwung der deutschen Politik, die Befreiung Deutschlands vom Joch des ostelbischen Herrenvolkes, die Proklamierung einer großen freiheitlichen Vaterlandspolitik".[219]

B. Die konzeptionelle Innovation des sozialen Kaisertums

Der Begriff „soziales Kaisertum", unter dem man im wesentlichen eine mit der Arbeiterschaft verbündete Monarchie verstand, bildete traditionell einen wichtigen politischen Grundsatz der bürgerlichen Sozialreform. Seit Lorenz v. Stein bereits vor der Reichsgründung das Konzept „Königtum der Sozialreform" entworfen hatte, entwickelten bürgerliche Sozialreformer, genauer: konservative Reformer unter diesem Begriff programmatische Alternativen zu den Zukunftsentwürfen der Sozialisten, welche sich auf die Revolution und die Republik stützten. Unter verschiedenen Bezeichnungen wie „soziales Königtum" oder „Sozialmonarchie" wurde das soziale Kaisertum im konservativen Lager bei allen progressiven Charakterzügen grundsätzlich als ein politisches Entwicklungsmodell mit autoritärer und patrimonialer Prägung gedacht. Das soziale Königtum bedeutete beispielsweise ein unparteiisches königliches Beamtenregiment der Sozialreform (Gustav Schmoller) oder eine praktische Verwirklichung des konservativen christlichen Staatsideals (Adolf Stöcker). Bismarck formulierte zuspitzend, er denke an „ein soziales Königtum gegen die Demokratie im Sinne des aufgeklärten Absolutismus".[220]

Dagegen zeigte der Begriff des sozialen Kaisertums beim Naumann-Kreis trotz aller Gemeinsamkeiten mit diesen Traditionen deutlich konzeptionelle Innovationen. Zunächst wurde das soziale Kaisertum mehr oder weniger demokratisch umgedeutet. Zum Zusammenschluss von Kaisertum und Volk bzw. Arbeiterschaft wurde betont, dass diese ein gleichberechtigtes politisches Subjekt neben jenem werden sollte.[221] Hierbei nahm Helmut v. Gerlach einen radikalen Standpunkt ein, nach dem die Monarchie solange Legitimität besitze, wie sie die Interessen des Volkes oder der Masse sowie der Arbeiterschaft vertrete. So meinte er: „Das Volk ist nicht des Kaisers we-

[218] Vgl. F. Naumanns Vortrag über „Kaisertum und Arbeiter" in Berlin (14.9.1898), in: Die Hilfe 4/39 (1898), 11f.; ders., Wochenschau, in: ebd. 4/1 (1898), 1; ders., Was wir wollen?, in: ebd. 2/1 (1896); ders., Demokratie und Kaisertum, in: W 2, 187.

[219] Wochenschau, 4/14 (1898), 1.

[220] Vgl. E. Fehrenbach, Wandlungen des deutschen Kaisergedankens 1871-1918, R. Oldenburg u. a. 1969, 184ff.

[221] Vgl. etwa die Rede des Hauptpastors Riewert in bezug auf den Vortrag des Pfarrers Arthur Titus „Was wollen die National-Sozialen?" auf der Versammlung vom 7.1.1897 in Neumünster, in: Die Zeit 2/13 (16.1.1897).

gen da, sondern der Kaiser des Volkes wegen."[222] Hingegen vertrat Rudolph Sohm den konservativen Standpunkt von der Notwendigkeit einer starken Monarchie als Führer des Volkes, indem er meinte: „Das deutsche Volk kann nicht sein ohne einen starken deutschen Kaiser". Trotzdem hielt er das Wesen des Kaisertums für begrifflich untrennbar vom Volk. In diesem Sinne sagte er: „Der deutsche Kaiser kann nicht sein ohne ein einiges deutsches Volk, das ist Lebensbedingung für ihn".[223] Sohm betrachtete sowohl die Monarchie als auch die Demokratie als unentbehrliche Grundprinzipien für das deutsche Kaiserreich als Nationalstaat:

„Der nationale Gedanke schliesst [...] wie den monarchischen, so auch den demokratischen in sich. Königtum und Volkstum stehen naturgemäß miteinander im Bunde."[224]

Die demokratische Deutung des sozialen Kaisertums beim Naumann-Kreis wurde häufig in der Form der folgenden verfassungspolitischen Formel zusammenfassend ausgedrückt: Die Grundpfeiler des Deutschen Reichs seien das Kaisertum und das allgemeine Wahlrecht.[225] Damit wurde die Volkssouveränität, d. h. die Einrichtung der Volkspartei und das Parlament, als Voraussetzung für ein soziales Kaisertum hervorgehoben. Darüber hinaus wurde die historische Bedeutung des deutschen Kaisertums selbst im modernen und demokratischen Sinne neu definiert. Man differenzierte zwischen „Königtum" und „Kaisertum", wobei davon ausgegangen wurde, dass der „Kaiser" mit dem „allgemeinen Wahlrecht" und dem „modernen Proletariat" zugleich geboren worden sei. Das „Kaisertum" sei eine „moderne Einrichtung", die nicht auf dem preußischen Adel beruhe.[226]

Es wurde im Naumann-Kreis auch betont, dass das Wesen des sozialen Kaisertums nicht in der kaiserlichen sozialreformerischen Gesinnung bestehe, sondern in der politischen Kooperation zwischen Kaiser und Arbeiter. So meinte man: Trotz der durch die soziale Botschaft Kaiser Wilhelm I. begonnenen staatlichen Sozialpolitik sei das soziale Kaisertum noch nicht gekommen. „Dieses besteht nämlich nicht in einer gewissen fürsorglichen Stimmung des Monarchen, sondern im politischen Zusammen-

[222] H. v. Gerlach, Der Kaiser und die Arbeiter, in: Die Zeit 1/71 (23.12.1896); die ähnliche Meinung äußerte auch Albert Esenwein, in: ders., Die Monarchie und die Sozialreform, in: ebd. 2/6 (8.1.1897).

[223] Sohms Rede in bezug auf den Naumannschen Vortrag über das Kaisertum und Sozialismus in Leipzig, in: Die Zeit 2/25 (30.1.1897).

[224] Zit. aus: A. Bühler, Kirche und Staat bei Rudolph Sohm, Zürich 1965, 45.

[225] Vgl. etwa A. Esenwein, Die Monarchie; Die Wahlkampf-Rede Göhres, in: Die Hilfe 3/44 (1897), 4; F. Weinhausen, Wochenschau, in: Die Hilfe 4/21 (1898),1; Die Rede Rudolph Sohms: „Das allgemeine Wahlrecht ist heute die allein mögliche Grundlage des Volkskönigtums.", in: Protokoll (Erfurt, 26.-29. Sept. 1897), 30.

[226] Anonym, Soziales Kaisertum, in: Die Hilfe 5/5 (1899), 3f. (hier 3.); auch Naumann, Wochenschau, in: ebd. 1/50 (1895), 1; ders., Wochenschau, in: ebd. 2/18 (1896), 1.

gehen von Kaiser und Arbeiterschaft."[227] Im Begriff des sozialen Kaisertums sah Naumann denn auch die Vereinigung von Demokratie und Monarchie ausgedrückt:

„Die Zusammenarbeit von Masse und Kaisertum würde „soziales Kaisertum" heißen."[228]

Das soziale Kaisertum wurde darüber hinaus nicht allein im Zusammenhang mit dem sozialpolitischen Fortschritts gebraucht, sondern auch – besonders im Laufe des Zollkampfes um 1900 – im weiteren Zusammenhang mit der Entwicklung des Industriekapitalismus. So setzte Naumann die Entstehung eines sozialen Kaisertums mit dem „Sieg des Industrialismus" gleich und bezeichnete die anfängliche Form des sozialen Kaisertums als „Diktatur des Industrialismus" und dessen wesentliches Merkmal als „politische Führung des Industrialismus".[229] Im realpolitischen Sinne fungierte das soziale Kaisertum somit nicht als Schlagwort für die monarchisch-antikapitalistische Koalition gegen die Vertreter des ökonomischen Liberalismus wie bei den Sozialkonservativen, sondern als Schlagwort für das antikonservativ-antiagrarische Bündnis von Kaiser und Vertretern des Industrialismus.

Das soziale Kaisertum wurde auch mit der Weltmachtpolitik in Zusammenhang gebracht. Für Naumann bedingten sich imperialistische Ausdehnung und soziales Kaisertum gegenseitig: „Wenn die Deutschen im Orient, in China, in Afrika und Südamerika für deutsches Leben wirken wollen" – so meinte er –, „so müssen sie kaiserlich sein oder werden." Und: „Wenn der Kaiser an allen diesen Orten deutsche Zukunft pflanzen will, muß er Volkskaiser werden wollen wie 1890." Naumann beschrieb das soziale Kaisertum als „moderne Monarchie", und dies schloss für ihn den „Imperialismus" ein. So sollten „Kaisertum und Volkswahlrecht" sowie „Kaiser und Masse" in der „nationalen Grundstimmung" einig sein. Hierbei sollte der Kaiser entsprechend dem modernen Prinzip „der Centralisation und Konzentration der Kräfte" ein Verwalter der gesammelten „elektrischen Kraft" einer Nation sein.[230] In diesem Sinne bedeutete das soziale Kaisertum ein unentbehrliches und effektives System für die Entwicklung des deutschen Imperialismus.

---

[227] Anonym, Zwanzig Jahre soziales Kaisertum, in: Die Hilfe 7/47 (1901), 1.

[228] Demokratie und Kaisertum, in: W 2, 333.

[229] Vgl. ebd., 47 u. 267. Unter der „Diktatur des Industrialismus" verstand er das Überwinden der agrarischen Herrschaft durch den privatkapitalistischen Industrialismus unter der kaiserlichen Führung. Mit der „politischen Führung des Industrialismus" beschrieb er einen Zustand, in dem auf Grund des allgemeinen Wahlrechtes die Lohnarbeiter parteipolitisch ausschlaggebend werden.

[230] Asia, Berlin-Schöneberg 1899, 157; Deutsche Weltpolitik, in: DW Bd. 1 (1899), 253ff.; siehe auch die Rede von H. v. Gerlach, in: Sozialdemokratisch oder Nationalsozial?, Emden 1900, 10.

C. Das unklare verfassungspolitische Konzept des sozialen Kaisertums

Was war bei Naumann und seinen Gesinnungsgenossen die mögliche Verfassungsform eines sozialen Kaisertums? Ihre Auffassung von einem sozialen Kaisertum unterschied sich – wie oben erwähnt – verfassungspolitisch aufgrund der Betonung des
allgemeinen Wahlrechts von den konservativ-autoritären Interpretationen eines sozialen Kaisertums.[231] Aber trotz der Unterstreichung der Bedeutung einer Massendemo-
kratie gab es im Naumann-Kreis auch eine starke Abscheu vor der Alleinherrschaft
der Masse. In einer solchen erblickte man nicht nur die Herrschaft von Parteieninte-
ressen oder eine demagogische Manipulation der urteilslosen Masse, sondern auch
eine nationale Unsicherheit wegen der wechselnden parlamentarischen Regierungen.
Aufgrund solcher negativen Perspektiven war der Naumann-Kreis kein Vertreter der
Republik, sondern der Monarchie.[232]

Ein konservativ Gesinnter, Sohm, behauptete: „Volksherrschaft kann nicht sozial
sein, die Masse als solche muß Interessenpolitik treiben. Nur der deutsche Kaiser
kann über den Einzelinteressen der Parteien stehen."[233] Oder er sah in der Massen-
demokratie überhaupt die „rein brutale Macht der Mehrheit."[234] Auch ein Liberaler,
Brentano, akzentuierte, sich auf Rousseau berufend, die Bedeutung der Monarchie als
Verkörperung der „Aspirationen der Masse". Die Herrschaft eines Einzelnen sei eine
„notwendige Begleiterscheinung der Demokratie".[235]

Es wäre falsch zu meinen, eine parlamentarische Monarchie wie die in England
hätte den Vorstellungen des Naumann-Kreises von einem sozialen Kaisertum entspro-

---

[231] Die Stellungnahme zur Gleichrangigkeit des allgemeinen Wahlrechts und des Kaisertums bildete auch eine
deutliche Grenze zwischen den Beteiligten im Nationalsozialen Verein und den Nichtbeteiligten bei denjenigen, die Naumann nahestanden. Der freikonservative Historiker Hans Delbrück, den Naumann als „aufgeklärten, modernen Konservativer" hochschätzte, lehnte die Gleichrangigkeit von allgemeinem Wahlrecht
und Kaisertum ab. Er behauptete, dass das allgemeine Stimmrecht hilflos sei, weil die aktuelle Reichtags-
mehrheit von den Besitzenden gestellt werde. Deshalb sei allein eine starke Monarchie fähig, gegen die Besitzenden die sozialen Reformen durchzuführen. Hierzu siehe ders., Die Starke Monarchie, in: Die Zeit 2/12
(15.1.1897). Aber hinter dieser Behauptung stand seine Abscheu vor dem Volk oder der Masse. Vgl. ders.,
Die Monarchie und die Sozialreform, in: ebd. 1/75 (30.12.1896). Der liberale Theologe und Vetter Max
Webers Otto Baumgarten hatte eine ähnliche Meinung wie Delbrück. Trotz seiner großen Sympathien für
die Naumannschen christlich-sozialen Ideen betrachtete Baumgarten die politische Richtung des Nationalsozialen Vereins als zu demokratisch. Vgl. ders., Meine Lebensgeschichte, Tübingen 1929, 217, 398ff.

[232] Zur Naumannschen Abscheu vor der Republik siehe: P. Gilg, Die Erneuerung, 187f.

[233] R. Sohm, a. a. O, in: Die Zeit 2/25 (30. 1. 1897); vgl. auch A. Bühler, Kirche, 42ff.

[234] Protokoll (26.-29. Sept. 1897), 29.

[235] Professor Brentano über „Demokratie und Kaisertum", in: Die Hilfe 6/22 (1900), 4ff. (hier: 5.); Vgl. L.
Brentano, Mein Leben im Kampf um die soziale Entwicklung Deutschlands, Jena 1931, 227.

chen.[236] Die Grundstimmung im Naumann-Kreis war vielmehr, dass eine starke Monarchie – wie oben bereits angedeutet – notwendig für ein soziales Kaisertum sei. In diesem Sinne erdachten Sohm und Naumann vor allem ein Modell eines plebiszitären Cäsarismus. So verlangte Sohm einen starken „königlichen Führer", d. h. „Held und Herrscher der Masse".[237] Naumann fand das Vorbild für ein soziales Kaisertum im Bonapartismus. Er sah in diesem Napoleonischen System eine konkrete Herrschaftsform, in der sich die Volkssouveränität auf einen Mann überträgt: Das Recht des „Imperators" stütze sich einerseits auf den „Willen der Masse", ermittelt durch Volksabstimmungen, und andererseits auf seine militärische Macht.[238] Er betrachtete das Bismarcksche System, das sich durch nationales und militärisches Kaisertum sowie allgemeines Wahlrecht charakterisierte, als Entwicklung des Bonapartismus.[239] Indem Naumann die Entwicklung des Wilhelminischen Systems zu einem neuen Bonapartismus, d. h. einem wirklichen Volkskaisertum erwartete, legitimierte er darüber hinaus eine kaiserliche Diktatur unter Wilhelm II., d. h. dessen „persönliches Regiment" als „zeitgeschichtliche Notwendigkeit". Als Grund hierfür betonte er: „Der staatliche Riesenbetrieb drängt mit innerer Wucht auf monarchische Leitung der großen Politik[...]"[240]

Erst in seiner verzweifelten Stimmung aufgrund der Haltung Wilhelms II. in der Daily-Telegraph-Affäre von 1908 revidierte Naumann deutlich seine bisherigen Vorstellungen vom Wilhelminischen System, so dass er nach englischem Vorbild die Parlamentarisierung der Reichsverfassung forderte. Trotzdem machte ihn dies nicht zum Vertreter des englischen Monarchiesystems. Bei aller Verzweiflung an der Persönlichkeit Wilhelms II. blieb Naumann stets beim Ideal eines plebiszitären Volkskaisertums.[241]

Die Sehnsucht nach einem plebiszitären Volkskaisertum fungierte auch bei der Betrachtung der englischen Monarchie als Maßstab. So sah Friedrich Weinhausen in Königin Victoria kein Vorbild eines parlamentarischen Kaisers, sondern das Muster eines Volksführers und des „Hauptes" eines starken Nationalstaates, d. h. eines Weltreiches.[242]

Brentano vertrat einen abweichenden Standpunkt in bezug auf ein soziales Kaisertum. Er war gegenüber der diktatorischen Tendenz bei Kaiser Wilhelm II. sehr kri-

---

[236] Beispielsweise beschrieb Hermann Weinheimer den Monarchismus des Nationalsozialen Vereins als „Scheinmonarchismus nach englischem Muster". (Ders., Die Nationalsozialen, in: SM 3 (1899), 344ff., bes., 347.)

[237] Vgl. R. Sohm, Die sozialen Aufgaben des modernen Staates, 30.

[238] Demokratie und Kaisertum, in: W 2, 265.

[239] Vgl. Auf dem Wege zum Bonapartismus, in: Die Zeit 2/20 (1902/03: I. Bd.), 626ff.

[240] Im Zeitalter Wilhelms II., in: ebd. 1/1 (1901/2: I. Bd.), 8ff. (bes., 9.)

[241] Vgl. E. Fehrenbach, Wandlungen, 206ff.

[242] Vgl. Wochenschau, in: Die Hilfe 3/27 (1897), 1.

tisch, so dass er bei aller Hochschätzung des Bismarckschen Herrschaftssystems und der Bedeutung eines Führers im modernen Staat sich letztlich am englischen Vorbild einer parlamentarischen Monarchie orientierte. [243] Max Weber, dessen politisches Handeln vom Bewusstsein der Führungskrise des Wilhelminischen Kaiserreichs bestimmt wurde, zeigte ebenfalls seine besonders kritische Haltung gegenüber Wilhelm II. und dessen persönlichem Regiment. Hierbei verlangte er eine Parlamentarisierung. Trotzdem beabsichtigte er keine Herrschaft des Parlaments. Sein Konzept der Parlamentarisierung ergab sich aus der Sehnsucht nach einer starken Demokratie, in der die Faktoren von cäsaristisch-plebiszitärer Herrschaftsform und Parlamentarismus sowie von Erbmonarchie und Parlament zur Überwindung der politischen Führungskrise des wilhelminischen Reichs harmonisch funktionieren sollte. [244]

Insgesamt war aufgrund des Schwankens zwischen dem Massendemokratieideal und der Sehnsucht nach der starken Führung eines guten Monarchen ein ungeklärtes Machtverhältnis zwischen Kaisertum und Parlament charakteristisch für die verfassungspolitischen Vorstellungen Naumanns und seiner Anhänger. Darüber hinaus war die Verfassungsdiskussion für sie nur von sekundärer Bedeutung. Bei der Diskussion über die Herrschaftsform war für sie vor allem die Entwicklung Deutschlands zu einer starken Nationalstaat wichtig. Auch in diesem Sinne hielten sie ein monarchisches System für geschichtlich notwendig. So erklärte Naumann in seiner Schrift „Kaiser im Volksstaat":

„Ob Republik oder Monarchie wird nicht nach formalen Begriffen entschieden, sondern nach den Geschichtsgefühlen, die wir für das kommende und Notwendige in uns haben für unser Volk und seine weltgeschichtliche Aufgabe. Unsere Seele fragt nicht nur nach einen Recht für Volks- oder Herrschersouveränität, sondern stellt den ganzen Rechtsstreit der vorigen und vorvorigen Jahrhunderts unter höheren Gesichtspunkt: Welche Art der Staatseinrichtung ist wirksamer für die Ziele der Nation?"[245]

D. Das soziale Kaisertum als parteipolitisches Hauptthema des Nationalsozialen Vereins

Bei der Erwartung, dass ein soziales Kaisertum Wirklichkeit werden würde, stützte sich der Naumann-Kreis ursprünglich auf seine politischen Erfahrungen hinsichtlich der sozialpolitischen Februarerlasse Wilhelms II. von 1890. So sah Naumann in den

---

[243] Vgl. Professor Brentano, in: Die Hilfe 6/22 (1900).

[244] W. J. Mommsen, Max Weber und die deutsche Politik 1890-1920, Tübingen 1974, 2. Aufl., 176ff.

[245] Zit. aus: E. Fehrenbach, Wandlungen, 210.; Max Weber und Rudolph Sohm äußerten ähnliche Meinungen wie Naumann. Hierzu siehe, A. Bühler, Kirche u. Staat, 42ff.; W. J. Mommsen, Max Weber u. die deutsche Politik, 186ff.

kaiserlichen Februarerlassen von 1890 den Ansatz zu einem Volkskaiser, und er verglich die Erlasse mit dem Lassalleschen Konzept des „sozialen Königtums", weil sie den Gedanken des Arbeitsschutzes, der Arbeitervertretung und der durchgeführten Rechtsgleichheit für die Arbeiter enthielten.[246] Aber weil eine sozial und zugleich national-monarchisch gesinnte Massenbasis fehlte, die eine Weiterentwicklung der kaiserlichen Erlasse zu einer geschlossenen Sozialpolitik hätte unterstützen können, sei die Wandlung von Kaiser Wilhelm II. zum sozialen Kaiser gescheitert. Obwohl Naumann und seine Anhänger im Verlauf der Zeit eine einfache Wiederholung der kaiserlichen sozialreformerischen Erlasse von 1890 nicht mehr erwarteten, blieb die Grundvorstellung, dass der Kaiser bereit sei zur Einigung mit der Arbeiterschaft bzw. den „Volksmassen" oder zumindest bereit zur Ablösung des vorhandenen Bündnisses mit den Konservativen, sofern nur die sozialistische Arbeiterbewegung die kaiserliche nationale Machtpolitik unterstützen würde.[247]

Die Erwartung des sozialen Kaisertums beeinflusste in besonders starkem Maße die parteipolitische Haltung des Naumann-Kreises. Naumann und seine Anhänger glaubten, dass eine wirkliche Sozialreform erst nach der Entstehung eines sozialen Kaisertums möglich sein würde. In diesem Sinne wurden umfangreiche Reformen der bestehenden wirtschaftlichen, sozialen und politischen Ordnung für ferne Ziele gehalten. Dagegen wurde die Beschäftigung mit der Frage nach der Verwirklichung eines sozialen Kaisertums zum integralen Bestandteil der politischen Arbeit des Nationalsozialen Vereins.

So dachten Naumann und seine Anhänger, dass die Politik dieses Vereins im wesentlichen eine Vorbereitung für ein soziales Kaisertum sei. Die folgende Rede des Lehrers Wigge aus Coswig auf dem zweiten Delegiertentag 1897 in Erfurt zeigt, dass dieser Gedanke ein Grundkonsens nicht nur für den engen Freundeskreis um Naumann war, sondern auch für die weiteren Anhänger, die sich an dieser Partei beteiligten:

„Wie der Nationalverein von 1830 [sic!] den Grund zum heutigen deutschen Kaisertum legte, so hoffen wir, daß wir, ein zweiter ähnlicher Verein, den Grundstein legen werden zu einem sozialen Kaisertum. Der Gedanke der Zukunft ist das soziale Kaisertum, und die nationalsoziale Partei ist die Partei der Zukunft."[248]

Zur wichtigen Vorbereitungsarbeit des Naumann-Kreises für das erhoffte soziale Kaisertum gehörte die Politik der Voraussage, d. h. die Prognosen darüber, wann und

---

[246] Kaisertum und Sozialismus. Vortrag in Berlin (29.1.1897), in: Die Zeit 2/27 (2.2.1897); Demokratie und Kaisertum, in: W 2, 332ff.

[247] Ebd.

[248] Protokoll (26.-29. Sept. 1897), 26.

unter welchen Bedingungen das soziale Kaisertum kommen würde. Der Wochenschauartikel der „Hilfe" oder der politische Jahresbericht, der auf der Delegiertenversammlung vorgestellt wurde, waren das Forum für die Prognosen über das Eintreten eines sozialen Kaisertums.

Das Konzept des sozialen Kaisertums, das der Naumann-Kreis entwarf, wurde von den sozialdemokratischen und konservativen Gegnern als „demokratischer Zäsarismus"[249] oder „Byzantinismus nach unten gegen die Arbeiter"[250] verspottet. Darüber hinaus wurde das Konzept als „Utopie" vorgeworfen.[251] In diesem Zusammenhang dienten die Voraussagen über den Entstehungszeitpunkt und die möglichen Formen eines sozialen Kaisertums Agitationszwecken, einerseits um die eigenen Anhänger dauerhaft davon zu überzeugen, dass das soziale Kaisertum mit Sicherheit kommt, und andererseits um gegenüber den anderen – insbesondere der sozialdemokratischen Arbeiterschaft – die Verheißung des sozialen Kaisertums mit den vorliegenden Daten zu begründen.

Die Vorbereitungsarbeit für ein soziales Kaisertum umfasste aber auch die Formulierung der Strategien, um eine Massenbasis für das kommende soziale Kaisertum zu schaffen, welche das vorhandene Bündnis der Konservativen mit dem Kaiser ablösen, d. h. – nach der Formulierung des Naumann-Kreises – den Kaiser von einer Zwangskoalition mit den Konservativen befreien und beim Zustandekommen des sozialen Kaisertums deren vorherrschende Macht übernehmen sollte. Hierbei ergaben sich unterschiedliche strategische Zielvorstellungen je nach prognostizierter Entwicklung.

Im folgenden werden die prognostischen Vorstellungen in bezug auf den Eintritt eines sozialen Kaisertums und deren Rolle für die strategische Entscheidung ausführlich vorgestellt, die in der bisherigen Forschung kaum untersucht wurden.[252]

2. Der naive Optimismus in der Gründungszeit des Nationalsozialen Vereins

---

[249] So meinten der konservative „Reichsbote" und der sozialdemokratische „Vorwärts". Siehe hierzu, Übersicht der Presse, in: Die Zeit 1/50 (28.11.1896).

[250] So formulierte der Nationalökonom Adolf Wagner. Siehe hierzu ders., Agrar- und Industriestaat (1901), 4; auch seinen Brief an L. Brentano (20.3.1901), in: NL Brentano (wieder: in, Adolph Wagner, hg. v. H. Rubner, Berlin 1978, 352f.)

[251] Beispielsweise siehe den Brief W. Reins an Naumann (2.1.1898), in: BA Potsdam NL. Naumann, Nr. 308, Bl. 116R: „Den Aufruf der Freisinnigen [...] haben Sie wohl gelesen. Merkwürdig, daß das „soziale Kaisertum" hier sehr oft als Utopie verlacht und verspottet wird."

[252] Das Kaiserbild bei Naumann wurde bislang relativ gut erforscht. Jedoch konnte der Verfasser die Hinweise auf die Naumannsche prognostische Vorstellung in bezug auf ein soziales Kaisertum - geschweige auf diejenige bei seinen Anhängern - kaum finden. Über das Naumannsche Kaiserbild siehe: E. Fehrenbach, Wandlungen, 200ff.; S.-G. Schnorr, Liberalismus, 156ff.; W. Happ, Das Staatsdenken, 126ff.

Naumann und seine Anhänger hatten in der Gründungsphase des Nationalsozialen Vereins kaum konkrete Vorstellungen darüber, unter welchen Bedingungen ein soziales Kaisertum zustande kommen würde. Ein naiver Optimismus ohne empirische Analysen der politisch-sozialen Konstellation dominierte ihre Stimmung: Der Tag, an dem Kaiser Wilhelm II. das momentane Bündnis mit dem reaktionären „Kartell der Besitzenden" brechen und *wieder* zu einem sozialreformerischen Volkskaiser werden würde, sei schon vorbestimmt. Und dieser Tag würde kommen, sobald eine monarchisch und nationalistisch orientierte Arbeiterbewegung entstanden sei.[253] Darüber hinaus gab es unter den nicht bildungsbürgerlichen Anhängern die noch naivere Erwartung, dass der Kaiser einfach durch einen Austausch der ihn umgebenden, ihn aber täuschenden Personen *wieder* zu einer neuen volkstümlichen und sozialreformerischen Kaiser werden würde.[254]

Diese optimistische Erwartung stützte sich einerseits auf die Überzeugung, dass Wilhelm II. innerlich volks- bzw. arbeiterfreundlich sei, weil er der Kaiser der sozialreformerischen Erlasse von 1890 war.[255] Andererseits gründete sich diese Hoffnung auf einen raschen Gesinnungswandel in den bildungsbürgerlichen Schichten[256] und in den unter der Führung der Revisionisten bzw. der Reformisten stehenden sozialdemokratischen Arbeiterschaft im Sinne der eigenen Programmatik des Naumann-Kreises.[257] Oder die Erwartung basierte auf einem geschichtsphilosophischen Begriff wie etwa dem „Geist der Zeit".[258] So sagte z. B. Naumann voraus, dass der Kaiser das deutsche Wahlrecht schützen würde, weil er erst mit diesem entstanden sei.[259]

Aber je problematischer ein Eintreten des sozialen Kaisertums aufgrund der sich ununterbrochen verstärkenden Entwicklung des Reaktionskurses der kaiserlichen Regierung und der andauernden staatsfeindlichen Haltung der Arbeiterbewegung erschien, desto mehr ließ die optimistische Stimmung nach.[260] In der Folge tauchten

---

[253] Vgl. F. Naumann, Was wir wollen, in: Die Hilfe 2/1 (1896), 1f.

[254] Siehe unten Anm. 264.

[255] Siehe F. Naumann, Gedanken zum christlich-sozialen Programm, in: Die Hilfe 1/22 (1895), 3; Was wir wollen, in: ebd 2/1 (1896). Auch siehe unten „A. Kaiser Wilhelm II."

[256] Besonders in der Anfangsphase des nationalsozialen Vereins häuften sich die Hinweise auf den „sozialismus der Gebildeten". Vgl. etwa F. Naumann, Wochenschau, in: ebd. 1/41 (1895); ders., Die deutsche Großindustrie, in: ebd. 2/21 (1896), 3f. (bes. 4.); Die Rede des Göttinger Theologieprofessors Bousset in Lübeck über: „Revolution der Gebildeten", in: ebd. 3/3 (1897), 5. Aber auch nach der Jahrhundertwende gab es solche Hinweise. Siehe etwa: M. Maurenbrecher, Eine Wandlung in den Vereinen Deutscher Studenten, in: in: ebd. 7/30 (1901), 10f.

[257] Siehe unten „B. Von der Nah- zur Fernerwartung".

[258] Siehe unten Anm.: 345.

[259] F. Naumann, Wochenschau, in: ebd. 1/50 (1895), 1.

[260] Bereits im Januar 1897 stellte z. B. Naumann folgendes fest: „...er[sc. der soziale Kaiser] kommt vielleicht gar nicht im Sonnenschein guter Tage, sondern in Gewitterzeiten des deutschen Volkes..." Aus: Der soziale Kaiser, in: Die Zeit 2/15 (19.1.1897).

neue Zielbilder und prognostische Vorstellungen in bezug auf das soziale Kaisertum im Erwartungshorizont des Naumann-Kreises auf.

3. Der Wandel der Erwartung eines sozialen Kaisertums nach 1898

1898 erfolgte die Präzisierung der Vorstellungen des Naumann-Kreises bezüglich der anfänglichen Ausgestaltung des sozialen Kaisertums. Das bereits erwähnte Konzept „Diktatur des Industrialismus" als erster Schritt zum sozialen Kaisertum entstand erst im Verlauf jenes Jahres. Dementsprechend änderte sich die bisherige Strategie für die Schaffung einer Massenbasis für das soziale Kaisertum. Diese Neuorientierungen ergaben sich vor allem aus der Abschwächung der Hoffnung auf die Entwicklungsmöglichkeit von Wilhelm II. zu einem sozialreformerischen Kaiser sowie auf eine schnelle Umwandlung der Sozialdemokratie, genauer gesagt, auf einen Sieg der reformistischen bzw. revisionistischen Gruppierungen und deren Bekehrung zur monarchisch-imperialistischen Richtung.

A. Kaiser Wilhelm II.: Vom Vertreter des Sozialismus zum Vertreter des Industrialismus

Naumann und seine Anhänger gaben zumindest bis Ende 1897 die Hoffnung auf eine Rückkehr Wilhelms II. zu seiner sozialen Gesinnung, wie in den Februarerlassen von 1890 ausgedrückt, nicht auf. Hierbei wurden die Februarerlasse vor allem als Beweis für die sozialreformerische Gesinnung von Wilhelm II. gedeutet. Trotz der sozialpolitischen Repressivpolitik der kaiserlichen Regierung hielt man die Person Wilhelm II. innerlich für volks- bzw. arbeiterfreundlich. Dagegen machte man vor allem seine Umgebung, d. h. die Konservativen in Regierung und Parlament, für die Reaktionspolitik verantwortlich.

Die feindliche Haltung Wilhelms II. gegenüber dem Hamburger Hafenarbeiterstreik im Jahre 1896/97, der damals innenpolitisch ein brennendes Thema war, stellte unter nationalsozialen Gesinnungsgenossen erstmals den Glauben an die sozialreformerische Gesinnung des Kaisers auf die Probe. Es gab unter ihnen scharfe Kritik an der Haltung des Kaisers. Jedoch konnten sie nochmals einen Konsens bezüglich ihres bisherigen Standpunkts zu Wilhelm II. finden.

Obwohl Kaiser Wilhelm II. nicht Hauptadressat der innenpolitischen Kritik des Naumann-Kreises war, stimmt es nicht, dass die Kritik gegenüber Wilhelm II. bei Naumann und seinen Anhängern nur sehr spärlich gewesen sei, wie Dieter Düding in seiner Arbeit über den Nationalsozialen Verein behauptet.[261] Seit Beginn des Reaktionskurses der Regierungspolitik fand sich selbst bei Naumann Kritik an der Haltung des Kaisers, auch wenn sie gemäßigt erschien. Typisch für die Naumannsche Kritik an Kaiser Wilhelm II. war z. B. seine Bemerkung über die kaiserliche Haltung zum Umsturzgesetz im Jahre 1895: „Wir sind für die Monarchie, aber nicht für jede wechselnde Meinung des Monarchen."[262] Dagegen kritisierte Helmuth v. Gerlach offensichtlich Kaiser Wilhelm II. besonders in bezug auf den Hamburger Hafenarbeiterstreik: Der Kaiser selbst bestimme den neuen Reaktionskurs. Die kaiserliche Rede, die zum Zusammenschluss der Reeder gegen die Streikenden aufforderte, müsse man deutlich bekämpfen.[263]

Dennoch verschwand selbst bei Gerlach die grundsätzliche Hoffnung auf eine potentielle soziale Gesinnung des Kaisers nicht. Trotz kritischer Einstellungen wie beispielsweise bei Gerlach gab es auch eindeutige Äußerungen des Glaubens an die sozialreformerische Gesinnung des Kaisers. So äußerte der Frankfurter Werkmeister Justus Bärm, der seit der Naumannschen Ankunft in Frankfurt a. M. im Jahre 1890 eine führende Rolle im dortigen evangelischen Arbeiterverein spielte, im März 1897 in einer Zuschrift an die Redaktion der nationalsozialen Tageszeitung „Zeit" seine Zuversicht bezüglich Kaiser Wilhelm II.:

„Wir zweifeln nicht daran, daß nach König Stumm und Genossen auch einmal andere Berater des Kaisers kommen und mit wirklicher Offenherzigkeit und Ehrlichkeit denselben über die Zustände in unseren Volke aufklären werden. Dann wird unser Kaiser in Anbetracht seiner Aufgaben und seiner Liebe zu seinem gesamten Volke einsehen, auf wen er bauen und vertrauen kann. Also bleiben wir dabei: unser Platz ist an der Seite unseres Kaisers, des Kaisers der Februarerlasse."[264]

Diese Zuschrift ist exemplarisch für die leichtgläubige Grundstimmung unter den nicht bildungsbürgerlichen Naumann-Anhängern. Naumann berichtete in seiner Rede auf der zweiten Delegiertenversammlung, wie groß die Meinungsunterschiede zwischen seinen Gesinnungsgenossen waren, und wie ein Kompromiss gefunden wurde: „Wir mußten klarzustellen suchen, daß das Kaiserwort uns nicht binden kann, unserer staatswirtschaftlichen Einsicht und unserem Gewissen zu folgen, und daß wir dennoch unseren Kaiser hochhalten konnten. Daraus erwuchsen längere Erörterungen über das Kaisertum, die alle den Gedanken aussprachen, daß hierin das Kaisertum noch nicht

---

[261] Vgl. D. Düding, Der Ns. Verein, 84 (Anm. 114).
[262] Wochenschau, in: Die Hilfe 1/2 (1895), 1.
[263] Der Kaiser und die Arbeiter, in: Die Zeit 1/71 (23.12.1896).
[264] Aus unserer Bewegung, in: Die Zeit 2/53 (4.3.1897).

sein letztes Wort gesprochen habe, und daß es wieder einmal sprechen wird wie 1890, wo die Bergarbeiter im Berliner Schloß gewesen sind."[265]

Jedoch verneinten viele Zeitgenossen sowohl in den bürgerlichen Schichten als auch in der sozialdemokratischen Arbeiterschaft, dass das Kaisertum Wilhelms II. sozial sein könne.[266] Trotzdem wurde die Propagierung eines künftigen sozialen Kaisertums, die sich neben anderen Rechtfertigungen auch auf die potenzielle soziale Gesinnung Wilhelms II. stützte, weiter geführt.[267]

Im Verlauf des Jahres 1898 ließ aber auch unter Naumann und seinen Anhängern die Zuversicht auf eine soziale Gesinnung des Kaisers allmählich nach, insbesondere nach der kaiserlichen Rede in Oeynhausen vom 6.9.1898. Durch seine Oeynhauser Rede für die Zuchthausvorlage zeigte Wilhelm II. deutlich seine Bereitschaft, die Gewerkschafts- und Streikbewegung zu unterdrücken. Selbst Naumann stellte in seinem Berliner Vortrag über „Kaisertum und Arbeiterrecht" fest: „Ausgeschlossen scheint allerdings, daß die persönliche warme Begeisterung für den Sozialismus beim Kaiser so wie 1890 wiederkehrt." Demgegenüber erwartete er – wie im folgenden ausführlich beschrieben – auf Grund des anderen Aspekts der Person Wilhelm II., dass die „politische Notwendigkeit" kaiserlicherseits einen Bund zwischen dem Kaiser und den Arbeitern herbeiführen würde.[268]

Trotz dieser Äußerung gab Naumann seinen Glauben an die soziale Gesinnung Wilhelms II. nur langsam auf.[269] Dagegen waren viele seiner Gesinnungsgenossen von der durch die Oeynhauser Rede zum Ausdruck gekommenen feindseligen Haltung des Kaisers gegenüber der Arbeiterbewegung schwer enttäuscht. So verließen einige Arbeiter den Nationalsozialen Verein.[270] Noch dramatischer erschien der Austritt Göhres aus dem Verein, weil er seit Jugendjahren ein Freund Naumanns und eine führende Figur des Naumann-Kreises war. Göhre übte scharfe Kritik an der Haltung Naumanns

---

[265] Protokoll (26.-29. Sept. 1897), 49.

[266] Vgl. F. Naumann, Zum neuen Anfang, in: Die Hilfe 3/40 (1897), 1; Anonym, Kann das Kaisertum Wilhelms II. sozial sein?, in: ebd. 4/5 (1898), 3f.

[267] Vgl. z. B. die Rede von Max Lorenz auf einer nationalsozialen Versammlung in Darmstadt. Diese wurde wie folgt berichtet in: Die Hilfe 3/15 (1897), 5.: „Kaiser Wilhelm II. habe in den Anfängen seiner Regierung, als er die Februar-Erlasse erließ, daran gedacht, sich zum Träger des sozialen Gedankens zu machen. Jetzt herrschte der nationale Gedanke in seiner Seele vor. Die Aufgabe und Hoffnung der Nationalsozialen sei es, diese beiden Gedanken in der Seele unseres Kaisers wieder zu wecken und zu verbinden und so ihr ideales Ziel zu erreichen, im Bunde mit der deutschen Bildung, der deutschen Arbeiterschaft und den deutschen Fürsten."

[268] Kaisertum und Arbeiterrecht, in: (Berlin den 14.9.1898) , in: ebd. 4/39 (1898), 11f. (hier: 12.)

[269] Siehe beispielsweise die Naumannsche optimistische Einschätzung in bezug auf die Ablehnung der Zuchthausvorlage im Jahre 1900: „[E]s kam der Tag, an dem ihm[Kaiser] die Sozialdemokratie eine vorübergehende Erscheinung wurde, [...] Und seine Räte beeilten sich, im Parlament demselben Gedanken Ausdruck zu geben.", in: Die Hilfe 6/25 (1900), 1.

[270] Vgl. F. Weinhausen, Wochenschau, in: Die Hilfe 4/41 (1898), 1f. (bes.: 1.)

und des Nationalsozialen Vereins gegenüber dem Kaiser, die trotz dessen Oeynhauser Rede grundsätzlich zustimmend blieb. Für Göhre war es nicht mehr akzeptabel, dass unter seinen Freunden der „nationale Sozialismus" mit dem „sozialen Kaisertum" identisch geworden war.[271] In diesem Sinne verlangte er eine Revision der nationalen Gesinnung des Nationalsozialen Vereins, soweit diese monarchisch ist, und betonte den Charakter dieses Vereins als „proletarisch-sozialistische Gruppe".[272] So wollte Göhre das Monarchische vom Nationalen abtrennen und gab endlich die Hoffnung auf ein soziales Kaisertum auf. Sein Bruch mit dem bisherigen Standpunkt verursachte Polemiken vor allem von Seiten Naumanns und Wencks, die ihre bisherigen politischen Grundsätze und besonders die Hoffnung auf ein soziales Kaisertum nochmals rechtfertigten.[273]

Parallel zu ihren wachsenden Zweifeln an der sozialen Gesinnung von Wilhelm II. sahen Naumann und seine Gesinnungsgenossen immer mehr in anderer Hinsicht eine Entwicklungsmöglichkeit von Wilhelm II. zu einem sozialen Kaiser. Die antisoziale und unliberale Haltung des Kaisers wurde zwar wahrgenommen, man betonte aber, dass der Grundcharakter dieses Mannes „unkonservativ" und „modern" sei. Als Beweis wurde auf die großindustriefreundliche Haltung von Wilhelm II. hingewiesen. Konkreter Ausdruck hiervon sei besonders die kaiserliche Weltmachtpolitik, die als hoffnungsvolles Anzeichen für die Entwicklung Deutschlands zum erstrangigen Industriestaat in der Weltwirtschaft zu verstehen sei. In diesem Sinne erwarteten Naumann und seine Anhänger, dass der Kaiser notwendigerweise sein Bündnis mit den agrarischen Konservativen beenden und sich mit der politisch immer mehr die Industriewelt repräsentierenden Arbeiterschaft zusammenarbeiten würde.

So berief sich Naumann bereits seit Frühling 1897 und entscheidend nach der Oeynhausener Rede im September 1898 immer mehr auf die „moderne" Natur Kaiser Wilhelms II.: Dieser vertrete trotz aller zeitweiligen „Mißerfolge seiner Person" die industrielle Bevölkerung, die für die Weiterentwicklung Deutschlands unentbehrlich ist. Naumann akzentuierte oft, dass der Kaiser durchaus industrialisierungsfreundlich sei. Er interessiere sich lebhaft für die Fortschritte in der Technik und des Verkehrs, d. h. für die Flotte, die Handelsverträge, die Goldwährung, den Doktortitel für Techniker und den Kanalbau. Er sei nicht konservativ, trotz seiner Berufung auf das Gottesgnadentum, er sei „ein weltkundiges Kind" des Zeitalters des Verkehrs, ein Gegner des „Brotwuchers" und ein Kenner maschineller Produktion. Obwohl der Kaiser als Vertreter des „Großindustrialismus" wie die meisten Großindustriellen jetzt feindlich

---

[271] P. Göhre, Wandlungen der Nationalsocialen,(wie Anm. 136), 928.
[272] P. Göhre, Meine Trennung von den Nationalsozialen, in: Die Zukunft 22 (1899), 281ff. u. 432ff. (Die wesentlichen Teile wurde abgedruckt unter dem Titel „Göhres Austritt", in: Die Hilfe 5/21 (1899), 3ff.)
[273] F. Naumann, Gegen Göhre, in: ebd. 5/22 (1899) (wieder genommen in: W 5, 256ff.); M. Wenck, Tatsächliches zu Göhres „Zukunft"-Artikel, in: ebd., 5f.

gegenüber der Arbeiterbewegung eingestellt sei, würde er – ebenso wie die Großindustriellen – anerkennen, dass für die wirtschaftliche Führung des Großindustrialismus auf Grund des allgemeinen Wahlrechts eine Verbindung der Arbeiterbewegung politisch notwendig sei.[274] Auch die sozialpolitischen Erlasse von 1890, die bislang vor allem als Beweis für die soziale Neigung des Kaisers galten, wurden in diesem Sinne erneut als Zeichen dafür umgedeutet, dass die Hohenzollern „nicht für alle Zeiten konservativ" seien. Damit wurden diese auch als erste Vorzeichen für den erhofften antiagrarischen Zusammenschluss des Kaisertums mit der nationalistisch gewandelten Arbeiterbewegung neu bewertet.[275]

Maurenbrecher betonte trotz seiner scharfen Kritik an der „romantisch-konservativen" Gesinnung von Wilhelm II. auch dessen „moderne", d. h. antiagrarische und welthandelsfreundliche Haltung.[276] Wie Naumann sah er in der kaiserlichen flotten- bzw. weltpolitischen Rede „Unsere Zukunft liegt auf dem Wasser" den Kaiser als modernen Menschen. Auf dieser Grundlage stellte Maurenbrecher fest: Es sei unmöglich, dass Kaiser Wilhelm II. „mit Willen und Begeisterung agrarische Wirtschaftspolitik treibt." Dieser sei durch Gründe der inneren Politik gezwungen worden, es zeitweise zu tun und empfinde diese Zeiten selbst als Zwang und Druck, als „kleinlich". Hierzu erwartete Maurenbrecher, dass der Kaiser mitgehen würde, sobald eine Parteigruppierung da wäre, die ihm erlaubte, antiagrarische Gesamtpolitik zu machen, ohne die Sicherheit des Staates zu gefährden.[277]

Darüber hinaus stützte sich Paul Rohrbach in seiner Hoffnung auf einen sozialen Kaiser nicht nur auf den „unkonservativen" und „antikonservativen" Charakter Wilhelms II., sondern auch auf den des Prinzen Heinrich.[278]

Bei der Propaganda des Nationalsozialen Vereins gegenüber der Sozialdemokratie wurde die oben erwähnte kaiserliche Rede „Deutschlands Zukunft liegt auf dem Wasser" häufig zitiert. Beispielsweise versuchte Gerlach in seinem Rededuell mit dem sozialdemokratischen Reichstagsabgeordneten Hermann Molkenbuhr durch diese kaiserliche Rede einerseits die Notwendigkeit der Flottenvermehrung für die industriestaatliche Entwicklung Deutschlands und andererseits den Charakter von Wilhelm II. als antiagrarisch und zur industriellen Entwicklung und Exportpolitik orientiert hervorzuheben.[279] Gewöhnlich beschrieb man überhaupt bei der Propaganda gegenüber

---

[274] Vgl. Schwankende Regierung!, in: Die Zeit 2/64 (17.3.1897); Wochenschau, in: Die Hilfe 3/50 (1897), 1f.; das Referat über das deutsche Kaisertum, in: Protokoll (1898), bes. 62ff.;Nationaler Sozialismus, in: W 5, 254f.

[275] Vgl. Kaiser und Arbeiter, in: Die Hilfe 7/16 (1901), 3.

[276] Siehe unten Anm. 352 u. 353.

[277] Wochenschau, in: Die Hilfe 7/26 (1901), 2. Zur Naumannschen Rede siehe Protokoll (25.-28. Sept. 1898), 56ff. (bes. 63.)

[278] P. Rohrbach, Deutschland unter den Weltvölkern (1903), 9. Prinz Heinrich war Bruder Wilhelms II.

[279] Sozialdemokratisch oder Nationalsozial?, 10ff.

den Linksparteien Wilhelm II. als alleinstehenden Kämpfer für „Flotte und Freihandel" und als gegenüber seiner Regierung isolierten antiagrarischen Kaiser.[280]

Dazu erblickten Naumann und viele seiner Anhänger auch im starken Willen und im Eigensinn von Wilhelm II., die sich in dessen Neigung zum „Absolutismus" über die Parteien konkretisierten, ein wichtiges Potential für die Wendung dieses Mannes zum sozialen Kaiser. Sie betonten die geistige Ähnlichkeit Wilhelms II. mit Friedrich dem Großen und hofften, dass er ein mächtiger Volksführer gegen die Besitzenden oder, wie Naumann formulierte, der „Diktator des Industrialismus" werden könnte.[281] In diesem Sinne erklärte Naumann: „Unsere Fortschrittshoffnungen gründen sich mehr auf den Kaiser als auf den Reichstag in seiner jetzigen Zusammensetzung."[282]

Aber nicht alle Freunde und Anhänger Naumanns waren bereit, die diktatorische Neigung von Wilhelm II. als positiv im Sinne eines sozialen Kaisertums einzuschätzen. Wie bereits erwähnt kritisierten Brentano und Max Weber deutlich das „persönliche Regiment" von Wilhelm II. Brentano sah in diesem nur den Beweis für die völlig fehlende Bereitschaft einer Versöhnung zwischen Kaisertum und Demokratie, auf die er gehofft hatte. Er glaubte auch, dass die Sozialdemokratie erst dann zu dem vom Naumann-Kreis entworfenen Ideal des sozialen Kaisertums bekehrt werden könnte, wenn Wilhelm II. und die mit ihm verbündeten Großindustriellen und Großgrundbesitzer bereit seien, sich zu diesem Ideal zu bekennen.[283] Max Weber sah gerade in der Person und der autoritären Politik Kaiser Wilhelms II. einen wichtigen Faktor der Systemkrise. Erneut veranlasst von der Daily-Telegraph-Affäre erklärte er Naumann 1908: „Entscheidend ist: ein Dilettant hat die Fäden der Politik in der Hand [...], und das will die konservative Partei. Das gilt für den Oberbefehl im Kriege wie für die Leitung der Politik im Frieden. Consequenz: so lange das dauert, Unmöglichkeit einer ‚Weltpolitik'."[284] Jedoch war ein solch kritischer Standpunkt nicht repräsentativ für die Grundstimmung im Naumann-Kreis und besonders für die Politik des Nationalsozialen Vereins.

Außerdem gründete sich die Erwartung einer Wendung Kaiser Wilhelms II. zum sozialen Kaiser auf den Militarismus, der als Basis der kaiserlichen Macht galt. Dies lässt sich, wie noch zu zeigen sein wird, vor allem in den Prognosen Naumanns oder Maurenbrechers finden. Ähnlich wie Naumann stützte sich Maurenbrecher auf den historischen Charakter des preußischen Königtums, dessen Macht im Militarismus

---

[280] Kaiserworte, in: Die Hilfe 7/48 (1901), 1.

[281] Vgl. Anonym, Kann das Kaisertum Wilhelms II. sozial sein?, in: Die Hilfe; W. Kulemann, soziales Königtum (teilweise abgedruckt in: Soziales Kaisertum, in: Die Hilfe 5/5 (1899)); F. Naumann, Kaiser und Arbeiter, in: Die Hilfe 7/16 (1901).

[282] Demokratie und Kaisertum, in: W 2, 279.

[283] Vgl. Professor Brentano, in: Die Hilfe 6/22 (1900); L. Brentano, Mein Leben, 228.

[284] Max Weber an Naumann (12.11.1908), in: MWG II/5 (1990), 693ff. (Zit.: 694.)

verwurzelt sei. So meinte er: „[G]erade seine tüchtigsten Monarchen sind immer auch selbst bedeutende Feldherren gewesen."[285] Deshalb sei es unvermeidbar, dass sich der Kaiser um die Arbeiterschaft sorgen würde, um seine starke Armee zu behalten.

B. Von der Nah- zur Fernerwartung der sozialdemokratischen „Mauserung"

Der politische Zweck für die Gründung des Nationalsozialen Vereins bestand, wie Naumann betonte, in der Schaffung eines „regierungsfähigen Sozialismus", d. h. einer kaiserlichen und nationalistischen Arbeiterbewegung, die sich als starke Massenbasis für den durch die Februarerlasse deutlich ausgedrückten „kaiserlichen Sozialismus" anbieten sollte.[286] Hierbei sollte diese Arbeiterbewegung durch die Mitwirkung des Bildungsbürgertums und der reformistischen bzw. revisionistischen Richtung der Sozialdemokratie mit der Unterstützung der Mehrheit der sozialdemokratischen Arbeiterschaft entstehen.

Naumann und seine Anhänger sahen im Wachstum der reformistischen und revisionistischen Tendenzen innerhalb der Sozialdemokratie einen Wandlungsprozess dieser Partei zu einer praktischen und religionsfreundlichen Reformpartei. Dabei hofften sie, dass dieser Prozess über die Milderung des revolutionären Pathos hinaus die Sozialdemokratie an den Gedanken des nationalen Machtstaats und an eine zustimmende Einstellung gegenüber der Monarchie heranführen würde. Neben dieser von allen geteilten Erwartung gab es aber auch beträchtliche Unterschiede, und anders als die differierenden Vorstellungen zu Wilhelm II. wirkten sich die unterschiedlichen Erwartungen hinsichtlich einer sozialdemokratischen „Mauserung" in erheblichem Maße auf die Flügelbildung innerhalb des Nationalsozialen Vereins aus.

Trotz des offiziellen Konsenses bezüglich des oben genannten Ziels auf der Erfurter Vertreterversammlung von 1896 wurde die Bildung von zwei einander entgegengesetzten Richtungen bereits ein Jahr später auf dem 2. Delegiertentag in Erfurt offensichtlich. Die sog. „konservative" Richtung um Rudolph Sohm bestand aus Professoren und anderen Akademikern. Der Gymnasiallehrer Trommershausen aus Frankfurt, der Göttinger Verleger Wilhelm Ruprecht, der Leipziger Rechtsanwalt Martin und die Marburger Professoren, wie W. v. Blume, Carl Sartorius, Johannes Weiß und Karl Rathgen, waren die repräsentativen Figuren. Daneben spielte auch der ehemalige sozialdemokratische Publizist Max Lorenz eine erhebliche Rolle als Wortführer der

---

[285] Wochenschau (Das preußische Königtum), in: Die Hilfe 7/3 (1901), 1f. (Zit.: 1.)
[286] Vgl. Was wir wollen, in: ebd. 2/1 (1896), 1f.

„konservativen" Richtung.[287] Diese Richtung war innerhalb des Nationalsozialen Vereins zahlenmäßig in der Minderheit. Jedoch übte sie einen großen Einfluss auf die bildungsbürgerlichen Anhänger des Nationalsozialen Vereins aus. Gegenüber diesem rechten Flügel bildeten den linken Flügel diejenigen, die seit der Bewegung der „jüngeren" Christlich-Sozialen an den konventionellen politischen Überzeugungen festhielten. Repräsentativ für den linken Flügel waren Göhre, Naumann, Wenck und andere sozial engagierte Geistliche wie etwa Grottfried Traub und Feddersen. Hierzu gehörten auch Anhänger aus den evangelischen Arbeitervereinen wie z. B. der Graveur Paul Haag und der Lithograph Christian Tischendörfer und schließlich die Redaktion der „Zeit" und der „Hilfe".[288] Diese Richtung bildete zahlenmäßig die Mehrheit. Aber im Verlauf der Zeit spaltete auch sie sich immer deutlicher in zwei verschiedene Richtungen, die durch Göhre einerseits und Naumann und Wenck andererseits repräsentiert wurden.[289]

Die Differenzen und Konflikte zwischen den beiden Grundrichtungen ergaben sich vor allem aus den Erwartungen über die Geschwindigkeit und die Form der sozialdemokratischen „Mauserung". Beide Richtungen verfolgten aufgrund ihrer unterschiedlichen Erwartungen unterschiedliche parteipolitische Strategien für die Schaffung der Massenbasis eines sozialen Kaisertums. Hierbei handelte es sich um das Konzept für die Entwicklung des Nationalsozialen Vereins als politische Partei, die Stichwahlfrage und die konkreten Maßnahmen gegenüber der Sozialdemokratie.

Die politische Strategie des linken Flügels charakterisierte sich vor allem durch den Annäherungsversuch an sozialdemokratische reformistische bzw. revisionistische Gruppierungen, um die „Mauserung" der Sozialdemokratie beschleunigend zu beeinflussen. Diese Richtung stand damit in der Kontinuität der Bewegung der „jüngeren" Christlich-Sozialen.[290] Das politische Handeln der „jüngeren" Christlich-Sozialen um

---

[287] Vgl. M. Wenck, Die Geschichte, 79f.; Protokoll (26.-29. Sept. 1897), 27ff. u. 51ff.; die Debatten zwischen linken - und rechten Flügel in der Hilfe (Nr. 27ff. 1898).

[288] Vgl. ebd.

[289] So schrieb Göhre an Naumann: „Aber so sehr ich das Gefühl habe, daß unsere Gesamtanschauungen immer mehr auseinandergehen[...]" (Göhre an Naumann vom 18.1.1899, in: BA Potsdam, NL. Naumann Nr. 114, Bl. 85.)

[290] Das vorherrschende strategische Vorgehen der „jüngeren" Christlich-Sozialen bezüglich der sozialdemokratischen Umwandlung war neben einer politisch-weltanschaulichen Propaganda für Vaterlandsliebe, Monarchie und Christentum darauf gerichtet, gegebenenfalls mit dem revisionistischen bzw. reformistischen Flügel der Sozialdemokratie in einzelnen sozialpolitischen bzw. politischen Fragen zusammenzuarbeiten. Z. B. der Versuch M. Wencks zur Zusammenarbeit mit Vollmar (siehe ders., Georg von Vollmar, in: Die Hilfe (1894), Probenummer 2, 5); Der Kontakt Kötzschkes mit Vollmar (siehe J. Villain, Der Ns. Verein, 31); der regelmäßige Kontakt Naumanns mit der Frankfurter Sozialdemokratie und die Gründung des „Evangelisch-sozialen Vortragsvereins" in Frankfurt für die religiöse und politische Verständigung mit der Sozialdemokratie (siehe HstAWi, 407/162-2, Bl. 529ff., 555ff., 563ff. und 407/162-3, Bl. 39ff. Auch V. Eichler, Sozialistische Arbeiterbewegung in Frankfurt a. M. 1878-1895, Frankfurt a. M. 1983, 331.)

Naumann und Göhre stützte sich grundsätzlich auf ihre Erwartung einer von innen notwendig herbeigeführten und relativ schnellen „Mauserung" der Sozialdemokratie in die erhoffte Richtung, obwohl ihr Erwartungshorizont, wie schon erwähnt, zeitweise schwankte.

Hierbei war Göhre der radikalste Vertreter der These von einer sozialdemokratischen „Mauserung". Schon 1891 hob er in seiner Reportage „Drei Monate Fabrikarbeiter" neben der Bekämpfung der „widerchristlichen materialistischen Weltanschauung" der Sozialdemokratie auch deren „Erziehung" und „Veredlung" hervor.[291] Die Göhresche Forderung nach einer Umbildung der Sozialdemokratie ergab sich, wie schon erwähnt, einerseits aus der Beobachtung der Unmöglichkeit der Vernichtung der Sozialdemokratie, aber andererseits aus der Einschätzung, dass sich die reformistische Tendenz innerhalb dieser Partei schnell verstärke. In diesem Sinne plante er bereits 1893 – wie oben erwähnt – als praktische Form einer künftigen nationalistischen Arbeiterpartei den baldigen organisatorischen Zusammenschluss der evangelischen Arbeitervereine mit der Vollmarschen Richtung der Sozialdemokratie.

Man wird durch den folgenden Brief Göhres vom 12.8.1895 darauf hingewiesen, dass seine Hoffnung auf einen baldigen Sieg der sozialdemokratischen Reformisten sehr groß war und dass diese Erwartung bei seinem Plan für die Gründung des Nationalsozialen Vereins eine entscheidende Rolle spielte: „Wir müssen", so schrieb Göhre, „ein Programm ohne Konzessionen, Hinterhalte und Bedenken aufstellen und es mit aller Kraft zu vertreten suchen, mit aller Kraft eine kleine selbständige Partei zu schaffen suchen." Damit könne man „ eine Zeit gewinnen, bis Vollmar, Schönlank etc. die Spaltung drüber vollziehen und wir mit ihnen, mit unseren Leuten, allen vernünftigen Sozialdemokraten, den besseren Hirschdunkerschen etc. eine wirkliche radikale deutsche Arbeiterpartei, die national ist, nicht auf Marx schwört und nicht antichristlich ist [...], schaffen."[292]

Auch 1896 berief sich Göhre bei der Propagierung seines Konzepts einer Partei für die radikale Interessenvertretung der Arbeiterschaft, d. h. einer „Partei der kleinen Leute bzw. des vierten Standes", auf die Erwartung, dass es nur *ein Jahrzehnt* dauern werde, den sozialdemokratischen Materialismus zu brechen.[293] Nach der Gründung des Nationalsozialen Vereins propagierte Göhre beständig seine optimistische Vorstellung einer sozialdemokratischen „Mauserung", derzufolge sich der Augenblick des Sieges der Richtung Vollmar rasch nähere.[294]

Viele Mitglieder des linken Flügels erwarteten ähnlich wie Göhre, dass der Prozess der sozialdemokratischen „Mauserung" nicht lange dauern würde. Auf dem zweiten

---

[291] Drei Monate Fabrikarbeiter, 222.

[292] Göhre an Naumann, in: BA Potsdam NL. Naumann, Nr. 114, Bl. 46f.

[293] Die Partei der Zukunft, in: Die Hilfe 2/38 (1896), 1ff.

[294] Zum Streit über die Taktik in der Sozialdemokratie, in: ebd. 4/51 (1898), 1f.

Delegiertentag begründeten beispielsweise Gottfried Traub und Tischendörfer ihre Hoffnung auf die „Mauserung" der Sozialdemokratie mit verschiedenen Anzeichen einer schnellen Änderung der religiösen und politischen Haltungen.[295] Gerlach erwartete 1903 den baldigen Sieg des revisionistischen Prinzips, wie etwa Eduard David es vertrete.[296] Darüber hinaus blieb eine solche Naherwartung nicht ohne Echo unter den übrigen Parteigenossen. Beispielsweise rechnete Heinrich Michalski 1898 optimistisch mit einer baldigen Umwandlung der Sozialdemokratie in eine reine soziale Reformpartei.[297]

Aber in der Vorstellung der Geschwindigkeit der sozialdemokratischen Umwandlung gab es nicht geringe Unterschiede innerhalb des linken Flügels. Dies lässt sich vor allem an der Differenz zwischen Naumann und Göhre erkennen. Trotz seiner bereits erwähnten zeitweiligen Naherwartung einer sozialdemokratischen „Mauserung" erwartete Naumann grundsätzlich keine baldige Umwandlung dieser Partei. Beispielsweise dachte er in bezug auf die weltanschauliche Wandlung der Sozialdemokratie, dass diese noch jenseits der absehbaren Zukunft stehe. Er bemerkte 1894, „ob die Sozialdemokratie sich, wie Göhre sagt, ihr materialistisches Rückgrat wird ausbrechen lassen" sei „mindestens zweifelhaft." Niemand könne sagen, wie die Sozialdemokratie aussehen wird.[298] Anders als Göhre war Naumann der Meinung, dass man noch lang warten müsse, bis der Reformflügel der Sozialdemokratie die Kraft zur Spaltung dieser Partei haben würde.[299]

Aufgrund dieser Differenz zwischen Nah- und Fernerwartung wurde auch der strategische Unterschied zwischen beiden sichtbar. Während Göhre sich an einem möglichen Zusammenschluss mit dem Reformflügel orientierte, wurde beispielsweise Naumann bei der Gründung des Nationalsozialen Vereins vor allem vom Gedanken einer leistungsfähigen Arbeiterbewegung mit nationalistischer und christlicher Prägung geleitet, welche bei aller Zusammenarbeit mit der Sozialdemokratie jedoch wesentlich mit dieser konkurrieren und diese irgendwann beerben sollte. Erst für die spätere Zeit erwartete er, dass sich der große Teil der erneuerten Sozialdemokraten in diese christliche und nationalistische Arbeiterbewegung integrieren würde.[300] Auch nach der Gründung der Nationalsozialen Partei wurde Naumann immer mehr von Sohm beeinflusst, und zwar im Sinne der Betonung der führenden Rolle des Bildungsbürgertums. Trotzdem war die überwiegend an den arbeitenden Massen orientierte Strategie Nau-

---

[295] Protokoll (26-29 Sept. 1897), 59ff.

[296] Die Hilfe 9/29 (1903), 5.

[297] Die Sozialdemokratie und die Landagitation, in: ebd. 4/3 (1898), 3f.

[298] Das Recht eines christlichen Sozialismus (1894), in: W I, 402ff. (hier: 417f.)

[299] Vgl. Die Sozialdemokratie als Vorarbeit für den christlichen Sozialismus, in: Die Hilfe 1/2 (1895), 3f.; Wochenschau in: ebd. 3/41 (1897), 1.

[300] Vgl. F. Naumann, Die Sozialdemokratie als Vorarbeit, in: Die Hilfe 1/2 (1895), 3f.; P. Göhre, Meine Trennung von Nationalsozialen, in: Die Zukunft 22 (1899), 283ff.

manns ebenso wie bei Göhre deutlich auf den Tag der Umwandlung der Sozialdemokratie ausgerichtet.[301]

Gegen das Primat der Annäherungs- und Umbildungspolitik bezüglich der Sozialdemokratie warnte die „konservative" Richtung um Sohm, dass der staatsfeindliche
Charakter der Sozialdemokratie sich noch nicht wesentlich geändert habe. Er wollte
die scharfe Polemik gegen die Sozialdemokratie beibehalten und zugleich aktive Versuche machen, die nationalistischen und (bildungs-)bürgerlichen Bevölkerungskreise
für die Politik des Nationalsozialen Vereins zu gewinnen. Die Strategie der Sohmschen Richtung stützte sich auf die prinzipielle Erwartung oder die Fernerwartung einer sozialdemokratischen Umwandlung in die erhoffte Richtung: Erst durch die Bemühungen der Bildungsbürger würde sich die Sozialdemokratie ändern, und dieser
Prozess würde sehr lange dauern. So stellte Sohm in seinem Brief an Naumann vor:
Eine Änderung der Sozialdemokratie bzw. der Gesinnung der Massen würde nur „von
oben" kommen, „indem die Meinung der Gebildeten allmählich auch auf die Führer
der Soz[ial]dem[okratie] einwirkt."[302] Die Veränderungen der sozialdemokratischen
Haltung wurden zwar anerkannt, jedoch weniger für Anzeichen einer Entwicklung der
Sozialdemokratie in die erhoffte Richtung gehalten. Vielmehr sahen Sohm und seine
Anhänger in allen Mauserungserscheinungen zur Reformpartei eine erzwungene strategische Anpassung der Sozialdemokratie an die vorhandene Gesellschaft. So äußerte
Max Lorenz extrem: Gewiss habe die Sozialdemokratie sich „gemausert", und zwar
in dem Sinne, dass sie die „roh revolutionären" Mittel aufgegeben habe. Sie sei durch
diese „Mauserung" jedoch zunächst nur gefährlicher für den Bestand des Staates geworden. Denn sie habe sich aus einem „reißenden" Wolf in einen Wolf im Schafspelz
verwandelt.[303]

Bereits in der Gründungsphase des Nationalsozialen Vereins zeigten die Auffassungen von Sohm und seiner Anhänger nicht geringe Differenzen zum Parteikonzept
von Naumann oder Göhre. Die „konservative Richtung" um Sohm berief sich bei der
Gründung des Nationalsozialen Vereins auf das Konzept einer vom Bildungsbürger-

---

[301] Beispielsweise betonte Naumann in bezug auf den Hamburger Hafenarbeiterstreik gegen die Sohmsche
Forderung nach der Bekämpfung der Sozialdemokratie seine verdichtete und empirisch begründete Hoffnung auf die „Mauserung" der Sozialdemokratie. Hierzu siehe D. Düding, Der Ns. Verein, 86. Das Konzept Naumanns in bezug auf die Beziehungen zwischen den Gebildeten und den Massen lässt sich wie folgt
zusammenfassen: „Aber brauchen wir dann nicht zur nationalen Massen- und Volkspartei die Gebildeten?
Was ich leugne ist ja mir, daß es eine Partei der Gebildeten per se geben kann. [...] Bauern oder Arbeiter,
jedenfalls Masse. Dieser Masse sollen die Gebildeten ihren Geist und ihre Ethik geben." Zit. aus: Naumann
an Rein (23.8.1898), in: BA Potsdam, NL. Naumann Nr. 134, Bl. 9.
[302] Sohm an Naumann (19.6.1901), in: BA Potsdam, NL. Naumann Nr. 131, Bl. 12ff. (Zit.: 15f.) Eine ähnliche Erwartung lässt sich auch bei Klumker erkennen: „Wir sind nicht sicher, ob zukünftig die Massen des
Volkes für die nationale Vertheidigung eintreten werden und deshalb müssen wir den vierten Stand national
machen." [Protokoll (23-25 Nov. 1896), 50.]
[303] Fürst Bismarck und die Sozialdemokratie, in: Die Hilfe 4/36 (1898), 4ff. (hier: 6.)

tum geleiteten nationalistischen Arbeiterbewegung, die im Namen des Gesamtinteresses des Volkes soziale Gerechtigkeit für die Arbeiterschaft verlangen sollte.[304] Ziel war nicht eine Klassenpartei, sondern eine sozialreformerische Nationalpartei oder eine nationalistische Volkspartei unter der Führung des Bildungsbürgertums. In diesem Sinne distanzierte sich beispielsweise Sohm vom Max Weberschen Konzept einer klassenbewussten bürgerlichen Partei, das auf der ersten Vertreterversammlung in Erfurt fast keine Resonanz erhielt.[305] Aber gleichzeitig kritisierte er den Göhreschen Entwurf einer reinen Arbeiterpartei, wobei sich Johannes Weiß mit seinem Konzept der „sozialen Reichspartei" und auch Trommershausen an der Kritik an Göhre beteiligten.[306]

Auf dem zweiten Delegiertentag kritisierte die Sohmsche Richtung ausführlich die bisherige Politik des Nationalsozialen Vereins als einseitige Frontstellung gegen die Konservativen und als vorbehaltlose Annäherung an die sozialdemokratische Arbeiterbewegung. Damit sei es auch im taktischen Sinne nicht gelungen, die Gebildeten zu gewinnen. Der Sohmsche Flügel griff insbesondere Göhre, aber auch Naumann und die „Zeit"-Redakteure wie etwa Gerlach an. Die Debatte zwischen der Sohmschen und der linksstehenden Richtung war so heftig, dass viele der politischen Gegner „das Ende der National-sozialen Bewegung" voraussagten.[307] Auch nach den Reichstagswahlen des Jahres 1898 erzeugte der Naumannsche Anspruch auf die „Massenpolitik" temperamentvolle Auseinandersetzungen zwischen beiden Flügeln, die schließlich unmittelbar oder mittelbar dazu führten, dass Göhre einerseits und Max Lorenz sowie Trommershausen andererseits aus dem Nationalsozialen Verein austraten.[308]

Auch die Vorstellungen über die sozialdemokratische „Mauserung" bei Naumann und Wenck änderten sich im Verlauf des Jahres 1898. Ihre bisherige Hoffnung auf den sozialdemokratischen Wandel zu einer nationalistischen und monarchischen Par-

---

[304] Vgl. R. Sohm, Die soziale Pflichten der Gebildeten, Leipzig 1896; ders., Die sozialen Aufgaben des modernen Staates; seine Rede im Protokoll (23-25 Nov. 1896), 27ff. u. 51ff.; auch sein Brief an Naumann (20.4.1902), in: NL. Naumann Nr. 131, Bl. 9ff.

[305] Zur Max Weberschen Rede siehe Protokoll (23-25 Nov. 1896), 47ff. Sohm kommentierte in seinem Brief an Naumann vom 24. 11. 1896 über das Konzept Max Webers: „Max Weber scheint ja leider überhaupt auf einem anderen Standpunkt zu stehen. Das war sonst ein Mann, der etwas leisten könnte." (NL. Naumann Nr. 131, Bl. 26ff., Zit.: 27R.)

[306] Sohm an Naumann (24.10.1896), in: ebd. Bl. 21ff.; J. Weiß, Gedanken zum neuen christlich-sozialen Programm, (wie Anm. 32); Die Trommershause Kritik am Göhreschen Begriff des „vierten Standes", in: Sprechsaal, in: Die Zeit 1/3 (3.10.1896).

[307] M. Weck, Das Ergebnis von Erfurt, in: Die Hilfe 3/41 (1897), 2.

[308] Vgl. Protokoll (26.-29. Sept. 1897), 27ff. u. 51ff.; Die Hilfe (Nr. 27ff. 1898). Trommershausen, der seit 1890 ein enger Mitarbeiter Naumanns in Frankfurt war, erklärte am 13. 10. 1898 auf einer Versammlung des Frankfurter Nationalsozialen Lokalvereins seinen Austritt, indem er die linksstehende Politik Naumanns als „falsche Politik" scharf kritisierte und die Sozialdemokratie als „größten Feind" bezeichnete. Siehe hierzu die Polizeibericht, in: HstA Wi, 407/159-2 (Bd. 2), Bl. 51ff., bes. 53.

tei ließ nach. Der Sieg der Sozialdemokratie bei den Reichstagswahlen und der Stutt-garter Parteitag dieser Partei boten sich als Bezugspunkt für eine Verschiebung von der Nah- zu einer Fernerwartung. Naumann und Wenck beklagten, dass im prakti-schen Sinne noch keine Anzeichen für die Änderung der feindlichen Haltung der So-zialdemokratie gegenüber dem deutschen Nationalstaat und der Monarchie vorhanden seien, auch wenn sie sich immer weiter von der marxistischen Weltanschauung und dem Revolutionsgedanken distanziert hätte.[309] In diesem Sinne tadelten sie die Sozi-aldemokratie scharf: Diese bewirke eine „Förderung der Reaktion" (Wenck), indem sie dem Umschwung der gesellschaftlichen Stimmung nach rechts helfe. Hierbei be-tonte Wenck den Kampf gegen die Sozialdemokratie neben den Kampf gegen die „Reaktion". Naumann wiederum sah den sozialdemokratischen Revisionismus nur als Zersetzungsprozess des alten revolutionären Marxismus ohne einheitliches Pro-gramm.[310]

Auch bei denjenigen, die weder dem rechten noch dem linken Flügel angehörten, verschob sich der Erwartungshorizont der sozialdemokratischen Umwandlung immer weiter in die Ferne. So bemerkte Wilhelm Rein nach den Reichtagswahlen von 1898 in einem Brief an Naumann, dass er seine Hoffnungen bisher enttäuscht worden seien: Er sei in der Gründungsphase des Nationalsozialen Vereins vom „proletariatisch-demokratisch" orientierten Plan von Naumann, Göhre und Wenck begeistert gewesen, weil er erwartet habe, dass durch diesen Plan eine mächtige Nachfolgerpartei der „langsam verschwindenden" Nationalliberalen im Sinne einer wirklichen Volkspartei, d. h. einer Partei mit starker Massenbasis in den arbeitenden Schichten bald oder spä-ter entstehen würde. Dabei habe er sich damals von Max Weber distanziert, der das von Mitleid mit den Unterdrückten geleitete Konzept Göhres und Naumanns scharf kritisierte. Aber bisher sei der erwartete Gewinn der Arbeitermassen nicht eingetre-ten. So verstehe er „jetzt, was Max Weber mit seinem Ausdruck ‚Miserabilitäts-Politik' gewollt hat".[311] Auch in seinem Brief vom 8.10.1900 zeigte Rein deutlich sei-ne ferne Erwartung der Bekehrung der sozialdemokratischen Arbeiterschaft zum nati-onalen Sozialismus: „Die Arbeiter bekommen wir erst, wenn wir tot sind."[312]

Auch freisinnige Professoren wie Brentano und Schulze-Gävernitz[313] oder der nati-onalliberale Sozialpolitiker Kulemann, die dem Nationalsozialen Verein nahe standen, stützten sich auf einen langsamen Prozess der sozialdemokratischen „Mauserung". In

---

[309] Vgl. F. Naumann, Wochenschau, in: Die Hilfe 4/30 (1898), 1f.; M. Wenck, Zur Beurteilung der Sozial-demokratie, in: ebd. 4/45 (1898), 1f.

[310] Vgl. M. Wenck, Reaktion und Sozialdemokratie, in: ebd. 5/44 (1899), 3f.; F. Naumann, Die Umwandlung der Sozialdemokratie, in: ebd. 6/44 (1900), 3f.; ders., August Bebel, in: ebd. 9/39 (1903), 3.

[311] Rein an Naumann (22.8.1898), in: BA Potsdam, NL. Naumann Nr. 134, Bl. 7f.

[312] Ebd., Bl. 11f.

[313] Siehe Die Hilfe 9/31 (1903), 3.

diesem Sinne verlangte Kulemann: „Die Umbildung der Sozialdemokratie muß dieser selbst überlassen werden und sich in ihr von innen heraus vollziehen."[314] Ähnlich forderte Brentano: Die „Evolution in der Denkweise der Arbeiter" als unentbehrliche Voraussetzung für eine „neue große Zukunft" Deutschlands könne „niemals durch die Predigen seitens draußen stehender oder gar durch Gründung einer nationalistischen Arbeiterpartei, die mit der bestehenden Sozialdemokratie in Konkurrenz tritt, herbeigeführt werden."[315]

Wenck beschrieb die Änderung der Mehrheitsstimmung im Naumann-Kreis: Im Zeitraum von 1898 bis 1903 sei die Hoffnung auf die sozialdemokratische Umwandlung, „die man hier anfänglich zu stark hegte", auch allmählich abgekühlt, „weil man bei den Revisionisten die notwendige Energie vermißte, weil man erkannte, daß der ganze Prozeß der Umwandlung in der Sozialdemokratie noch lange Zeit brauchen werde."[316]

Demgemäß änderte sich der ursprüngliche Charakter der Politik des Nationalsozialen Vereins immer mehr: vom „proletarischen Sozialismus" zum „bürgerlichen Liberalismus", wie Göhre kritisch formulierte.[317] Je mehr die Erwartung einer sozialdemokratischen Umwandlung in die erhoffte Richtung nachließ, desto mehr verstärkte sich die Hoffnung auf die Gebildeten. Dabei ging der Naumann-Kreis davon aus, dass diese sich tiefer als andere ihrer „nationalen Pflicht" bewusst seien.[318] Darüber hinaus wurde bei diesem strategischen Wandel auch die Haltung des Kaisers berücksichtigt. So schrieb Rein an Naumann: „Und doch rechnen Sie auf den Kaiser? Glauben Sie, daß dieser jemals eine Bewegung anerkennen wird, die bei Stichwahlen ihnen nationalen Charakter verleugnet durch Unterstützung einer antinationalen, demagogischen Partei? [...] Die soziale Bestrebungen ordneten sich also dem nationalen unter; sie dürfen nicht ausschlaggebend sein. Auf dieser Grundlage können wir auf den Kaiser hoffen."[319]

Naumann formulierte den „nationalsozialen Gedanken" neu. Dessen bisherige Hauptelemente, „ein starkes Kaisertum an der Spitze zur Vertretung der deutschen Macht" und „ein Patriotismus der Masse, der im Stande ist, den Patriotismus der Gra-

---

[314] Ebd., 9/35 (1903), 1.

[315] Ebd. 9/33 (1903), 1f.

[316] M. Wenck, Die Geschichte, 108.

[317] Wandlungen der Nationalsocialen (wie Anm. 136), 917.

[318] Vgl. nicht nur die o. g. Schriften von Sohm und seinen Anhängern, sondern auch diejenigen von Brentano, Naumann, Kulemann, Rein, Schulze-Gävernitz und Wenck.

[319] Rein an Naumann (29.12.1900), in: NL. Naumann Nr. 134, Bl. 13ff. (Zit.: Bl. 15.) Ähnlich wies der Rechtsanwalt Martin in seinem Artikel „Politik!" darauf hin: „ Und andererseits ist es denkbar, daß das deutsche Kaisertum, der geborene Hüter des Staates an sich, einen Bund schließen wird mit einer sozialistischen, wenn auch nationalen Klassenbewegung? Wir können wohl auf einen sozialen, nie aber auf einen sozialistischen Kaiser hoffen." , in: Die Hilfe 4/31 (1898), 6f. (Zit.: 7.)

fen von der Weichsel abzulösen", wurde nun durch ein neues Element, „ein[en] liberale[n] Sozialismus, der bereit ist, die deutsche Macht zu stützen", ergänzt.[320] Seine Akzentuierung des bürgerlich-sozialreformerischen Liberalismus stand nicht nur mit der Abschwächung der Hoffnung auf eine schnelle Umwandlung der Sozialdemokratie, sondern auch mit der neuen Hoffnung auf eine „Diktatur des Industrialismus" gegen die konservativ-agrarischen Kräfte in engem Zusammenhang.

Diese Änderung bedeutete den Verzicht auf die bisherige Strategie, die auf die Schaffung einer nationalistischen Arbeiterbewegung abzielte. An deren Stelle trat besonders im Laufe des Jahres 1899 das neue strategische Konzept der Sammlung aller antikonservativ-antiagrarischen Kräfte, deren Säule der bürgerliche Liberalismus und die sozialistische Arbeiterbewegung bilden sollte. Zum „bürgerlichen Liberalismus" zählten für den Naumann-Kreis vor allem die industriellen Unternehmer[321], aber auch die städtischen Mittelschichten und die Bauern.

Die neue Strategie einer Koalition aller Vertreter des Industrialismus wurde als „Gesamtliberalismus" bzw. „Kartell der Linken"[322] bezeichnet. Dieses Konzept wurde auch durch die Parole „von Bassermann bis Bebel"[323] ausgedrückt. Der Versuch des Naumann-Kreises, eine „kaiserlich-nationale", liberale, soziale und industrielle Mehrheit im Reichstag zu schaffen, präzisierte sich spätestens bis 1901 zum antiagrarischen Bündnis von Nationalsozialem Verein, Freisinniger Vereinigung und „Bernsteinern".[324] Hierbei erwartete der Naumann-Kreis zunächst eine Koalition zwischen dem Nationalsozialen Verein und der Freisinnigen Vereinigung und danach ein erweitertes Bündnis mit den Bernsteinern.

Bereits 1898 tauchte auch die Auffassung auf, dass sich der Nationalsoziale Verein für seine Zukunft als Erbe eines nationalistischen Liberalismus deutlich zeigen müsse. So forderte Scheffer: „Wir sind die Liberalen, die Whigs, die National-sozialliberalen."[325] Diese Entwicklung des Nationalsozialen Vereins zu einer Partei des nationalistisch und sozialreformerisch orientierten bürgerlichen Liberalismus konkreti-

---

[320] Wochenschau, in: Die Hilfe 5/13 (1899), 1f.

[321] Aber die Naumannsche Hoffnung auf die schwerindustriellen unternehmer als Bündnispartner wurde immer mehr abgeschwächt. Dagegen betonte er immer mehr die Wichtigkeit der leichtindustriellen Unternehmer als Bündnispartner. Naumann sah in der steigende monopolisitschen Übermacht der Schwerindustrie mit Hilfe von Hochschutzzoll- und Kartellsystem und in deren patriarchalischen Arbeiterpolitik nur die Entwicklung der „neuen feudalherrschaft". Hierzu siehe Demokratie und Kaisertum, Anmerkungsapparat, in: W 2, 185ff.; Protokoll (2.-5. Okt. 1902), 79f.

[322] Wochenschau, in: Die Hilfe 5/34 (1899), 1f.; Die neue Aristokratie, in: ebd. 5/53 (1899), 2f.

[323] Die Parole „von Bassermann bis Bebel" entstand erstmals 1900 in der Naumannschen Rede in Oldenburg. Siehe ebd. 6/17 (1900), 2.

[324] Vgl. Protokoll (29.9.-2.10.1901), 93ff.

[325] Th. Scheffer, Nationalsoziale Zukunft, in: Die Hilfe 4/42 (1898), 4f.

sierte sich letztlich im Jahre 1903 in der Fusion mit der Freisinnigen Vereinigung, die von Theodor Barth repräsentiert wurde.

4. Die eschatologische Überhöhung der Erwartung eines sozialen Kaisertums zur Jahrhundertwende

Die Erwartung eines sozialen Kaisertums erreichte zur Jahrhundertwende oft eschatologische Dimensionen.[326] Typisch für die Endzeiterwartung des Naumann-Kreises ist das Gedicht von Hugo C. Jüngst. Dieser beschrieb einen Umwälzungsaugenblick wie folgt: „Einst kommt ein Tag", da „alle Schatten weichen" und da „der Strom des Lichts schwillt". Dann „muß die Lüge scheu von hinnen schleichen erzitternd vor der Wage des Gerichts". Und es „naht uns in leuchtendem Sonnenkleid, lorbeergekrönt die Gerechtigkeit". Schließlich „muß die bleiche Not verschwinden", und es „steht die Menschheit frei, ein neues Geschlecht".[327]

Naumann beschrieb in seinem Buch „Demokratie und Kaisertum" die Entstehung des sozialen Kaisertums in einer Weltgerichts-Metaphorik. Das Ereignis gliedere sich in mehrere Phasen: Zunächst das Herannahen eines „politischen Gewitters", dann das Zucken „aller Blitze, die in der Hand des Imperators sind," und die „Abrechnung für eine Schuld von Jahrhunderten", und schließlich „die Neuzeit", die „wie Morgenröte in die Höhe" steigen wird.[328]

Entsprechend der eschatologischen Verdichtung der Erwartung eines sozialen Kaisertums konkretisierte sich die Analyse der gegenwärtigen kritischen Lage im Naumann-Kreis immer mehr. Hierbei wurden die folgenden politisch-sozialen Krisensymptome als Grundlage für eine Prognose in Erwartung des sozialen Kaisertums gesammelt.

Die verschiedenen politisch-sozialen Phänomene, die der Naumann-Kreis als von den Konservativen verschärfte Anzeichen einer sozialen Revolution ansah, galten zugleich als Vorzeichen der Entstehung eines sozialen Kaisertums. Hinzu kamen einige Symptome, wie (1) die antigouvernementale Radikalisierung des Bundes der Landwirte[329], (2) die Ansätze zu einer als notwendig erachteten Lockerung des vorhandenen konservativ-agrarischen Hegemoniesystems wie etwa (2a) die Auflösungstendenz der „Sammlungspolitik" zwischen Großindustriellen und Großgrundbesitzern

---

[326] Zur Vieldeutigkeit des Eschatologiebegriffs siehe W.-D. Marsch, Zukunft, Stuttgart 1969, 77ff.; L. Hölscher, Weltgericht, 38ff.
[327] Siehe Anhang 1. „Einst kommt ein Tag...".
[328] Demokratie und Kaisertum, in: W 2, 288.
[329] Vgl. etwa F. Naumann, Der Bund der Landwirte, in: Die Hilfe 8/44 (1902), 2.

aufgrund der radikalen Zollerhöhungsforderung von Agrariern[330] und (2b) die Spannungen im Zusammenschluss zwischen ihnen, den Bauern sowie dem städtischen Mittelstand.[331]

Aufgrund dieser Symptome erwartete der Naumann-Kreis das Eintreten eines sozialen Kaisertums vor allem als Ergebnis eines Konflikts zwischen dem Kaiser und den Konservativen. Dabei ging man von einer Radikalisierung der antigouvernementalen Haltung der Konservativen in wirtschaftspolitischen Fragen aus. Hinzu kam die Vorstellung, dass diese erwartete Krise notwendigerweise auch den Kampf zwischen Großindustriellen und Großgrundbesitzern beinhalten werde.[332] Gelegentlich wurde auch die das soziale Kaisertum befördernde Wirkung angesprochen, die von einer künftigen kriegerischen Situation wohl ausgehen würde.[333]

In eschatologischer Dimension waren im Augenblick nicht die quantitativen Aspekte der Zeit, sondern die qualitativen entscheidend. Diese eschatologische Erhöhung zeigt schon, dass der verkürzte Erwartungshorizont der Umkehrung der von der konservativ-agrarischen Vorherrschaft geprägten bisherigen Fehlentwicklung entscheidend war für die Grundstimmung im Naumann-Kreis.

So bildete die öde Gegenwartslage selbst ein Vorzeichen für deren Ende, d. h. den Beginn eines sozialen Kaisertums. Ein typisches Beispiel dafür schildert Naumann:

„Wir haben zur Zeit kein politisches Gegengewicht gegen die Agrarier und Klerikalen als die Krone – daß auch sie in der Kanalfrage keinen Sieg gewann, ist traurig. Es ist aber noch nicht gesagt, daß nicht später noch Tage kommen, wo die heute sieghafte Rückständigkeit doch unterliegt. Für diese späteren besseren Tage wollen wir arbeiten. Es würde nicht richtig sein, sich infolge der besprochenen öden Gegenwartslage einem politischen Pessimismus hinzugeben. *Oft waren trübe Zeiten nur die Vorboten der Aufraffung.* Je schwer die Hand der Wasserscheuen auf dem ganzen Lande lastet, desto eher kann endlich aus Sozialdemokratie und Liberalismus die neue Majorität geboren werden, die mit der Krone zusammen die Kanalfeinde, die Brotverteuerer, die Freiheitsbedrücker aus ihrer Vorherrschaft wirft."[334]

Es gab auch Szenarien, die davon ausgingen, dass das Soziale Kaisertum umso näher rücke, je mehr sich die gesamtgesellschaftliche Krisenlage zuspitze. Naumann stellte sich 1899 in seinem Wochenschauartikel „Einblick in die Zukunft" den Übergang zum sozialen Kaisertum wie folgt vor:[335]

---

[330] Vgl. F. Naumann, Ein Wendepunkt, in: ebd. 7/39 (1901), 1.
[331] Vgl. Demokratie und Kasiertum, in: W 2, 160ff.
[332] Demokratie und Kaisertum, in: W 2, 171.
[333] Hierzu vgl. F. Naumann, Krieg in der Zukunft, in: Die Hilfe 5/16 (1899), 4f. (hier: 4.)
[334] Wochenschau, in : Die Hilfe 7/19 (1901), 1f.
[335] Wochenschau (Ein Blick in die Zukunft), in: ebd. 5/39 (1899), 1f.

Die von ihm entworfene Szenerien spielten 1920 oder 1930, wobei es sich nicht um eine genaue Datierung handelte, sondern um eine unbestimmte „ferne Zeit". Er sah zunächst voraus, dass sich die sozialen Probleme ihrem Höhepunkt nähern würden. Hierzu führte es aus:

– eine Bevölkerungszahl von über 70 Millionen;
– eine weitere Urbanisierung und das Wachstum der industriellen Ballungsgebiete, beispielsweise eine Bevölkerung von über 3 Millionen in Berlin und Umgebung;
– die Abwesenheit einer vernünftigen Ansiedlungspolitik und die daraus entstehende Überbevölkerung in solchen Gebieten;
– die Entleerung des deutschen Ostens durch Fideikommisse, Rittergüter und Domänen, anschließende Slawisierung der Gebiete;
– die weitere Einwanderung von billigen slawischen Arbeitskräften in den überfüllten Westen und das Scheitern der Gewerkschaftsbewegung durch die niedrige Lebenserwartung der polnischen Arbeiter;
– das Anwachsen von Bodenspekulation in den Städten bis zu dem Grad, wie es von den Großgrundbesitzern auf dem Lande betrieben wurde; die daher steigenden Mietpreise in den Städten und die entsprechende wirtschaftliche Belastung von Arbeitern, Laden- und Fabrikbesitzern;
– eine Verteuerung der Brotpreise durch Zölle.

Insgesamt: „Alle Industrien bluten durch Bodenpreise und Brotpreise [...]. Die [...] 40 Millionen sind das industrielle Deutschland. Diese stehen unter dem Druck der Bodenherren."

Dabei sah er folgende politische Zustände voraus:
– „Der industrielle Zuwachs kommt politisch nicht zum Ausdruck, weil man Wahlkreise mit 100 000 Wählern ebenso wählen läßt wie solche mit 15 000 Stimmberechtigten. Das allgemeine Wahlrecht wird durch die Verschiebung der Ziffern zur Heuchelei. Die größten Orte sind politisch die bedrücktesten. Der Konservatismus hält sich durch krampfhaftes Festhalten an der alten Einteilung der Kreise."
– „In der Masse des arbeitenden Volkes gärt es dann lebhafter als im alten Jahrhundert, weil die Masse viel mehr durch ihre Zahl bedeutet. Der Gegensatz zwischen der großen Zahl und dem geringen politischen Einfluß wird peinlichst empfunden."

Aufgrund dieser Entwicklungstendenzen in Richtung auf verschärfte soziale und politische Krisenzustände prognostizierte Naumann endlich eine fundamentale Krise, die diese Krisenlage beenden sollte. Hierbei entwarf er freilich keine Revolution: „Diese Masse ist dann über die politischen Kinderkrankheiten hinaus. Sie will den Staat nicht zerstören, aber endlich in diesem Staate etwas gelten."

Zum Eintritt dieser letzten Krise rechnete Naumann mit folgendem:
– der Kampf um die Macht zwischen den konservativen und sozialistischen Massen entbrennt als Kampf um den Brotpreis;

– die Zuspitzung dieses Kampfes durch die Härte der konservativen Unterdrückungs-
gesetze und damit die Unmöglichkeit eines Kompromisses über die Brotfrage: „Der
Sturm der neuen Antikornzollliga wird eines Tages durch das Land raschen, und
der Bauer wird zu leiden haben, was der Großgrundbesitzer gesündigt hat";
– die Spaltung des Zentrums in der wirtschaftlichen Frage; das Zentrum ist nicht länger Mehrheitspartei im Reichstag;
– die Entstehung eines Bündnisses zwischen dem bürgerlichen Liberalismus und der
Arbeiterbewegung;
– der Vorschlag des Reichskanzlers an den Kaiser, eine neue Regierung aus den libe-
ral-sozialen Kreisen zu bilden, und zwar aus dem Grund, dass „durch die Bevölkerungszunahme der Industriegebiete das Heer in erster Linie aus jungen Arbeitern
besteht", auch dass „es vom allgemeinen staatlichen Gesichtspunkte aus leichter
erscheint, die Arbeiter zu befriedigen als die Agrarier";
– die kaiserliche Billigung dieses Vorschlags ohne Verzögerung und damit der Beginn eines sozialen Kaisertums.

Auch Maurenbrecher entwarf 1901 ein ähnliches Szenario, in welchem ein soziales
Kaisertum kurz vor Eintreten der sozialen Katastrophe mit Notwendigkeit entstehen
würde. Für die Berechnung des Zeitpunktes stützte er sich auf die Verschärfungsten-
denz bei den wirtschaftlichen und sozialen Krisen, die vor allem durch die Schutzzölle
verursacht wurden:

„Der Brotwucher, dem wir zunächst entgegengehen, bedeutet steigendes Elend und stei-
gend schlechte Ernährung für die städtische Masse. Kommt dazu noch die Erschwerung
für Handel und Industrie, die seine natürliche Folgen sind, so müssen wir endlich einmal
an *den Punkt* kommen, wo aus militärischen Gründen der Kaiser sich sagt: so kann es
nicht weitergehen; ich brauche gesunde, kräftige und wohlgemute Soldaten, ich brauche
darum auch eine gesunde, wohlgenährte, zufriedene, selbstbewußte Masse in den Städten. Und dann kann die Zeit kommen, die schärfer und energischer die Reformen durch-
führt, als alle Anläufe im letzten Jahrhundert es vermochten."[336]

Nach der Jahrhundertwende konkretisierten sich in den Prognosen des Naumann-
Kreises die Bilder eines Übergangs zu einem sozialen Kaisertum, d. h. einer letzten
entscheidenden Krise. Diese stützten sich vor allem auf die sich radikalisierende Haltung der konservativen Agrarier, die sogar eine Abschaffung des allgemeinen Wahlrechts zu intendieren schienen, um ihre Schutzzollforderungen mit Sicherheit im
Reichstag durchzusetzen. Naumann stellte sich 1901 eine „große Krise" vor, „die vor
uns steht, die *bald oder spät* kommen kann, die aber kommen muß.". Danach würde
die Krise vor allem in der Form des Streites zwischen der kaiserlichen Regierung, die

---

[336] Wochenschau (Das preußische Königtum), in: Die Hilfe 7/3 (1901), 2.

sich auf die Linke stützen würde, und dem „Agraradel" kommen.[337] Diese Krise zwischen „Krone" und „Agrariertum" – so sagte Naumann an anderer Stelle – würde für beide Teile so „bitter und schwer" sein, dass „sie ihr möglichst lange aus dem Wege gehen." Aber trotzdem komme die Krise; man wisse nur nicht, „wann".[338] Mit einer ähnlichen Krise rechnete Maurenbrecher:

„In dem Augenblick, „wo eine Spaltung zwischen Monarch und Reaktionären sich anbahnt, wo Kaiser und Agrarier auseinander zu geraten beginnen, wo die „Deutsche Tageszeitung" und der Bund der Landwirte immer wieder mit der Möglichkeit winken, daß die Agrarier ins antimonarchische Lager übergehen könnten[...]"[339]

In diesem Augenblick müsse die Haltung der Arbeiterklasse zur Monarchie grundsätzlich eine andere werden. Er erwartete ferner einen militärischen Kampf zwischen den Konservativen und dem sich mit der antiagrarischen Linken verbindenden Kaiser, oder „ideologisch" aufgeladene radikale Proteste der von den Agrariern mobilisierten bürgerlichen Kräfte, die sich auf die „Bismarck-Legende" beriefen.[340]

In bezug auf diese eschatologische Erwartung wurde oft betont, dass der Zeitpunkt für den Eintritt eines sozialen Kaisertums vor allem von der Haltung der Vertreter eines sozialen Kaisertums abhängt. Insofern handelte es sich viel weniger um einzelne Anzeichen für den Einritt eines sozialen Kaisertums und damit die Richtigkeit der sich auf diese stützenden Prognosen als um den Glauben, den Willen und damit die Aktion.

Beispielsweise hob Naumann bereits 1895 einen Gesinnungswandel unter den Königstreuen im Sinne des Ideals eines sozialen Kaisertums als notwendige Voraussetzung hervor:

„Ob ein soziales Königtum wohl kommen wird? Von selber kommt es nicht. Es muß aus den Seelen der Königstreuen herauswachsen. Die Stimme aller derer, die für wirkliche Reform und für die vorhandene Verfassung sind, muß allmählich lauter werden. Das Wasser des vaterländischen Sozialismus muß steigen, bis das Rauschen der Wellen in das Schloß hineintönt."[341]

Naumann plädierte im oben erwähnten Wochenschauartikel von 1901 für eine krisenverschärfende Politik, um die „praktische Beseitigung der schutzzöllnerisch reaktionären Personalbesetzung der Regierung" zu ermöglichen. Hierbei beklagte er aber die

---

[337] Wochenschau (Graf Bülow u. die innenpolitische Krisis), in: Die Hilfe 7/1 (1901), 1.
[338] Demokratie und Kaisertum, in: W 2, 288.
[339] Monarchismus, in: Die Hilfe 8/36 (1902), 2f. (hier: 3.)
[340] Wochenschau, in: ebd. 7/26 (1901), 1f. (hier: 2.)
[341] Wochenschau, in: ebd. 1/12 (1895), 1f. (hier: 2.)

Glaubenslosigkeit und die Passivität der „unvereinigten Mächte der Linken", zu denen er Sozialdemokratie, Freisinn, Finanz- und Exportinteressenten zählte:[342]

> „Sie selbst glauben nicht an *das Nahesein* der von ihnen erstrebten Krisis und thun deshalb viel zu wenig, um sie herbeizuführen."[343]

Je weiter die Hoffnung auf ein soziales Kaisertum aufgrund der politischen Lage in die Ferne rückte, desto stärker wurde der Wille bekundet. So schrieb Naumann am 7. 4. 1901 an einen Anhänger:

> „Sie haben recht, die jüngste Kaiserrede beleuchtet grell die Schwierigkeit der inneren Politik. Die alte Herrenschichten hat es wieder einmal prächtig verstanden, den Monarchen durch Schreckgespenste für sich zu gewinnen. Um so fester unser Wille, daß diese Schichte aus ihrer Führerstellung verdrängt werden muß."[344]

5. Erwartungen zum Entstehungszeitpunkt eines sozialen Kaisertums

A. Zwischen Nah- und Fernerwartung eines sozialen Kaisertums

Um die Notwendigkeit der Verwirklichung eines sozialen Kaisertums der Öffentlichkeit vermitteln zu können, war es unentbehrlich, eine Antwort auf die Frage nach dem genauen Entstehungszeitpunkt des sozialen Kaisertums zu geben. Aber die genaue Angabe des Zeitpunktes war in den Prognosen des Naumann-Kreises seltsam. Naumann selbst hatte keine genaue Vorstellung von diesem Zeitpunkt, sondern schwankte zwischen wechselnden kurzfristigen Erwartungen, die sich aus seinen verschiedenen Beurteilungen der innenpolitischen Ereignisse ergaben, und langfristigen Erwartungen, die normalerweise mit dem Anspruch einer „geschichtlichen Notwendigkeit" ausgedrückt wurden.

Bereits in der Gründungsphase des Nationalsozialen Vereins zeigte Naumann sehr unterschiedliche Vorstellungen darüber, wann ein soziales Kaisertum kommen werde. So erwartete er einmal im Februar 1895, dass trotz des Beginns des sozialpolitisch repressiven Kurses der Regierungspolitik die Wendung Kaiser Wilhelms II. zu einem sozialen Kaiser in der nahen Zukunft möglich sei:

---

[342] Graf Bülow..., (wie Anm. 337).
[343] Ebd.
[344] Briefkasten, in: Die Hilfe 7/14 (1901).

168

„Es gibt Tage, die lebenslang unvergeßlich bleiben. Ein solcher Tag war es für uns, als im Februar 1890 die sozialreformerischen Erlasse des Kaisers kamen. [...] Und heute? [...] Es ist bei der Regierung keine Lust da, die Kaiserworte zu verwirklichen. Der „Kampf gegen den Umsturz" verschlingt alles Andere. [...] Und dennoch halten wir fest am „sozialen Königtum". [...] und wir haben die Zuversicht, daß auch die Monarchen sich dem Geiste der Zeit *nicht auf die Dauer* werden widersetzen können."[345]

Aber aufgrund des kaiserlichen Telegramms, in dem Wilhelm II. die christlich-soziale Bewegung entschieden ablehnte, verschob sich sein Erwartungshorizont bezüglich eines sozialen Kaisertums. Er äußerte im Mai 1896:

„Wir zweifeln nicht, daß Zeiten kommen, wo nationaler Sozialismus nötig sind wie das tägliche Brot, und wo man froh ist, wenn es im Vaterland noch Christen giebt, die von den Geboten Gottes weder von rechts noch von links sich etwas wollen abhandeln lassen. Daß aber diese Zeiten *schon bald* da sein werden, glauben wir nicht."[346]

Insbesondere im Jahre 1898/99 häuften sich die Naumannschen Prognosen über den Eintrittszeitpunkt eines sozialen Kaisertums, die zwischen Fern- und Naherwartungen schwankten, je nach dem, ob man den Berechnungen die Zuchthausvorlagerede des Kaisers in Oeynhausen oder die Mittellandkanalfrage zugrundelegte. In Hinblick auf die Kaiserrede in Oeynhausen vom 6. 9. 1898 erwartete Naumann pessimistisch:

„*Bald wird nach dieser letzten Erfahrung der politische Umschlag nicht kommen.* Nur wer Geduld hat und Geschichte beobachten kann, hofft noch auf eine Harmonie zwischen Kaiser und Masse. Sie kommt, weil sie notwendig ist, sobald die konservative Herrlichkeit kracht, bröckelt und fällt. Bis dahin geht es rückwärts – rückwärts!"[347]

Eine ähnliche Erwartung äußerte Naumann auch in seiner Rede auf der Berliner Versammlung des Nationalsozialen Vereins: „Bald kommt allerdings der von uns gehoffte Umschwung nicht." Jetzt werde eine Zeit der Reaktion immer stärker hereinbrechen, aber schließlich die Zeit kommen.[348] Darüber hinaus drückte Naumann in seiner Rede auf der Darmstädter Delegiertenversammlung deutlich eine Fernerwartung aus:

„Nun erscheint soziales Kaisertum heute als nichts anderes, als entweder Erinnerungsreste aus früheren Jahren oder Hoffnung auf *ziemlich weitgehende Fristen*."[349]

---

[345] Wochenschau, in: ebd. 1/7 (1895), 1.
[346] Wochenschau, in: ebd. 2/20 (1896), 1f. (hier: 2.)
[347] Wochenschau, in: ebd. 4/38 (1898), 1f. (hier: 2.)
[348] „Kaisertum und Arbeiterrecht" (wie Anm. 268), 12.
[349] Protokoll (25.-28. Sept. 1898), 59.

Dennoch rechnete Naumann 1899 hoffnungsvoll mit einer Verkürzung der Frist bis zu dem Zeitpunkt des erhofften politischen Umschwungs. Zu dieser Erwartung gaben die politischen Auseinandersetzungen zwischen dem Kaiser und den preußischen Konservativen über den Mittellandkanal Anlass. Die kaiserliche Regierung beabsichtigte den Kanalbau zwischen Rhein, Weser und Elbe. Aber das preußische Abgeordnetenhaus lehnte diesen im Interesse der Großgrundbesitzer ab. Naumann bemerkte wie folgt:

> „Das wünschenswerte ist eine möglichst große Spannung zwischen der Regierung und den Konservativen. [...] So sehr wir unsererseits den Bruch wünschen, so wenig glauben wir, daß er in dieser Woche schon vollzogen sein wird. [...] Es kann sein, daß diesmal das Gewitter noch ohne Kaiserschlag vorüberzieht. Wer aber etwas vom Werden der Dinge versteht, der weiß, daß wir der besseren Zukunft um *eine Etappe näher* gerückt sind."[350]

Doch als der ursprüngliche Plan der Regierung definitiv gescheitert war, verschob sich die Erwartung erneut. So sagte Naumann: „Soziale Hoffnungen müssen *weiter hinausgeschoben* werden, aufgegeben werden sie aber nicht."[351] Diese Zukunftsstimmung Naumanns war repräsentativ für seine Anhänger.

Max Maurenbrecher, der neben Naumann mit Friedrich Weinhausen eine Rolle als Voraussager spielte, bemerkte 1899 in Hinblick auf die kaiserlichen Reden in Straßburg und Karlsruhe kritisch: „Ein Kaiser, der sich an die Spitze des „Kampfes gegen den Unglauben" stellt, kann nicht auf die Dauer mit dem Liberalismus zusammengehen." „Ein Kaiser, der aus inneren Gründen nicht von den Konservativen loskommen kann; kann auch der ‚soziale Kaiser' nicht sein, den wir ersehnen." In diesem Sinne rechnete er pessimistisch mit folgendem:

> „Der Zeitpunkt, in dem Kaisertum und Sozialismus sich treffen werden, wird dadurch doch *weiter hinausgeschoben, als wir anzunehmen geneigt sein können*, wenn wir nur die geschichtliche Notwendigkeit und die innere Folgerichtigkeit der Tatsachen im Auge haben."[352]

Aber Maurenbrecher rechnete 1901 damit, dass sich der Zeitpunkt für den Beginn eines sozialen Kaisertums nähere. Hierbei stützte er sich einerseits auf die Analogie zwischen der Zeit der preußischen Reform von 1806 und der Gegenwart, andererseits auf das Wachstum der städtischen Arbeiterbevölkerungszahl. So erwartete er:

---

[350] Wochenschau, in: Die Hilfe 5/34 (1899), 1f. (hier: 1.)
[351] Wochenschau (Das Ergebnis der Kanalangelegenheit), in: ebd. 5/36 (1899), 1f. (hier: 2.)
[352] Wochenschau (Der Kaiser), in: ebd. 5/38 (1899), 1f.

„Damals ging das Königtum wirklich um der Leistungsfähigkeit der Armee willen gegen die Junker mit den neuen Schichten des Volkes zusammen. *Etwas ähnlichem scheinen wir jetzt wieder näher zu kommen.* Die städtische Masse stellt heute schon die große Mehrheit aller Soldaten, und dies Verhältnis ändert sich noch von Jahr zu Jahr zu ihrem Vorteil. Bei der Rekrutierung zur Armee muß es sich schließlich fühlbar machen, wenn die Lebenshaltung dieser städtischen Masse ungenügend ist."[353]

B. Die mittel- und langfristige Erwartung eines notwendigen Übergangszeitpunkts um 1900

Bei allen temporalen Schwankungen in der Erwartung eines sozialen Kaisertums wurde jedoch nie die Überzeugung aufgegeben, dass sich ein soziales Kaisertum notwendigerweise verwirklichen würde. Darüber hinaus ging der Naumann-Kreis während des antischutzzöllnerischen Kampfes immer deutlicher davon aus, dass der Übergang zum sozialen Kaisertum der unvermeidbare Fortgang der industriestaatlichen Entwicklung Deutschlands sei. Hierbei wurde der genaue Zeitpunkt für die erste Etappe des Übergangs zum sozialen Kaisertum datiert, in dem die kaiserliche Diktatur des Industrialismus mit der Unterstützung des Kartells von Liberalismus und Sozialismus gegen die konservativ-agrarische Macht entstehen würde.

1902 visierte beispielsweise Maurenbrecher – unter dem direkten Eindruck des konservativ-agrarischen Sieges in der Zollpolitik – auf mittlere Frist die antiagrarische Mehrheitsbildung der Linksparteien im Reichstag an, wodurch die gegenwärtige Übermacht der Konservativen und der Zusammenschluss zwischen diesen und dem Kaiser gebrochen werden sollte. Diese Strategie stützte sich auf die Überzeugung, dass das allgemeine Wahlrecht über die gegenwärtige konservativ-klerikal-agrarische Reichstagsmehrheit Gericht halten würde. Sie lautete konkret: Gewinnung der Massen, die vorübergehend unnatürlich unter deren Hegemonie zu stehen schienen, d. h. der Kleinbauern, der Zentrumsarbeiter und der Landarbeiter, und eine sorgfältige Zusammenarbeit mit der Sozialdemokratie.

Hierzu gab er eine Zeitspanne an, innerhalb derer die antiagrarische Mehrheitsbildung erreicht sein würde. Dies würde wahrscheinlich in den *1910er Jahren* der Fall sein:

„Es kann gut *ein Jahrzehnt* dauern, bis auf diese Weise von unten aus Wandel geschafft wird. Auch die Mehrheitsgewinnung der Agrarier hat ja ein Jahrzehnt gedauert."[354]

---

[353] Wochenschau (Das preußische Königtum) (wie Anm. 336), 2.
[354] 1902, in: Die Hilfe 8/52 (1902), 1f. (hier: 2.)

Während Maurenbrecher eine relativ kurze Frist angab, erwartete Naumann einen längeren Zeitraum bis zum Umschwung. Als Grundlage für die Naumannsche Einschätzung bot sich besonders die steigende Zahl der Arbeiterbevölkerung und deren politische Bedeutung im Zusammenhang mit dem Industrialisierungsprozess in der ganzen Welt an.

Naumann verglich im November 1901 in seinem Berliner Vortrag über den Sozialismus und die Sozialreform den Industrialisierungsgrad aller Länder miteinander. Hierbei er sah deren Hauptkennzeichen im Bevölkerungswachstum und im entsprechend steigenden Anteil der Industriebevölkerung gegenüber der landwirtschaftlichen Bevölkerung. Nach seiner Einschätzung würde es in der außereuropäischen Welt noch „Jahrhunderte" dauern, bis diese die Stufe der „modernen kapitalistischen industriellen Entwicklung" Europas erreichen würden. Aber auch in Europa gebe es durchaus verschiedene Stadien. Hierbei sah er in England „das einzige Land, das seinen Übergang zum modernen Kapitalismus wirklich vollgezogen hat", und zwar in dem Sinne, dass der freihändlerische Industrialismus in diesem Land politisch die Führung gehabt habe und auch behalten würde.

Den historischen Fall Englands zum Vergleich hinzuziehend, bestimmte Naumann den Zeitpunkt für den Eintritt eines sozialen Kaisertums, den er oft mit „dem Sieg des Industrialismus" gleichsetzte. Er äußerte: „In England ist der Übergang, wenn man überhaupt einen Termin nennen will, an dem Tage politisch vollzogen worden, wo England endgültig freihändlerisch wurde, das soll heißen, im Jahre 1846." Und als soziale und wirtschaftliche Grundlage für diesen politischen Sieg des englischen Industrialismus betonte er das damalige Stadium, in welchem „der landwirtschaftliche Teil der Bevölkerung ein Viertel betrug."

Dieses Kriterium zog er zum Vergleich heran: In Frankreich, in dem der landwirtschaftliche Bevölkerungsanteil 40 % beträgt, würde ein solcher Übergangstag nie kommen, weil dort keine Bevölkerungsvermehrung stattfindet. In Österreich würde der Sieg des Industrialismus aufgrund des damaligen landwirtschaftlichen Bevölkerungsanteils von 64 % erst im Jahre 1980 möglich sein. Aber in Deutschland gebe es, durchaus anders als in diesen Ländern, ein großes Wachstum der Bevölkerung, wobei aber der landwirtschaftliche Anteil immer stabil sei. So lautete Naumanns Prognose wie folgt:

> „[M]an kann sagen, daß *im Jahre 1920* [...] nach englischem Muster der Sieg des Industrialismus möglich ist."[355]

Es handelt sich bei der Datierung weniger um einen genauen Zeitpunkt, als um die Naherwartung, dass spätestens die nächste Generation in den 1920er Jahren einen politischen Umschwung, d. h. das Zustandekommen eines sozialen Kaisertums mit Sicherheit erleben würde.[356] Diese Zukunftsvision, die sich auf die industrielle Entwicklung der deutschen Gesellschaft und auf ein entsprechendes Wachstum der industriellen Bevölkerung stützte, bildete nach der Jahrhundertwende immer mehr die Grundstimmung im Naumann-Kreis. Diese Grundstimmung wurde von den vorübergehenden Niederlagen im Zoll- und Wahlkampf kaum beeinflusst.

So ging Naumann 1903 hinsichtlich der kommenden Reichstagswahlen von folgendem aus:

„Die Entwicklung zum nationalen Sozialismus kommt durch das Wachstum der Industriebevölkerung an sich. Jede neue Million von Menschen, die im deutschen Volke über die bisherige Volksziffer hinzuwächst, vermehrt *naturgemäß* das politische Schwergewicht auf der linken Seite[...]"[357]

Deshalb komme es bei der Entwicklung zum nationalen Sozialismus nicht darauf an, ob „unser Verein nicht in der Lage sein sollte, einen Wahlsieg zu gewinnen", oder ob „in einzelnen Wahlkreisen heute bereits die nötige Stimmenzahl vorhanden ist".[358]

Trotz der Wahlniederlage des Nationalsozialen Vereins im Jahre 1903 betonte der Pfarrer Erwin Gros die Notwendigkeit des Sieges der nationalsozialen Zukunftsprogrammatik, die vor allem auf ein soziales Kaisertum gerichtet war. Ähnlich wie Naumann berief er sich auf die „steigende Flut des deutschen Industrialismus". Aber ihm ging es nicht um die genaue Datierung des erhofften Zeitpunkts, sondern um dessen sicheres Eintreten. So erwartete Gros wie folgt:

„Es kann noch lange dauern, es kann der neue Tag schon die Hand auf die Klinke gelegt haben. Wir haben das Panier einer neuen nationalsozialen Partei erhoben. Und obwohl wir es jetzt nicht zu einem großen Siege führen konnten, halten wir es für das Banner der Zukunft. Es kommt der Tag, da unser Volk nach diesem Banner ausschaut, sich darum zu scharen."[359]

---

[355] Neudeutsche Wirtschaftspolitik (1902), 100f. (Zit.: 101.)

[356] Naumann bemerkte wiederum 1904 in der zweiten Auflage seines Buches „Demokratie und Kaisertum" den Zeitpunkt. Hier schätzte er: Es brauche eine hartnäckige Arbeit von „15 oder 20 Jahren", um den politischen Einfluß „der konservativ-klerikalen Majorität im Staat" zu brechen. (Demokratie und Kaisertum, Anmerkungsapparat, in: W 2, 18.)

[357] Die Nationalsozialen und die Wahlen, in: Die Hilfe 9/18 (1903), 2f. (hier 2.)

[358] Ebd.

[359] Unsere Niederlage, in: ebd. 9/27 (1903), 2f.

6. Die Reaktion der gemäßigten Sozialdemokraten auf den Naumann-Kreis und dessen Konzept eines sozialen Kaisertums

Es ist hier auch zu fragen, wie die sozialdemokratischen Revisionisten und Reformisten auf die Annäherungsversuche des Naumann-Kreises und dessen Konzept eines sozialen Kaisertums reagierten. Wegen der verschiedenen politischen Ansätze innerhalb des reformistischen bzw. revisionistischen Flügels[360] ist es schwer, eine klare Antwort zu finden. Aber sicher ist, dass sich die reformistisch orientierten Sozialdemokraten für Naumann und seine Gruppe interessierten und diese trotz erheblicher Distanzierung teilweise wohlwollend bewerteten. Ein Beispiel hierfür lässt sich in der Gruppe der „Sozialistischen Monatshefte" erkennen. Joseph Bloch (1871–1936) war seit 1896 der Herausgeber dieser Zeitschrift, die 1895 unter dem Titel „Sozialistischer Akademiker" gegründet worden war. Er wurde 1907 von Rudolf Hilferding „Impresario des deutschen Revisionismus" genannt.[361] Für diese Zeitschrift schrieb regelmäßig der Vikar Hermann Weinheimer Artikel über Naumann, Göhre und den Nationalsozialen Verein. Und auch der Herausgeber Bloch zeigte ununterbrochen Interesse an der Entwicklung des Naumann-Kreises.[362]

Weinheimer fragte 1896 in seinem Artikel über Naumann, der unter dem Pseudonym: Heinrich Wilhelm[363] veröffentlicht wurde, ob ungeachtet der gegenwärtigen Gegensätze zwischen der Naumann-Gruppe und der Sozialdemokratie „doch noch mit der Zeit eine Einigung möglich" sei. Er urteilte, dass Naumann „seiner wirtschaftlichen Überzeugung nach" im praktischen Sinne „Sozialdemokrat" sei. Auch könne man die Naumannsche religiöse Einstellung verstehen. Aber trotz dieser Aspekte sei

---

[360] Vgl. G. Fülberth/J. Harrer, Die deutsche Sozialdemokratie, Darmstadt/Neuwied 1974, 7ff. Hier unterteilten die Verfasser den „Reformismus" der sozialistischen Arbeiterbewegung schematisch in zwei Richtungen: „Sozialliberaler und integrationistischer" Reformismus einerseits und „sozialistischer" Reformismus andererseits.

[361] Vgl. über Joseph Bloch und die Gruppe der „Sozialistischen Monatshefte" z. B. R. Fletcher, Revisionism and Empire. Socialist Imperialism in Germany 1897-1914, London 1984.

[362] Bloch bat beispielsweise 1899 Weinheimer um einen Artikel über die Nationalsozialen in bezug auf den Konflikt zwischen Sohm und Göhre, während er zur gleichen Zeit an den anderen Schriften von Weinheimer keine Interesse zeigte. Vgl. dazu: Briefwechsel zwischen Bloch und Weinheimer, in: BA Koblenz, Sozialistische Monatshefte, R117/14, Bl. 140ff. Nachdem Göhre in die Sozialdemokratie eingetreten war, bat Bloch in bezug auf Naumann und den Nationalsozialen Verein auch Göhre um einen Beitrag. Daraufhin schrieb Göhre an Naumann: „Neu hat mich Bloch vor 8 Tagen aufgefordert, für das Augustheft der Soz. Monatshefte über deine Aufsätze in Zeit und Hilfe zu schreiben." (15. 7. 1903, in: NL. Naumann, Nr. 114, Bl. 91.)

[363] Siehe dazu: Weinheimer an Joseph Bloch (17.2.1898), BA Koblenz, Sozialistische Monatshefte, R117/14, Bl. 140.

der Gegensatz zwischen Naumann und der Sozialdemokratie unüberbrückbar, weil er politisch „konservativ, monarchisch" sei. So kam Weinheimer zu einer eindeutigen Antwort: „Naumann kann mit einem Sozialdemokraten und dieser mit ihm nie gemeinsame Sache machen."[364] Hier wurde zumindest die Bereitwilligkeit Naumanns anerkannt, mit den sozialdemokratischen Reformisten zusammenzuarbeiten. Weinheimer bewertete in diesem Sinne den Naumannschen Nationalsozialen Verein grundsätzlich als verdienstvolle Gruppe für die Sozialdemokratie, welche die antisozialdemokratische Stimmung in der „akademischen" Schicht und auch beim Landvolk verschwinden lassen kann.[365] Dieser positive Standpunkt wurde weiter beibehalten, als er 1899 über den Konflikt zwischen Göhre und Sohm und den Austritt Göhres aus dem Nationalsozialen Verein berichtete. Hier schätzte Weinheimer einerseits die Zukunft des Nationalsozialen Vereins pessimistisch ein, weil das weitere Wachstum dieses Vereins entweder als Arbeiterpartei oder als bürgerliche Sozialreformpartei aussichtslos sei, weil das Bürgertum politisch „zu faul" und die Arbeiterschaft „schon [an die Sozialdemokratie] vergeben" sei. Doch andererseits sei dieser Verein „Sammelpunkt" für das, „was im Bürgerthum noch sozial denkt", und wirke daher als Unterstützung für die „positivistische Strömung der Sozialdemokratie". In diesem Sinne merkte er an: „Sollten die Nationalsozialen mit der Zeit Sitze im Reichstag erhalten, so wird das jedenfalls keine Verstärkung der Reaktion bedeuten."[366]

Trotz dieser positiven Haltung zum Naumann-Kreis zeigten sich die „Sozialistischen Monatshefte" deutlich ablehnend besonders in bezug auf das soziale Kaisertum, das vom Naumann-Kreis propagiert wurde. So äußerte sich Eduard Bernstein 1900 in einer Rezension des Naumannschen Buches „Demokratie und Kaisertum" kritisch zum Naumanns Entwurf. Bernsteins Haltung dem Imperialismus gegenüber war differenziert. Er unterschied den von England repräsentierten Imperialismus mit einem „stark demokratischen, freiheitsfreundlichen Zug" vom „reaktionären" Imperialismus.

Bernstein lehnte dabei nicht jede Art von Imperialismus ab. Er erkannte auch die Monarchie als mögliche Staatsform an, sofern diese auf einer demokratischen Grundlage beruhe. Er sah aber im damaligen deutschen Imperialismus nur einen „reaktionären" Imperialismus, dem es an einer demokratischen Grundlage fehle. Hierzu kritisierte Bernstein bei aller Hochachtung vor den Naumannschen Ideen dessen Erwartungen wie folgt: „Jedes dauernde Bündnis" zwischen dem Kaiser und der Linken sei unmöglich, da es in der Natur des deutschen Kaisertums liege, Hauptvertreter einer herrschenden Klasse zu sein. Er führte aus: Man könne alle Behauptungen Naumanns annehmen, d. h. die Möglichkeit einer Koalition zwischen Kaisertum und Linksparteien sowie die soziale Gesinnung und den „modernen" Charakter der Person Kaiser Wil-

---

[364] Vgl. H. Wilhelm, Naumann, in: SA 2 (1896), 76ff.
[365] Vgl. ders., Die National-Sozialen und ihr Kongress, ebd., 736ff.
[366] Vgl. ders, Die Nationalsozialen, in: SM 3 (1899), 344ff.

helm II. Trotzdem dürfe man sich nicht darüber hinwegtäuschen, dass der Kaiser ein Angehöriger einer Klasse ist und dass er „nicht als vom Himmel geschneiter Fürst über den Parteien, über den Classen" stehe, ja dass er „als Hohenzoller zuerst Vertreter des persönlichen Regiments, Standesherr, vornehmster Repräsentant des hohen, junkerlichen Adels" sei.

Außerdem lehnte Bernstein die Forderung Naumanns nach einer sozialdemokratischen Zustimmung zur Militär- und Flottenpolitik der Regierung entschieden ab. Während Naumann in einer am nationalen Machtstaat orientierten Politik der Sozialdemokratie die sicherste Garantie für die industriestaatliche Entwicklung Deutschlands und für die Anerkennung der sozialdemokratischen Arbeiterbewegung als Bündnispartner der kaiserlichen Seite sah, betonte Bernstein, dass von der Flottenvermehrung die Entwicklung des deutschen Welthandels ganz und gar nicht abhängig sei. Er sah in der Flottenpolitik nur eine militärische Abenteuerpolitik des „undemokratischen" deutschen Kaisertums, die in keinem Zusammenhang mit der industriellen und kommerziellen Entwicklung der Nation stehe. Bernstein nahm die auf einen Krieg hindeutenden Signale wohl wahr, und er erkannte die Wichtigkeit der Wehrfähigkeit, doch anders als der Naumann-Kreis erwartete er keinen Krieg mit England.[367] Abschließend bemerkte er, dass eine „nationale Politik in dem Sinne", wie Naumann sie verstand, nur eine „Preisgabe der Demokratie" bedeute. Hierbei hob er nochmals den „Völkerfrieden" und die „Erkämpfung der Demokratie" schlagwortartig hervor.[368]

Eine ähnliche Position wie Bernstein vertrat auch der sog. sozialdemokratische „Praktiker" Hermann Molkenbuhr in der oben erwähnten Debatte mit Gerlach. Molkenbuhr deckte auf, dass vor allem die Großgrundbesitzer und Großindustriellen von der Flottenpolitik profitieren würden, und sah Schutzzöllnerei und Reaktion dadurch im Aufwind.[369]

---

[367] Siehe dazu das nächste Kapitel.

[368] E. Bernstein, Socialdemokratie und Imperialismus, in: SM 4 (1900), 238ff.

[369] Vgl. Sozialdemokratisch oder Nationalsozial? Zur Terminologie der sozialdemokratischen „Praktiker" siehe H.-J. Steinberg, Sozialismus und deutsche Sozialdemokratie, Hannover 1967.

V. Die Kriegserwartung

Das Festhalten des Nationalsozialen Vereins am starken Kaisertum und am Militarismus war zu extrem. Dies erklärt sich nicht allein daraus, dass ein starkes Kaisertum und der Militarismus Elemente seines Reformentwurfs für ein soziales Kaisertums waren. Seine Akzentuierung der „nationalen Macht" wurde auch von den nationalistischen Rechten wie etwa den Alldeutschen nie übertroffen. Der imperialistische Enthusiasmus des Vereins war so enorm, dass seine politischen Gegner ihn als die Partei der „Flottenschwärmer"[370] bezeichnete. All diese Aspekte des Vereins ergaben sich aus der Erwartung, dass ein Krieg mit Notwendigkeit kommt. So wurde das politische Handeln des Naumann-Kreises nicht nur von innenpolitischen Hoffnungen und Ängsten, sondern auch von der Erwartung eines zukünftigen Krieges geleitet.

Naumann sagte beispielsweise: „[...] so war der Krieg an sich nach dem Urteil aller Geschichtskundigen und aller Politiker eine Notwendigkeit. Er mußte kommen, fraglich war nur der Zeitpunkt des Eintrittes."[371] Hierbei stellte er sich vor, dass ein zukünftiger Krieg ein großer Krieg sein würde: „Sind also noch große Krieg zu erwarten? Ja, sehr große. England, Rußland und China sind die drei großen Mächte, deren Zusammenstoß unvermeidlich ist."[372]

Auch die Argumentation des Naumann-Kreises für die Sozialreform war oft eng mit der Überzeugung verbunden, ein Krieg werde mit Notwendigkeit kommen. So formulierte Naumann 1895: „Die beste Rüstung für kommende Kriege" sei „eine tüchtige Sozialreform".[373] Oder umgekehrt begründete er seine Forderung nach der Reformpolitik für die Bauern mit folgendem: Das Bauerntum sei eine „sichere Grundlage der Kriegsführung".[374]

Je konkreter die Kriegserwartung des Naumann-Kreises wurde, desto stärker hob man auf das Primat der Außenpolitik und den Vorrang der Weltmachtfrage für die nächste Zukunft ab. Hierbei war die Kriegserwartung z. B. bei Naumann noch im Jahre 1895 unpräzis. Er ging von einem möglichen Krieg wie etwa von einer Invasion der

---

[370] So bezeichneten politische Gegner den Nationalsozialen Verein als „Flottenschwärmer", „Kanonenchristen" und die Partei des „Hunnenpastors". Das Wort „Hunnenpastor" wurde verwendet, um Naumann zu bezeichnen, weil dieser die in bezug auf den Boxerkrieg in China im Juli 1900 gehaltene sog. „Hunnenrede" Wilhelms II. mit der Mahnung „Pardon wird nicht gegeben!" zustimmte. Vgl. A. Damaschke, Zeitenwende, 2. Bd. Leipzig/Zürich 1925, 395. Als repräsentative Propagandaschrift des Naumann-Kreises für den Flottenbau gilt die vom Wuppertaler Gymnasiallehrer H. Rassow geschriebene Broschüre, Die deutsche Flotte u. das deutsche Volk, in: Göttinger Arbeiterbibliothek (1897).

[371] Bismarck, in: Die Hilfe 1/13 (1895), 1ff. (Zit.: 3.)

[372] National-sozialer Katechismus, 6. (Artikel 9.)

[373] Wochenschau, in: Die Hilfe 1/10 (1895), 1f. (Zit.:1.)

[374] Wochenschau, in: ebd. 4/36 (1898), 1f. (Zit.: 1.)

Kosaken aus, um die Bedeutung der Außenpolitik für die Zukunft Deutschlands zu betonen. Oder er stützte sich auf einen verlorenen Krieg mit Frankreich und auf die damit zusammenhängende Napoleonische Herrschaft.[375] Aber auf der Grundlage seiner Beurteilung der damaligen außenpolitischen Lage, derzufolge die imperialistischen Mächte wie etwa England, Russland und USA immer stärker wurden, betonte er 1899 noch deutlicher als zuvor: „Staatenbildend ist in unserer Geschichtsperiode nicht der Sozialismus, sondern der Nationalismus, innerhalb kräftiger nationaler Staaten aber sind allein soziale Fortschritte erreichbar."[376] 1900 formulierte er, dass die „äußere Politik wichtiger und folgenschwerer als die innere" sei.[377]

Die Kriegserwartung Naumanns und seiner Anhänger war freilich keine auf sie allein beschränkte besondere Zukunftsvorstellung, sondern spiegelte die Zeitstimmung im wilhelminischen Kaiserreich wider. So zeigte die Jahrhundertwende neben der Zunahme von Schriften über die sozialistische Revolution auch einen Anstieg von Veröffentlichungen über den zukünftigen Krieg. Besonders gehäuft traten diese Veröffentlichungen in den 1880er Jahren und wiederum nach 1900 auf.

Dabei behandelten viele der Zukunftskriegsbücher, die in den 80er Jahren erschienen, vor allem einen möglichen kommenden Krieg zwischen Deutschland und Frankreich. Gleichzeitig – besonders seit 1888 – wurden auch Bücher veröffentlicht, die im Titel die Naherwartung eines entscheidenden großen Krieges deutlich erkennen ließen, wie z. B. „Die bevorstehenden Kriege und grossen Ereignisse und 9 Zeichen der herannahenden Endkrisis"[378], „Die Entscheidungsschlachten des europäischen Krieges"[379], „Am Vorabend des Weltkrieges"[380], „Auf der Schwelle des Weltkrieges"[381].

Von 1893 bis 1897 gab es eine geringe Zahl solcher Veröffentlichungen. Trotzdem lässt sich erkennen, dass auch in dieser Zeit die Zukunftskriegsromane, die vom baldigen Ausbruch eines großen Weltkrieges ausgingen, in der Öffentlichkeit populär waren.[382]

Nach 1900 nahm die Zahl solcher Schriften aufgrund einer Serie von Kriegen bzw. kriegerischen Konflikten wie etwa dem Krieg zwischen USA und Spanien, der Faschoda-Krise, den Burenkrieg, dem Russisch-Japanischen Krieg und der Marokko-Krise wiederum stark zu. An den Titeln von Zukunftskriegsschriften in dieser Zeit wie

---

[375] Vgl. die zustimmende Anmerkung Naumanns zur Freiburger Antrittsvorlesung Max Webers, in: ebd. 1/28 (1895), 1f.; auch Bismarck, in: ebd. 1/13 (1895), 1ff. (bes. 3.)

[376] Wochenschau, in: ebd. 5/3 (1899), 2.

[377] Demokratie und Kaisertum, in: W 2, 268.

[378] M. Baxter, Bonn 1889.

[379] K. Bleibtreu, Leipzig 1888.

[380] Anonym, Kassel 1891.

[381] Anonym, Berlin 1891.

[382] Z. B.: Der große Krieg von 189... Ein Zukunftsbild, übersetzt von E. A. Witte, 6. Aufl., Berlin 1894; A. Bjelomor, Der Zukunftskrieg im Jahre 18... Übersetzt von C. Kupffer, 2. Aufl., Dresden 1897.

z. B. „Seestern 1906"[383], „Krieg 1908"[384], kann man die Naherwartung eines großen Krieges ablesen. Darüber hinaus ist erkennbar, dass es bei der Prognose bezüglich eines kommenden Kriegs nicht nur um einen europäischen Krieg, sondern auch um einen Krieg mit Japan oder Amerika sowie zwischen diesen – also um den großen Weltkrieg ging. Es gab auch in den Titeln solcher Schriften Niedergangsschlagwörter wie „Zusammenbruch der alten Welt", „Untergang des deutschen Reiches"[385].

Tabelle 6: Die Literatur über den zukünftigen Krieg 1851–1912 (in Zahlen)

1851–1865	1866–1880	1883–1887	1888–1892	1893–1897	1898–1902	1903–1907	1908–1912
3	1	25	19	3	3	20	21

Quellen: Hinrichs' Bücher-Catalog, Bd. I, II, III, IV (1851–1880), Leipzig 1871–81; Carl Georgs Schlag-wort-Katalog (1883–1912).

Wie sich durch diese quantitative Analyse erkennen lässt, bildeten die Hoffnungen und Ängste in bezug auf einen entscheidenden großen Krieg immer mehr einen prä-genden Faktor im Bewusstsein der wilhelminischen Zeitgenossen.[386] Dabei unter-schieden sich aber die Vorstellungen von einem zukünftigen Krieg inhaltlich. Im fol-genden wird von den Kriegsvorstellungen des Naumann-Kreises ausführlich die Rede sein.

1. Die Hoffnung auf den unvermeidbaren Krieg

Zunächst ist zu bemerken, dass der Naumann-Kreis trotz seiner negativen Haltung gegenüber einem „unnötigen Krieg" den Krieg an sich grundsätzlich für positiv hielt. Naumann äußerte beispielsweise, dass der Krieg trotz aller Grausamkeiten keine Sün-de, sondern Pflicht sei, und zwar im Sinne von: „Ein Volk muß sich selbst erhal-ten."[387] Charakteristisch für die Geschichtsphilosophie des Naumann-Kreises war,

---

[383] F. Grautoff, Seestern 1906. Der Zusammenbruch der alten Welt, Leipzig 1905.

[384] W. v. Zapel, „Krieg 1908". Japan-Amerika. Einfluß auf Deutschland, Deutschland-England-Frankreich-Türkei-Weltkrieg. Die gelbe Gefahr!, Lüneburg 1907.

[385] Z. B.: de Civrieux, Der Untergang des deutschen Reiches. Die Schlacht aus dem Birkenfelde in Westfalen 191..., Oldenburg 1912.

[386] Vgl. auch J. Dülffer/K. Holl, Bereit zum Krieg. Kriegsmentalität im wilhelminischen Deutschland 1890-1914, Göttingen 1986.

[387] Wochenschau, in: Die Hilfe 2/13 (1896), 1f. (Zit.: 2.)

dass der Krieg als unvermeidbare Übergangskrise im Rahmen eines Fortschreitens zum Besseren – mit Blick sowohl auf die Nation wie auf die Weltgeschichte – gedeutet wurde. So sagte man in gemäßigtem Ton: „Kriege können Folge von Sünde sein, sind aber oft auch Folgen von geschichtlichen Entwicklungen, für die niemand verantwortlich ist. [...] Daß jede Nation einen Selbsterhaltungstrieb in sich hat, ist keine Sünde, das ist Natur, das ist von Gott so eingerichtet, darin besteht die Weltgeschichte."[388]

Aber darüber hinaus betonte Rudolph Sohm, dass der Krieg eine treibende Kraft für die Entwicklung des Staates und der Gesellschaft, ja der Zivilisation sei: „Der Krieg ist der Vater aller Dinge. [...] Der Krieg hat den Staat erzeugt. Der Staat ist die Organisation des Volkes zu machtvoller Verteidigung, zur Entfaltung der nationalen Kraft." So sei die Heeresordnung zur Rechtsordnung und das Heereskommando zur Regierungsgewalt geworden. Deshalb sei das Eigentum nicht durch wirtschaftliche Arbeit, sondern durch militärische Arbeit erzeugt worden. Der Staat sei überhaupt wegen seines Kriegswillens da. Und darüber hinaus: „Der Krieg ist nicht die Gesellschaft zerstörende, der Krieg ist umgekehrt die Gesellschaft bauende Gewalt. Der ganz kunstvolle Bau der Gesellschaft, den wir heute um uns erblicken, würde ohne den Krieg nicht sein, und keine Obrigkeit, kein Recht, kein Volk, keine Gesellschaft im heutigen Sinne."[389]

Der Sohmsche Gedanke war so repräsentativ im Naumann-Kreis, dass Naumann diesen als den „Kern der nationalsozialen Geschichtsauffassung selbst" bezeichnete.[390] Auch Naumann wies oft auf den Krieg, und zwar den Völkerkrieg, als weltgeschichtliches Prinzip zum Fortschritt hin: Die Natur des Völkerlebens sei „Kampf und Gier." Der Kampf zwischen den Völkern würde eine neue Epoche der Weltgeschichte einleiten. „Ohne eiserne Schmerzen" könnten neue Zeiten nicht geboren werden.[391] Hierbei betonte Naumann, angelehnt an die Erwartung Schulze-Gävernitzes, dass ein Krieg um die „gebührende Stellung" Deutschlands in der Weltwirtschaft unvermeidbar sei.[392] Anders als Sohm oder Naumann machte der Pfarrer Battenberg aus Frankfurt vor allem auf die schreckliche Gewalt und das Grauen eines Krieges aufmerksam. Trotzdem sah er im Krieg, und zwar im „Volkskrieg", ein „notwendiges Übel" für „heilsame Gesundungsprozesse des Volkslebens" oder für die geschichtliche Entwicklung des „nationalen Lebens" des deutschen Volkes, indem er den Krieg von

---

[388] Die Brandenburger Kaiserrede, in: politische Notizen, ebd. 5/7 (1899).

[389] R. Sohm, Die Entwicklung des Staatsgedankens in Deutschland, in: Protokoll über die Verhandlungen des Nationalsozialen Vereins in Göttingen (1.-4. Okt. 1899), 53ff. (Zit.: 53f.); auch ders. u. M. Lorenz, Der Arbeiterstand und die Sozialdemokratie, Leipzig 1896, 3.

[390] Wochenschau, in: Die Hilfe 5/42 (1899), 1.

[391] Wochenschau, in: ebd. 2/6 (1896), 1.

[392] Vgl. Wochenschau, in: ebd. 5/15 (1898), 1f.

1870/71 als eine Erfüllung der Sehnsucht des deutschen Volkes nach Einigung und nationaler Kräftigung deutete.[393]

Auf der Basis einer solchen geschichtsphilosophischen Grundlage entwickelte sich die Grundstimmung des Naumann-Kreises hin zur Hoffnung auf einen zukünftigen Krieg, indem Naumann und seine Anhänger diesen in einen Zusammenhang mit ihren utopischen Wünschen stellten. So stellte man sich einen zukünftigen Krieg als notwendige Voraussetzung für den Übergang zum idealen Zukunftszustand des „Weltfriedens" vor, wobei der Krieg in der nächsten Zukunft und der Weltfrieden eben erst in ferner Zukunft bevorstehe. So formulierte Naumann: „Er [sc. Jesus] würde zuerst wohl sagen, daß im vollendeten Gottesreich kein Kriegsschiff sein wird, er wird uns ermahnen zum Frieden zu thun [...]".[394] Doch zugleich stellte man sich einen Krieg hoffnungsvoll als Grundlage für die innere Einigung des deutschen Volkes vor. So erwartete Naumann bereits im Jahre 1889, als sich sein politisches Konzept eines nationalen Sozialismus noch nicht konkretisiert hatte: „Die große entscheidende Stunde wird kommen und, will's Gott, sind dann die alten, schlechten Parteigegensätze, der Hader der Stände, das Murren der einen, der Hochmut der anderen, alles, alles vergeben und vergessen, damit in stolzer, unüberwindlicher Einheit das Volk sich zu wehren vermag, wie damals, wo deutsche Kanonen den übermütigen Parisern ein ernsthaftes Liedlein bliesen."[395] Auch 1900 zeigte Naumann im gleichen Sinne seine fortbestehende Hoffnung auf einen Krieg: „Ein Krieg nach außen macht uns alle sofort mit Naturgewalt zu einer geschlossenen Einheit; und keine Agitation würde, selbst wenn sie wollte, imstande sein, die dann aus Millionen Arbeitern hervorbrechende opferbereite Vaterlandsliebe zu hemmen."[396]

Diese geschichtsphilosophische Überzeugung drückte Naumann insgesamt wie folgt aus: „Sozialreform auf Grundlage allgemeinen Friedens und allgemeiner Harmonie! Das wäre ein schönes Ideal, aber auf dieser armen und streiterfüllten Erde wird es keine Fortschritte geben können, die nicht hart gegen hart gewonnen werden können."[397]

---

[393] Sedan, in: ebd. 1/3 (1895), 3f.

[394] F. Naumann, Christentum und Gewalt, in: ebd. 1/23 (1895), 1f. (Zit.: 2.); Vgl. H. Bousset, Das National-Denkmal, in: ebd. 3/12 (1897), 4f.

[395] Arbeiter-Katechismus, in: W 5, 53.

[396] Demokratie und Kaisertum, in: W 2, 34f.

[397] Neue Gruppierungen, in: Die Hilfe 3/26 (1897), 2f. (Zit.: 2.); ähnlich wie Naumann: E. Lehmann, Klassenkampf, in: ebd. 2/3 (1896), 2ff. (bes. 4.)

2. Der entscheidende Krieg mit England

Naumann und seine Anhänger stellten sich den nächsten Krieg nicht nur als unvermeidbar vor, sondern auch als den entscheidenden Kampf ums nationale Dasein. Diese Erwartung ging aus von der Analyse der Tendenz der industriestaatlichen Entwicklung Deutschlands und von der außenpolitischen Situation. Statt der alten Zeit der europäischen Politik sah man nun die neue Zeit der Weltpolitik gekommen. In bezug auf die industriestaatliche Entwicklung Deutschlands tauchten die folgenden Betrachtungen häufig auf:[398]

- die Notwendigkeit von Kolonien außerhalb des Deutschen Reiches und eines wirtschaftlichen Wachstums angesichts der rapiden Bevölkerungszunahme – man rechnete für das Jahr 1925 mit einer Bevölkerungszahl von 80 Millionen;
- die Notwendigkeit des Weltmarktes für den deutschen Handel und die deutsche Industrie.

Auch im Hinblick auf die außenpolitische Situation:

- die Besetzung und Aufteilung fast aller Absatzgebiete und Kolonien durch die erstrangigen Weltmächte wie vor allem England als Weltherrscher, aber auch Russland und die immer gewichtigeren Vereinigten Staaten von Nordamerika;
- die Stellung Deutschlands zwischen diesen imperialistischen Mächten und den zurückgebliebenen Staaten wie etwa Österreich-Ungarn.

Die damalige Lage charakterisierte Paul Rohrbach, der ein repräsentativer Experte im Naumann-Kreis war, insgesamt als „gefährliche nationale Krisis", in der es vor allem um die Frage ginge, ob das deutsche Volk noch einen Platz an der Seite jener „voraneilenden Nationen" erhalten würde und damit im 20. Jahrhundert und später eine Weltgeschichte machendes Volk werden könnte, oder ob das deutsche Volk „im Konzert der Weltpolitik auf einen Platz zweiter Klasse" zurücktreten müßte. In dieser Untergangsvorstellung bezüglich Deutschlands erwartete er auch allgemeine wirtschaftliche Not und darüber hinaus eine Hungerkatastrophe für das deutsche Volk.[399]

Diese Erwartung eines unvermeidbaren Entscheidungskrieges um die Existenz des deutschen Volkes verdichtete sich immer mehr zur Erwartung eines Krieges mit England. Hierbei verursachte besonders der Burenkrieg in Südafrika eine Verstärkung der antienglischen Kriegserwartung im Naumann-Kreis. Man stützte sich auf die

---

[398] Vgl. etwa P. Rohrbach, Deutschland unter den Weltvölkern (1903), 10ff.; Äußere und innere Politik der National-Sozialen, in: Die Hilfe 3/11 (1897), 3; F. Naumann, Deutschland und Frankreich, in: ebd. 5/5 (1899), 2f.; ders., Wochenschau, in: ebd. 5/15 (1898), 1f.; R. Breitscheid, Eine Einführung in die Weltpolitik, in: ebd. 9/41 (1903), 4f.

[399] P. Rohrbach, Deutschland unter den Weltvölkern, 12, 149.

Überlegung, dass Deutschland aufgrund seines bisherigen enormen Wachstums von Industrie und Handel ein ernsthafter Konkurrent Englands geworden sei und dass diese wirtschaftliche Konkurrenz zwischen beiden Ländern noch weiter zunehmen würde. Auch in Hinblick auf die militärische Situation sah man in England die erste und stärkste Flottenmacht, weshalb England immer bereit sei, um der nationalen Machtinteressen willen seine Konkurrenten anzugreifen.[400] Dagegen bilde Russland eine Gefahr nur in „fernerer Zukunft" (Naumann), weil es seine Machtinteressen nicht auf Europa, sondern auf den Osten richtet, wo der Hauptgegner Russlands England sei.[401] Die Bedeutung der Entwicklung in den USA für die Zukunft Deutschlands sei überhaupt noch unsicher,[402] und die USA seien ohnehin „noch immer finanziell und geistig Glieder des großen englischen Gesamtkörpers".[403] Die „romanische Welt" sei – so wurde nach dem amerikanisch-spanischen Krieg noch deutlicher geurteilt – im Niedergang. Besonders in Hinblick auf Frankreich urteilte man, dass die „romanische Welt" seit 1870/71 ihre Entwicklung in jeder Hinsicht, d. h. bezüglich der Bevölkerung, der Entwicklung des Kapitalismus und der militärischen Macht abgeschlossen und so auf eine „große Zukunft" verzichtet habe.[404]

Über die genannten Gründe hinaus wollte man einen Krieg mit England, um die von einer englischen Weltherrschaft ausgehende kulturelle Gefahr zu bannen. So erwartete Naumann, dass die weitere Entwicklung des englischen Weltreiches immer mehr die nationale Identität des deutschen Volkes bedrohen würde: „England ist die alle Volksselbständigkeit, alle Nationalität auf Erden bedrohende internationale Weltmacht, ein neues Römervolk gebärend, das alle Volkseigenart der bekannten Welt zerstört, verdirbt, erdrosselt. Wer ‚international' ist, der mag englisch denken, wer ‚national' ist, muß antienglisch sein. Wie jetzt die Buren ihre Nationalität verlieren, so ist das nur ein Vorspiel für weitere ähnliche Verluste. England trinkt fremdes Volkstum auf. Noch sind wir zu stark, aber wenn England noch hundert Jahre weiter trinkt, dann wird es auch das Deutschtum in seine englisch sprechende Weltbürgerlichkeit hineinsaugen."[405]

Von der Erwartung eines Entscheidungskampfs mit England ging die radikale antienglische Propaganda des Nationalsozialen Vereins aus: Naumann sah England als

---

[400] Vgl. ebd., 150ff.; F. Naumann, Wochenschau, in: Die Hilfe 6/10 (1900), 1f.

[401] Vgl. die Debatte Naumanns mit Bebel, in: ebd. 3/11 (1897), 5; ebd. 4/7 (1898), 2.

[402] Vgl. Rohrbach, Deutschland, 150; F. Naumann, Wochenschau, in: Die Hilfe 4/33 (1898), 1f.

[403] F. Naumann, Nationale Sozialpolitik, in: Göttinger Arbeiterbibliothek, 2/1, 1898, 2f.

[404] Vgl. ebd.; F. Naumann, Deutschland und Frankreich (wie Anm. 398); ders., Die Politik des Jahrhunderts, in: Die Hilfe 6/1 (1900), 1f.

[405] Wochenschau, in: ebd. 6/10 (1900), 1f. (Zit.: 1.); Naumann argumentierte ähnlicherweise auch in: Asia (1899), 142ff. Diese Erwartung beruhte vor allem auf der historischen Erfahrung der deutschen Immigration in Nordamerika, wo aufgrund der englischen Sprache Millionen Deutsche an das Angelsachsentum verloren worden sei.

„die nationale Gefahr" im oben erwähnten Sinne und betonte, dass die „Welthaupt-stadt" London der geistige Hintergrund des „internationalen Sozialismus" sei.[406] Wenck hob hervor: „Das politisch Wertvolle für uns liegt in dem vielseitigen Erwa-chen antienglischer Stimmung in Deutschland [...]".[407] Maurenbrecher formulierte den „Gegensatz gegen England" als „Grundlage des neuen Patriotismus".[408] Darüber hin-aus propagierte Gerlach deutlich die Sehnsucht nach einen Krieg mit England: „Deutschland sieht ein, daß sein wahrer Gegner auf dem Weltmarkte England ist. England aber kann man nur mit einer gewaltigen Flotte auf den Leib rücken. ‚Deutschland, einst der Erbe Englands auf dem Weltmarkte!' Das ist der Gedanke, der die Deutschen enthusiasmiert."[409]

Naumann und seine Anhänger wollten aber einen baldigen und plötzlichen Aus-bruch eines Krieges mit England vermeiden, obwohl ihre antienglische Propaganda sehr radikal war. In jeglicher Hinsicht erschien ein solcher Krieg einfach als Gefahr. Sie befürchteten hierbei besonders eine schnelle Kriegsentscheidung von Englands Seite. Für die Gegenwart und die weitere Zukunft forderten sie vor allem den Frieden, um aufzurüsten und zu erstarken. Hierzu stellte sich z. B. Gerlach vor, dass der „ge-eignete" Augenblick, das Erbe Englands anzutreten, für Deutschland „erst in vielen Jahrzehnten" kommen werde.[410] So formulierte Maurenbrecher repräsentativ: „Friede, Rüstung und Ausdehnung unsrer wirtschaftlichen Macht. Wir müssen uns vorbereiten, um in den großen Entscheidungen des nächsten Menschenalters mitreden zu können; wir müssen aber alles thun, was wir können, um eine Beschleunigung dieser Ent-scheidungen zu vermeiden."[411]

Im Laufe der Zeit zeigte insbesondere Naumann eine zunehmende Angst vor einem Krieg mit England. So kritisierte er die möglicherweise einen unnötigen Krieg provo-zierende „kleinbürgerliche nationale Illusion". Durch diese berücksichtige man kei-neswegs das „nationale Können" und zeige keine Vorsicht, die „mit den Empfindun-gen anderer Nationen rechnet".[412] Darüber hinaus erwartete er 1903 den Krieg selbst mit Angst: „Sollte er einmal kommen, so würde er ein Schicksal sein, das ebensogut Sieg wie Vernichtung bedeuten könnte, wahrscheinlich aber nur beiderseitige Schwä-chung, Störung und Erbitterung bedeuten würde."[413]

---

[406] Ebd., 144.

[407] Wochenschau, in: Die Hilfe 5/46 (1899), 1.

[408] Wochenschau, in: ebd. 7/8 (1901), 1.

[409] Zuchthausvorlage und Weltpolitik, in: ebd. 5/49 (1899), 4f. (Zit.: 5.)

[410] Ebd., 5.

[411] M. Maurenbrecher, Wochenschau, in: Die Hilfe 6/32 (1900), 1; siehe auch Äußere und innere Politik der National-Sozialen (wie Anm. 398); P. Rohrbach, Deutschland, 151f.

[412] Der Weltkrieg, in: Die Hilfe 10/34 (1904), 2f.

[413] Deutschland und England, in: ebd. 9/42 (1903), 3ff. (Zit.: 4.)

Insgesamt gesehen war die ambivalente Haltung in bezug auf einen Krieg mit England charakteristisch für Naumann und seine Anhänger. Sie wurden bei ihrer Erwartung der Unvermeidlichkeit eines deutsch-englischen Krieges von Hoffnungen und zugleich von Ängsten erfüllt.

3. Die Bilder des nächsten Krieges

Naumann und seine Anhänger erwarteten, dass der nächste Krieg ein Weltkrieg zwischen England und den mit ihm konkurrierenden Nationen sein würde. So stellte sich Naumann vor: „Wenn irgend etwas in der Weltgeschichte sicher ist, so ist es der zukünftige ‚Weltkrieg', das heißt der Krieg derer, die sich vor England retten wollen."[414] Man rechnete am wahrscheinlichsten mit einem russisch-englischen Krieg, wobei auch eine Niederlage Russlands vorausgesehen wurde.[415] Aber es gab keine stabilen Prognosen über einen nächsten Krieg. Naumann äußerte hierzu: „Im ganzen aber bleibt das Dunkel."[416] Doch der Naumann-Kreis wollte um jeden Preis einen möglichen Kompromiss zwischen Russland und England oder ein Bündnis Deutschlands mit England gegen Russland verhindern, weil man für diese Fälle ohnehin das Ende Deutschlands sah. Konkret wollte der Naumann-Kreis einen Koalitionskrieg von Deutschland, Russland und – wie besonders Naumann es erhoffte – auch Frankreich gegen England. Man war davon überzeugt, dass nur ein solcher Krieg die Macht Englands entscheidend schwächen könnte.[417]

In bezug auf den Ausbruch des Koalitionskrieges gegen England stellte sich z. B. Naumann vor allem einen Seekrieg vor, der in erster Linie entweder in der englischen Wasserstraße über Gibraltar und Suez oder in der Nordsee geführt würde.[418] In Hinblick auf den Verlauf des antienglischen Krieges erwartete man einen relativ kurzfristigen Krieg. So glaubte Brentano nicht, „daß auf europäischem Boden ein großer Krieg mehr als ein ganzes Jahr lang dauern kann, indem kein Volk mehr die Kosten eines solchen Krieges aufzubringen vermag."[419] Darüber hinaus erwartete Naumann optimistisch, dass eine Weiterentwicklung der Waffentechnik für immer unblutigere Kriege sorgen würde.[420]

---

[414] Wochenschau, in: ebd. 6/10 (1900), 1.

[415] Vgl. Der kommende Weltkrieg, in: ebd. 5/6 (1899), 3.

[416] Bülows Weltpolitik, in: ebd. 4/19 (1904), 2f. (Zit.: 3.)

[417] Vgl. F. Naumann, Deutschland und Frankreich (wie Anm. 398); ders., Weltkrieg (wie Anm. 412); M. Maurenbrecher, Wochenschau, in: Die Hilfe 7/12 (1901), 1f.

[418] Wochenschau., in: ebd. 6/10 (1900), 1f.

[419] Adolph Wagner... (IV), in: ebd. 7/27 (1901), 4.

[420] Vgl. Ethik und Politik, in: ebd. 6/33 (1900), 6.; Sozialdemokratie und Heer, in: ebd. 9/17 (1903), 2ff.

Aber zugleich gab es auch die Erwartung eines unglücklichen Kriegsverlaufs. So stellte sich Rohrbach einen möglichen langfristigen Krieg vor, wie den Dreißigjährigen Krieg, der – so meinte er – in der Bevölkerungszahl „vielleicht die Hälfte oder mehr verringerte und uns ökonomisch um Jahrhunderte zurückbrachte.":

> „Wenn wir noch einmal etwas ähnliches erleben sollten, dann freilich, aber auch nur dann, könnte es geschehen, daß wir wieder auf ein Jahrhundert hinaus am eigenen Brot genug zu essen haben und vielleicht sogar noch welches – exportieren!"[421]

Neben einem demographischen und wirtschaftlichen Untergang hin zu einem rückständigen Agrarstaat befürchtete Rohrbach auch den Zerfall des protestantischen deutschen Kaiserreichs durch eine Kriegsniederlage:

> „Eine Niederlage Deutschlands im Kriege mit England, die wahrscheinlich [...] eine sehr schwere und alle unsere Verhältnisse auf das tiefste erschütternde sein würde, bietet für das Haus Habsburg vielleicht die einzige überhaupt noch vorhandene Möglichkeit, seinen politischen Einfluß auf das katholische Süd-Deutschland wiederherzustellen. [...] Sicher ist, daß mindestens außerhalb der deutschen Grenzen alle Kraft des Romanismus und Klerikalismus spielen wird, um die Niederlage des protestantischen deutschen Kaisertums und im Anschluß daran den Auseinanderfall des katholischen und des protestantischen Deutschland herbeizuführen."[422]

So waren die Bilder eines zukünftigen Weltkrieges im Naumann-Kreis ambivalent. Die optimistischen Kriegserwartungen gründeten sich auf die Tendenzbetrachtung einer waffentechnischen Entwicklung oder die Erwartung eines kurzfristigen Totalkriegs. Dagegen beruhten die Bilder eines befürchteten Zukunftskriegs auf den Vorstellungen von einer Kriegsniederlage oder einem langwierigen gewaltsamen Krieg.

Doch zusammenfassend lässt sich zur Kriegserwartung des Naumann-Kreis konstatieren, dass bei aller Angstvorstellung die hoffnungsvolle Erwartung eines zukünftigen Kriegs auf das politisches Handeln des Naumann-Kreises entscheidenden Einfluss ausübte. Die Kriegshoffnung des Naumann-Kreises war mit dem Fortschrittsoptimismus eng verbunden und ethisch und geschichtsphilosophisch begründet. Der zukünftige Weltkrieg – besonders der Krieg mit England – bedeutete insofern eine Entscheidungskrise, d. h. einen historischen Wendepunkt für die Entwicklung des deutschen Kaiserreichs zur Weltmacht.

---

[421] P. Rohrbach, Deutschland, 12f.
[422] Ebd., 154f.

3. TEIL: DIE ZUKUNFTSGESELLSCHAFT

I. Utopie und Utopismus

Neben der Erwartung einer tiefgreifenden Umwälzung prägte auch die Vorstellung von einer ‚neuen Welt' das Bewusstsein Naumanns und seiner Anhänger. Innerhalb des Kreises wie auch in der Diskussion mit anderen Gruppierungen setzte man sich mit gesellschaftspolitischen Projekten und Prognosen auseinander und gelangte so zu unterschiedlichen Szenarien zur Zukunft Deutschlands. Hierbei spielte der Begriff „Utopie" eine zentrale Rolle. Zunächst ist zu fragen: Kann man die Zukunftsentwürfe des Naumann-Kreises als utopisch bezeichnen? Wenn ja, in welchem Sinne?

Der Begriff „Utopie" war immer mehrdeutig. Er bezeichnete sowohl eine literarische Gattung wie auch politisch-soziale Reformprojekte oder solche soziale Bewegungen und Institutionen, die etwa von religiösen Visionen geleitet wurden. Mal diente der Begriff als Grundlage für die Kritik eines Reformentwurfes, mal als Leitbegriff für reformerische Handlungen.

Trotz dieser Unbestimmtheit lassen sich doch zwei wichtige Bedeutungsfelder ausmachen: Eine Utopie kann zum einen etwas Erdachtes sein, und als solches ist sie Fiktion, d. h. die Unwirklichkeit, Unmöglichkeit und Unwahrscheinlichkeit. Zum anderen kann die Utopie etwas Erhofftes, ein erhoffter Zustand sein, und insofern ist sie mit der Hoffnung auf Verwirklichung und häufig auch mit rational begründeten Aussagen zu den Realisierungsmöglichkeiten verbunden. Dieser zweiter Aspekt ergab sich vor allem infolge der Verzeitlichung des Utopiebegriffs seit dem späten 18. Jahrhundert, d. h. nach dessen Wandel von der *Raumutopie,* wie etwa dem von Thomas More als ferne Insel beschriebenen „Utopia", zur *Zeitutopie* von einer erhofften Zukunftsgesellschaft.[1]

In der Auseinandersetzung des Naumann-Kreis mit den politischen Gegnern wie auch in der internen Diskussion spielen beide Seiten des Begriffs „Utopie", die Irrealität ebenso wie die Aussicht auf Realisierung, eine Rolle. Die folgende Darstellung der Diskussionen des Naumann-Kreises über eigene und fremde Zukunftsgedanken sei als Antwort auf die Frage verstanden, worin die utopische Prägung bei der Zukunftsprogrammatik des Naumann-Kreises lag.

---

[1] Vgl. L. Hölscher, Art. „Utopie", in: GGB 6 (1990), 733ff.; W. Voßkamp (Hrsg.) Utopieforschung, 3 Bde., Frankfurt a. M. 1985; ferner R. Eickelpasch./A. Nassehi, Utopie und Moderne, Frankfurt a. M. 1996.

1. Die Kritik am utopischen Gedanken

A. Die Kritik an den Zukunftsvorstellungen der politischen Gegner

Die Kritik des Naumann-Kreises an den gegnerischen Zukunftsgedanken richtete sich sowohl gegen deren Inhalte wie auch gegen deren Form. Man kennzeichnete die politisch-sozialen Zukunftsentwürfe und die Ziele der politischen Gegner als „Utopie" und „Utopismus" sowie „utopisch", „utopistisch", wobei man den Begriff „Utopie" als Synonym für unerwünschte, unwirksame und undurchführbare Zukunftsvorstellungen verstanden wissen wollte. Die Zukunftsgedanken des Naumann-Kreises dagegen wurden als richtig und realisierbar hingestellt.

Dies lässt sich vor allem bei der Kritik an der Sozialdemokratie feststellen. So bezeichnete man z. B. in den „Grundlinien" des Nationalsozialen Vereins die sozialdemokratische Programmatik als „Utopien und Dogmen eines revolutionären marxistischen Kommunismus", wohingegen man den arbeiterpolitischen Plan des Nationalsozialen Vereins für praktisch und durchführbar hielt. In einem Kommentar zu dieser Feststellung bezeichnete Naumann die Pläne all jener Oppositionsparteien, die den „ganzen Staatsbestand" erschüttern wollen, und aller Parteien, die keine Gegenwartspolitik treiben, als „sozialpolitische Utopien und Dogmen".[2] In dem gleichen Sinne definierte er das sozialpolitische Ziel des Nationalsozialen Vereins als „praktischen" Sozialismus, dessen Gegenpol der „utopische" Sozialismus sei. Dabei setzte er „utopisch" mit dem „Himmel auf Erden" gleich, „praktisch" hingegen mit der „vorhandene[n] Emporbewegung der arbeitenden Menge."[3]

Der Utopievorwurf des Naumann-Kreises richtete sich besonders gegen den „Zukunftsstaat" der Sozialdemokratie. Naumann bezeichnete den sozialdemokratischen Zukunftsstaatsgedanken als „innerweltlichen Chiliasmus", als Glaube an das Kommen eines „großen Tages der allgemeinen Vergesellschaftung" und an die Verwirklichung eines „Phantasie-Ideals infolge der Vergesellschaftung", ohne dass hierfür etwas zu tun sei.[4] Sohm kritisierte den „Zukunftsstaat" der Sozialdemokratie als „Traumbild des hungernden Magens" bzw. als „alkoholisches Reizmittel".[5] Die Kritik des Naumann-Kreises an den sozialdemokratischen „Utopien und Dogmen" lässt sich als Kritik am Glauben an das „ewige System", das „Allheilmittel" und den „Materialismus" zusammenfassen.

---

[2] Nationalsozialer Kathechismus, Nr. 162.
[3] Zum neuen Anfang, in: Die Hilfe 3/40 (1897), 1.
[4] F. Naumann, Unsere Stellung, in: W 5, 91.
[5] R. Sohm, Zukunftsstaatliches, in: Cosmopolis 9, 877f.

Der Naumann-Kreis verwendete den negativen Utopiebegriff nicht nur, um den sozialdemokratischen Zukunftsgedanken zu kritisieren. Beispielsweise bezeichnete Brentano in der schon erwähnten Auseinandersetzung um „Agrar- und Industriestaat" die Wagnersche Warnung vor der industriestaatlichen Entwicklung Deutschlands kritisch als „utopisch".[6] Auch wurde das Programm der Stöckerschen christlich-sozialen Partei, namentlich das von Dietrich v. Oertzen entworfene Berufswahlparlament als „Utopismus" und „Schwärmerei" oder in ironischer Parallelisierung zum sozialistischen „Zukunftsstaat" als „christlich-sozialer Zukunftsstaat" bezeichnet. Im Oertzenschen Plan fehle jedwede Berücksichtigung der wirklichen Bevölkerungsprozesse.[7] Eine solche negative Utopiebegriffsverwendung gegenüber allen anderen gesellschaftspolitischen Zukunftsvorstellungen, die von derjenigen des Nationalsozialen Vereins inhaltlich abwichen, findet sich z. B. auch bei Gottfried Traub. Dieser betonte, dass die Zukunftsgedanken des Nationalsozialen Vereins „von der klaren Einsicht in die wirkenden Kräfte der Gegenwart und in die Lehren der Geschichte getragen und bedingt sein müssten, so dass „eine nicht utopistische Sozialpolitik" „national" sein müsse. Dagegen sei ein „Utopist" beispielsweise, „wer bei seinen Zukunftsgedanken den deutschen Bevölkerungszuwachs nicht in Rechnung setzt", oder auch „der Demokrat, der sich eine deutsche Zukunft ohne das Kaisertum konstruiert".[8]

B. Die Auseinandersetzungen im Naumann-Kreis und die Selbstkritik

Der Naumann-Kreis verwendete den negativen Utopiebegriff auch für die innere Diskussion und die Selbstkritik. Auch bei der inneren Diskussion fungierte er als Kriterium für die Kritik, ob etwas durchführbar oder fruchtbar ist, und ob es um das richtige weltanschauliche Ideal handelt. Aber die Utopismuskritik bei der inneren Diskussion richtete sich weniger gegen die Inhalte, vielmehr gegen die theoretischen Grundlagen bzw. Ansprüche eines Zielentwurfes.

1) Die Kritik an der Bodenreform:

Immer umstritten im Nationalsozialen Verein waren die bodenreformerischen Zielvorstellungen: Es gab viele Anhänger der Bodenreformbewegung, aber zugleich auch viele Gegner.[9] Ein typischer Gegner war Göhre. Im Mittelpunkt seiner Kritik an den Bo-

---

[6] L. Brentano, Adolph Wagner, in: Die Hilfe 7/28 (1901), 3.
[7] Vom christlich-sozialen Zukunftsstaat, in: ebd. 6/14 (1900), 3.
[8] Der Göppinger Vortrag über „Ideale der Sozialpolitik, in: ebd. 5/32 (1899), 13f.
[9] Auch gab es eine vermittelnde Position wie z. B. Naumann. Dieser meinte 1899: „Flürscheim hat bei aller Begeisterung für seine Sache auch viel dazu beigetragen, daß ernstere Leute glauben, es handle sich um eine Art Wolkenstaat. Auch Hertzkas verfehlter Ausflug nach Afrika konnte nicht für „Bodenreform" erwärmen.

denreformern standen die bodenreformerischen „Utopien". Bereits 1893 schrieb Göhre für die „Christliche Welt" Rezensionsartikel über die bodenreformerischen Zukunftsromane.[10] Er beschrieb die Anhänger des bodenreformerischen Gedankens als solche, die an die Verwirklichung einzelner ihrer „Utopien" glaubten und zu dieser Verwirklichung beitragen wollten. Göhre kritisierte z. B. die Theorie der „Galoschen des Glücks" von Michael Flürscheim[11] als undurchführbar und unfruchtbar, er bezeichnete sie als „Dilettantismus", der „die sozialen Probleme aus einer einzigen Ursache erklären und demgemäß auch durch ein einziges Allheilmittel beseitigen will." Dazu kritisierte Göhre die wirtschaftstheoretische Einseitigkeit und Geschlossenheit der Flürscheimschen Entwürfe. Nach seiner Kritik sei das auf eine einzige Idee gebaute Zukunftsbild verhängnisvoll. Trotz seiner prinzipiellen Kritik hielt Göhre einzelne Gedanken Flürscheims für durchaus beachtenswert und verwirklichbar.

In seiner Kritik am „Freiland" Theodor Hertzkas[12] machte Göhre besonders auf die Bedeutungslosigkeit dieses Zukunftsbildes für die gegenwärtige Aufgabe der Sozialreform aufmerksam, denn das Hertzkasche „Freiland" lag in Afrika, spiele also keine Rolle für das „deutsche Vaterland". Ferner kritisierte Göhre vom christlichen Standpunkt her den „bedingungslosen Materialismus" in der Hertzkaschen wie in der Flürscheimschen „Utopie". .

Unter den Bodenreformern gab es aber auch Selbstkritik. So zeigte Adolf Damaschke, der eine führende Figur des Nationalsozialen Vereins und seit 1890 ein überzeugter Bodenreformer war, seine kritische Haltung z. B. gegenüber Hertzka und dessen Anhängern. Damaschke bezeichnete das „Freiland" Hertzkas als eine der im negativen Sinn „glänzendsten Utopien", die in deutscher Sprache geschrieben worden sind, und die Kolonieaufbaubewegung in Afrika nach dem Modell des „Freilands", d. h. die Bestrebungen des „Freilandsvereins" waren für ihn eine „fast religiöse Schwärmerei".[13] Damaschke betont, eine am „Freiland" orientierte Handlungsweise könne niemals zum bodenreformerischen Kolonieaufbau beitragen. Es sei unmöglich, „in geschichtsloser, unorganischer Weise heute Neubildungen zu versuchen, und zwar die Neubildung eines solches „Zukunftsstaats" in kurzer Zeit. Hingegen betonte er, dass es für die Bodenreformer als Deutsche Pflicht sei, in ihrem Vaterland die „Kulturentwicklung" nach dem Ziel sozialer Gerechtigkeit zu beeinflussen. In diesem Sin-

---

Es ist ein Verdienst unserer Freunde Pohlmann und Damaschke, daß sie den Weizen in der Bodenreform von der Spreu zu sondern suchen. Pohlmanns Heft ist absolut praktisch gehalten." [Zur Agrarfrage, in: ebd. 5/12 (1899), 3f. (Zit.: 4.)]

[10] Zukunftsmusik, in: Die christliche Welt 7 (1893), 519ff., 540ff., 647ff.

[11] Der vollständige Titel lautet „Deutschland in 100 Jahren oder Die Galoschen des Glücks. Ein soziales Märchen".

[12] Der vollständige Titel: „Freiland. Ein soziales Zukunftsbild".

[13] A. Damaschke, Aus meinem Leben, Leipzig/Zürich 1924, 288f.

ne kennzeichnete er die Arbeit in der von ihm gewollten Richtung für den Aufbau eines bodenreformerischen „Modellwesens" in Deutschland als „praktische Arbeit".[14] Damit zeigte Damaschke, dass er inhaltlich das gleiche Ziel wie Hertzka verfolgte.

Aber auch Damaschke wurde von seinen Gesinnungsgenossen innerhalb des Nationalsozialen Vereins angegriffen, und zwar bei der Diskussion über das nationalsoziale Gemeindeprogramm. Nach dem bodenreformerischen Grundsatz der Vergesellschaftung der Boden- und Grundrente forderte Damaschke, dass der Kampf um die Zuwachsrente der Kernpunkt des nationalsozialen Kommunalprogramms werden solle. Aber viele kritisierten die Bodenreform als „Utopie" und „Dogma". So verwarf der Schriftsteller Jasper aus Frankfurt auf dem Göttinger Delegiertentag von 1899 die Damaschkesche Zielvorstellung. Für ihn waren die bodenreformerischen Gedanken nichts als „Theorien". Die wahre Aufgabe des Nationalsozialen Vereins bestünde in der „praktische[n], schichtenweise[n] Arbeit". „Theorien" seien nichts anderes als Utopien und Dogmen, und er warnte: „Die Theorie des Marxismus ist kaum überwunden in der Sozialdemokratie, und nun sollten wir Nationalsozialen uns an eine neue Theorie verkaufen? Nimmermehr!"[15]

Aber man muss bei dieser Bodenreformkritik beachten, dass ein Kritiker wie Jasper sich nicht prinzipiell gegen eine wirtschaftliche Theorie für einen umfassenden Zukunftsentwurf richtete, sondern nur gegen den Anspruch der bodenreformerischen Theorie, das einzige Prinzip für die Gestaltung einer erhofften Zukunftsgesellschaft darzustellen.

2) Die Kritik am christlich-sozialen Konzept „Reich Gottes":

Auch Damaschke kritisierte seine Gesinnungsgenossen. Im Nationalsozialen Verein gäbe es Leute, die von „unklaren christlich-kommunistischen Gedanken" erfüllt seien.[16] Solche Gedanken waren typisch für die „jüngeren" Christlich-Sozialen. Der Zukunftsentwurf des „Reichs Gottes" war Ausdruck solcher Gedanken einer religiös-ethischen Gemeinschaft, die durch die Prinzipien „der Liebe und der Gerechtigkeit, Wahrheit und Barmherzigkeit" eingerichtet werden sollte.[17] Aber bei der Frage nach der Verwirklichung des „Reichs Gottes" gab es bei den „jüngeren" Christlich-Sozialen – insgesamt gesehen – unklare Vorstellungen. Im Vordergrund ihrer sozialpolitischen und politischen Aktionen standen der Appell an verschiedene Bevölkerungskreise zu einem religiös-ethischen Gesinnungswandel und ethisch begründete Forderungen nach vereinzelten sozialpolitischen Maßnahmen.[18] Jedoch

---

[14] Ebd., 288ff., 296ff.

[15] Protokoll (1.– 4. Okt. 1899), 116; A. Damaschke, Zeitenwende, 389.

[16] Ebd., 388.

[17] F. Naumann, Jesus als Volkmann, in: Göttinger Arbeiterbibliothek, 11.

Forderungen nach vereinzelten sozialpolitischen Maßnahmen.[18] Jedoch fehlte eine systematische Analyse des gesellschaftlichen Wandels und der politischen Konstellationen. Daher gab es keine fundierte Prognose dafür, was möglich und notwendig für den Aufbau einer solchen ethisch-religiösen Gemeinschaft war. Max Weber z. B. kritisierte daher den sog. „praktischen Antikapitalismus" sowie die Politik der „jüngeren" Christlich-Sozialen als „Utopie" und „Miserabilismus".[19]

Nach der Gründung des Nationalsozialen Vereins wurde dieser christlich-soziale Gedanke der ethischen Umgestaltung der Gesellschaft, der ohne Berücksichtigung der gegenwärtigen Machtsverhältnisse und der wirtschaftlichen Entwicklungstendenzen entworfen worden war, selbst von den Führenden der ehemaligen „jüngeren Christlich-Sozialen" immer mehr kritisiert. So übte Wenck Selbstkritik: Der nationale Sozialismus sei ein Fortschritt aus „einer religiös bestimmten sozialistischen Utopie" heraus zur „nüchternen politischen Arbeit" hin, die, wenn auch langsam, doch endlich zum Ziel führt.[20] Zusammengefasst: Bei der Kritik und der Selbstkritik der ethisch-religiösen Gemeinschaft der „jüngeren" Christlich-Sozialen ging es kaum um die Inhalte dieses Zukunftsentwurfes, sondern um die naive Art und Weise seiner Realisierung.

3) Die Kritik an der parteipolitischen Arbeit:

In bezug auf den Wahlkampf vor den Reichstagswahlen von 1898 zeigte sich Naumann selbstkritisch.[21] Im Vordergrund der Wahlagitationen des Nationalsozialen Vereins habe der „Utopismus" gestanden. „Bald war es ein Wort v. Gerlachs über das Privateigentum, bald ein Ausspruch Göhres über die Sozialdemokratie als Hort der Freiheit, bald eine Äußerung Damaschkes über Bodenverstaatlichung." Der Hauptpunkt seiner Kritik war, dass solche Agitationen zur Darstellung der eigentlichen Ziele des Nationalsozialen Vereins nicht beitrügen. Ergebnis sei lediglich gewesen, dass der Nationalsoziale Verein so radikal erschienen wäre, dass seine Gegner ihn leicht als „Bruder der Sozialdemokratie" hätten angreifen können. Es sei dem Nationalsozialen Verein nicht gelungen, der Wählerschaft den Unterschied der eigenen Zielbilder zu denjenigen der Sozialdemokratie zu vermitteln.

Bei dieser Utopismuskritik verwendete Naumann den Begriff „Politik" als Gegenbegriff zum „Utopismus". So meinte er: „Wir wollen Politik der Volksmasse treiben, Arbeitervolk und Bauernvolk, aber eben Politik und nicht allgemeine traumhafte

---

[18] M. Wenck, Die Geschichte, 15ff.
[19] Vgl. Protokoll (23.-25. Nov. 1896), 47ff.; W. Mommsen, Max Weber (1974), 20f.
[20] Warum Paul Göhre Sozialdemokrat wurde, in: Die Hilfe 6/21 (1900), 4f. (Zit.: 5.)
[21] Wochenschau, in: ebd. 4/27 (1898), 1f.

Weltverbesserung." Und weiter: „Politik ist nicht die Lehre vom Wünschenswerten, sondern die Kunst der Erreichung des Möglichen."

Aber zugleich ist es bemerkenswert, dass Naumann trotz seines Utopismusvorwurfs den Bedarf sah für ein wirkungsvolles Zukunftsprogramm und eine entsprechende Propaganda. Was er kritisierte, war lediglich die willkürliche Propaganda von Wunschvorstellungen und die verfrühte Propaganda noch vor der Schaffung eines gemeinsamen Programms.

Ebenfalls zu bemerken ist, dass das von Naumann gewünschte Programm kein „großer neuer Plan", kein fertiges Programm mit einer allgemeinen Theorie sein sollte. Statt auf Originalität und Allgemeingültigkeit käme es darauf an, das Programm „nach dem Maße der wachsenden wissenschaftlichen Erkenntnis des Wirtschaftslebens" inhaltlich immer wieder zu reformieren.[22]

Schulze-Gävernitz, der die Fusion mit der Freisinnigen Vereinigung aktiv forderte, kritisierte diejenigen, die den Nationalsozialen Verein zu einer politischen Partei entwickeln wollten, als „Utopisten". Denn es schien ihm, dass diese dachten, im Verlauf weniger Jahre auf dem Weg der politischen Parteibildung zu einer parlamentarischen Machtposition emporsteigen zu können. In diesem Sinne freute ihn die Niederlage des Nationalsozialen Vereins bei den Reichstagswahlen von 1903. So meinte Schulze-Gävernitz: „Die letzten Wahlen haben die außerordentlich nützliche Wirkung gehabt, die Nationalsozialen von den letzten Spuren des Utopismus zu heilen." Im Gegensatz zum utopistischen politischen Handeln betonte er die Bedeutung der politischen Beobachtung als Quelle der Zukunftshoffnung:

„Wer die Zukunft hat, hat nicht die Gegenwart, und wer im Vollbesitz der Gegenwart ist, muß die Zukunft anderen abtreten. [...] Kleine Erfolge oder Mißerfolge [...] Wahlsiege oder Wahlniederlagen mögen die Wartezeit vorübergehend erhellen oder verdüstern; sie sind sachlich von geringer Bedeutung. [...] In der Tat, eine völlig nüchterne Betrachtung der politischen Sachlage läßt sich eine solche Hoffnung begründet erscheinen."[23]

2. Die Betonung des utopischen Gedankens

Trotz aller seiner Utopismuskritik wurde das politische Handeln des Naumann-Kreises in Wirklichkeit vom Utopismus geleitet. Dies lässt sich zunächst an der Kritik der politischen Gegner am Nationalsozialen Verein erkennen. Einzelne Ziele wie etwa soziales Christentum, die Agrarreform, soziales Kaisertum bzw. die nationale Arbeiterbe-

---

[22] Vgl. auch Wochenschau, in: ebd. 2/12 (1896), 1f.
[23] Unsere Zukunft, in: ebd. 9/31 (1903), 3.

wegung oder die gesamte Parteiprogrammatik des Nationalsozialen Vereins wurden bereits seit dessen Gründungsphase von der linken und rechten Seite häufig als utopisch bzw. utopistisch kritisiert: Man kennzeichnete den Naumann-Kreis durch „Schwarmgeist" (Urteil aus allen politischen Lagern). Man sprach auch von „Utopie" (Akademische Blätter), „utopisch-kleinbürgerlich-reaktionäre Panier" (Leipziger Volkszeitung).[24]

Aber noch offensichtlicher ist die utopistische Strömung bei Naumann und seinem Anhängerkreis zu beobachten. Die „jüngeren" Christlich-Sozialen gaben trotz der oben erwähnten späteren Selbstkritik zu, dass der utopische Gedanke treibende Kraft für ihre Handlungen sei. So sagte 1896 Naumann als Christlich-Sozialer: „O wehe über diese öde, dürre, o wehe über die armselige Aufgeklärtheit! Dieser geistigen Magerkeit erklären wir den Krieg. Kommt und nennt uns ‚Mystiker', ‚Romantiker', ‚Träumer', wir wollen das gern tragen!"[25] Im gleichen Sinne betonte er: „Die neue Gedankenmacht schwebt über uns und wir ringen mit ihr. [...] die Zukunft umgibt uns wie ein Nebel, voll von geistiger Zeugungskraft. Wir fühlen, daß nicht wir das Christlich-Soziale besitzen, sondern das Christlich-Soziale hat uns, es schiebt uns, hebt uns, trägt uns, lässt uns rudern und ringen, lässt uns jauchzen und seufzen, es kommt über uns als Kraft und Gnade, als Zwang und Druck."[26]

Das geistige Klima der Bodenreformbewegung wurde, wie bereits erwähnt, vom Utopismus geprägt. Man verwendete den Utopiebegriff sehr positiv bei der Beschreibung der bodenreformerischen Ziele: So bezeichnete z. B. Franz Oppenheimer (1864–1943), ein sozialliberaler Schriftsteller und Bodenreformer, nach dem ersten Weltkrieg Soziologieprofessor, die bodenreformerischen Kolonien in Nordamerika als „verwirklichte Utopien".[27] Auch die Bodenreformer, die im Nationalsozialen Verein ihre politische Heimat fanden, waren Utopisten. Damaschke und seine Freunde im „Deutschen Bund der Bodenbesitzreform" setzten sich, wie schon erwähnt, mit Hertzka und dem Freilandsverein auseinander. Aber die „praktische Arbeit" seiner Richtung wurde nicht weniger vom Utopismus als bei der Hertzkaschen Bewegung geleitet. Dies hat auch Damaschke anerkannt, indem er zugab, dass unter den Anhängern seiner Richtung der „Geruch der Phantasten" eine große Rolle spielte. So bemühte sich der Deutsche Bund der Bodenbesitzreform, utopische Kolonien unter Verwendung von Schlagwörtern wie „Sinaloa" oder „Topolobampo" aufzubauen, um diese den Hertzkaschen Kolonienentwürfen „Afrika" oder „Kenia" entgegenzusetzen. Darüber hinaus lässt sich die utopistische Prägung der Damaschkeschen Richtung schon am Namen der bodenreformerischen Kolonien in Deutschland und der Spar- und Bauvereine er-

---

[24] Vgl. etwa Übersicht der Presse, in: Die Zeit 1/50 (28. 11. 1896) u. 1/55 (4. 12. 1896).

[25] Jesus als Volksmann (wie Anm. 17), 2.

[26] Christlich-Sozial, in: W 1, 342.

[27] Vgl. F. Oppenheimer, Verwirklichte Utopien, in: Die Zukunft 5 (1893), 207ff.

kennen, die konkrete Formen der „praktischen" Bodenreformarbeit waren. Beispielsweise nannte sich eine 1893 gegründete Obstbaukolonie „Eden". Der Name einer Baugenossenschaft, die auf bodenreformerischer Grundlage entstand, war „Paradies".[28]

Darüber hinaus ist folgendes bemerkenswert: Nach der Gründung des Nationalsozialen Vereins übte der Naumann-Kreis, wie oben erwähnt, Selbstkritik an solchen utopistischen Auswüchsen. Aber er hob auch immer wieder den Wert und die Unentbehrlichkeit des Utopismus für das politische Handeln hervor, obwohl die Ausdrücke „Utopie" oder „Utopismus" für die Selbstbezeichnung seiner Zukunftsgedanken kaum verwendet wurden. Um aber auf den Vorwurf des Utopismus zu reagieren, wurden eben die positiven Aspekte der Utopie und des Utopismus hervorgehoben, und so erhielten die Ausdrücke eine neue Bedeutung.

Bei der Auseinandersetzung mit dem Utopismusvorwurf der politischen Gegner betonte man erstens, dass utopische Gedanken bei der Neugestaltung der Geschichte immer als schöpferische Kraft fungiert haben. Beispielsweise beantwortete der Dichter und evangelische Pfarrer Feddersen den Vorwurf „Schwarmgeister" wie folgt:

> „‚Schwarmgeister' nennt ihr uns? Wir nehmen an.
> Ein Ehrename sei's!"

Und er machte auf die Bedeutung der Schwärmer für Gott, Vaterland, Freiheit und eine bessere Zukunft aufmerksam, indem er die historische Beispiele nannte:

> „[...] ‚solche' Schwärmer waren stets die Besten!
> So hat geschwärmt einst Doctor Martin Luther,
> Als er den Feuerbrand in's Papsttum warf,
> Der eine ganze Welt in Flammen setzte.
> Und solch ein ‚Schwärmer' war der Heiland selber, [...]"[29]

Zweitens betonte man, dass utopische Gedanken trotz des Vorwurfs der Weltfremdheit in der Geschichte verwirklicht worden seien. Als typisches Beispiel hierfür galt die Antwort der „Hilfe"-Redaktion auf den dichterischen Angriff der Zeitung „Nordischer Kurier", der sich während der Reichstagswahlen von 1903 gegen die Agitation des Nationalsozialen Vereins richtete.[30] Die Zeitung stellte in einem Gedicht die ver-

---

[28] Vgl. A. Damaschke, Aus meinem Leben, 290ff., 296ff.

[29] Schwarmgeister, in: Die Hilfe 2/26 (1896). Ähnlich betonte Naumann 1903 erneut die Wichtigkeit des utopischen Gedankens wie folgt: „Die Leute nennen uns deshalb ‚Schwärmer', weil wir überhaupt politisch noch etwas glauben und hoffen. [...] Etwas Schwärmerei für die Gesamtheit ist besser als ein vertrocknetes Dahinleben ohne Ideale.", (10 Jahre, in: ebd. 10/53 (1904), 2f.)

[30] Allerlei, in: ebd. 9/21 (1903).

schiedenen tagespolitischen Forderungen und die allgemeinen Forderungen des Nationalsozialen Vereins zusammen und bezeichnete sie als „Schwarmgeist".
So – um die wichtigen Teile zu zitieren – schrieb sie:

> „Was Herr Pohlmann, der Kandidat der Nationalsozialen, alles will.
> Nicht mehr fest am Alten halten,
> Neue Bahnen ausgestalten,
> [...]
> National dem Reich ergeben,
> Und voll sozial daneben,
> Macht in Freiheit blühen sehen,
> Ganz für Thron und Volk einstehen
> So sein Plan in großem Stil.
> Schade nur, daß winkt kein Ziel; [...]"

Auf diesen Vorwurf antwortete die „Hilfe"-Redaktion mit dem Originaltext dieses ironisch verwendeten Gedichts, das im Jahre 1833 verfasst wurde. Nach dem Originalgedicht träumte ein „Schwarmgeist": „Groß're Freiheit seiner Rechte", „Schreiben dürfen soll ein jeder", „Einen Zollbund", „Eine Münze und Gewicht", „Gewerbefreiheit", „Freizügigkeit", „Schulzwang", „den heil'gen deutschen Bund" und sogar „ein Deutsches Reich". Damit wollte die „Hilfe"-Redaktion zeigen: Für den Autor dieses Gedichtes war damals „Alles das undenkbar" gewesen, und doch war es im Laufe der Geschichte verwirklicht worden.

Naumann formulierte einen theoretischen Zusammenhang zwischen der Utopie oder dem Utopismus und der Politik. Man kann sich hierbei an seine Behauptung erinnern, nach der die Politik die Kunst das Erreichen des Möglichen sei. Mit diesem Satz meinte er nicht, dass die Utopie oder der Utopismus in der Politik überhaupt abgeschafft werden sollten. Im Gegenteil drückte er damit seine Hoffnung auf die Verwirklichung seiner Utopie aus, wobei er allerdings seine Utopie nicht als „reine Utopie", sondern als „Traum"[31] bezeichnete. So galt die Utopie, die im Naumannschen Sprachgebrauch „Zukunftstraum" hieß, für ihn als ein unentbehrliches psychologisches Element für die Politik. Ohne ein solches seien keine politische Agitationen und kein politischer Plan, ja keine politische Aktion möglich. So bemerkte er zur Rolle der Utopie:

> „Man kann fast sagen, daß ohne Zukunftsträume keine erste Agitation möglich ist. [...]
> Erst allmählich verfestigen sich dann die Träume zu Plänen und langsam wird aus Utopien Politik. Sie verlieren an Glanz, sie gewinnen an Kraft [...]."[32]

---

[31] Vgl. etwa Der soziale Kaiser, in: Die Zeit 2/15 (19. 1. 1897).
[32] Gegenwartspolitik, in: Die Hilfe 3/25 (1897), 2f. (Zit.: 3.)

Im gleichen Sinne formulierte Naumann die Bedeutung des Utopismus für die Politik ins Positive um, indem er den Utopismus als „Illusion" bezeichnete und diese mit „Idealismus" gleichsetzte. Er machte im Gegensatz zur gewöhnlichen pejorativen Verwendung des Begriffs „Illusion" darauf aufmerksam: „Das Wesen der Illusion besteht nicht darin, daß nichts durch sie geschaffen wird, sondern nur darin, daß die vorausschaffende Phantasie sich freie Träume gestattet und in diesen Träumen glücklich ist." (S. 830). Und er betonte die Funktion der Illusion für die Politik: „Es muß Musik dabei sein, wenn in den Kampf marschiert wird, helle, todesfrohe, lebenslustige Musik!" (S. 830). Und: „Die große Illusion aber will ihren natürlichen Gang gehen, das heißt, sie will langsam verblassen, indem sie Wirkungen schafft" (S. 831).[33]

Schließlich ist zu bemerken, dass beim Naumann-Kreis Forderungen nach einer wirtschaftstheoretisch systematisch entworfenen Zukunftsprogrammatik, die der sozialdemokratischen Utopie des „Zukunftsstaats" offensiv entgegengestellt werden sollte, nicht ungewöhnlich waren. Eine solche Forderung stellte der oben erwähnte Jasper auf, indem er sich auf Werner Sombart berief. Jasper wollte die Politik des Nationalsozialen Vereins vor allem durch eine geschlossene volkswirtschaftliche Programmarbeit prägen, deren Ziel eine systematische Umgestaltung der Wirtschaft sein sollte. Diese Forderung wurde von einer Utopie, in der „mit weniger Arbeit viel produziert werden kann", geleitet, d. h. vom „Ideal der größtmöglichen Produktivität".[34]

Auch der Fabrikant Karl Kopp betonte die Notwendigkeit der Schaffung von anschaulichen Gesellschaftsreformbildern für die Agitation und für die Debatten mit den Sozialdemokraten. So sagte er: „Ich halte es für unbedingt nötig, für die Anstrebung neuer fortschrittlicher Wirtschaftsformen den Blick weiter hinauszurichten als bloß auf die praktischen Ziele der Gegenwartspolitik. Wir müssen uns klar werden, dass die Ziele, die wir für unsere Gegenwartspolitik setzen, uns nicht in Sachgassen führen, sondern weiter hinaus einen Schritt zur Erreichung verbesserter Produktion und Wirtschaftsformen bedeuten."[35]

Der Verfasser des Artikels „Zukunftsstaat" in der „Hilfe", Berthold Otto, war derselben Meinung. Er hielt den gewöhnlichen Utopievorwurf der bürgerlichen Kreise gegen den sozialdemokratischen Zukunftsstaat für ineffektiv. Vielmehr akzentuierte er, dass die Sozialdemokratie nur auf dem Gebiete des Zukunftsstaates endgültig besiegt werden könne, und zwar durch ein positives Zukunftsstaatsprogramm auf der Basis der „Monarchie" und des „Nationalismus". In diesem Sinne forderte Otto den Entwurf „einer sozialistischen Wirtschaftsordnung für das Deutsche Reich". Hierbei formulierte er, dass „der Sozialismus nicht mehr und nicht minder Utopie" sei als „das

[33] Die Illusion in der Politik, in: Süddeutsche Monatshefte, 1904 (wieder abgedruckt unter dem Titel „Friedrich Naumann als Führer in die Zukunft, in: Die Hilfe 37/35 (1931), 829ff.)

[34] Ideal der Sozialpolitik, in: ebd. 3/10 (1897), 6f.

[35] K. Kopp, Die Industriearbeiter und unsere Grundlinien, in: ebd. 4/4 (1898), 2f. (Zit.: 3.)

Deutsche Reich es bis 1866 war", um die Verwirklichungsmöglichkeit eines solchen Entwurfs hervorzuheben.[36]

Das bisher Dargestellte lässt sich wie folgt zusammenfassen: Beim Kampf um die Zukunftsprogrammatik verwendete der Naumann-Kreis den Utopiebegriff wie seine Zeitgenossen negativ. Die Ausdrücke „utopisch" versus „praktisch" sowie „Utopismus" versus „Politik" dienten der Differenzierung von fremden und eigenen Zukunftsgedanken. In erster Linie hervorzuheben ist, dass sich die Utopismuskritik beim Naumann-Kreis nicht gegen den Wert der Utopie oder des Utopismus selbst richtete. Bei der Utopismuskritik gegen einen Gegner stand die Kritik an den Gestaltungsprinzipien und weltanschaulichen Grundsätzen im Vordergrund. Darüber hinaus ging es bei der Selbstkritik bezüglich des Utopismus vor allem um die Verwirklichungsfrage eines eigenen Zukunftsentwurfs. Die gegen Zukunftsentwürfe aus den eigenen gerichtete Utopismuskritik des Naumann-Kreises stützte sich auf die rationale Klärung der jeweiligen Verwirklichungsbedingungen. Insofern fungierte diese Selbstkritik des Naumann-Kreises als Mittel zur Verwirklichung der utopischen Wünsche.

Zweitens ist zu betonen, dass bei aller Utopismuskritik der Utopismus die Grundstimmung des Naumann-Kreises prägend beeinflusste. Es gab vor allem Versuche, den Habitus des einseitigen Utopievorwurfs in der bürgerlichen Öffentlichkeit zu überwinden und den Utopie- und Utopismusbegriff positiv zu bewerten. Als typisches Beispiel hierfür galten der programmatische Versuch, eine Alternative zur sozialdemokratischen Utopie des „Zukunftsstaats" zu entwerfen, sowie der theoretische Versuch, die Utopie als unentbehrliches psychologisches Element für die Realpolitik zu erweisen.

Im bisher erwähnten Sinne waren die Zukunftsentwürfe des Naumann-Kreises utopisch. Genauer: Der Utopismus stand im Vordergrund, ohne dass jedoch Allgemeingültigkeit, theoretische Geschlossenheit oder Originalität beansprucht worden wären.

---

[36] B. Otto, Der Zukunftsstaat, in: ebd. 4/23 (1898), 1f.

II. Bilder eines neuen deutschen Nationalstaats

1. Der Grundcharakter der Zukunftsentwürfe beim Naumann-Kreis

Entsprechend der Entwicklung des Naumann-Kreises zur politischen Partei präzisierten sich seine Wunschbilder für die Zukunftsgesellschaft Deutschlands. Einerseits wurde sein bisher allgemeines religiös-ethisches Gemeinschaftsideal politisch konkret formuliert.[37] Andererseits erweiterte sich sein bislang begrenztes politisches Interessengebiet. Er versuchte, seine bisher vereinzelten sozial- und staatspolitische Zielvorstellungen in einer gesamtgesellschaftlichen Reformprogrammatik zusammenzufassen.

Naumann und seine Anhänger versuchten durch ihre umfangreiche gesellschaftspolitische Reformprogrammatik, den deutschen Nationalstaat innerlich neu zu gründen. Hierbei setzten sie – wie schon erwähnt – voraus, dass die Neugestaltung des deutschen Nationalstaats erst nach dem erhofften innenpolitischen Umschwung möglich sei, d. h. nach der Entstehung eines sozialen Kaisertums, die Auflösung der konservativen Vorherrschaft einbegriffen.

Der Entwurf des Naumann-Kreises für einen neuen deutschen Nationalstaat bestand einerseits aus verschiedenen Reformplänen und andererseits aus den Prognosen zur Gesellschaftsentwicklung, mit denen man die Realisierung solcher Reformpläne begründen wollte. Was der Naumann-Kreis mit seinen verschiedenen Zielbildern und prognostischen Vorstellungen als relativ geschlossenes Gesellschaftsbild des neuen deutschen Nationalstaats anbieten wollte, das war eine Übergangsgesellschaft, die schließlich durch die Utopie einer sozial geeinigten Nationalgemeinschaft vollendet werden sollte. Man bezeichnete die nach einem innenpolitischen Umschwung entstehende Übergangsgesellschaft je nach Standpunkt etwa als „kräftigen Nationalstaat"[38] bzw. „Volksstaat" (Sohm), als „ethische Gesellschaft" (Wulckow) oder als „Industriestaat" (Naumann) bzw. „industrialistische Zukunft" (Traub)[39].

Der Naumann-Kreis charakterisierte das Gesamtbild der Übergangsgesellschaft als sich kapitalistisch und gleichzeitig sozialistisch entwickelnde Gesellschaft. Hierbei galten als tragendes Prinzip einerseits die Steigerung der nationalen Produktivität durch die Entwicklung des Industriekapitalismus, deren außenpolitischer Ausdruck

---

[37] Hierzu siehe z. B. die kritische Bemerkung von Johannes Weiß, in: ders., Gedanken zum neuen christlich-sozialen Programm, in: Die Hilfe 2/36 (1896), 1f.

[38] Aus unserer Bewegung, in: Die Zeit 2/61 (13. 3. 1897).

[39] Siehe die Rede Traubs, Protokoll (2.-5. 10. 1902), 77.

eine imperialistische Politik auf dem Weltmarkt sein sollte und andererseits das Wachstum des „Sozialismus" hinsichtlich der Verteilung der materiellen und geistigen Güter. Der Naumann-Kreis versuchte, die Einzelheiten der Übergangsgesellschaft gemäß diesen Prinzipien zu organisieren. In diesem Sinne gab es in seinem Entwurf keine Forderung nach einer Institution , wie etwa der Zwangsinnung, für die Erhaltung des handwerklichen und kleinbetrieblichen „Mittelstandes".

Insbesondere um den sozialistischen Charakter der erhofften Übergangsgesellschaft zu sichern, versuchten einige der Freunde und Anhänger, den Umgestaltungsprozess der vorhandenen kapitalistischen Wirtschaftsordnung systematisch darzustellen. Aber solche Versuche blieben in der Minderheit. Vorherrschend war der Zweifel an der Schaffung eines wirksamen Plans einer formalen sozialistischen Ordnung für die nächste Zukunft, dessen Geschlossenheit und Einheitlichkeit durch eine volkswirtschaftliche Theorie garantiert werden sollte.

Eher in einem ethischen und politischen Sinne wollte die Mehrheit im Naumann-Kreis die sozialistischen Grundzüge der Übergangsgesellschaft veranschaulichen. Der Naumann-Kreis verwendete „Sozialismus" grundsätzlich als sozialethischen Begriff. Naumann und seine Anhänger sahen besonders in der Zeit der Bewegung der „jüngeren" Christlich-Sozialen den „Sozialismus" in enger Verbindung mit dem christlichen Gemeinschaftsideal. So definierte Naumann den „Sozialismus" als einen Versuch zur Herstellung einer „gleichmäßigeren Verteilung irdischer Leiden und Freuden" und sah darin eine ethische Pflicht.[40] Man sah im „Sozialismus" sogar eine reine Gesinnung für das Gemeinschaftsleben.[41]

Der Sozialismusbegriff des Naumann-Kreises fungierte als Kampfbegriff gegen den marxistischen bzw. sozialdemokratischen Sozialismusbegriff, welcher vor allem die „Vergesellschaftung der Produktionsmittel", also eine kollektivistische Produktionsweise und damit eine völlig neuen Gesellschaftsform implizierte. Hierbei bezeichnete der Naumann-Kreis den sozialdemokratischen Sozialismusbegriff häufig als „Kommunismus" bzw. „Kollektivismus". Beispielsweise hob Kulemann einen Standpunkt der christlichen Sozialethik hervor, nach welchem ein „sozialistisches" Gesellschaftsideal, d. h. ein „gesunder Zustand der Volkswohlfahrt" nicht das Prinzip der völligen Gleichheit des Kommunismus bedeute, sondern einen Zustand, welcher „dem Grundsatze der Gerechtigkeit und der Liebe besser entsprechen" sollte.[42]

Seit der Gründungsphase des Nationalsozialen Vereins verwendete der Naumann-Kreis den Ausdruck „Sozialismus" auch für eine politisch-soziale Bewegung, einen Prozess innerhalb der kapitalistischen Gesellschaft. Zunächst war „Sozialismus" die

---

[40] Vgl. M. Wenck, a. a. O (1905), 3.

[41] Vgl. etwa die Artikelserie von A. Bonus, Sozialismus des inneren Lebens, in: Die Hilfe 2 (1896), Nr. 5ff.

[42] Vgl. W. Kulemann, Sozialismus I/II, in: ebd. 2/21 (1896), 2f. u. 2/22 (1896), 2f.; auch Teichmann, Die Anteilnahme..., in: ebd. 1/38 (1895), 3f.

politische Bewegung der arbeitenden Klassen für ihren materiellen, politischen und geistigen Aufstieg. In diesem Sinne bezeichnete Naumann den „Sozialismus" als „die große Volksbewegung unserer Zeit"[43], und später wurde er noch klarer: „ Sozialismus ist eine Bewegung und keine Theorie von einer neuen anderen Gesellschaftsordnung."[44] Daneben sah man den „Sozialismus" als Prozess der politisch-sozialen Einflusszunahme der arbeitenden Klassen und als unabwendbare gesellschaftliche Entwicklungstendenz. So war für Naumann der „Sozialismus" eine „neue Volksströmung" und eine „grundlegende Anschauung des kommenden Zeitalters"[45] sowie „ein Vorgang, ein großer, vielgestaltiger, stromartiger Vorgang".[46]

Den Sozialismusbegriff als solchen setzte der Naumann-Kreis mit dem Demokratiebegriff gleich. Naumann erklärte: „Demokratie ist der politische Ausdruck für die Bestrebungen der neudeutschen industriellen Masse. Mit dem Wachstum dieser Masse steigt die Demokratie. Was wirtschaftlich Sozialismus heißt, tritt politisch [...] als Demokratie auf."[47] Insofern war der „Sozialismus" kein Gegenbegriff zu einer kapitalistischen Wirtschaftsordnung, sondern bedeutete die demokratische Umgestaltung der vorhandenen Machtverhältnisse in der Wirtschaftsleitung. Entsprechend formulierte Naumann später nochmals: „Sozialismus ist derselbe Vorgang im Kapitalismus wie Liberalismus im Staat. [...] Kapitalismus ist die aristokratische Auffassung desselben Wirtschaftslebens, dessen demokratische Auffassung Sozialismus heißt."[48]

So sollte der sozialistische Charakter der erhofften Übergangsgesellschaft durch die Grundsätze der christlichen Ethik wie etwa Gerechtigkeit und Liebe und politisch durch die Demokratie gesichert werden. Mit der Durchsetzung dieser ethischen Grundsätze im öffentlichen Leben und durch die Demokratisierung von Staat und Gesellschaft sollten die falschen Einrichtungen und Zustände für die „Übermacht vorhandener Besitzrechte" (Naumann)[49] allmählich umgestaltet werden. Erst danach, und zwar in einem bestimmten wirtschaftlichen Entwicklungsstadium in der fernen Zukunft – so lautete die Grundstimmung des Naumann-Kreises – sei das systematische Programm für eine bestimmte sozialistische Gesellschaftsordnung möglich.[50]

---

[43] Vgl. F. Naumann, Weshalb nennen wir uns Sozialisten?, in: W 5, 266ff.(Zit.: 268); ders. nationaler und internationaler Sozialismus, in: ebd., 271.

[44] Neudeutsche Wirtschaftspolitik (1902), 111.

[45] Vgl. ebd.; ders., Wochenschau, in: Die Hilfe 2/17 (1896), 1f (Zit.: 1.); auch P. Göhre, Die Partei der Zukunft, in: ebd. 2/38 (1896), 1ff.

[46] Neudeutsche Wirtschaftspolitik (1902), 111.

[47] Demokratie und Kaisertum, in: W 2, 39.

[48] Neudeutsche Wirtschaftspolitik (1906), in: W 3, 440.

[49] Die Nationalsozialen, v. Centralbureau der nationalliberalen Partei (Berlin 1898), 21.

[50] Vgl. etwa P. Göhre, Die Partei der Zukunft, in: Die Hilfe 2/38 (1896), 1ff.; F. Naumann, Neudeutsche Wirtschaftspolitik (1902), 97f.

Beim Entwurf einer solchen Übergangsgesellschaft stützte sich der Naumann-Kreis immer mehr auf prognostische Vorstellungen. So wurde die Forderung nach der Entwicklung der Großindustrie als Voraussetzung für eine bessere Güterverteilung durch die folgende prognostische These ersetzt: Die Gegenwart sei die Anfangszeit des wachsenden Industriekapitalismus, der in der nächsten Zukunft als das „Systembildende" (Naumann) immer mächtiger werden würde.[51] An die Stelle des ethischen Appells zur Schaffung des Sozialismus trat die Prognose von der unvermeidbaren gesellschaftlichen Entwicklungstendenz zum Sozialismus.

Während sich der Naumann-Kreis durchaus für die kommende Entwicklungsstufe, die mit der Entstehung des sozialen Kaisertums eingeleitete Übergangsphase interessierte, gab es kaum den Versuch, ein Gesellschaftsbild für die Endphase konkret zu entwerfen, in der schließlich das Ideal einer gesellschaftspolitisch vollendeten Nationalgemeinschaft verwirklicht sein sollte. Wie sich der Naumann-Kreis eine Zukunftsgesellschaft jenseits der relativ konkret entworfenen Übergangsgesellschaft vorstellte, das lässt sich durch die folgenden prognostischen Thesen nur unzureichend beantworten:

Einerseits glaubte man, dass ein idealer gesellschaftlicher Endzustand nie erreicht werden könnte, weshalb der gesellschaftliche Evolutionsprozess endlos sei. Hierbei berief man sich auf den Sozialdarwinismus und die allgemeine Vorstellung über die Menschennatur: „Die Herstellung einer ‚menschenwürdigen', d. h. auskömmlichen Existenz für alle wird so lange eine Unmöglichkeit bleiben, als es noch eine Selbstsucht im Menschen und den dadurch bedingten ‚Kampf ums Dasein' giebt. Beides aber wird bleiben, so lange die Menschen eben ‚Menschen' und nicht Götter sind, wie ja auch dieses materielle Elend zu allen Zeiten schwer auf dem Menschengeschlechte gelastet hat, und zwar in noch viel schlimmeren und grausameren Formen als heute. Dieses Elend [...] wird auch ferner ungestillt bleiben."[52] Anders formuliert: Das Gesetz des sozialen Fortschritts sei eine soziale Auslese, die sich auf die Ungleichheit der Menschen stützt. Insofern sei die Verwirklichung des Ideals der völligen Gleichheit nicht nur unmöglich, sondern bedeute auch schon keinen sozialen Fortschritt mehr.[53]

Andererseits stellte man die relativ konkrete These auf, dass die allmähliche Evolution der Gesellschaft irgendwann notwendigerweise zur Entstehung einer neuen sozialistischen Gesellschaftsform führen würde, die völlig anders als die vorhandene kapitalistische Gesellschaft aussehen sollte. So sagte z. B. Maurenbrecher voraus, indem er sich auf Karl Kautsky stützte: „Vom Boden der heutigen Gesellschaft aus kommt man

---

[51] Vgl. Naumann, Neudeutsche Wirtschaftspolitik (1902), 99; Maurenbrecher, Sozialismus und Staat, in: Die Hilfe 9/3 (1903), 3.

[52] R. Wulckow, Die Geistesbildung der Armen, in: ebd. 1/33 (1895), 2f. (Zit.: 3.)

[53] Siehe W. Kulemann, Sozialismus (wie Anm. 42.)

schrittweise und langsam, indem man eine Reform neben die andere setzt, unbewusst und ohne einen deutlichen Übergang zu merken, in die ,Vergesellschaftung' der Produktionsmittel hinein."[54] Hierbei betonte Maurenbrecher, dass der Übergang zu einer solchen sozialistischen Produktionsweise allein „eine Folge natürlicher gesellschaftlicher Entfaltung" sei, bei der es nur wenig politische Beschleunigungsmittel gebe.[55] Insofern besagt für ihn der Übergang zu einer bestimmten sozialistischen Gesellschaftsform die Folge eines autonomen und absolut langfristigen Entwicklungsprozesses des kapitalistischen Systems.

Die bisher erwähnten prognostischen Thesen zeigen nicht nur die offenen Vorstellungen innerhalb des Naumann-Kreises zur fernen Zukunft, sondern auch eine gemeinsame Vorstellung von der langen Zeitdauer der jeweiligen Entwicklungsprozesse zur noch höheren Stufe. So rechnete der Naumann-Kreis bei der Zeitdauer der erhofften Übergangsgesellschaft bis zur Bildung der nächsten fortentwickelten Gesellschaft konkret mit *Jahrhunderten*. Bei dieser Berechnung handelte es sich um die Frist des „Emporkommens des vierten Standes" bis zur gleichberechtigten Teilnahme an der Herrschaft[56] oder um den Zeitraum des Prozesses der „Durchkapitalisierung" (Naumann) bis zum völligen Sieg des Industriekapitalismus auf der gesamten Welt[57] sowie um die notwendige Zeitdauer des gesamtgesellschaftlichen Evolutionsprozesses für den Entwurf eines klaren Programms für eine neue Gesellschaftsform.[58]

2. Die offiziellen Programmschriften des Nationalsozialen Vereins

Es gab keine offizielle Programmschrift des Nationalsozialen Vereins, die versuchte, das Bild des neuen deutschen Nationalstaats in seiner Gesamtheit konkret zu schildern. Aber die folgende Darstellung zum Programmentwurf beim Naumann-Kreis zeigt, dass es seit dem Entwurf des Generalprogramms des Nationalsozialen Vereins zwischen den offiziellen Programmschriften eine innere Kohärenz gab. Insofern lässt sich schon durch die Zusammenstellung dieser Programmschriften ein charakteristisches Bild des neuen deutschen Nationalstaats nachträglich rekonstruieren.

Bis zum Zeitpunkt der Gründung des Nationalsozialen Vereins konkretisierte sich in Naumann und seinen Anhängern das Bedürfnis nach einem umfangreichen Reformprogramm, in dem sie ihre Zielvorstellungen für alle Gesellschaftsbereiche formulieren

---

[54] M. Maurenbrecher, Vergesellschaftung, in: Die Hilfe 9/1 (1903), 3f. (Zit.: 4.)

[55] Ders., Sozialismus und Staat, in: Die Hilfe 9/3 (1903), 3.

[56] Vgl. R. Sohm, Die sozialen Pflichten der Gebildeten, bes. 10, 14.

[57] Vgl. F. Naumann, Wochenschau, in: Die Hilfe 6/14 (1900), bes. 1; ders., Neudeutsche Wirtschaftspolitik (1902), 99f.

[58] Trommershausen, Soziale Evolution von Benjamin Kidd, in: Die Hilfe 2/6ff. (1896), bes. Nr. 7., 2.

wollten. Diese Zielvorstellungen sollten dabei einheitlich und geschlossen niedergelegt werden. Die „Grundlinien für ein evangelischsoziales Programm" für den Gesamtverband evangelischer Arbeitervereine von 1893 wurden wesentlich durch die Gedanken der „jüngeren" Christlich-Sozialen um Naumann geprägt. Hierbei beschränkten sich ihre Zielvorstellungen zunächst auf die Bereiche der Großbetriebe bzw. der Industriearbeiterschaft und der Kleinbetriebe bzw. der Handwerker und Kleinhändler.[59] Später, im Kreis der „jüngeren" Christlich-Sozialen, wurde das Konzept in Richtung einer gesamtgesellschaftliche Umgestaltung erweitert.

Beispielsweise stellte sich Naumann in seinen „Gedanken zum christlich-sozialen Programm" von 1895 neben Programmpunkten in den o. g. Bereichen zusätzlich verschiedene landwirtschaftliche Reformziele vor.[60] Auch die Vorstellung Naumanns von einer neuen Gesellschaft konkretisierte sich. So zeigte sein Wochenschauartikel in der „Hilfe" vom 22. März 1896, dass sein Konzept einer gesellschaftspolitischen Umgestaltung fast alle Sektoren der Gesellschaft umfasste. In diesem Artikel appellierte Naumann an seine Freunde und Anhänger, ihm Zielpunkte für das Programm des entstehenden Nationalsozialen Vereins anzugeben. Konkret nannte Naumann folgende Zielbereiche: die Industriearbeiter, die Landarbeiter, die Handwerker, der Handelsstand, die Schule, die Stellung von Staat und Kirche, das Heerwesen, das bürgerliche Recht, die Volksgesundheit, die Arbeitslosigkeit, die Bodenrente, die Staatsschulden, das Steuerwesen, die Kommunalverwaltung, die Landesverfassungen und die Reichsverfassung.[61]

Der enge Kreis der „jüngeren" Christlich-Sozialen konnte schon Anfang 1896 einen Fortschritt in seiner Programmarbeit melden. Die „jüngeren" Christlich-Sozialen bildeten im Januar 1896 ein „vorbereitendes Komitee" für die Gründung einer eigenständigen Tageszeitung, die ab Oktober unter dem Titel „Die Zeit" erscheinen sollte. Das Komitee arbeitete unter der Federführung Naumanns die Grundlinien der geplanten Zeitung aus. Ende Januar erschien der erste Entwurf. Der spätere Programmentwurf des „Ausschusses der jüngeren Christlich-Sozialen" zur Gründung des Nationalsozialen Vereins sowie das Generalprogramm, d. h. die „Grundlinien" dieses Vereins beruhten wesentlich auf den für die „Zeit" gefundenen „Leitideen".[62]

---

[59] Vgl. M. Wenck, Die Geschichte, 15ff.

[60] Vgl. Die Hilfe 1/22 (1895), 1ff.

[61] Ebd. 2/12 (1896), 1f.

[62] Vgl. „Vertrauliches Anschreiben und Programmentwurf für eine neue Tageszeitung", in: MWG I/4 2. Halbband, Tübingen 1993, 885. Die Namen der Mitglieder dieses Komitees lautet: Pfarrer Battenberg aus Frankfurt a. M.; Pfarrer Foerster aus Frankfurt a. M.; Landgerichtsrat Küchler aus Darmstadt; Pfarrer Naumann aus Frankfurt a. M.; Landgerichtsrat a. D. v. Oertzen aus Freiburg i. Br.; Professor Schulze-Gävernitz aus Freiburg i. Br.; Pfarrer Rade aus Frankfurt a. M.; Professor Trommershausen aus Frankfurt a. M.; Professor Max Weber aus Freiburg i. Br.; Professor Johannes Weiss aus Marburg; Direktor Heinrich Weizsäcker aus Frankfurt a. M.; Professor Zimmer aus Herborn.

In diesem Programmentwurf wurden neben den bisher behandelten sozialpolitischen Zielpunkten vor allem Vorstellungen zur Außenpolitik, d. h. zur Weltmacht- und zur Kolonialpolitik, sowie zu den Themen Frauen, Kirchen Kunst und Wissenschaft formuliert. Die eigentliche Bedeutung dieses Entwurfs bestand darin, dass man versuchte, geeignete Grundsätze zu formulieren, um eine Einheitlichkeit zwischen den einzelnen Reformzielen zu erhalten.

In jener Zeit drückten weite Kreise der Anhängerschaft Naumanns ihr gesteigertes Interesse an einem Programmentwurf aus. So entstanden im Naumann-Kreis viele teilweise konkurrierende Entwürfe und Vorschläge. Besonders auf den Programmentwurf des „Ausschusses der „jüngeren Christlich-Sozialen", der am 1. Oktober in der „Zeit" veröffentlicht wurde, reagierten viele Anhänger Naumanns, so dass bis zur ersten Vertreterversammlung 62 Änderungsanträge zu diesem Entwurf und acht eigenständige Programmentwürfe eingebracht wurden.[63]

Auf der ersten Vertreterversammlung in Erfurt im November 1896 gab es heftige Debatten zu einzelnen Punkten des o. g. Programmentwurfs. Die Diskussionen konzentrierten sich vor allem auf zwei Fragen, die in dieser Arbeit bereits erwähnt wurden: die Frage nach dem sozialen Charakter der vom Naumann-Kreis geplanten Partei, d. h. nach der Alternative zwischen bildungsbürgerlich geprägter und reiner Arbeiterpartei (1); die Frage nach der Rolle des Christentums bei der politischen Arbeit des Nationalsozialen Vereins (2). Beide Fragen betreffen weniger die eine Gesellschaftsreform als vielmehr die politische Arbeit, wie etwa die Strategien zur Mobilisierung der Wählerschaft bzw. die Koalitionsbildung mit anderen politischen Parteien, oder aber die praktischen Prinzipien für das politische Handeln.[64]

Auf der Erfurter Versammlung bemühte sich der Naumann-Kreis vor allem um einen Konsens zu den Grundsätzen eines umfangreichen Umgestaltungsplans, wobei die von einigen Freunden entworfenen detaillierten Reformpläne für die weitere Programmarbeit nicht behandelt wurden. Die „Grundlinien" waren der erste Erfolg bei dieser Konsensbildung.[65] In der Folge wurden, auf der Basis der „Grundlinien", die offiziellen Einzelprogramme durch jährlich stattfindende Vertreterversammlungen erarbeitet. Darüber hinaus wurden Flugblätter als Propagandamaterial des Nationalsozialen Vereins ausgegeben, auf welchen die auf Basis der „Grundlinien" entwickelten Reformforderungen verbreitet wurden.[66]

---

[63] Vgl. J. Villain, Der Ns. Verein, 49.

[64] Vgl. ebd., 51ff; Protokoll (23.-25. Nov. 1896); D. Düding, Der Ns. Verein, 53ff.

[65] Vgl. Protokoll (23.-25. Nov. 1896).

[66] Bis zur Auflösung des Nationalsozialen Vereins im Jahre 1903 wurden 8 Flugblätter mit den folgenden Titeln erschienen: 1. Was wollen wir National-Sozialen ?, 2. Vaterland und Freiheit in nationalsozialer Beleuchtung !, 3. Warum unterstützen die Nationalsozialen eine Weltpolitik Deutschlands?, 4. Die Nationalsozialen und die Gewerkschaften, 5. Die Nationalsozialen und die Sozialdemokratie, 6. Unsere Gegner, 7. Was

Die offiziellen Programmschriften[67] umfassten nicht alle Zielvorstellungen des Naumann-Kreises, beschrieben aber das geschlossene Bild einer Übergangsgesellschaft, die sich zu einer sozial geeinigten Nationalgemeinschaft entwickeln sollte. Schon in den „Grundlinien" von 1896 und auch im „Landprogramm" von 1900 sowie in den Leitsätzen über die „Stellung zum Liberalismus" von 1901 ist der Grundcharakter der vom Naumann-Kreis erhofften Zukunftsgesellschaft klar erkennbar. In den Programmschriften betonte der Naumann-Kreis als oberstes Ziel der Zukunftsgesellschaft die Steigerung des Wohlstands der Gesamtnation. Hierfür stellte er folgende Aspekte der Zukunftsgesellschaft in den Vordergrund:

1. Als grundlegendste Voraussetzung für die gesamtgesellschaftlichen Reformen gilt das Wachstum des Gesamtertrags der deutschen Volkswirtschaft durch eine imperialistische Weltpolitik und die industrielle Entwicklung. Hierbei zeigen beide Programme einen Unterschied: Die „Grundlinien" betonen den Imperialismus auf dem Weltmarkt, d. h. „die wirtschaftliche und politische Machtentfaltung der deutschen Nation nach außen" und damit indirekt die industrielle Entwicklung. Dagegen hebt die „Stellung zum Liberalismus" deutlich die industrielle Entwicklung hervor. Nach der originalen Fassung Naumanns ist nationale Machtpolitik erst auf Grund „einer volkswirtschaftlich-industriellen, antiagrarischen Gesamtauffassung" möglich (Protokoll/Frankfurt a. M. 1901, S. 108).

2. Zusätzlich richtete der Naumann-Kreis seine besondere Aufmerksamkeit auf den landwirtschaftlichen Aspekt der Zukunftsgesellschaft. Das Bild der zukünftigen Landwirtschaft wurde durch folgende prognostische Thesen charakterisiert, die von der Notwendigkeit einer rationellen landwirtschaftlichen Produktionsweise ausgingen (der einführende Teil des Landprogramms):

– Die geringe Anpassungsfähigkeit des Großgrundbesitzes steht einem leistungsfähigen Bodenbetrieb im Wege und führt zum allmählichen Zurücktreten des Großgrundbesitzes und zur entsprechenden Vermehrung der bäuerlichen Betriebe. Dies ist notwendig angesichts der gegenwärtigen Lebensbedingungen der Nation.

– Die Harmonie der Interessen von Bauern und Industriearbeitern wird mit Hilfe der kaufmännischen und genossenschaftlichen Form des bäuerlichen Betriebs und durch das bäuerliche Interesse an einer weiteren Ausbildung des industriellen Lebens gefördert.

---

sagt Bernstein ?, 8. Der deutsche Arbeiter und die Flotte. (All diese befinden sich in: Brandenburg. LHA., Rep. 30, Berlin C, 15326, Bl. 202ff.)

[67] Zum Überblick über die Programmschriften siehe die Protokolle über die Verhandlungen des Nationalsozialen Vereins 1896-1902; auch Nationalsozialer Wegweiser hrsg. vom Vorstand des national-sozialen Hauptvereins (1902). In dieser Schrift befindet sich die Sammlung von Programmen, die bis 1901 auf dem Vertretertag angenommen wurden.

3. Als grundlegende Maßnahme zur Umgestaltung der vorhandenen Verhältnisse zugunsten der arbeitenden Bevölkerung gilt die Demokratisierung des Staates und der Gesellschaft, deren wichtigste Aspekte sind (Grundlinien: §3 u. 4):

– die Ausdehnung des allgemeinen Wahlrechts auf Landtag und Kommunalvertretungen sowie die Verwirklichung der politischen und wirtschaftlichen Vereinsfreiheit und die Erhaltung der staatsbürgerlichen Rechte aller Staatsbürger.

– Hinsichtlich der Demokratisierung soll auch ein „kräftiges Zusammenwirken der Monarchie und der Volksvertretung" verwirklicht werden.

4. Ebenso wie die Demokratisierung ist bedeutsam die Durchsetzung der christlichen Ethik als „Macht des Friedens und der Gemeinschaftlichkeit" im öffentlichen Leben (Grundlinien: § 7).

5. Als erster Schritt hin zur gleichmäßigen Verteilung des volkswirtschaftlichen Gesamtertrags gilt die Steigerung der Konsumkraft der Industriearbeiterschaft. Mittelbar soll eine Belebung der bäuerlichen und handwerklichen Betriebe erreicht werden (Leitsätze: § 4.; der einführende Teil des Landprogramms).

Einige Abschnitte der o. g. Programme und andere Einzelprogramme ergänzen den Grundcharakter der erhofften Zukunftsgesellschaft, indem sie weitere Einzelaspekte ausführlich darstellen. Die konkreten Zielbilder lassen wie folgt den bisher erwähnten Grundvorstellungen zuordnen:

1. In Hinsicht auf die Steigerung des nationalen Reichtums erwartet der Naumann-Kreis folgende Maßnahmen für die imperialistische und industrielle Entwicklung Deutschlands:

– Zur Stärkung der imperialistischen Politik sind notwendig: die Durchsetzung der allgemeinen Wehrpflicht, eine angemessene Vermehrung der Kriegsflotte, der weitere Ausbau der Kolonien sowie deren Erhaltung und die Reform der Missstände in den militärischen und kolonialen Einrichtungen (Grundlinien: § 2).

– Für die industrielle Entwicklung Deutschlands und damit für das „Interesse der großen Mehrzahl des Volkes" soll die Grundrichtung der Handelsvertragspolitik keiner Schutzzollpolitik entsprechen (Leitsätze zur Handelspolitik von G. Schulze-Gävernitz, 1898).

– Die Konzentrations- und Organisierungstendenzen im Industriekapitalismus sind notwendige Erscheinungen. In diesem Sinne soll die Politik gegenüber der Kartellbildung nur darauf gerichtet sein, die sich steigende Übermacht des Großkapitals zu beschränken, ohne die Bedeutung der Kartelle für die nationale Macht zu übersehen. (Leitsätze zur Kartellfrage von A. Weber, 1902).

– Die Industrialisierung der deutschen Landwirtschaft[68] soll durch folgende Schritte erreicht werden (Landprogramm § 1, 3, 5 u. 7):

a) durch eine Schutzzölle ablehnende Handelsvertragspolitik bzw. durch Beseitigung der auf Schutzzölle basierenden großgrundbesitzlichen Sondervorteile;

b) durch den fortschreitenden Aufbau des Eisenbahnnetzes sowie der Land- und Wasserstrassen auf dem „platten Land" und die Förderung des Baus von Industrieanlagen auf dem Land usw.;

c) durch die Erleichterung von ländlichen Personalkrediten, die staatliche Förderung rationeller Betriebsweisen und die Einführung neuer Betriebsarten.

2. Als konkrete Schritte der Demokratisierung gelten:

– die gesetzliche Sicherung des Koalitionsrechts der Arbeiter, konkret: Reformen der gesetzlichen Rahmenbedingungen für Gewerkschaften und Lohnkampf; (Leitsätze zum Koalitionsrecht der Arbeiter von L. Brentano, 1899);

– die demokratische Umgestaltung des deutschen Landes durch die folgenden Maßnahmen:

a) die Aufhebung des junkerlichen Sonderrechts in Ostelbien, d. h. der Fideikommisse;

b) die Beseitigung weiterer Vorrechte des Großgrundbesitzes;

c) die Reform der Polizeiverwaltung;

d) die Schaffung „größerer leistungsfähiger" Kommunalverbände;

e) die Vertretung der Kleinbauern und Landarbeiter in den Landwirtschaftskammern u. a. (Landprogramm: § 2, 3 u. 9);

– Förderung des wirtschaftlich-sozialen Aufstiegs von Volksschullehrern/lehrerinnen vor allem durch folgende Maßnahmen:

a) Fortbildung auf der Universität durch die Errichtung pädagogischer Universitätsseminare;

b) die Beseitigung der geistlichen Ortschulaufsicht;

c) die finanzielle und soziale Gleichstellung mit den mittleren Staatsbeamten;

---

[68] Dieser Programmbegriff „Industrialisierung der Landwirtschaft" wurde vom Naumann-Kreis selbst verwendet. So fasste z. B. Heinrich Pudor seine Wunschbilder der zukünftigen deutschen Landwirtschaft in der Parole „Industrialisierung der Landwirtschaft" zusammen in seiner Propagandaschrift für den Nationalsozialen Verein Die Selbsthilfe der Landwirtschaft (Berlin-Schöneberg 1902). Der Pudorsche Zielbegriff „Industrialisierung der Landwirtschaft" bedeutet, dass „der Landwirtschaftsbetrieb ein durchaus nach wissenschaftlichen und kapitalistischen Grundsätzen ins Werk gesetzter und kaufmännisch geleiteter Betrieb wird". [ders., Moderner Landwirtschaftsbetrieb, in: Die Hilfe 8/27 (1902), 3.] Hierbei stellte er als Einzelaspekte der „Industrialisierung der Landwirtschaft" dar: 1. die Verwertung der Ergebnisse der Wissenschaft und Technik in der Landwirtschaft; 2. die Regulierung der Getreidepreise; 3. die Produktivgenossenschaft und der Zwischenhandel; 4 die Angliederung der ländlichen Produktion an den städtischen Konsum; 5. die verschiedenen Genossenschaften wie Gärtnerei-, Obstbau-, Obstverwertungs- und Konservengenossenschaften (Siehe hierzu, Die Selbsthilfe...).

– die wirtschaftlich-soziale Anhebung des Status der Lehrer höherer Schulen durch deren Gleichstellung mit dem Richterstand (Schulprogramm: 2, 1897);

– Regelung der Frauenfrage im Sinne einer Sicherung der persönlichen und wirtschaftlichen Stellung der Frau; Zulassung zu all jenen Berufen und öffentlich-rechtlichen Stellungen, die ihrem Geschlecht entsprechen (Grundlinien: § 6);

– freie und selbständige Entwicklung der Gemeinden auf Grund des allgemeinen, geheimen und direkten Wahlrechts und des Ausschlusses aller an Stand und Besitz gebundenen Sonderrechte bzw. Beschränkungen; finanzielle Unabhängigkeit der Gemeinden[69];

– Einführung von Arbeitervertretungen in kommunalen Betrieben (Gemeindeprogramm: 1–3 u. 5/1a., 1899).

3. Um die arbeitende Bevölkerung in Stadt und Land materiell und geistig zu heben, erwartet der Naumann-Kreis vor allem verstärkte Bildung von Genossenschaften in den Städten und auf dem Land, und zwar von Erwerbs- und Wirtschaftsgenossenschaften. Die besondere Bedeutung soll dabei nicht nur in der wirtschaftlichen Selbsthilfe, sondern auch in der ethischen Rolle, d. h. in der Pflege sozialer Gesinnung liegen (Genossenschaftsprogramm, 1897). Hinsichtlich der Verbesserung der wirtschaftlichen Lage des Bauerntums wurde neben der Genossenschaftsbildung auch die Reform des Hypothekarkreditwesens (Landprogramm: § 5) erhofft. Außerdem erwartete der Naumann-Kreis die folgenden Maßnahmen:

– Förderung der Volksbildung durch die Einrichtung der allgemeinen Volksschule, die allmähliche Einführung der Unentgeltlichkeit des Unterrichtes und der Lernmittel, die finanzielle Unterstützung für die begabten Kinder zum Besuch höherer Schulen, die Errichtung von obligatorischen Fortbildungs- und Gewerbeschulen für die Jugendlichen, die Errichtung von Volksbüchereien bzw. Lesehallen und weitere öffentliche kulturelle Anstalten (Schulprogramm: 2–4/Gemeindeprogramm: 4/§1);

– die Bestrebungen der Gemeinde zum sozialen Schutz von Erwerb und Besitz durch die Ausgestaltung der kommunalen Betriebe zu Musterbetrieben, durch die Regelung des Submissionswesens, durch die Errichtung unparteiischer Arbeits- und Wohnungsnachweise und durch den Bau möglichst guter und billiger Wohnungen;

– weitere Bestrebungen der Gemeinde zur hygienischen Kontrolle und Fürsorge, zur weitblickenden Armen- und Waisenpflege und zur Regelung des Begräbniswesens (Gemeindeprogramm: 4ff.);

---

[69] Die finanzielle Unabhängigkeit der Gemeinden soll ermöglicht werden durch:

– die Vergemeindung von wichtigen Betrieben (das Verkehrs- und Beleuchtungswesen, Sparkassen und Apotheken u. a. m.);

– Kontrolle über den Boden- und Grundbesitz durch das Vorkaufsrecht an Boden und Grund für Gemeinden und höhere Steuern.

– die Einführung einer Arbeitslosenversicherung und von verschiedenen Vorbeugungsmaßnahmen gegen die Arbeitslosigkeit, z. B. langfristige Handelsverträge, regelmäßige Arbeitslosenzählungen, gesetzliche Regelungen zu Arbeitsvermittlung, Arbeitszeiten und Arbeitsverträgen (Leitsätze zur Arbeitslosenversicherung von Tischendörfer, 1902).

Charakteristisch für die Zukunftsprogrammatik des Nationalsozialen Vereins war der Versuch einer Vermittlung verschiedener Anschauungen, die in der zeitgenössischen Diskussion häufig gegensätzlichen Lagern zugerechnet wurden. Im konkreten Bild, das die offiziellen Programmschriften des Vereins beschrieben, verknüpften sich gegensätzliche Prinzipien und programmatische Elemente miteinander: Monarchismus und Demokratismus, sozialdarwinistisch-kapitalistischer Imperialismus und sozialharmonisch-ethischer Sozialismus usw.

3. Die ergänzenden Entwürfe von Mitgliedern des Naumann-Kreises

Einige Gesinnungsgenossen ergänzten das Zukunftsbild dann noch um Aspekte, die in den offiziellen Programmschriften nicht klar beschrieben oder nicht behandelt wurden. Diese Versuche, welche eine ergänzende Rolle für die offiziellen Programmschriften spielten, beleuchten meist nur Teilbilder der erhofften Zukunftsgesellschaft Deutschlands, und zwar kulturelle Aspekte wie etwa die Bildung, die Religion oder die Außenpolitik. Neben diesen gab es auch Versuche, eine neue Wirtschaftsordnung systematisch zu skizzieren.

Aber abgesehen von wenigen Fällen fanden die ergänzenden Entwürfe entweder nur wenige Resonanz oder wurden von Gesinnungsgenossen kritisch bewertet. Trotzdem waren diese Entwürfe nicht allein Ausdruck der Gedanken Einzelner, sondern stützten sich mehr oder weniger auf die gemeinsamen Grundziele und Ideale des Naumann-Kreises. Insofern zeigten auch die ergänzenden Entwürfe die mögliche Spannweite der Zukunftsimagination des Naumann-Kreises.

A. Die zukünftige Bildung

Wie sich die Schlagwörter „religiöse Erneuerung" oder „Umwälzung der Gemüter" bzw. „innerer Wandel" häufig wiederholten, so wirkte die Überzeugung, dass vor allem die geistige Macht (Moral und Religion) die gesellschaftlichen Verhältnisse bestimme, prägend auf die Grundstimmung des Naumann-Kreises. Die Bildungsfrage gewann insofern in erheblichem Ausmaß die Aufmerksamkeit des Naumann-Kreises bei seinem Entwurf für die Gesellschaftsreform. Die Bildungsfrage wurde hierbei sowohl hinsichtlich der Pflege der Sittlichkeit und Weltanschauung des Gesamtvolks als auch in bezug auf die Maßnahmen für den sozialen Frieden behandelt.

A–1) Der kleine Entwurf von *Richard Wulckow* aus Darmstadt, der unter dem Titel „Die Geistesbildung der Armen" in der „Hilfe" (1. Jg. Nr. 33. 1895, S. 2f.) erschien, ist ein Beispiel für die Beschäftigung mit der Bildungsfrage im zuletzt genannten Sinne. Dem Wulckowschen Entwurfs liegt der Wunsch nach einer Zukunftsgesellschaft zugrunde, die sich durch die Ausübung der „Menschenliebe" allmählich zum „sozialen Frieden" entwickeln sollte. Eine solche Gesellschaft bezeichnete er als „ethische Gesellschaft". Für ihn war die Bildung der unteren Schichten nicht nur Teilaspekt der „ethischen Gesellschaft", sondern unentbehrliche Grundlage für diese Gesellschaft, d. h. Ausgangspunkt für den weiteren Prozess zum „sozialen Frieden".

Sein Bild der zukünftigen Bildung der Armen stützt sich auf die folgende Voraussetzung: Es sei unmöglich, die Utopie eines von Not und Leid befreiten menschenwürdigen Daseins zu entwerfen, ohne dabei die Gleichartigkeit von sittlicher Erziehung, Bildung, Denkart und Gewissen sowie die gleiche Verteilung der geistigen Güter an alle im Sinn zu haben. Sein Entwurf folgt klar dem Ideal einer weiteren Erschließung der geistigen Güter für größere Kreise. So ist das Kernziel seines Entwurfs die Beteiligung der begabten Kinder aus dem „Volke" an den höheren Berufsfächern, an der Kunst, der Wissenschaft und der Technik.

Wulckow beschreibt konkrete Maßnahmen für die Erreichung dieses Ziels. Hierbei handelt es sich vor allem um die Errichtung eines Auslese- und Beförderungssystems, um die talentierten Kinder aus unteren Schichten für höhere Berufe auszubilden. Er erwartet hierzu, dass ein solches Ausbildungssystem sowohl „die Annäherung und die Durchbringung der verschiedenen Gesellschaftsklassen" wie auch „die Erleichterung des Lebens der weniger Bemittelten und ihrer Kinder" bewirken würde. Dadurch werde – so erwartete er – endgültig „die vorhandene Summe von Unzufriedenheit und Verbitterung allmählich geringer" und „die Grundlagen des sozialen Friedens" würden „in nie ermüdender Arbeit zum Heil des Ganzen gelegt" werden (S. 3).

A–2) Noch bedeutsamer als die Wulckowsche Skizze ist der Entwurf von *Wilhelm Rein*. Dieser, Professor an der pädagogischen Hochschule in Jena, verfasste die Leitsätze für das Schulprogramm des Nationalsozialen Vereins von 1897, wobei seine Grundgedanken und Pläne meist ohne ernste Einwände in dieses offizielle Schulprogramm aufgenommen wurden.[70]

Im Jahre 1898 schrieb Rein für die von Naumann herausgegebene „Göttinger Arbeiterbibliothek" einen Artikel unter dem Titel „Erziehungs- und Bildungsideale" und im Jahre 1900 für die „Hilfe" den Artikel „Die deutsche Schule des 19. Jahr-

---

[70] Vgl. Protokoll (Erfurt 26.-29. Sept. 1897), 122ff.

im Jahre 1900 für die „Hilfe" den Artikel „Die deutsche Schule des 19. Jahrhundert" (Nr. 2, S. 3f.). Hierdurch versuchte er, das offizielle Schulprogramm zu ergänzen. Rein ging es nicht nur um die Bildung der unteren Schichten, sondern um die Bildung des Gesamtvolks. Er sah in der Frage der Volksbildung eine notwendige Voraussetzung dafür, den politischen Grundsatz des Naumann-Kreises, „nationale Stärkung und soziale Gesundung" zu verwirklichen.[71] Hierzu machte er auf folgendes aufmerksam:

Die Stärkung und Entwicklung der nationalen Macht sollte nicht nur durch das Wachstum der materiellen Wohlfahrt, sondern auch durch die Hebung von Sittlichkeit und Religion, d. h. der „idealen Mächte" der Nation gesichert werden. Hierbei stützte er sich auf die Prognose, dass die „idealen Mächte" weit mehr als die ökonomischen Bedingungen für Gestaltung von gesunden Gesellschaftsverhältnissen von Bedeutung sind. Aber erst durch eine vernünftige Volksbildung sei der Fortschritt der „idealen Mächte" der Nation möglich.[72]

Rein versuchte, das zukünftige Bildungssystem in seiner Gesamtheit zu skizzieren. Sein Entwurf der zukünftigen Volksbildung besteht aus folgenden grundsätzlichen Zielvorstellungen:

1. Im Zentrum der Erziehung solle das Ideal einer „sittlichen Persönlichkeit" stehen, d. h. der Persönlichkeit, die „fortwährend bemüht ist, dem Ideal menschlicher Größe, Kraft und Reinheit sich immer mehr sich zu nähern" (Erziehung, S. 136).

2. Um dieses Erziehungsideal zu verwirklichen, solle das öffentliche Erziehungs- und Bildungswesen wie folgt organisiert werden:

– durch das Prinzip der „Dezentralisation", d. h. der Beteiligung von Kirche, Gemeinde und Familie an der Jugendbildung, neben dem Staat als Inhaber der Oberaufsicht über das gesamte Schul- und Bildungswesen;

– durch das Prinzip der „Selbstverwaltung" aller beteiligten Faktoren, wobei die Kirche hinsichtlich des Religionsunterrichts, die Gemeinde bezüglich der Schulbauten, der äußeren Ausstattung und der Lehrbesoldung u. a. und schließlich die Familie durch Familienabende, die Presse und Schulsynoden usw. ihre eigenen Anrechte erhalten;

– durch das Prinzip der „Gewissensfreiheit" (vor allem Freiheit von religiösem Zwang). So sollen die verschiedenen Schulgattungen, von der konfessionellen bis zur religionslosen Zwangsschule, anerkannt werden, wobei die Eltern selbst die Schulform wählen dürfen.

3. Es solle auch die Ausbildung der Lehrer erheblich verbessert werden. Als Einzelmaßnahmen für die zukünftige Lehrerbildung schlägt Rein vor:

---

[71] Vgl.ebd., 122f.
[72] Vgl. Erziehung- u. Bildungsideale (1898), 129f.

- Reform der Universitäten für eine umfassende pädagogische Bildung, und zwar die Einrichtung von selbständigen Lehrstühlen mit pädagogischen Seminaren;
- „gründliche Allgemeinbildung" für die Volksschullehrer durch eine obligatorische Vorbereitungsanstalt wie eine Realschule vor dem Besuch der Fachseminare;
- pädagogische Fachbildung für die Lehrer des höheren Schulamts.

4. Als Grundlage aller Volksbildung solle „allen Gliedern des Volks eine gründliche, in sich geschlossene Allgemeinbildung gegeben" werden (Ebd., S. 141). Hierbei beschreibt Rein die Einzelheiten der Allgemeinbildung:
- Die Allgemeinbildung fängt mit dem „Volkskindergarten" an, der überall da geschaffen werden soll, wo die Familienerziehung versagt.
- Danach beginnt die „allgemeine Volksschule", die die ersten fünf Schuljahre umfassen soll. „Sie soll weder einen Unterschied des Standes noch des Besitzes kennen und in sich die Kinder aller Klassen vereinigen" (Die deutsche Schule, S. 4).
- Weiterhin schildert Rein den weiteren Bildungsweg, der aus der zweijährigen „oberen Volksschule" und weiteren Mittelschulen bestehen soll. Hierbei gestaltet Rein die unterschiedlichen Bildungsgänge orientiert nach sozialen Schichten. Aber er betont: „Der Eintritt in dieser verschiedenen Schulgattungen sollte nur von der Begabung abhängig gemacht werden" (Erziehung, S. 142).
- All diese Schulen sollen „Erziehungsschulen" sein, die sich der „Gemüts- und Willensbildung" widmen. Hierbei handelt es sich nicht um die Vermittlung von Kenntnissen und „Fertigkeiten", sondern um die Übermittlung einer allgemeinen Bildung durch Religion, Geschichte und Deutsch.

5. Insbesondere für die Kinder der unteren Schichten solle die „allgemeine Fortbildungsschule" eingerichtet werden. Zur Ergänzung dieser Einrichtung empfiehlt Rein Institutionen für die weitere Volksbildung wie etwa Volkshochschule bzw. Volksbücherei usw. (ebd., S. 143). Hierzu zählt er auch Anstalten für die Zwangserziehung, um vor allem das jugendliche Verbrechen zu vermeiden. Hierfür schlägt Rein vor, Schiffe als staatliche Erziehungsanstalten einzurichten, „um ein zahlreiches und tüchtiges Matrosengeschlecht für die kommende große deutsche Kriegsflotte mit heranbilden zu helfen" (Die deutsche Schule, S. 4).

6. Die körperliche Ausbildung solle gefördert werden. Als Maßnahme hierfür schlägt Rein die Einführung des Arbeitsunterrichts in den Knabenschulen vor.

7. Außerdem stellt Rein sein Ziel hinsichtlich der Frauenbildung dar. Durch die Bildung der unverheirateten Frauen solle ein Ersatz für die männlichen Arbeitskräfte geschaffen werden, während diese im „Weltverkehr" und in der „Weltarbeit" eingesetzt werden müssen (ebd.).

Während im Entwurf Wulckows ein sozialethischer Standpunkt im Vordergrund stand, spielte im Programm Reins der nationalistische und imperialistische Gesichtspunkt eine große Rolle. Bei dieser Differenz stützten sich die beiden Entwürfe auf das Ideal gesellschaftlicher Demokratisierung, das als ein Grundprinzip der Zukunftsprogrammatik des Nationalsozialen Vereins galt. Besonders gelang es bei Rein, nicht nur das Schulprogramm des Vereins, sondern auch dessen Gemeindeprogramm anschaulich zu ergänzen.

B. Die zukünftige Religion

Trotz ihrer großen Sehnsucht nach einem neuen Christentum oder einer neuen religiösen Lebensform, d. h. nach dem Aufbau einer neuen religiösen Kultur konnten Naumann und seine Anhänger kein geschlossenes religiöses Programm schaffen. Ihre programmatischen Versuche, das traditionelle Christentum und die vorhandene Kirche durch etwas Neues zu ersetzen, waren verschieden und im ständigen Wandel begriffen. *Naumann* selbst ist ein typisches Beispiel für ein solches unruhiges religiöses Experiment. Er unternahm den Versuch der Schaffung einer „sozialen Religion" in seiner christlich-sozialen Zeit. Danach entwickelte er sein neues Konzept der „Religion als Psychologisches", das er in seinen „Briefen über Religion" (1. Aufl., 1903) beschreibt.[73]

In seinen „Briefen über Religion" versuchte Naumann, seinen alten religiösen Plan korrigierend und zugleich rechtfertigend auf neue Horizonte auszurichten. Daher lässt sich durch diese Schrift das bis zu jener Zeit von ihm entwickelte Bild einer zukünftigen Religion überblicken.

Sich auf die Darwinistische Entwicklungslehre stützend erwartete Naumann:[74] Die christliche Religion würde sich in der Form einer sozialen Religion, d. h. als „Jesusreligion mit Resten des altkirchlichen Lehrsystems" in der nächsten und absehbaren Zukunft weiter entwickeln, wobei das Wachsende in der „Jesusreligion", d. h. im „Evangelium der Armen" und das Abnehmende im „kirchlichen Gedankenvorrat" bestehen solle.

Aber in der fernen Zukunft solle auf dieser Basis schließlich eine neue, über die christliche Religion hinausgehende Form der Religion bzw. des religiösen Lebens entstehen. In dieser würde das „Evangelium der Armen" nur als eine maßgebende Teilethik neben anderen Lebensnormen wie z. B. dem „Kampf ums Dasein" fungieren. Hierbei würden auch die verschiedenen Bereiche der Kultur, wie etwa Kunst, Musik und Philosophie, das religiöse Gefühl vermitteln.

---

[73] Vgl. H. Kramer-Mills, Wilhelminische Moderne, 10ff.
[74] Vgl. Briefe über Religion, in: W 1, 566ff.: H. Kramer-Mills, Wilhelminische Moderne, 24ff.

Die „Briefe über Religion" fanden große Resonanz nicht nur innerhalb seines Anhängerkreises, sondern auch unter dem weiteren bildungsbürgerlichen Publikum. Freilich gab es neben Zustimmung auch Kritik.[75] Hierbei ist bemerkenswert, dass scharfe Kritik an Naumann auch von seinen nichtbildungsbürgerlichen Anhängern kam. So äußerte der Färbermeister R. Bornemann in seinem Brief an die „Hilfe"-Redaktion vom 18.5.1903 seinen Ärger darüber, dass „er [sc. Naumann], um sein politisches Ideal zu rechtfertigen, sein religiöses Ideal zerstört." Am Ende seines Briefes forderte Bornemann im Namen der „kleinen Leute", den zwanzigsten Abschnitt der „Briefe über die Religion" umzuformulieren. Und er schrieb: „Will er aber mit einem zurechtgemachten Gott in eine Glaskirche oder einen Industriepalast hinein, so wollen wir nicht mit."[76]

Dagegen hatten viele Freunde und Anhänger aus dem bildungsbürgerlichen Milieu mehr oder weniger ähnliche Vorstellungen wie Naumann über die allmähliche Veränderung der christlichen Religion hin zu einer neuen Religion. Das Kernbild der erhofften Zukunftsreligion wurde z. B. bei *Göhre* durch die Entwicklung der christlichen Religion zu einer neuen sozialistischen Volksreligion charakterisiert. So erwartete Göhre:

„In Zukunft aber wird – das ist meine felsenfeste Überzeugung – diese Wechselwirkung zwischen dem geschichtsmaterialistischen Sozialismus und der christlichen Religion und ihrer Bethätigung eine noch viel mannigfaltigere, notwendigere und fruchtbarere werden. [...] Nicht bloß für die nächste, sondern für alle absehbare Zeit ist an ein Ende der Religion nicht zu denken; im Gegenteil wird wahrscheinlich gerade eine neue sozialistische Gesellschaft eine neue Blüte religiösen Lebens im spezifischen Gewande der Urlehre Jesu erleben, die den meisten unter den heutigen noch als direkt unmöglich erscheint."[77]

Maurenbrecher gestaltete den Sozialismus noch radikaler zur neuen Religion um. Er begründete dies damit, dass der „sozialistische Gedanke" oder besser gesagt der „sozialistische Wille" eine moderne „Bereicherung" und „Vertiefung" des religiösen Glaubens sei, der besonders im ältesten Christentum erlebt wurde.[78] Später wurde er ein Prediger der freireligiösen Gemeinde und versuchte, ein religiöses Programm für die „nachchristliche Epoche freier Religiosität" zu entwerfen.[79]

Neben solchen Zielbildern einer neuen sozialistischen Religion gab es aber auch andere Zielvorstellungen. *Arthur Bonus* versuchte, mit seinem Programmbegriff „Germanisierung des Christentums", eine neue Nationalreligion zu entwerfen. Diese

---

[75] Vgl. ebd., 59ff.

[76] BA Potsdam NL Naumann, Nr. 233., Bl 25f. (Zit.: 25 R.)

[77] Zit. nach F. Naumann, Sozialdemokratie und Religion, in: Die Hilfe 8/15 (1902), 4.

[78] Vgl. M. Maurenbrecher, Der Sozialismus als eine neue Stufe der Religion, o. J.

[79] Vgl. G. Hübinger, Kulturprotestantismus (1994), 281ff.

sollte, „gereinigt" von der „intellektualistischen" Denkweise und vom dogmatischen kirchlichen Christentum, das Gemüt, den Willen, den Charakter und somit die Lebenskraft der Deutschen beim Kampf um die Weltherrschaft stärken.[80]

Der Jenaer Geschichtsprofessor *Heinrich Gelzer*, der 1900 aus dem Nationalsozialen Verein austrat[81], nahm eine kritische Haltung zum freien Protestantismus Naumanns und anderer Freunde ein.[82] Gelzer wollte lediglich eine Reform des vorhandenen „staatlich geordneten und von oben her bürokratisch regulierten" Kirchensystems erreichen. Hierbei stützte er sich auf die prognostische These, dass das 20. Jahrhundert in religiöser Beziehung unter dem Zeichen des „Amerikanismus" stehen würde, dessen bedeutsamsten Aspekt er im von „religiöser Jugendkraft" erfüllten Erweckungs- und Gemeinschaftswesen sah. Von diesem angelsächsischen Vorbild her richtete er seine Aufmerksamkeit vor allem auf die Verwirklichung des „allgemeinen Priestertums".[83]

Die religiösen Wunschvorstellungen im Naumann-Kreis waren bei allen Differenzen –wie bisher erwähnt – insgesamt an einer freieren religiösen Kultur orientiert. Diese umriss anschaulich der anonyme Artikel *„Die Kirche der Zukunft"*, der in der „Hilfe" vom 30. Juli 1899 erschien.[84] Dieser Artikel schildert in der Form eines Zukunftsromans die verschiedenen Aspekte einer freien religiösen Lebensform:

- Die Kirche erhält den Charakter „frommer Heimatlichkeit" für alle Seelen, die im großstädtischen Leben die Stille und das Heimatgefühl suchen. Das Kirchengebäude steht mitten im Garten, ohne Turm, frei und offen für jedermann. Im Kirchgarten, der aus alten und trauten Baumriesen besteht, gibt es genug Plätze für Alte und Kinder und auch für stille Denker.
- Das Innere der Kirche wird nach modernen Kriterien gestaltet, so dass nichts an alte Kirchenstile wie die Gotik erinnert. Der Hauptsaal besteht im wesentlichen aus Glas und Eisen und besitzt eine vorzügliche, leichte Akustik.
- Der Hauptsaal dient allen Gemeinschaften verschiedener Konfession, so dass das Ritual des Gottesdienstes konfessionsfrei und pluralistisch organisiert ist: Man hört „Bach, Mendelssohn, Pergolese und viele andere von den musikalischen Meistern der Andacht, dazwischen einfache Sätze von Chorälen und aus Liturgien". Im Saale dürfen „verschiedene Prediger zu verschiedenen Zeiten" sprechen. Einige tun es „in der alten Form der Predigt, andere in der Art freier Rede".

---

[80] Vgl. A. Bonus, Von Stöcker zu Naumann, Heilbronn 1896.
[81] Vgl. seinen Brief an Naumann (11.10.1900), in: BA Potsdam NL Naumann, Nr. 134., Bl. 36ff.
[82] Siehe die Kritik an Gelzer z. B. Schiele, Die Zukunft der Reformation, in: Die Hilfe 5/50 (1899), 9f.
[83] Vgl. H. Gelzer, Die Zukunft unseres Christenglaubens III, in: ebd. 5/34 (1899), 9f.
[84] Der Verfasser war eigentlich Naumann. Siehe hierzu den ersten Band der Naumann-Werke, 564f.

- Es gibt auch besondere Räume für individuelle Andachten und auch Räume, die entsprechend ihrer Funktion als Lese-, Bilder- und Missionssaal eingerichtet sind. All diese Räume enthalten Material für die kritische Religionsforschung.
- In der Kirche sind soziale Räume für Vereine und Unterrichtszwecke eingerichtet. Die Räume werden von nach Art und Haltung verschiedenen Vereinen gemietet, „wenn sie nur das Bekenntnis zu Jesus tragen".
- Die Kirche wird selbständig und demokratisch verwaltet: Die Mitglieder des Verwaltungsausschusses sind zugleich die Leiter der beteiligten Vereine. Die eigentliche Missions- und Glaubensarbeit überlässt der Ausschuss den Gemeinschaften.
- Die Kirche ist finanziell unabhängig vom Staat.

So lässt sich zu den religiösen und kirchlichen Zukunftsvorstellungen des Naumann-Kreises feststellen, dass die Auflösung alter autoritärer Strukturen in Dogma und Hierarchie, die Pluralisierung und Säkularisierung der Konfession sowie der Ausbau der Kirchen zu kulturellen Zentren verschiedener Religiosität und Bildung im Mittelpunkt standen.

C. Die imperialistischen Zukunftsbilder

Beim Entwurf für die Zukunft eines neuen deutschen Nationalstaats als Weltmacht richtete der Naumann-Kreis seine Aufmerksamkeit auf die überseeische Kolonialpolitik und zugleich auf die Bündnispolitik, die beim imperialistischen Kampf die nationale Sicherheit garantieren sollte.

C–1) Hinsichtlich der Kolonialpolitik wurden im Jahre 1901 vom Heidelberger Professor *Karl Rathgen* und zusätzlich von *Damaschke* auf der Delegiertenversammlung des Nationalsozialen Vereins in Frankfurt a. M. Vorträge gehalten. Diese Vorträge enthielten nur allgemeine Zielvorstellungen, deren Schwerpunkt auf der Entwicklung der Kolonien lag. Hierbei galten als grundlegende Zielsetzungen:
- die Entwicklung der Kolonie zugunsten aller, d. h. keine einseitige Ausbeutung des Koloniallandes, keine Förderung kapitalistischer Sonderinteressen, Erziehung und geistige und materielle Hebung der Kolonialbevölkerung;
- die richtige Behandlung des Bodens als entscheidende Voraussetzung für solche Entwicklungen (Damaschke).

Als konkrete kolonialpolitische Maßnahmen wurden angesehen: die fachmännische Behördenorganisation, die Entwicklung der Selbstverwaltung, die Schaffung einer Kolonialarmee, finanzielle Selbständigkeit der Kolonien und die Förderung von Kirche und Schule.[85]

C–2) Konkrete Zielbilder und Prinzipien für die Kolonialpolitik bot *Paul Rohrbach* an. Sein Buch „Deutschland unter den Weltvölkern" (1. Aufl., 1903) bewertete Naumann als „wertvolle Ergänzung" zu seiner Schrift „Demokratie und Kaisertum". Er sah im Rohrbachschen Buch einen außenpolitischen Wegweiser für den Nationalsozialen Verein.[86] Rohrbach unternahm den Versuch, ein „mögliches" kolonialpolitisches Zukunftsbild (vgl. S. 156–192) zu umreißen, das insbesondere nichts mit „de[m] bloße[n] alldeutsche[n] Eifer" (S. 168) zu tun haben sollte:

1. Der Rohrbachsche Entwurf für den erfolgreichen Gewinn von Absatzmärkten und Siedlungskolonien stützte sich darauf, unnötige Kriege mit anderen imperialistischen Mächten zu vermeiden. Ausgeschlossen sei damit ein Eroberungskrieg gegen England, z. B. um Australien oder Südafrika, sowie die Eroberung eines großen Teils von Südamerika, etwa des Ostens und Südens. Auch undurchführbar sei die Verlängerung der Machtsphäre über den Balkan hinaus bis zum Persischen Golf durch die staatsrechtliche Vereinigung des Deutschen Reiches mit der österreichisch-ungarischen Monarchie.

2. Aufgrund der geringen deutschen Auswanderungszahlen und weil ein freies Gebiet für eine eventuelle deutsche Masseneinwanderung auf der Welt nicht mehr vorhanden sei, sah er keine Möglichkeit eigener deutscher Auswanderungskolonien bzw. des politischen und territorialen Anspruchs auf Kolonien.

3. Daher setzte Rohrbach den Koloniebegriff mit rein wirtschaftlichem Absatzmarkt gleich. Dies drückte er mit dem Terminus „koloniale Surrogate" aus, unter denen er einerseits „ die weiße kaufkräftige Bevölkerung" und andererseits „die Erweiterung des von der weißen Rasse beherrschten und besiedelten Gebiets" verstand. Ausgehend von diesem Prinzip der „kolonialen Surrogate" entwickelte Rohrbach folgende konkrete Zielbilder:

– „Wir müssen uns Gebiete suchen, die von Natur [...] reich und entwicklungsfähig sind, gleichzeitig aber, mögen sie auch politisch unter fremder Herrschaft stehen, noch ein leidlich freies Feld für unsere besondere Arbeit gewähren (S. 161)."

– In diesem Sinne soll das „Bagdadbahngebiet" zwischen dem Mittelmeer und dem Persischen Golf vor allem als zukünftiger „umfangreicher" und „aufnahmefähiger" Markt für die deutsche Industrie dienen (S. 178).

---

[85] Protokoll (29. Sept.– 2. Okt. 1901), 64f. Hierzu vgl. auch A. Damaschke, Kamerun od. Kiautschou?, Berlin 1900.

[86] Demokratie und Kaisertum, 3. Aufl. Berlin 1904, IV.

- Die Bedeutung der chinesischen Kolonie, Kiautschou, besteht darin, dass diese ein Stützpunkt an der Küste für die Konzentration der deutschen Wirtschafts- und Handelsbeziehungen mit China ist (S. 192).
- Als eigenes überseeisches Auswanderungsgebiet gilt vor allem die „gemäßigte Zone" von Südamerika wie etwa Süd-Brasilien, Argentinien und Uruguay. Die Lenkung der deutschen Massenauswanderung in diese Gebiete soll in Verbindung mit „einer systematischen Organisation des Produktions- und Warenaustausches" zwischen dem Mutterland und den deutschen Siedlern stehen (S. 180ff.).
- Hierzu sollen „friedliche", „unpolitische" und „wirtschaftliche" Beziehungen zwischen Deutschland und Südamerika hergestellt werden. Vor allem soll bei den deutschen Massensiedlungen auf die Beibehaltung der deutschen Reichsangehörigkeit verzichtet werden. Im Zentrum der besonderen wirtschaftlichen Beziehungen zwischen den deutschen Siedlern und dem Mutterland soll kein „national-sentimentales Motiv", sondern der Gesichtspunkt des „wahren wirtschaftlichen Nutzens" stehen (S. 182).
- Als wichtige Maßnahmen für erfolgreiche Beziehungen zwischen dem Mutterland und den deutschen Siedlungskolonien in Südamerika[87] sollen neben den überaus günstigen natürlichen Produktionsbedingungen dieser Gebiete auch die „sittlich-nationale Qualität" des Deutschtums, d. h. dessen „nationale Widerstandskraft und ökonomisch-moralische Überlegenheit" gegenüber anderen Rassen und Völkern bewahrt werden. Hierzu ist die Stärkung des deutschen Kirchen- und Schulwesens in den Kolonien von höchster Wichtigkeit (S. 186).

C–3) Hinsichtlich der Bündnispolitik für die nationale Sicherheit zielte Naumann auf eine Verbindung der „Zwischenmächte" als Gegengewicht zu den „Weltmächten". So lautete seine Parole: „Mit dem ganzen Kontinent gegen England, mit Österreich gegen Rußland, mit Frankreich [...]."[88]

Aber im Jahre 1901 erschien in der „Hilfe" (Nr. 34/35) eine Artikelserie unter dem Titel „Zum größeren Deutschland", die andere weltpolitische Zukunftsvisionen für ein Bündnis der Mittelmächte entwarf. Der Verfasser, *Heinrich Meyer*, wollte diese Schriften seinen „Parteifreunden" des Nationalsozialen Vereins, dem Leserkreis der „Hilfe" und dem „kompetenten" Urteil „unserer Führer", d. h. Naumanns, als „bescheidenen Beitrag" zur Debatte um die Weltmachtpolitik anbieten.

Aufgrund ähnlicher Gegenwartsbetrachtungen wie Naumann hielt Meyer die Entwicklung Deutschlands zu einem „dritten Weltreich" gegen Russland und England, eine Entwicklung, die durch die deutsche Führung der europäischen Mittelmächte er-

---

[87] Rohrbach stellt dies besonders in bezug auf die deutschen Kolonien in Brasilien dar.

[88] F. Naumann, Deutsche Weltpolitik, in: DW 1 (1899), 253ff. (hier: 257).

reicht werden sollte, für eine von der Notwendigkeit der Geschichte „aufgezwungene politische Mission". Er verfolgte mit seinem Entwurf die Idee eines „pangermanischen Völkerbundes". Diese Idee stützte sich auf seine Betrachtung der Erweiterungstendenzen des Nationalgefühls. Er sah das Nationalgefühl über das Zugehörigkeitsgefühl für ein einzelnes Volk hinaus zum „Gefühl für Völkerverwandtschaft und Einheit der Rasse" erweitert und fand einen konkreten Ausdruck dieses „Völkerfamiliengefühls" im „panslavistischen" Gedanken oder in der Verbrüderungsidee der gesamten „lateinischen Rasse". Meyer glaubte, dass Deutschland mit den germanischen Nachbarvölkern „in einem viel innigeren Verhältnisse und einer viel weitergehenden geistigen Gütergemeinschaft" leben könnte, als „dies bei Frankreich jemals möglich wäre".

Beim Entwurf des „pan-germanischen Völkerbundes" handelte es sich wesentlich um den Zusammenschluss Deutschlands mit den Niederlanden, mit Dänemark, Schweden und Norwegen. Hierbei war freilich England (bzw. Nordamerika) ausgeschlossen. Auch hielt er ein Bündnis mit dem zur Hälfte romanischen Belgien oder der neutralen Schweiz für undenkbar. Aber die Deutschen in Österreich sah er in einem unlösbaren Bundesverhältnis mit Deutschland.

1. Als erste Stufe der Verwirklichung des „pan-germanischen Völkerbundes" schlug Meyer ein Zweckmäßigkeitsbündnis vor, das im Dienste politischer und wirtschaftlicher Interessen geschlossen werden könnte. Für die nächste Stufe erwartete er eine „für alle Teile fruchtbare Kulturgemeinschaft". Aber auf jeden Fall sollte das Bündnis staatsrechtlich und offiziell „ein rein militärisches, eventuell ein bloßes Defensiv-Bündnis" bleiben. Hierzu beschreibt Meyer wichtige einzelne Aspekte:

2. Der „pan-germanische Völkerbund" würde einerseits in der Bevölkerungszahl England und Russland überlegen sein und andererseits der Stärkung des deutschen Seemacht dienen.

3. Dank des Kolonialbesitzes der Niederlande würde „ein kräftiger Damm gegen englische Alleinherrschaftsbestrebungen" entstehen.

4. „Die lutherische Christenheit würde nahezu vollständig in diesem Bunde vereinigt sein" (Nr. 34., S. 4). Somit würde vor allem angesichts „der bedeutenden Verstärkung, welche die deutschen Katholiken von Seiten ihrer österreichischen Volksgenossen zu erwarten haben," die Stellung der deutschen Protestanten gestärkt.

5. Darüber hinaus schildert Meyer ein fernes Zukunftsbild, das durch einen solchen Bund verwirklichen werden könnte:

„Wenn einmal die Zeit der Kleinstaaten vorbei ist, so werden auch diese Länder [sc. Niederlande usw.] nicht auf die Dauer ihre volle Selbständigkeit behaupten können" (Ebd.).

Obwohl Meyers Konzeption keinen direkten Einfluss auf die außenpolitische Diskussion des Naumann-Kreises ausüben konnte, galt sie als eine Variante der Mitteleuropa-Idee, die auch im Naumannschen Buch „Mitteleuropa" vom 1915 ihren Niederschlag fand. Überdies zeigte der Meyersche Pan-Germanismus, dass der Naumann-Kreis nicht völlig vom „alldeutschen Eifer" befreit war, obwohl dessen außenpolitische Zukunftsvorstellung von einem rein wirtschaftlichen Imperialismus Rohrbachs repräsentiert wurde, der deutlich von der alldeutschen Idee einer gewaltsamen Annexion abwich.

D. Die Umgestaltung der kapitalistischen Wirtschaftsordnung

Wie schon erwähnt, bildete im Naumann-Kreis der Wunsch nach einem konkreten Programm für die systematische Umgestaltung der vorhandenen Wirtschaftsordnung eine Nebenströmung. Dies lässt sich bereits in vielen Programmanträgen für die Gründungsversammlung des Nationalsozialen Vereins in Erfurt erkennen, welche konkrete Reformmaßnahmen bezüglich der vorhandenen Wirtschafts- bzw. Gesellschaftsordnung in ihren Mittelpunkt stellten.

Hierbei tauchte am häufigsten die Forderung nach der Verstaatlichung oder der Kommunalisierung wichtiger Großbetriebe wie der Bergwerke, der Versicherungen, der Gas- und Elektrizitätswerke usw. auf. Insbesondere entwarf der Tübinger Volkswirtschaftsprofessor Friedrich J. Neumann ein Spezialprogramm für die Beseitigung „kapitalistischer Auswüchse". Außerdem gab es Forderungen nach der Vergesellschaftung des Grund-, Kapital- und Maschinenbesitzes durch Bau-, Mieter-, Pächter- und Produktivgenossenschaften (Antrag der Breslauer Nationalsozialen) oder nach der Vermehrung des Staatsbesitzes an Grund und Boden und geeigneten produktiven Betrieben (Dr. Biedert aus Hagenau).

Einige der oben genannten Forderungen wie etwa die Kommunalisierung von einigen Betrieben und Konsumgenossenschaften wurden später in die offiziellen Einzelprogramme aufgenommen. Dagegen blieb die Überbetonung der staatlichen Rolle wie die umfangreichen Verstaatlichungen umstritten. Aber noch wichtiger war die Tatsache, dass bei der Programmdiskussion auf der Gründungsversammlung die Frage nach der Reform der Wirtschaftsordnung nur eine geringe Rolle spielte.[89]

Trotzdem versuchte man wiederholt, den Schwerpunkt des nationalsozialen Programms auf die Umgestaltung der vorhandenen kapitalistischen Wirtschaftsordnung zu legen. Hierbei bemühte man sich, ein theoretisch geschlossenes Bild einer neuen Wirtschaftsordnung anzubieten.

---

[89] Vgl. Protokoll (23.-25. Nov. 1896), 8-29, 56ff.; Die Nationalsozialen (1898), 19ff.

D–1) Am radikalsten war der Entwurf *Berthold Ottos*, der im Juni 1898 unter dem Titel „Der Zukunftsstaat" in der „Hilfe" (Nr. 23) erschien. Er betonte in erster Linie, anders als die Führung des Nationalsozialen Vereins, dass die Verwirklichung einer sozialistischen Wirtschaftsordnung schon im gegenwärtigen Stadium der wirtschaftlichen Entwicklung möglich sei. Um dies zu begründen, stützte er sich lediglich auf seine Überzeugung, dass der Sozialismus besser zur Monarchie als zur Republik passe, und dass die beste vorhandene sozialistische Organisation gerade die deutsche Armee sei. Otto ging weiter von folgendem aus: Der Sozialismus „könnte jederzeit eingeführt werden, auf dem Wege der Gesetzgebung, durch übereinstimmenden, vom Kaiser publizierten Beschluss des Bundesrates und des Reichstages".

Der Kern einer sozialistischen Wirtschaftsordnung bei Otto bestand in der Anpassung der Produktion an die Bedürfnisse aller Angehörigen des Volkes. Zur Einführung der sozialistischen Wirtschaftsordnung forderte er die Beseitigung der vorhandenen Produktionsweise, die nur Handelszwecke verfolge, und die Einrichtung des „Kollektiveigentums" an den Produktionsmitteln. Obwohl Otto im Kollektivismus keineswegs das „letzte Wort der Weltgeschichte" sah, fand er ihn jedoch vorteilhafter als das „Manchestertum".

Für eine mögliche Form des „Kollektiveigentums" an den Produktionsmitteln schlug Otto den „landesherrlichen Besitz aller Produktionsmittel" oder solche kollektivistische Einrichtungen vor, in denen Majoratsherren und Fideikommissbesitzer wie Krupp oder Stumm als „Industriefürsten" mitarbeiten könnten. Aber für Otto kam es weniger auf eine bestimmte Form der kollektivistischen Produktionsweise an als auf den Prozess, der durch die Einrichtung dieser Produktionsweise notwendigerweise in Gang gesetzt würde. Er beschrieb ihn wie folgt:

– Die Produktion erfolgt auf Rechnung der Volkswirtschaft.
– Alle Warengüter gehen in das Eigentum der Konsumenten über, so dass diese keinem Händler, sondern ausschließlich der Volkswirtschaft gehören.
– Damit würde die Warenform der Güter schließlich vollkommen beseitigt sein, soweit sie schädlich ist.

Otto richtete auch auf eine vernünftige Regelung von Produktion und Verbrauch seine Aufmerksamkeit:

– Zur genauen Anpassung der Produktion an den Verbrauch registriert eine Zentralstelle der Volkswirtschaft mit Hilfe eines Telegraphiesystems den regelmäßigen Verbrauch und veranlasst die notwendige Produktion.
– Dem Einzelnen wird ein zur Befriedigung vernünftiger Bedürfnisse ausreichender Anteil am Volkseinkommen zugewiesen.

D–2) Neben diesem Entwurf, der sich auf die Vergesellschaftung bzw. Verstaatlichung der Produktionsmittel stützte, gab es auch den Versuch, in anderer Hinsicht eine sozialistische Wirtschaftsordnung zu umreißen. Der Fabrikant *Karl Kopp* veröffentlichte seine Zukunftsentwürfe im November 1896 in der „Zeit"[90] und im Januar 1898 in der „Hilfe".[91] Kopp entwarf ein Idealbild des „Zukunftsfabrikstaats" und versuchte dabei vor allem, eine geeignete Form der Produktivgenossenschaft zu finden (Zeit, Nr. 36). Der bedeutsamste Aspekt des Koppschen Programms besteht in der Beteiligung der Arbeiterschaft an der Unternehmung (Mitbestimmung), was auch bei Naumann erkennbar ist. Er beschrieb anschaulich den Umgestaltungsprozess der vorhandenen kapitalistischen Gesellschaft zum „Zukunftsfabrikstaat". Hierbei unterteilte er den Prozess in zwei Entwicklungsstufen. Bei der Beschreibung der ersten stützte er sich auf Maßnahmen, die auch § 4 der „Grundlinien" des Nationalsozialen Vereins fordert, die Ausgestaltung der zweiten Etappe besteht aber ausschließlich aus eigenen Zukunftsvorstellungen:

1. Die erste Etappe für die soziale Entwicklung sah er in der „Organisation der Arbeiter unter sich". Für diese Phase erwartete Kopp „ein Reifmachen der aufsteigenden Arbeiterschichten" für den weiteren Fortschritt. Konkret beschreibt er die Einzelaspekte:

– Die Arbeiter werden im *politischen Kampf* „mit Naturnotwendigkeit durch die Vertretung ihrer eigensten Interessen, nationale Politik treiben lernen", so dass sie zum nationalen Sozialismus kommen werden.

– In den *Gewerkschaften* werden die Arbeiter materiell und intellektuell gehoben.

– Sie werden die gemeinschaftlichen Angelegenheiten vom Standpunkt der Gesamtinteressen beurteilen lernen.

– Der Geist der Solidarität wird durch die Erweiterung von Horizont und Bildungsstand bei Arbeitern geweckt werden.

– Die *Konsum- und Baugenossenschaften* werden die Arbeiter zur gesunden Lebensführung und zur Wohlfahrt führen.

2. Aber die soziale Entwicklung in der ersten Etappe bedeutete bei Kopp nur den Zustand des „bewaffneten Friedens" zwischen den beiden gegnerischen Organisationen, den Unternehmern und den Arbeitern, wie der Fall England es zeigte. Erst in der zweiten Etappe entwickle sich allmählich der „Zukunftsfabrikstaat". Diesen Entwicklungsvorgang beschreibt Kopp wie folgt:

– Der erste Schritt ist der Gesinnungswandel bei Unternehmern und Arbeitern, der sich aus dem bis dahin gewachsenen „Geist der Solidarität" ergibt. Schließlich werden beide kämpfenden Parteien die Beendigung des „latenten Kriegszustandes" beschließen.

---

[90] Reichsarbeitsrecht und Reichsverfassung (I/II), in: Die Zeit 1/35 u. 36. (10/11. Nov. 1896).
[91] Die Industriearbeiter und unsere Grundlinien, in: Die Hilfe 4/4 (1898), 2f.

– Durch diesen Gesinnungswandel wird „die Arbeitsverfassung als Friedensvertrag" erscheinen.

– Die Arbeitsverfassung wird sich schließlich zur „Gewinnung von Besitzanteil an den Produktionsmitteln" weiter entwickeln. Hierbei soll jeder Arbeiter als Anteilsbesitzer einen Anspruch auf z. B. einen Teil des Reingewinns und Mitspracherecht bei der Regelung der Arbeitsordnung erhalten.

Die Entwürfe für die systematische Umgestaltung der kapitalistischen Wirtschaftsordnung waren Versuche, dem sozialdemokratischen „Zukunftsstaat" eine alternative Utopie entgegenzustellen. Aber der Einfluss dieser Entwürfe auf die angestrebte Wirtschaftsordnung war sehr gering, ebenso ihr Einfluss auf die Programmdiskussionen des Nationalsozialen Vereins. Trotzdem stellten sie den Versuch dar, der bürgerlichen Öffentlichkeit ein alternatives Gesellschaftsmodell nahezubringen und damit die traditionelle bürgerliche Utopiekritik zu überwinden.

4. Der „Industriestaat" bei Friedrich Naumann

A. Einleitende Bemerkungen

Nach der Jahrhundertwende unternahm Naumann den bedeutsamsten Versuch in seinem Kreis, ein Gesamtbild des neuen deutschen Nationalstaats systematisch zu entwerfen. Hierbei verwendete Naumann als leitenden Zielbegriff den „Industriestaat", der polemisch als Gegenbegriff zum sog. „Agrarstaat" verstanden wurde. Hierdurch beabsichtigte er, den Kontrast zwischen der von ihm erhofften Zukunftsgesellschaft und der von der konservativ-agrarischen Vorherrschaft geprägten vorhandenen Gesellschaft hervorzuheben. In diesem Sinne betonte er 1904: „[D]er Übergang Deutschlands zum Industriestaat ist ein Ereignis, das sich auf allen Gebiete des Volkslebens tief und eigentümlich bemerkbar macht."[92]

Der Naumannsche Systementwurf findet sich nicht geschlossen in einer einzelnen Schrift geschlossen, sondern ist auf mehrere einander ergänzende Veröffentlichungen verteilt. Die wichtigsten hiervon seien genannt: Im Buch „Demokratie und Kaisertum" (1900ff.) entwarf Naumann einen Grundriss des „Industriestaates", wobei seine Darstellung vor allem auf das politische System konzentriert war. In der Schrift „Neudeutsche Wirtschaftspolitik" (1902ff.), die erst im Jahre 1906 als die eigentliche Form eines ausführlichen Zukunftsprogramms erschien, versuchte er, die wirtschaftliche und

---

[92] Demokratie und Kaisertum, Anmerkungsapparat, in: W 2, 55.

soziale Ordnung des „Industriestaates" darzustellen. Ferner erarbeitete er die zukünftige Außenpolitik in seinem Buch „Mitteleuropa" von 1915, das aber in dieser Untersuchung außer Betracht bleiben soll, die sich ja im wesentlichen auf Naumann während der Zeit des Nationalsozialen Vereins konzentrieren möchte. Übrigens zeichnete Naumann seit 1900 auch in seinen Vortragsschriften ein kohärentes Bild vom „Industriestaat".

Die Verbreitung seines Buches „Demokratie und Kaisertum" ist ein nennenswerter Indikator für die Resonanz auf den Naumannschen Entwurf des „Industriestaates". Die erste Auflage dieses Buches, die im Frühjahr 1900 gedruckt wurde, war ein außerordentlicher Erfolg. Schon im April waren die ersten 2000 Exemplare vergriffen,[93] so dass man im Mai die zweite Auflage druckte. Aber bei der zweiten Auflage waren die Verkaufszahlen relativ gering. So bemerkte Weinhausen, dass das Buch „kein so glänzender finanzieller Erfolg" sei, „wie der Fernerstehende glauben möchte".[94] Trotzdem erschienen in den darauf folgenden Jahren kontinuierlich die dritte (1904) und die vierte Auflage (1905). Dies bewies, dass „Demokratie und Kaisertum" großes Aufsehen in der Öffentlichkeit erregte.

Die Rezensionen aus den verschiedenen politischen Lagern zeugten ebenfalls von der großen Resonanz auf dieses Buch.[95] Die viele positiven oder negativen Reaktionen inhaltlich zu erörtern, gehört nicht zu den Aufgaben dieser Untersuchung. Was hier interessiert, ist das Beispiel von Rudolf Lebins, der damals als sozialdemokratischer Redakteur in Dortmund und danach als Schriftsteller in Dresden tätig war. An seinem Beispiel zeigte sich, dass die Naumannsche Bemühung, mit dieser Schrift einen Gesinnungswandel bei den Sozialdemokraten zu erreichen, nicht ganz erfolglos war. Anders als die Angehörigen der Parteiführung, die – egal ob orthodox marxistisch oder revisionistisch – auf „Demokratie und Kaisertum" grundsätzlich negativ reagierten, bekannte Lebins, dass sich seine politische Gesinnung durch diese Schrift drastisch gewandelt habe: Er sei in seiner Dortmunder Zeit „ziemlich radikal" gewesen und in seiner Dresdner Zeit ein „Bernsteiner" geworden. Aber vor allem durch die Lektüre dieser Schrift im August 1903 habe er endlich entschieden, sich der „Propaganda für nationalen Socialismus" zu widmen. Hierbei betonte er:

„Ich muß bekennen, daß nur wenige Bücher in meinem Leben so nachträglich auf mich gewirkt haben. Ich kann sie alle an den Fingern abzählen: Plädoyer oder die Gespräche

---

[93] Briefkasten, in: Die Hilfe 6/16 (1900).

[94] F. Weinhausen an Naumann (30.6.1900), in: BA Potsdam, NL Naumann Nr. 309, Bl. 1ff. (Zit.: 1R.)

[95] Hierzu siehe E. Fehrenbach, Wandlungen (1969), 211ff.; Rezensionssammlung zu Naumanns „Demokratie und Kaisertum", in: Die Hilfe 6 (1900), Nr. 18-20, 26, 27, 32.

über die Unsterblichkeit der Seele, Kraft u. Stoff, Darwins Entwicklungsgeschichte, das kommunistische Manifest."[96]

B. Die prognostischen Begründungen des „Industriestaats"

Bei der Darstellung seines Entwurfs des „Industriestaates" stützte sich Naumann auf viele prognostische Thesen. Einige dieser Thesen waren ein Niederschlag seiner Wunschvorstellungen und dienten dazu, deren Wirklichkeitsnähe zu behaupten. Die anderen Thesen wurden hingegen verwendet, um unabhängig von seinen Wunschvorstellungen die Realisierungsbedingungen seiner Pläne zu präzisieren. Naumann bemühte sich in beiden Fällen, mit Rücksicht auf eine mögliche rationale Umsetzung seiner Wünsche die prognostischen Thesen von reinen Prophetien deutlich abzugrenzen.

Durch welche prognostische Verfahren begründete Naumann die Wirksamkeit seines Zukunftsentwurfs? Genauer: Auf welche Methoden beriefen sich seine Prognosen bei der Herleitung ihrer Eintrittswahrscheinlichkeit aus den gegebenen Fakten?[97] Auf welche Gegenstände bezogen sich die von Naumann angewandten prognostischen Methoden?

Für die Voraussage über die Zukunft im allgemeinsten Sinne stützte sich Naumann auf *die historische Gesetzlichkeit des „Kampfs ums Dasein"*. Auf der Basis dieser sozialdarwinistischen These ging er von der Unvermeidbarkeit einer Herausbildung von Herrschenden und Beherrschten sowie von Konflikten wie Weltkriegen oder Klassenkämpfen aus. Die soziale Ordnung des „Industriestaats" würde im wesentlichen vom Gegensatz zwischen „industrieller Aristokratie" und „industrieller Masse" geprägt bleiben.

Zum Beleg der Notwendigkeit des „innenpolitischen Umschwungs" zum „Industriestaat" (der Entstehung des sozialen Kaisertums und des Niedergangs der Konservativen) verwendete Naumann *die geschichtliche Analogie zwischen seiner Gegenwart und der Reichsgründungszeit*. Er unterstrich die Ähnlichkeit zwischen dem politischen Prozeß von der 1848er-Revolution bis zur Gründung des deutschen Kaiserreichs und dem politischen Prozeß, der mit den kaiserlichen sozialpolitischen Erlassen von 1890 begonnen hatte und mit dem Kampf um „Industriestaat oder Agrarstaat" um 1900 in seine entscheidende Phase eingetreten war. Wie aus „erster nationaler Begeisterung" im Frühjahr 1848 eine Machtfrage für die Reichsgründung „Preußen oder Österreich?" entstanden sei, so habe sich aus dem sozialen Idealismus von 1890 der Kampf um die Industrie- oder Agrarstaatsfrage entwickelt. Hierbei forderte er sein Ziel in prognosti-

---

[96] Lebins an Naumann (14.12.1903), in: BA Potsdam, NL Naumann Nr. 233, Bl. 5R u. 4.
[97] Zur ausführlichen theoretischen Erörterung über die sog. „Proferenzfunktion" siehe, L. Hölscher, Weltgericht, 16ff.

scher Form: „Wie die deutsche Frage nicht ‚gelöst' werden konnte ohne Niederwerfung Österreichs, so kann die soziale Frage nicht zu bestimmten Ergebnissen führen ohne Niederwerfung der Agrarier. Das ist die erste Schanze, die gestürmt werden muss. Beim Sturm auf diese Schanze werden Kaiser und Arbeiter sich finden."[98]

Bei seiner Prognose der unentbehrlichen Beständigkeit des Kaisertums im „Industriestaat" erweiterte Naumann seine Technik der Analogiebetrachtung auf die *gesamte Zeitgeschichte Deutschlands*, deren Entwicklungsgrundlage er in einem starken Militarismus sah:

> „Unsere ganze militärische Vergangenheit läßt für unser Volk gar keine andere Möglichkeit offen, als einen kaiserlichen Kriegsherrn zu haben, wenn wir auf geeinte deutsche Waffenkraft Anspruch erheben. Wir haben uns zur neuesten europäischen Großmacht aufgeworfen. Gut! Weil wir es getan haben, brauchen wir Diplomatie und Heer, und weil wir beide brauchen, brauchen wir den Kaiser."[99]

In seinen allgemeinen Prognosen bezüglich des Gesellschaftssystems, d. h. in seinen Prognosen über den gesamtgesellschaftlichen Übergang zum „Industriestaat" und über dessen gesamtgesellschaftliche Ordnung stützte sich Naumann im Wesentlichen auf zwei methodische Typen:

A. *Die Tendenzbetrachtung*: Naumann richtete seine Aufmerksamkeit nicht allein auf die Verschärfung bereits vorhandener Einzeltendenzen. Aus sich fortsetzenden einzelnen Tendenzen leitete er eine Gesamttendenz oder „Richtung" ab. Er machte wiederholt darauf aufmerksam, dass die Gesamttendenz der deutschen Gesellschaft oder deren Hauptbewegungsrichtung durch drei fortschreitende Tendenzen bestimmt wird: die Bevölkerungsvermehrung (1), die Entwicklung des Industriekapitalismus, die mit der Entwicklung von Technik und Verkehr eng verbunden ist (2), und die Steigerung des „demokratischen" („Freiheits-" oder „Persönlichkeits-") Gedankens (3).[100] Hierbei betonte er die innere Kohärenz dieser Tendenzen, um die Geschlossenheit seiner Prognose über die Gesamttendenz zu sichern.

Grundlage seiner Argumentation war die Bevölkerungszunahme. Diese war für ihn ein Indikator für die „Notwendigkeit" von technisch-wirtschaftlichen und politischen Entwicklungstendenzen und zugleich der treibende Faktor, der die beiden anderen

---

[98] Kaiser und Arbeiter, in: Die Hilfe 7/16 (1901), 3.

[99] Demokratie und Kaisertum, in: W 2, 270f.

[100]Vgl. Wochenschau, in: Die Hilfe 6 25 (1900), 1f.: Neudeutsche Wirtschaftspolitik (1902), 9ff. (bes. 18ff.); Die wirtschaftlichen und politischen Folgen der Bevölkerungsvermehrung (1903). Zur Terminologie „Freiheitsgedanke" siehe die Wochenschau (1901); zum „demokratischen" Denken und „Persönlichkeitsgedanken" Demokratie u. Kaisertum, Anmerkungsapparat, 56ff. Mit diesen Begrifflichkeiten meinte Naumann den bürgerlichen Liberalismus und den Sozialismus der Arbeiterbewegung.

Tendenzen „Stärkung und Beschleunigung" erzeugt. Hierbei beschrieb Naumann konkret die Gesamtentwicklungstendenz als ewigen Kreislauf der notwendig wechselwirkend bestimmenden Faktoren, die eigentlich gemischt aus verschiedenen Ziel- und rein prognostischen Vorstellungen bestehen. Zu diesen zählte Naumann die Zunahme der Arbeiterzahl, den Fortschritt von Technik und Verkehr, die imperialistische Ausdehnung auf dem Weltmarkt, das Wachstum des nationalen Reichtums, die Steigerung der politischen Macht der Arbeiter und die geistige und materielle Besserstellung der Arbeiter usw.

Naumann sprach im Zusammenhang mit den prägenden Aspekten der Gesamttendenz der deutschen Gesellschaft oder deren Bewegungsrichtung häufig von „Zentralisation" bzw. „Konzentration" oder „Ausdehnung" bzw. „Vergrößerung".[101] Es ging ihm hierbei nicht nur um die Organisierung der wirtschaftlich-sozialen Lebensform und um die bei diesem Prozess sich stärkende Führungsrolle von Kaisertum bzw. Staat, Unternehmern, Arbeitern und Konsumenten, sondern auch um die Vergrößerung der wirtschaftlichen Einheit und des Lebensraums der imperialistischen Mächte.

Hierzu wies er auch auf die Erhöhung der Mobilität im modernen Leben hin. Dies würde notwendigerweise zum Untergang der sesshaften Lebenskultur führen, wovon besonders die herkömmliche Religions- bzw. Weltanschauungskultur betroffen wäre.[102]

Naumann entwickelte seine Tendenzprognose zu einer deterministischen Prognose. Er verband die Notwendigkeit der erhofften politischen Entwicklung mit der industriellen Gesamtentwicklungstendenz. Naumann sagte zum demokratischen Aufschwung voraus:

„Der Lohnarbeiterstand ist bereits heute der kompakteste Massenstand der Nation, und er wird es immer mehr werden. [...] Die neuen Menschen kommen, wollen arbeiten. [...] Um leben zu können, müssen wir industriell fortschreiten. Wir müssen vorwärts, solange wir ein wachsendes Volk sind. Deshalb ist *nur eine Frage der Zeit*, wann bei uns der Industrialismus die politische Führung bekommt, mit anderen Worten, wann auf Grund des allgemeinen Wahlrechtes die Lohnarbeiter parteipolitisch ausschlaggebend werden."[103]

Die deterministische Prognose bezog Naumann auch auf die Steigerung der Macht des Kaisers:

„Die Ursache dieser wirtschaftlichen Machtentwicklung ist dieselbe, die wir von Anfang an als Ursache der wachsenden Demokratie erkennen mußten, die überaus starke Bevöl-

---

[101] Vgl. ebd.; Asia (1899), 157.; Weltgeschichte, in: Die Hilfe 6/50 (1900), 3ff.
[102] Vgl. Liberalismus, Zentrum und Parteien, in: W 4, 1ff. (hier: 10f.)
[103] Demokratie und Kaisertum, in: W 2, 45ff.

kerungsvermehrung. Je mehr Millionen deutscher Männer Waffen tragen können, je mehr Millionen Hände Ware schaffen können, je mehr Millionen Bürger Schiffe zahlen können, desto höher steigt die Kaisermacht."[104]

B. *Der Vergleich mit dem schon abgeschlossenen Ablauf des Industrialisierungsprozesses anderer Nationen*: Hierbei wurden vor allem England, aber auch Nordamerika als musterhafte Industrialisierungsvorläufer hoch eingeschätzt. Zur Präzisierung seiner Vorausschau und seiner Pläne verwendete Naumann die bereits abgelaufenen Entwicklungsprozesse in diesen Musterländern einfach als Vergleichsmaßstab. Darüber hinaus benutzte Naumann das Beispiel Englands manchmal als Warnung vor einer falschen Siedlungspolitik, die zu Lebensnot in der Großstadt und zur Zerstörung des Landes führe.[105] Jedoch spielten beide Vorläufer bei den Naumannschen Prognosen eher eine positive als eine neutrale oder negative Rolle.

Naumann beschrieb beide Länder primär als verwirklichte Utopien, um die in Deutschland noch nicht vorhandenen idealen Züge und deren Realisierungsmöglichkeit schlagkräftig zu betonen. In erster Linie begründete Naumann – wie bereits dargestellt – mit dem englischen Vorbild die *Nähe* des politischen Sieges des Industrialismus. So nannte Naumann aufgrund ähnlicher Vorbedingungen im Deutschland seiner Zeit und im England der 1840er Jahre einen genauen Zeitpunkt des Sieges des Industrialismus in Deutschland. Auch was die Übergangsformen anging, erwartete Naumann in Deutschland eine ähnliche Entwicklung wie im England der 1840er Jahre. Hierbei wurden vor allem der Übergang zum Freihandel und der Bruch mit der konservativen Regierung als zentral angesehen.

Beim Vergleich der Vorbedingungen in beiden Ländern betonte Naumann 1909 sogar, dass die „Notzustände" in England in den 1840er Jahren noch schlimmer waren: „Vorher waren drüben die Notstände der Landleute und der städtischen Arbeiter viel größer gewesen als jemals bei uns. [...] Auch die Arbeiterbewegung der Chartisten war wilder und ungebildeter als bei uns die der Sozialdemokratie. Aus diesen Notzuständen heraus erhob sich das moderne England [...]."[106]

Auch was die weitere Entwicklung Deutschlands hin zum „Industriestaat" anging, verwies Naumann wiederholt auf das englische Vorbild, wobei dieses – entsprechend dem zeitlichen Vorsprung – in vielerlei Hinsicht einen Kontrast zur schlechten Lage in Deutschland bildete. Entsprechend seinen Hoffnungen verwies Naumann nun auf ganz bestimmte Aspekte der englischen Vorbildlichkeit: die Konservativen (Großgrundbesitzer), die Sozialdemokratie bzw. die Arbeiterbewegung,[107] den Liberalismus, das

---

[104] Ebd., 271.
[105] Vgl. ebd., 110; Wochenschau, in: Die Hilfe 4/36 (1898), 1f.
[106] Der Industriestaat (1909), in: W 3, 42ff. (Zit.: 69.)
[107] Dazu siehe besonders nationaler und internationaler Sozialismus (1901), in: W 5, 281.

Zweiparteiensystem, in begrenztem Sinne auch auf die Bauern[108] und auf wirtschaftliche sowie geistige Entwicklungsprozesse wie die Erhöhung der Massenkonsumkraft und den Wandel der Gemüter zur „liberalen Lebensstimmung".[109] So sagte Naumann: „Eine Zukunft nach Art der englischen Entwicklung ist das praktische Ziel des Industriestaates."[110]

Neben England fungierten auch die USA als eine industrielle Utopie. Besonders die Großindustrie und das Betriebsleben schienen Naumann dort vorbildlich, und so waren folgendes die zentralen Elemente seines „Amerikanismus": technische Vervollkommnung, Rationalisierung der Produktionsprozesse, Erhöhung des volkswirtschaftlichen Ertrags, Qualitätsverbesserung der Arbeiter und Steigerung von deren Lebensstandard.[111]

Außerdem verwendete Naumann das Ereignis *der Beseitigung der konservativ-agrarischen Macht als Ausgangshypothese* für seine Prognosen über den „Industriestaat". Damit konnte er die Lücken in seinen Prognosen füllen, die bei den bisher erwähnten prognostischen Verfahren noch bestanden.

Unter der Voraussetzung, dass die konservativ-agrarische Reichstagsmehrheit gebrochen sei, rechnete er mit weiteren Entwicklungsvorgängen. So sagte er in bestimmter Reihenfolge die ersten Reformmaßnahmen nach diesem Ereignis voraus, wobei er die neuen Bedingungen ganz klar durch den weggefallenen Einfluss der Konservativen geprägt sah. So widmete Naumann seine besondere Aufmerksamkeit also den Reformhandlungen des Kaisers, der vom bisher erzwungenen Bündnis mit den Konservativen befreit sei. In bezug auf die erwarteten Handlungen des Kaisers stützte sich Naumann auf die Überzeugung, dass der Kaiser im wesentlichen arbeiterfreundlich und „industrialistisch" sei.[112]

C. Die Bilder des „Industriestaats"

Bei der Rekonstruktion des Naumannschen Entwurfs des „Industriestaats" versucht diese Arbeit nicht, alle Einzelaspekte detailliert darzustellen, weil dies meist eine Wiederholung der oben beschriebenen Zielbilder in den nationalsozialen

---

[108] So erörterte Naumann besonders in: ders., Was heißt Industriestaat?, in: Die Hilfe 8/14 (1902), 2f.: „Der Bauer geht beim Industriestaat keineswegs zurück. Das zeigt England. Dort haben seit Aufhebung der Getreidezölle die Bauern nicht abgenommen und der Ertrag bäuerlicher Acker hat sich sehr gesteigert." (Zit.: 3.)

[109] Siehe Demokratie und Kaisertum, in: W 2, passim.; Der Industriestaat, in: W 3, passim.

[110] Der Industriestaat, 69.

[111] Vgl. Nationale Produktion, in: Die Hilfe 7 37 (1901), 3f.; Neudeutsche Wirtschaftspolitik (1902), 29f.

[112] Vgl. Demokratie und Kaisertum, in: W 2, 288ff., 335.

Programmen zur Folge hätte, sondern beschränkt sich auf die prägenden Merkmale.[113] In erster Linie hervorzuheben ist, dass Naumann sich dem Versuch widmete, über die Beschreibung der neuen Gesellschaft hinaus den konkreten Übergangsprozess von der vorhandenen zur neuen Gesellschaft zu veranschaulichen.

Ausgangspunkt für die weitere Entwicklung zur neuen Gesellschaft hin ist die Umgestaltung der politischen Ordnung, die eigentlich den Übergang zum „Industriestaat" bedeutet.[114] Hierbei bietet Naumann kein einheitliches Bild dieses Prozesses an. Einmal bestand der erste Schritt in einer sich von innen heraus vollziehenden Veränderung des Reichstags, wie der Auflösung der „konservativ-klerikalen" Mehrheit und der Koalitionsbildung zwischen dem bürgerlichen Liberalismus und der Arbeiterbewegung. Ein anderes Mal erwartete er als ersten Schritt die kaiserliche Attacke gegen die „konservativ-klerikale" Mehrheit mit der Auflösung des Reichstags. Seine detaillierten Vorstellungen korrigierte Naumann entsprechend seiner jeweiligen Analyse der aktuellen innenpolitischen Konstellationen. Trotzdem bleiben in seinen Vorstellungen zum politischen Umgestaltungsprozess die folgenden Elemente beständig (vgl. S.189f., 266ff., 288ff., 335ff.):

1. Der politische Umgestaltungsprozess beginnt mit der Beseitigung der konservativ-agrarischen Vorherrschaft und endet mit der vollständigen Verwirklichung des „sozialen Kaisertums". Für den gesamten Prozess der politischen Umgestaltung spielt der Kaiser die entscheidende Rolle, indem er sich zum „sozialen Kaisertum" hin entwickelt.

2. Die „industrielle Aristokratie", d. h. das industrielle Unternehmertum, der bürgerliche Liberalismus und die Arbeiterbewegung bilden die Machtbasis für die kaiserliche Reformarbeit, indem sie zugleich die kaiserliche Politik bezüglich der nationalen Machtfrage unterstützen.

3. Zu Beginn wird die kaiserliche Reform ihren Kampf vor allem gegen die agrarisch-schutzzöllnerische Wirtschaftspolitik der Konservativen richten, so dass sich das „soziale Kaisertum" vor allem in der Form der „Diktatur des Industrialismus" konkretisieren wird. In dieser Diktatur des Kaisers bilden vor allem der bürgerliche Liberalismus und die „industrielle Aristokratie" die kaiserliche Machtbasis.

4. Der Kampf gegen den „Brotwucher" wird notwendigerweise zur Aufhebung der bisherigen Repressivpolitik und ihrer Bedingungen führen. So nähern der Kaiser und die Arbeiterbewegung sich immer mehr einander an, so dass das Hauptgewicht der kaiserlichen Machtbasis nunmehr in der „demokratischen Massenpartei" und der Arbeiterschaft liegen wird. Demgegenüber werden die marxistischen Radikalen in der

---

[113] Diese Arbeit stützt sich wesentlich auf „Demokratie und Kaisertum" (1900ff.). Die Angabe der Seitenzahl ohne Titel bedeutet ein Zitat aus diesem Text in: W 2.

[114] Naumann lag in der Zeit des Nationalsozialen Vereins sein Interessengewicht vor allem in der Umgestaltung der politischen Ordnung.

Sozialdemokratie einflusslos bleiben. Anschließend werden „eine Periode einheitlicher Industrieller und freiheitlicher Gesetzgebung" und „ein Ausarbeiten aller der Anlagen, die in der deutschen Reichsgründung enthalten sind" beginnen (S. 341).

5. Bei diesem Prozess wird folgende Reihe von Ereignissen eintreten:
- Aufhebung der Sammlungspolitik, die bisher die Vorherrschaft der Konservativen sicherte;
- allmähliche Auflösung der Zentrumspartei und die Charakteränderung der Konservativen zu einer Partei ähnlich den Torys in England, die zwangsweise volksfreundlich sein wird;
- Entstehung eines Zweiparteiensystems, in dem die Oppositionspartei aus den klerikal-konservativ-agrarischen Kreisen besteht und sich die Regierungspartei als ein „Kartell der Linken" aus einer „demokratischen Massenpartei und bürgerlich-liberalen Gruppe der industriellen Aristokratie" zusammensetzt;
- parlamentarische Führung durch eine „praktische nationale und soziale Demokratie", deren Kerntruppe die gelernten Arbeiter, d. h. die „Arbeiteraristokratie" (S. 48) sein wird.

Es ist zu betonen, dass die utopischen Züge im Vordergrund dieses Entwurfs stehen. Der Gesamtcharakter des „Industriestaats" lässt sich wie folgt beschreiben:

Ausgehend vom Bruch der konservativen Vorherrschaft, d. h. von der Beseitigung der ersten Ursache der Systemkrise, in der die deutsche Gesellschaft gegenwärtig steckt, entwickelt sich der „Industriestaat" ohne wesentliche soziale Krisen. Hierbei besteht sein Entwicklungsmerkmal in *der Steigerung der Harmonie* zwischen all jenen, die in der Gegenwart in Gegnerschaft zueinander stehen.

Die Harmonisierungsmerkmale des „Industriestaats" konkretisieren sich in folgenden programmatischen Grundsätzen, nach denen schließlich all seine Einzelaspekte zu gestalten sind:
- Im „sozialen Kaisertum" verwirklicht sich die Harmonie und die Gemeinschaft von Kaiser, Industriellen und Arbeitern, von Nationalen und Sozialen, von Demokratie und Militarismus, von Liberalismus und Sozialismus und von Bildungsbürgern und Massen (vgl. S. 272f., 339ff., 342ff.).
- Die „Industrialisierung", die alle wirtschaftlich-sozialen Lebensbereiche nach dem Prinzip der technischen Vervollkommnung und der rationalen Regelung von Produktion und Betrieb reformiert, führt zur Harmonisierung von Industrie und Landwirtschaft, von Groß- und Kleinbetrieb, von Industrieentwicklung und Volkswohl und von Demokratie und Wirtschaftswachstum (vgl. 55ff.).[115]

---

[115] Vgl. auch Nationale Produktion, in: Die Hilfe 7/37 (1901), 3f.; Neudeutsche Wirtschaftspolitik (1902), 29f.

- Die „Dezentralisation" von Verwaltung, Ansiedlungswesen, Industrie und Erziehungswesen bewirkt die harmonische Entwicklung von Stadt und Land sowie von Reich und Gemeinde. Hierdurch wird die industrielle, demokratische und geistige Gesamtentwicklung des deutschen Volks gefördert (vgl. 100ff.).[116]
- Die „demokratische Organisation des Wirtschaftslebens" oder die „Demokratisierung der kapitalistischen Organisation des Besitzes und der Arbeit"[117] bewirken die Harmonisierung von Großbetrieb und Persönlichkeitsgedanken und führen zur wachsenden Harmonie zwischen Sozialismus und Kapitalismus (vgl. 111ff., 55ff.).

Der Naumannsche Entwurf des „Industriestaats" ist eine vorweggenommene Utopie des „organisierten Kapitalismus"[118], den erst 1915 Rudolf Hilferding begrifflich ausdrückte. So betonte Naumann, dass schon die Organisierungs- und Zentralisationstendenz des Industriekapitalismus die harmonische Entwicklung, d. h. die Harmonisierung der Einzelinteressen des industriellen Unternehmertums mit dem Gesamtinteresse und auch die krisenüberwindende Entwicklung der Gesellschaft garantieren:

„[...] aber es liegt in der Ironie der Welteinrichtung, daß ein großgewordener Kapitalismus von selbst sozialistische Züge aufweist, indem er Betriebe herstellt, die nur zum Schein noch Privatbetriebe sind. Je vollendeter das Prinzip des Verbandsunternehmens sich auslebt, desto schneller wird der Klassenegoismus durch gemeinsame Verwaltung in feste Grenzen gebracht. [...] Die Volkswirtschaft gewinnt somit an Solidität und Stetigkeit, wird berechenbarer in ihrem Verlauf und sucht auch gegenüber der Arbeiterschaft Streitigkeiten, Stockungen und Krisen nach Möglichkeit auszuschalten."[119]

Bemerkenswert sind schließlich folgende weitere eindrucksvolle Aspekte des Naumannschen Entwurfs:

1. Bei der wirtschaftlichen wie bei der politischen Reform ist vor allem die Frage der Leitung wichtig. In diesem Sinne lautet das Reformprinzip: Beteiligung „aller an Leitung und Ertrag der Produktion" sowie Beteiligung „aller am Staat".[120]

2. Hinsichtlich der „Demokratisierung" des Wirtschaftslebens empfiehlt Naumann folgende konkrete Maßnahmen, durch die man dem „industriellen Feudalismus", d. h. der Übermacht der kartellisierten Unternehmerverbände in der Wirtschaftsleitung entgegenwirken und die Mitwirkung der arbeitenden Bevölkerung in den Großbetrieben sichern könne:[121]

---

[116] Auch vgl. Großstadt oder Kleinstädte?, in: Patria, 43ff.

[117] Neudeutsche Wirtschaftspolitik (1906ff.), in: W 3, 445.

[118] Vgl. H.-A. Winkler (Hrsg.), Organisierter Kapitalismus, Göttingen 1979.

[119] Der Industriestaat, in: W 3, 67f.

[120] Neudeutsche Wirtschaftspolitik (1906ff.), in: W 3, 534.

[121] Vgl. auch ebd., 337ff., 403ff, 418ff., 429ff, 479ff.; Protokoll (2.-5.10.1902), 77ff.

- die Organisation aller Arbeitenden in Gewerkschaften, Genossenschaften bzw. Konsumentenvereinen u. a.;
- die Einführung eines kollektiven Tarifvertrags;
- die Einrichtung einer obligatorischen Arbeitervertretung im Betrieb (Fabrikparlament);
- die Kontrolle und Aufsicht des Staates über die Großbetriebe und weitere staatliche Interventionen für die „Demokratisierung" der Großbetriebe.

3. Die Konzepte der „Industrialisierung des Landes" und der „Dezentralisation der Industrie" konkretisieren sich in den folgenden Bildern:[122]

- Entwicklung der Kleinstadt und der „Industriedörfer", die mit dem modernen und demokratischen „Fabrikgeist" erfüllt sind;
- deutsche Kolonisierung im Osten unter den Parolen „Bauerngut an Bauerngut bis an die russische Grenze" und „Industrialisierung des Ostens";
- moralisch und hygienisch gesunde Volksentwicklung.

4. Hinsichtlich der religiös-weltanschaulichen Kultur im „Industriestaat" erwartet Naumann die Befreiung der Religion vom Kirchentum. Und diese soll die Grundlage der Schul- und Kirchenpolitik bilden.[123]

So galt die Naumannsche Konzeption des „Industriestaats" als sehr anschauliche Zusammenfassung verschiedener Zukunftsentwürfe und –visionen seiner Anhänger und Mitstreiter.

---

[122] Vgl. auch Großstadt oder Kleinstädte?; Neudeutsche Wirtschaftspolitik (1902), 63f.

[123] Vgl. Liberalismus, Zentrum und Sozialdemokratie, in: W 4, 10ff.

III. Rhetorik und Symbolik in der Agitation für die Zukunftsentwürfe

Die Rhetorik und die Symbolik des Naumann-Kreises in der Agitation seiner Zukunftsentwürfe gehörten zu dessen wichtigen politischen Handlungen. Trotzdem ist diese symbolische Ebene der Politik des Nationalsozialen Vereins in der Forschung bislang fast außer Betracht geblieben.

Bei dieser Untersuchung geht es vor allem um die operativen Begriffe und die Metaphern, durch die man rasch eine Vorstellung vom Grundriss der vom Naumann-Kreis erhofften Zukunftsgesellschaft erhalten sollte. Im folgenden wird von den operativen Begriffen und den Metaphern, d. h. von den Symbolen, die in den Organen, Broschüren und Versammlungen des Nationalsozialen Vereins häufig auftauchten, die Rede sein.

1. Die operativen Begriffe

Man kontrastierte die Begriffe, die den gleichen Sachverhalt bezeichneten, oder die Bedeutungen eines Synonyms mit den temporalen Kriterien von Gegenwart und Zukunft, um eine neue Bedeutung für die Zukunftsprogrammatik zu betonen. Hierbei fungierte der Bedeutungsgehalt für die Gegenwart negativ, dagegen die Konnotation für die Zukunft positiv. Repräsentative Beispiele sind folgende:

A) *„Königtum" vs. „Kaisertum" in bezug auf die Monarchie*:

Dass für den Naumann-Kreis das „Kaisertum" etwas „Modernes" symbolisierte, wurde schon oben erwähnt. Noch klarer formulierte z. B. Naumann: „Die Politik des alten deutschen Agrarvolkes war das Königtum; die Politik des kommenden Industrievolkes ist das Kaisertum."[124]

B) *„altes Agrarvolk" vs. „neues Industrievolk" in bezug auf das deutsche Volk*:

---

[124] Die Politik Kaiser Wilhelms II., München 1903, 3.

Die Zuordnung der sozioökonomischen Charakteränderung der deutschen Bevölkerung durch den Industrialisierungsprozess zu politisch-kulturellen Ziel- und Wertvorstellungen wurde in der Naumannschen Rhetorik häufig durch das Begriffspaar „altes Agrarvolk" und „neues Industrievolk" ausgedrückt. Naumann gebrauchte sogar den Rassenbegriff, um die Charakteränderung des deutschen Volkes zu betonen. So bezeichnete er besonders die Bevölkerung des rheinisch-westfälischen Industriegebietes als „ein neue industrielle Rasse inmitten des alten landwirtschaftlichen Urgermanentums"[125] und auch die ostelbischen Großgrundbesitzer galten ihm als „Rasse".

Bei der Naumannschen Rhetorik „altes Agrarvolk und neues Industrievolk" handelte es sich um Kontrastbilder zwischen alten und neuen Lebensformen des deutschen Volkes, d. h. zwischen der traditionell vorherrschenden und der für die Zukunft erdachten sozialen, politischen und religiösen Lebensform. So fungierte der Begriff „neues Industrievolk" bei Naumann als ein Symbol, welches das Gesamtbild der erhofften Zukunftsgesellschaft kennzeichnete.[126] Hierzu wurde auch „alter Agrarstaat vs. neuer Industriestaat"[127] oder „alter Massenstand (sc. Bauer) und neuer Massenstand (sc. Lohnarbeiter)"[128] als äquivalente Formel verwendet.

C) „Masse" vs. „Volk" in bezug auf das Volk:

Als soziale Begriffe bezogen sich „Volk" und „Masse" (bzw. „Menge") in der zeitgenössischen Alltagssprache auf gleiche Phänomene. So verwendete man diese Begriffe, um eine große Anzahl von Menschen zu bezeichnen. Sie wurden als Gegenbegriffe zu den Begriffen wie etwa „Aristokratie" oder „Bürger", die überhaupt die oberen Schichten bezeichneten, angewandt. Sie wurden dabei etwa als Synonym für „kleine Leute" und „Arbeiter" verwendet.[129] Im Sprachgebrauch des Naumann-Kreises lässt sich dies an der Gleichsetzung von „Masse" und „Volk" – im Gegensatz zum Kaiser – und auch in den Wörtern „Volksmassen" oder „Massenvolk" sowie „arbeitende Masse" bzw. „arbeitende Volksmenge" erkennen.

Aber „Masse" und „Volk" als politische Begriffe besaßen im Naumann-Kreis differente Bedeutungen und Funktionen. Als „Masse" bezeichnete man im allgemeinen die politisch immer stärker wirkende Wählerschaft auf Grund ihrer wachsenden Kopfzahl und dank des allgemeinen Wahlrechtes oder in engerem Sinne die wachsende sozial-

---

[125] Die neue Aristokratie, in: Die Hilfe 5/53 (1899), 2f. (Zit.: 2.)

[126] Vgl. etwa ebd.; Demokratie und Kaisertum, in: W 2, 40ff.; Die Vortragsreihe im November 1903 in München: Die Politik Kaiser Wilhelms II.; Die wirtschaftlichen und politischen Folgen der Bevölkerungsvermehrung; Liberalismus, Zentrum und Sozialdemokratie (wieder abgedruckt in W 4, 1ff.)

[127] Siehe z. B. F. Naumann, Nationaler u. internationaler Sozialismus, in: W 5, 280.

[128] Die wirtschaftlichen u. politischen Folgen (1903), 12, 14.

[129] Vgl. R. Koselleck, Art. „Volk, Nation, Nationalismus, Masse", in: GGB 7 (1992), 366ff., 380ff., 415ff.

demokratische Arbeiterschaft. Hierbei fungierte die „Masse" grundsätzlich als Begriff für diese neue politisch-soziale Erscheinung und als Grundbegriff für die Prognose dieses unvermeidbaren historisch-politischen Prozesses.[130]

Dagegen fungierte „Volk" eigentlich als politischer Zielbegriff. Das „Volk" als solches war nicht mehr oder noch nicht vorhanden. In diesem Sinne kritisierte man seine Zeitgenossen: „Wir sind kein Volk von Brüdern mehr." (Paul Haag).[131] Im gleichen Sinne setzte Hans Delbrück polemisch die „augenblicklich lebende Generation des Volkes" mit „Parteien" gleich, und zwar in einer Debatte mit Gerlach, der behauptete, dass der Kaiser des Volkes wegen da sei. So kritisierte Delbrück: Das „Volk" als Gegebenheit im Gerlachschen Sinne sei kein „Volk" im Sinne seines utopischen Ziels, d. h. als „eine Einheit mit einem einheitlichen Wohl und einheitlichem Willen".[132]

„Volk" als politischer Zielbegriff war ein Gegenbegriff zu den Begriffen „Parteien", „Klassen" und „Gesellschaft". Das „Volk" bedeutete das Zukunftsideal einer „Gemeinschaft". Der Naumann-Kreis verstand unter diesem Ideal nicht nur eine *politischsoziale Gemeinschaft,* sondern auch eine *kulturelle Gemeinschaft,* die aus der gemeinsamen Sprache, dem gemeinsamen Blut und der einheitlichen Weltanschauung, d. h. der „deutschen Seele" gebildet sein sollte. Dies lässt sich in den auch im Naumann-Kreis häufig verwendeten nationalistischen Terminologien „Volksgemeinschaft", „Volksorganismus" oder „Volksgenossen" erkennen. Die Bedeutung des „Volkes" als Gemeinschaftsideal wurde auch durch die Formel „Volksstaat vs. Klassenstaat" (Sohm) ausgedrückt.[133]

Hierbei gab es im Naumann-Kreis zwei sich widersprechende sprachpolitische Haltungen in bezug auf „Volk" und „Masse". Einerseits betonte man den Gegensatz zwischen „Masse" und „Volk", vor allem in der Polemik zwischen dem linken Göhreschen und dem rechten Sohmschen Flügel, die beide unter dem Stichwort „Volkspolitik oder Massenpolitik" firmierten. Sohm bemerkte provokativ: „Die Masse ist nicht das Volk. Die Masse ist etwas Dumpfes, Stumpfes, Unfähiges. Die Masse ist das Unvolk. Gewiß: sie soll zum Volke werden."[134] Er verwendete den Begriff „Masse" zur Beschreibung des negativen Zustandes des „Volkes" in der damaligen deutschen Ge-

---

[130] Zum Diskurs des Naumann-Kreises über „Masse" siehe oben „B. Zwischen der Hoffnung...", in: 2. Teil/II-3 und unten Anm. 138 u. 139.

[131] P. Haag, Neue Zeit, dramatisches Zwiegespräch, in: ders. Evangelisch-Sozial, Karlsruhe 1899, 21. (Diese Schrift befindet sich in: ASD NL. Naumann [Nationalsozialer Politik].)

[132] Die Monarchie und die Sozialreform, in: Die Zeit 1/75 (30.12.1896.)

[133] Zum Gesamtüberblick der Sohmschen Begriffe „Masse", „Volk" und „Volks-gemeinschaft" siehe A. Bühler, Kirche, 36ff. u. 87ff.; Zu seiner Formel „Volksstaat..." siehe Protokoll (26.-29.9.1897), 31; zum „Volk" bei Naumann z. B.: ders., Fürs Vaterland!, in: Patria (1902), 3ff.; Zur Betonung des „Volksorganismus" gegen den Individualismus des traditionellen Liberalismus: P. Scheven, Nationalsoziale und die volkstümlichen Parteien, o. J. (Diese Schrift befindet sich in: BA Potsdam NL. Naumann, Nr. 285.)

[134] R. Sohm, Volkspolitik oder Massenpolitik, in: Die Hilfe 4/28 (1898)., 3f. (Zit.: 4.)

sellschaft. Die mit dem allgemeinen gleichen Wahlrecht ausgestattete „Masse" sei „ein Sandhaufen", „atomisiert, eine Menge Gleichartiger." Dagegen: „Das Volk aber besteht in Wahrheit nicht aus einer Menge solcher gleichartiger Sandkörner. Das Volk ist organisiert, eine organische Gesamtheit, regelmäßig gegliedert."[135] Hierbei sah man in der „Masse" vor allem nur zerstörende Instinkte. Der Begriff „Masse" im Gegensatz zum „Volk" wurde, verbunden mit den Begriffen „Interesse", „Parteien", „Klassen", „Gesellschaft", „Revolution" und „Republik", negativ verwendet.

Aber andererseits wurde „Masse" als notwendiges Element des modernen Volksideals erkannt. So betonte Naumann: „Im Begriff der Nation liegt ein starkes demokratisches Element. Die Nation ist etwas anderes als die Summe der ‚Untertanen' eines Fürsten. [...] Für Goethe ist Nation noch kein politisches Ideal, sondern ein Kulturgedanke, wenn er von Nationalsprache redet. [...] Die Dichter der Freiheitskriege machten den Kulturbegriff zum Rassenbegriff [...] Die Masse wird Subjekt, die immer nur Objekt gewesen ist. [...] Aus dem Rassenbegriff wird der Massenbegriff: alles, alles, was deutsch spricht, denkt, fühlt, soll eine große Einheit werden[...]."[136] „Masse" in diesem Sinne fungierte als Umschreibung des Zielbegriffs „Volk", besonders in der Form der Gleichsetzung des „neudeutschen Industrievolks" und der „neudeutschen industriellen Masse". Auf diese Weise drückte Naumann seinen Wunsch aus, dass die „Masse" der Gegenwart das „Volk" der Zukunft werden sollte.

Der gleiche Wunsch ist auch erkennbar im formelhaften Ausdruck Weinhausens: „aufgerüttelte und geweckte Arbeitermassen und Volksgenossen". Mit diesem Ausdruck versuchte Weinhausen, die Einigkeit zwischen den sozialdemokratischen Arbeitern und den bürgerlichen Kreisen im Kampf gegen die konservative Repressivpolitik zu betonen.[137]

Der Begriff „Masse" als solcher wurde, verbunden mit den politischen Zielbegriffen „Demokratie", „Sozialismus", „Industrialismus" und „Industriestaat", positiv verwendet. Göhre, der in der Frage der „Masse" einen Gegenpol zu Sohm bildete, erkannte aber an, dass „Masse" als selbständiges politisches Subjekt „zu schwach" sei.[138] Entsprechend wurde „Masse" in der politischen Programmatik des Naumann-Kreises immer durch andere Begriffe ergänzt, deren Bedeutung die Führung der Massen implizierte. Man sprach von „Geist und Menge", „Akademiker und Masse" und „Bildung

---

[135] Protokoll (26.-29.9.1897), 28.
[136] Demokratie und Kaisertum, in: W 2, 245ff.
[137] Vgl. Wochenschau, Die Hilfe 5/48 (1899), 1f. (Zit.: 1.)
[138] P. Göhre, Die Emporentwicklung der arbeitenden Massen, in: ebd. 4/32 (1898), 4f. Zur gleichen Meinung von F. Naumann siehe Maurenbrechers neues Bekenntnis, in: ebd. 9/38 (1903), 2f.; ders., Masse und Akademiker, ebd. 9/40 (1903), 2f.

und Arbeit" oder „Kaiser und Arbeiter(Masse)" bzw. „Kaisertum und Demokratie", wobei man auf die Einigkeit von Führer und Gefolgschaft abzielte.[139]

Außerdem ist zu bemerken, dass der Massebegriff als solcher auch in der Polemik gegen die Mittelstandpolitik der konservativen Gruppierung verwendet wurde. Um der konservativen Propaganda vom Bauerntum als „Mittelstand" ein Konzept entgegenzustellen, ordnete der Naumann-Kreis, wie oben erwähnt, das Bauerntum dem „Massenstand" zu.

D) „konservativ" vs. „staatserhaltend" in bezug auf die Rechtfertigungsideologie für die Regierungspartei:

Der Ausdruck „staatserhaltend" wurde zur Rechtfertigung des Konservatismus und als Selbstbezeichnung der konservativen Partei verwendet. In seiner Kritik an den Konservativen lehnte Naumann die Gleichsetzung zwischen „konservativ" und „staatserhaltend" deutlich ab: „Konservativ heißt großgrundbesitzerisch, nichts mehr und nichts weniger." Und er definierte das Wort „staatserhaltend" begrifflich neu: „Staatserhalten wollen wir sein, aber nicht konservativ. An dem Wort konservativ klebt bereits soviel Härte, Selbstsucht, politische Ungerechtigkeit, [...] aber für ein freiheitliches Vereinsrecht stimmen, die Reichsverfassung erhalten wollen, die Vaterlandsverteidigung stärken, die Lage der Arbeiter bessern, ist staatserhaltend."[140]

E) „Kapitalismus" vs. „Industrialismus" in bezug auf die industrielle Entwicklung:

Beide Begriffe erhielten im Zusammenhang mit der Gesellschaftskritik des 19. Jahrhunderts eine negative Konnotation. Von sozialistischer Seite aus wurde die Industrialisierung mittels der Begriffe „Kapital" und „Kapitalismus" kritisiert, von der konservativen Seite aus mittels des Begriffs „Industrialismus".[141]

In der Gesellschaftskritik des Naumann-Kreises spielten beide Begriffe keine entsprechende Rolle. Eher wurden sie zur Betonung notwendiger Bedingungen für die Entwicklung des Wohlstandes der Menschheit positiv verwendet. Tendenziell jedoch blieben die Begriffe „Kapital" und „Kapitalismus" negativ belegt. So bemerkte Nau-

---

[139] Vgl. ebd.; auch etwa E. Schlaiker, Geist und Menge, I./II., in: ebd. 9/38f. (1903), 4f. u. 7.; F. Naumann, Demokratie und Kaisertum, in: W 2, passim. Zu ähnlichen Äußerungen von R. Sohm siehe oben Anm. 304, in: „B. Von der Nah- zur Fernerwartung" des 2. Teils/IV-3; ders., Volkspolitik od. Massenpolitik (wie Anm. 134); A. Bühler, Kirche. Vgl. auch die ähnliche Aussage des Graveurs Paul Haag: „Der Arbeiter gehört zusammen mit der Wissenschaft. Deutsche Arbeit und deutsche Wissenschaft müssen vereint werden.", in: Protokoll (26.-29.9.1897), 22.

[140] Wochenschau, in: Die Hilfe 3/50 (1897), 1f. (Zit.: 2.)

[141] Vgl. L. Hölscher, Art. „Industrie", in: GGB 3 (1982), 289ff.

mann in seiner Kritik am „kapitalistischen Zeitalter": „Wir wissen, daß wir den Kapitalismus brauchen, um leben zu können, aber er soll nicht unser Herr sein, vor dem sich alles Lebendige beugt. Hinter dem Kapitalismus muß der Sozialismus stehen, die Einschränkung der menschenzerstörenden Gewalt, die im Kapitalismus ist, durch sittliche und politische Energie."[142] Der „Industrialismus" galt jedoch als absolut positiv. In Naumanns Zukunftsprogrammatik spielte er eine wichtige Rolle: „Voraussetzung jedes Fortschritts im Sozialismus ist der Sieg des Industrialismus."[143]

Neben der in diesen Beispielen gebrauchten Methode gab es weitere sprachliche Handlungsweisen im Naumann-Kreis. Man übertrug den semantischen Gegensatz der Gegenbegriffe in einen temporalen Gegensatz, d. h. in den Kontrast zwischen Gegenwart und Zukunft. Ein typisches Beispiel hierfür gab Naumann in seiner Rede über *„national"* und *„international"*, wobei sich im ersten Begriff seine Zukunftshoffnung, im zweiten dagegen seine Gegenwartskritik bündelte.

Der sozialdemokratische Gedankengang „International" habe in der jetzigen Zeit, in der das englische Kapital den Markt beherrscht, nur die Bedeutung, dass „die Einheit der Menschheit von England aus angebahnt wird". „National aber" – so sagte Naumann –, „heißt, daß wir Deutschen unsere Zukunft nicht aufgeben wollen".[144] Er beschrieb konkret die Zustände und die Entwicklungstendenz in seiner Zeit negativ durch die Begriffe „internationaler Kapitalismus" und „internationaler Sozialismus". Dagegen drückte er durch den Begriff „nationaler Sozialismus" seine kulturellen und politischen Wert- und Zielvorstellungen aus.

Darüber hinaus betonte Naumann durch seine Rede von „national" und „international" insbesondere eine erhoffte „materiell und geistig wohl begründete Vaterlandsliebe der Menge". Hierbei steht die Naumannsche Betonung im spiegelbildlichen Gegensatz zu der damaligen innenpolitischen Lage, die sich durch den bürgerlich-konservativen Nationalismus und die Staatsfeindlichkeit der sozialdemokratischen Arbeiter charakterisierte. So sei die „Masse" nach seiner Beschreibung „eigentlicher Träger des volkstümlichen Charakters", also des Nationalen, die obere Schichten dagegen im Wesentlichen mit dem „Internationalen" verbunden.[145]

Insgesamt lassen sich die Symbole, die für Naumann in den Begriffen „national" und „international" eingeschlossen waren, wie folgt zusammenstellen:[146]

---

[142] Wochenschau (Der internationale Kapitalismus und der nationale Sozialismus), in: Die Hilfe 6/14 (1900), 1f. (Zit.: 1.)

[143] Nationaler und internationaler Sozialismus, in: W 5, 278.

[144] Weltpolitik und Sozialreform, Berlin-Schöneberg 1899, 5f.

[145] Für's Vaterland!, in: Patria (1902), 4f.

[146] Vgl. ebd.; Der internationale Kapitalismus (wie Anm. 142); Nationaler und internationaler, in: W 5.

* international	* national
* Gegenwart	* Zukunft
* Kapitalismus (= mammonistischer Internationalismus)	* Sozialismus
* England/Engländertum	* Deutsches Reich/Deutschtum
* Kapital (= unpersönliches, kaltes und seelenloses Wesen der materiellen Rechte)	* Nationalität, Volkstum
	* Volksseele, Religion und Moral
* Sozialdemokratie (= internationaler Sozialismus)	
* Kapitalisten (= „vaterlandslose Gesellen")	* Masse (= deutsches Proletariat)
	* Boden und Vaterland
* die oberen Schichten (= Fürsten, Diplomaten, Großkaufleute, Hochadel und Gelehrten)	

Ferner ist bemerkenswert, dass bei der Propagierung der Zukunftsentwürfe des Naumann-Kreises christliche Symbole in sozialreformerische und nationalistische Sinnzusammenhänge übertragen wurden. Begriffe wie etwa „Bruderliebe" oder „Bruderreich", welche die Grundbegriffe für das utopische Konzept der christlichen Sozialethik, d. h. das „Reich Gottes" bildeten, dienten dazu, den erhofften Zustand des neuen Deutschlands zu beschreiben. Typischerweise enthielten die Gedichte Paul Haags, die für die Festlieder der christlichen Arbeiter verfasst wurden, solche Übertragungen. Haag war Graveur, enger Mitarbeiter Naumanns im Frankfurter evangelischen Arbeiterverein und Vorstandsmitglied des Nationalsozialen Wahlvereins in Frankfurt a. M. sowie Redakteur des „Frankfurter Volksboten", einer Beilage der „Hilfe" in diesem Gebiet. Er dichtete in seinem Lied *zum Stiftungsfeste* mit der Melodievorlage *Deutschland, Deutschland über alles:*[147]

„Gottesfurcht und Bruderliebe
Schreiben wir auf das Panier"

Noch deutlicher dichtete er in seinem Lied *Ausharren* mit dem Untertitel *Nach der Reichstagswahl 1898*[148]:

---

[147] P. Haag, Neue Zeit, 11f. (Zit.: 12.)
[148] Ebd., 14.

„Wenn wir nicht erleben
Die bessere Zeit,
Soll Hoffnung uns erheben
Zur Schaffensfreudigkeit.

Einst tagt es auf Erden,
Und ist es nicht gleich,
Das Reich muß uns doch werden,
Das heil'ge Bruderreich!"

2. Die Metaphern

Die Funktion der Metapher in der politischen Praxis besteht darin, dass sie einen ruhenden Pol in der sich ständig wandelnden, nach Neologismen gierenden Sprache der Politik bildet.[149] Durch die Metapher werden neue politische Begriffe bzw. deren Bedeutungsfelder über eine stabile Symbolik zugänglich gemacht. Die Metapher ist Bindeglied zwischen dem Spezialdiskurs der Politiker und dem allgemeinen Diskurs der Massen. Durch die Analyse der vieldeutigen Metaphern lassen sich die mentalen Rahmenbedingungen der Zeitgenossen für die Rezeption neuer politischer Ideen sowie zeitgenössische Rezeptionsmuster erkennen.

Zu bemerken sind in erster Linie „Feuersäule" und „Schwert" einerseits und „Lava" und „Vulkan" sowie „Hochofen" andererseits. Die Symbole „Feuersäule" und „Schwert" beziehen sich auf das Bildungsbürgertum. Durch Metaphern wie die „Feuersäule der Bildung" (Naumann), die an die Feuersäule Gottes im Alten Testament erinnert, und „Schwert des Geistes" (Sohm)[150] drückte man die führende Rolle des Bildungsbürgertums für das deutsche Volk bildlich aus.

„Lava" und „Vulkan"[151] sowie „Hochofen"[152] symbolisieren in erster Linie das explosive Wachstum der Industriebevölkerung, so dass in diesen Metaphern die Gemeinsamkeit von Unternehmern und Arbeitern gegen die konservativ-agrarische Macht und der notwendige Sieg des Industrialismus zum Ausdruck kommt. Hierbei

---

[149] H. Münkler, Politische Bilder, Politik der Metaphern, Frankfurt a. M. 1994, 127.

[150] Vgl. etwa Protokoll (23.– 25.11.1896), 44, 51.

[151] Z. B. Naumann, Die politische Aufgaben im Industriezeitalter, in: W 3: 2f.: „Zur Maschine kommt die Masse [...] und wie die Lava, wenn sie aus dem Feuerberge kommt, eine harte Rinde aus sich herausetzt, so setzt überall das neue Volk der Massen, wenn es an die Maschine tritt, zugleich eine Oberschicht von Unternehmertum aus sich heraus. [...]"

[152] Die wirtschaftlichen u. politischen Folgen der Bevölkerungsvermehrung (1903), 15.

bezeichnet man die Industriearbeiterschaft als „das Flüssige" und das industrielle Unternehmertum als „Rinde", genauer gesagt als die „dünne obere Rinde über dem neuen industriellen Massenvolk".[153] Solche Metaphern drücken auch das unaufhaltsame politische Anwachsen der Arbeiterschaft aus und somit die Notwendigkeit der Demokratisierung. Zugleich schwingt in ihnen aber auch die Furcht vor einer sozialen Revolution mit.

Metaphern und Bilder, die sich als Symbole für die Zukunftsentwürfe des Naumann-Kreises in seiner Rhetorik und in seiner Ikonographie noch häufiger wiederholten, sind vor allem „Eisenbahn", „Haus" und „Boden" oder „Burg" und „Felsen", zugleich aber „Schiff" und „Wasser" bzw. „Meer":

A) „Eisenbahn"

„Der Industrialismus aber kümmert sich wenig um eine solche konservativ-klerikale Mehrheit. Er wird ausgerüstet mit allen Mitteln moderner Zeit vor dem Berg der Reaktion Halt machen, ihn durchbrechen und dann auf freier Bahn in schnellerem Tempo die verlorene Zeit wieder einholen." (Naumann)[154]

Diese prognostische These einer Notwendigkeit des politischen Sieges des Industrialismus und eines baldigen Übergangs zum erhofften „Industriestaat", der sich sodann in raschem Fortschritt entwickeln würde, findet ihren Ausdruck im Eisenbahnsymbol: der kräftige Zug des deutschen Industrialismus auf dem Gleis der fortschreitenden Industrialisierung. Auch in folgendem Bild wird der Industrialismus durch ein Dampfross symbolisiert: der verspätete Zug des deutschen Industrialismus wird seine Vorläufer wie England oder Amerika einholen können, sobald erst einmal die konservativ-klerikalen Hindernisse von der Schiene geräumt sind (vgl. Abbildung 1).

B) „Haus" und „Boden"/ „Burg" und „Felsen"

Das Bild „Haus" diente im Sprachgebrauch des Naumann-Kreises wie bei vielen Zeitgenossen vor allem als Sinnbild des Staates. Man sprach z. B. vom „Reichshaus".[155] Hierbei bezeichnete der „Boden" oder der „Felsen" das Prinzip bzw. das Ideal, durch das der Staat neu gestaltet werden sollte. Sohm z. B. hielt an einem kräftigen Nationalstaat als Ziel des Nationalsozialen Vereins fest und sagte in diesem Sinne: „Auf

---

[153] Demokratie u. Kaisertum, 183.
[154] Wochenschau, in: Die Hilfe 6/25 (1900), 2.
[155] Vgl. etwa, F. Naumann, Neudeutsche Wirtschaftspolitik (1902), 111.

dem Boden des Christentums erbauen wir ein weltlich(es) Haus."[156] Man verband den „Boden" bzw. den „Felsen" auch mit anderen Prinzipien und Idealen und sprach dann beispielsweise vom „sozialen Boden" oder vom „nationalen Boden" sowie vom „nationalen und sozialen Felsen".[157] Auch die Bauern sollten, nach der vom Naumann-Kreis angestrebten Stärkung, einen Fels bilden, nämlich den „Fels des kräftigen Bauernstandes"[158].

Das Bild einer Burg auf einem Felsberg, das oft in den Schriften des Nationalsozialen Vereins illustriert wurde, beschreibt die erhoffte Zukunft Deutschlands als *starker Nationalstaat* bzw. als *starke Volksgemeinschaft*, der auf der Grundlage der imperialistischen, sozialistischen und christlichen Ideale gestaltet werden soll (vgl. Abbildung 2).

Das Sinnbild des Hauses bezieht sich auch auf einen wichtigen Aspekt der erhofften Zukunft Deutschlands als *Industriestaat*. Die Bilder einer kleinen Stadt oder eines Hauses auf dem Land symbolisieren das Zukunftsideal wie etwa die Harmonie zwischen Arbeitern und Bauern bzw. die gleichmäßige Entwicklung von Stadt und Land oder die moralisch-hygienisch gesunde Stadt und das industriell entwickelte Land. All diese Aspekte wurden im Zukunftsplan der „demokratischen/industriellen Dezentralisation" zusammengefasst[159] (vgl. Abbildung 3/4).

---

[156] Die Sohmsche Rede auf der Leipziger Versammlung des Nationalsozialen Vereins, in: Die Zeit 2/61 (13. 3. 1897); Protokoll (23.-25. Nov. 1896), 51.

[157] Siehe Grundlinie des Nationalsozialen Vereins; auch siehe unten Anm. 173.

[158] Siehe unten Anm. 166.

[159] Vgl. F. Naumann, Großstadt oder Kleinstädte?, in: Patria (1902).

II. Jahrg. Nummer 18.   29. Januar 1903.

Abbildung 1

Abbildung 2-1

Abbildung 2-2

Abbildung 3

Abbildung 4

C) „Meer" („Wasser") und „Schiff"

Am häufigsten wiederholten sich die Metaphern von „Meer" („Wasser") und „Schiff" im Naumann-Kreis.

C–1) Das *„Meer"* symbolisiert vor allem die Geschichte.[160] Das *Meer der Geschichte* dient wiederum als Symbol für die unendliche Zukunft. So drückte Naumann z. B. aus: „Das Meer ist für uns das Bild der Unendlichkeit. Es liegt vor uns wie unsere Zukunft, in der noch Sonntage und Stürme, lockende Fahrten und zerbrochene Planken unser warten."[161] Auch stellt das *Meer der Geschichte* sich als Fortschritt der Welt in einem natur- und menschengeschichtlichen Sinne dar, was bei der folgenden Aussage Naumanns klar wird: „Was hat es in diesen hunderttausend Jahren getan? [...] Wer schuf die Stufen unsrer Treppe? Das Meer, das Meer! [...] Die größte Arbeitskraft in der Erdgestaltung ist doch das Meer." Hierbei hat das *Meer als fortschreitende Geschichte* keinen bestimmten Zweck: „Es arbeitet, um zu zerfließen, es schafft und kennt dabei keinen Zweck. [...] Wenn es einen Zweck dieser beängstigenden Mühe gibt, dann muß dieser Zweck sehr tief sein." Das *Meer als fortschreitende Geschichte* wird wiederum in einen religiösen Sinnzusammenhang übertragen. Naumann formulierte hierzu: „Gott ist ein Meer [...]. Meeresrauschen ist Gottesdienst, so gut wie jede gute Menschenarbeit."[162]

Das *Meer der Geschichte* bezieht sich auch auf die Dynamik der damaligen Zeit, d. h. auf das „Wasser der Gegenwart".[163] Dieses zeigt sich im zeitgeschichtlichen Zusammenhang hoffnungsvoll als „Wasser der demokratischen Anschauung, die in die Höhe gestiegen ist"[164] oder als „Wasser der sozialen Zeit", das bereits in den Dachrinnen der Konservativen fließe.[165] Dazu ist das *Meer der Geschichte* Symbol für die unvermeidbare industriestaatliche Entwicklung. So erscheint es als „Meer der uns umbrandenden industriestaatlichen Entwicklung", in dem ein „Fels des kräftigen Bauernstandes" unentbehrlich sein soll,[166] oder als „große Wellenbewegung des Weltmarktes", die über Deutschland hinweg flutet.[167] Im besonderen Zusammenhang mit der

---

[160] Z. B. die Naumannsche Rede zum neuen Jahr, in: Die Hilfe 5/1 (1899), 1: „Ein Jahr ist verrauscht, es zerfließt im Meer der Geschichte."

[161] Gotteshilfe, Göttingen 1904, 380.

[162] Ebd., 381f.

[163] Ebd., 319.; vgl. die Rede Pfarrers César in: Die Hilfe 9/32 (1903), 3: „Wir wollen das menschenmögliche leisten und opfern, um unsere Sache in schwerer Zeit über Wasser zu halten."

[164] F. Naumann, Wochenschau, in: ebd. 2/18 (1896), 1.

[165] Ders., Der soziale Kaiser, in: Die Zeit 2/15 (19. 1. 1897.)

[166] Wolf, Jentschs „Agrarkrisis", in: Die Hilfe 5/14 (1899), 7.

[167] F. Naumann, Neudeutsche Wirtschaftspolitik (1902), 46.

sozialen Krise stellt es sich oft beängstigend als „ein Meer voll Grauen und Glitzern" dar.[168]

„Wasser" bedeutet in einem anderen Zusammenhang bewegende ideelle Kraft oder überhaupt Ideen selbst,[169] was z. B. im „Wasser des vaterländischen Sozialismus"[170] Ausdruck findet. Auch beschreibt das *Wasser als bewegende Kraft* die arbeitende Masse bzw. das arbeitende Volk oder überhaupt das Soziale, während „Feuer" für die führende Kraft der Wissenschaft, für das Bildungsbürgertum und überhaupt das Nationale steht. Die politischen Gegner des Nationalsozialen Vereins spotteten: „National und sozial passen zu einander wie Feuer und Wasser." Darauf antwortete Haag: „Allerdings, denn Feuer und Wasser erzeugen ja den Dampf. [...] Darum soll es heißen bei uns: Volldampf voraus!"[171]

C–2) Das „*Schiff*" symbolisiert einerseits die politische Partei oder die Gesinnungsgemeinschaft und andererseits den Staat oder das Vaterland.[172] Am Bild des Schiffes demonstrierte der Naumann-Kreis seine Zukunftsprogrammatik. Das Parteischiff soll auf der See des Volkes fahren, auf der Sturm herrscht. In der Naumannschen Kritik des bisherigen Liberalismus zeigt sich das „liberale Schiff" als „trauriges Wrack in den Wellen", und zwar „zerschellt am nationalen und sozialen Felsen".[173] Dagegen gleiten die Schiffe Naumanns und seiner Freunde neu in eine hoffnungsvolle Seefahrt (vgl. Abbildung 5), und das „nationale und soziale" Schiff fährt zuversichtlich auf der See des Volkes (vgl. Abbildung 6). Hierbei betonte der Naumann-Kreis die Fahrtrichtung dieses Schiffes. Das Ziel ist „der Sieg des Industrialismus". So beschrieb Naumann das historische Vorbild des politischen Sieges des Industrialismus in England wie folgt: „Der Umschwung hieß zunächst nur, daß überhaupt einmal der bürgerliche Liberalismus mit seinen gewerblichen und industriellen Tendenzen mit vollen Segeln in die Regierung einfahren konnte."[174]

Jedoch bedeutet das Schiff mit „nationalen und sozialen" Segeln nicht nur ein neues Parteischiff, sondern auch ein zukünftiges Staatsschiff und ein neues Vaterlandsschiff. Damaschke sagte in Hinblick auf die Volksnot, dass ihm und seinen Gesinnungsgenossen am Meeresstrande ein Bild des gegenwärtigen Staatsschiffs nahe liege, das sich in schwerer Not befindet.[175] Dagegen verlässt das Staatsschiff mit „nationalen und sozialen" Segeln das bisher gewohnte Fahrwasser und fährt optimistisch auf dem

---

[168] Ders., Wochenschau, in: Die Hilfe 1 41 (1895), 2.

[169] Ders., Zur Begrüßung des Evangelisch-Sozialen Kongresses, in: ebd. 6/23 (1900), 1.

[170] Ders., Wochenschau, in: ebd. 1/12 (1895), 2.

[171] Protokoll (26.-29. 9. 1897), 22.

[172] Vgl. P. Rohrbach, Deutschland, 13; F. Naumann, Patria! (1901), VI.

[173] F. Naumann, Wochenschau, in: Die Hilfe 5/13 (1898), 1f. (Zit.: 1.)

[174] Nationaler u. internationaler Sozialismus, in: W 5, 280.

[175] Protokoll (23.– 25.11.1896), 46.

Meer der Geschichte:[176] Das Schiff – um die Naumannsche Rhetorik[177] zu verwenden – hat guten Wind, seine Segel sind geschwellt, seine Fahnen flattern. Es fährt in die neue Welt (vgl. Abbildung 6).

Der gekrönte Adler, das Christusmonogramm und die Lampe des Geistes charakterisieren das Bild des neuen Vaterlandsschiffes. In den Symbolen des Kaisertums, des christlichen Glaubens und des Bildungsbürgertums zeigten sich die führenden Mächte des neuen Deutschland (vgl. Abbildung 7).

Aber das „Schiff" im Naumann-Kreis ist nicht nur das Partei- und Staatsschiff, sondern auch das Welthandelsschiff und die Flotte. Das Dampfschiff des Welthandels dient typischerweise zusammen mit dem Bild der Eisenbahn als Symbol des neuen Industriestaats und des neuen Industriezeitalters (vgl. Abbildung 8). Die Flotte ist auch Symbol für „das Instrument der neuen Epoche."[178] Sie ist ein Sinnbild der Exportpolitik Deutschlands und des „Todesstosses gegen die Junker", und sie ist zugleich „arbeiterfreundlich".[179] Das Bild eines Kriegsschiffes England illustriert einerseits eine drohende imperialistische Macht, andererseits das Vorbild eines starken industriellen Nationalstaats (vgl. Abbildung 9).

Insgesamt symbolisierte der Naumann-Kreis durch die Metaphern von „Wasser/Meer" und „Schiff" die Agrarier als „Wasserscheue",[180] drückte aber zugleich seine erhoffte Zukunft bildlich aus. Hierbei fungierte die kaiserliche Rede zur Weltmachtpolitik „Deutschlands Zukunft liegt auf dem Wasser" als Losung für das erhoffte Zukunftsbild des Naumann-Kreises. So drückte z. B. Maurenbrecher seine Zukunftsvision aus, indem er das in der kaiserlichen Rede versteckte Zukunftsbild kommentierte:

„Der Deutschen als meerfahrende Nation, mit der ganzen Freiheit und Weitherzigkeit, die das Meer dem Menschen verleiht, mit dem Ablegen alles „kleinlichen, das ihm im täglichen Leben noch hin und wieder umfängt": das ist das Zukunftsbild[...]."[181]

Zur Politik der Metaphernbildung des Naumann-Kreises lässt sich zusammenfassend feststellen, dass vor allem Symbole verwendet wurden, in denen sich die Krisenmentalität der wilhelminischen Zeitgenossen artikulierte. Einerseits appellierte der Naumann-Kreis durch Symbole wie etwa „Burg", „Felsen" und „Schiff" an die zeitgenössische Sehnsucht nach Lebenssicherheit und veranschaulichte auf diese Weise das Er-

---

[176] Vgl. R. Breitscheid, Eine Einführung in die Weltpolitik, in: Die Hilfe 9/41 (1903), 4.

[177] Siehe oben Anm. 9. in: „I. Gegenwartsgefühl" des 2. Teils.

[178] R. Breitscheid, Eine Einführung, in: Die Hilfe 9/41 (1903), 4f.

[179] Vgl. Sozialdemokratisch oder Nationalsozial?, 18f.

[180] Siehe oben Anm. 334 in: „4. Die eschatologische Überhöhung" des 2. Teils.

[181] Vgl. M. Maurenbrecher, Wochenschau, in: Die Hilfe 7/26 (1901), 2.

strebenswerte einer zukünftigen Realität. Andererseits versuchte er durch die zweideutige Verwendung von Symbolen wie etwa „Wasser / Meer" und „Lava", den zeitgenössischen Pessimismus hinsichtlich des gesellschaftlichen Umbruchs in einen Fortschrittsoptimismus umzuwandeln.

Abbildung 5

Abbildung 6-1

Abbildung 6-2

Abbildung 6-3

Abbildung 7

Abbildung 8

Abbildung 9

3. Das Ritual als Symbol

Die Delegiertenversammlungen des Nationalsozialen Vereins fanden jährlich statt. Am ersten Tag einer Delegiertenversammlung feierte man den Familienabend für die Pflege der Geselligkeit. An diesem Abend beteiligten sich neben den Männern auch die Frauen, Schüler und Lehrlinge, deren Engagement in einer politischen Versammlung gesetzlich verboten war. Das Ritual des Familienabends bestand aus feierlichen Reden und Gesang, wobei das Ritual selbst als Symbol für die erhoffte Zukunft des Naumann-Kreises fungierte.

Beispielsweise sangen auf dem Familienabend der Frankfurter Vertreterversammlung von 1901 alle Teilnehmer direkt nach der Eröffnungsrede des Schumachermeisters Leinberger das patriotische Lied *Deutschland, Deutschland über alles*. Danach sang die patriotische Masse, d. h. die Gesangsabteilung des evangelischen Arbeitervereins das Lied *Gott grüsse dich*. Anschließend hielt Naumann eine Rede über die Hoffnung auf „sozialen Fortschritt", die eigentlich eine Prognose der deutschen Zukunftsgesellschaft war. Wiederum trug der Chor des evangelischen Arbeitervereins nach dieser Rede das Lied *Das deutsche Lied* von Kalliwoda vor. Nach dem Gesang dieses patriotischen Lieds hielt Adolf Damaschke eine sozialpolitische Rede, in der er besonders die Lösung der Wohnungsfrage betonte. Es schlossen sich die Gesänge des Arbeiterchors und die Reden von bildungsbürgerlichen Führern wie Pfarrer Esenwein aus Langenbeutingen und Oberlehrer Scholz aus Lingen und anderen an. Zum Schluss sangen die Arbeiter die Lieder *Grüsse an die Heimat* von Kramer und *Rittersabschied* von Kinkel.[182]

Das Ritual war ein konkreter Ausdruck der Zukunftsideale des Naumann-Kreises, nämlich der Harmonie der nationalen Macht und des sozialen Fortschritts sowie der Harmonie der sozialreformerischen Bildungsbürger und der patriotischen Arbeiter.

---

[182] Vgl. den Polizeibericht über die Versammlung des Nationalsozialen Vereins vom 29.9.1901, in: HstA Wi, 407/159-2, Nationalsozialer Wahlverein für Frankfurt und Umgegend (1897-1902), Bl. 224R.

SCHLUSS: ZUSAMMENFASSUNG, BEWERTUNG UND AUSBLICK

Das deutsche Kaiserreich zeigte sich als Brennpunkt der Fundamentalpolitisierung der deutschen Gesellschaft, deren charakteristisches Merkmal im Aufkommen der Massen auf der politischen Bühne bestand. Zwischen der sozialistischen Arbeiterbewegung und den konservativ-agrarischen Kräften, die bei auf eine wachsende Massenbasis zurückgreifen konnten, wollte der Naumann-Kreis sich zur dritten politischen Massenbewegung entwickeln.

Die Gründung des Nationalsozialen Vereins war der konkrete Versuch, eine Volkspartei zu etablieren, in der sich verschiedene und sogar gegensätzliche gesellschaftliche Gruppen, Bürger wie Arbeiter, würden sammeln können. Der Verein zeigte sich als bürgerliche Sammlungsbewegung derjenigen, die aus verschiedenen bisher vertrauten Parteienmilieus austraten. Seine starke Bindekraft war nicht ein gemeinsames materielles Interesse oder eine gemeinsame politische und ideologische Tradition, sondern waren gemeinsame Idealen und Zielvorstellungen. Die Gründung des Nationalsozialen Vereins war ein früher Versuch, über eine Zukunftsprogrammatik eine Volkspartei zu etablieren – ein Versuch, der die wesentlichen Elemente der Parteigründungen der deutschen Nachkriegszeit vorwegnahm.[1]

Der Naumann-Kreis beerbte auch den Nationalismus der liberalen Verfassungsbewegung in der Reichsgründungszeit, indem er das Vorbild des Nationalvereins betonte. Dies bedeutet, dass auch in der Zeit eines reaktionären „rechten" Nationalismus (H. A. Winkler) nach 1880 der liberale Nationalismus seine ideologische und utopische Triebkraft noch nicht verlor. Wie die nationalliberalen Bürger in der Reichsgründungszeit die Sehnsucht nach einer nationalstaatlichen Utopie mit der verfassungspolitischen Reform verknüpft haben, verband der Naumann-Kreis diese Sehnsucht mit der gesellschaftspolitischen Reform.

Seine Deutung des damaligen Modernisierungsprozesses schlug sich vor allem in seinen politisch-sozialen Zukunftsvorstellungen nieder. In dieser Arbeit wurde hauptsächlich versucht, konkret zu beschreiben, welche Zukunftsvorstellungen auf die Politik des Naumann-Kreises, deren Grundzüge oben charakterisiert wurden, einen Einfluss ausübten.

1. Die *langfristigste* Zukunftserwartung bildete das Ideal einer sozial geeinten Nationalgemeinschaft, d. h. die Utopie der „sozialen Einigung" der deutschen Nation, die

---

[1] Vgl. besonders die Gründung der CDU. Hierzu siehe, Ch. Kleßmann, Die doppelte Staatsgründung, Bonn 1991, 142ff.

als Vollkommenheit des jungen deutschen Nationalstaats erträumt wurde. Der Naumann-Kreis drückte dieses Ideal durch verschiedene sprachliche und bildliche Symbole aus. Aber auch von den Vorstufen zu dieser zukünftigen Gesellschaft zeichnete er ein relativ präzises Bild, was auch damit zusammenhängen mag, dass man die ‚Übergangsgesellschaft' schon recht kurzfristig erwartete, während die Vollendung der Entwicklung doch wohl *Jahrhunderte* in Anspruch nehmen würde.

Die erhoffte Übergangsgesellschaft sollte durch folgende Prinzipien einheitlich organisiert werden: Ein hohes Wirtschaftswachstum sollte geschaffen werden durch die Entwicklung des Industriekapitalismus und eine imperialistische Ausdehnung. Zugleich sollte eine demokratische und ethische Regelung der materiellen und geistigen Güterverteilung die Basis bilden. Dies war eine Verknüpfung der sozialdarwinistischen mit der sozialharmonischen Vorstellung. Auch für den politischen Aspekt der erhofften Zukunftsgesellschaft wurde die Harmonie von monarchischem und demokratischem Prinzip hervorgehoben.

Beim Zukunftsgesellschaftsentwurf des Naumann-Kreises wurden auch die umfangreichen Einzelreformziele veranschaulicht. Dagegen gab es nur wenige Versuche, die planmäßige Umgestaltung des vorhandenen Wirtschaftssystems zu beschreiben. Neben den Reformbildern für eine Zukunftsgesellschaft wurden auch Zielbilder für die weltmachtstaatliche Entwicklung entworfen. Das Spektrum dieser Zielvorstellungen war ziemlich breit. Es reichte von einer rationalen Kolonialpolitik, die einen alldeutschen Nationalismus und die einseitige Ausbeutung der Kolonialländer vermeiden sollte, bis zu dem alldeutsch inspirierten Plan eines „pan-germanischen Völkerbundes", d. h. eines Rassen- und lutherischen Konfessionsbundes.

Die Bilder der erhofften zukünftigen Übergangsgesellschaft in den Programmschriften des Nationalsozialen Vereins und in einzelnen Entwürfen von Mitgliedern des Kreises wurden vor allem von Naumann systematisch ausgedrückt. So versuchte er, mit dem Konzept des „Industriestaats" ein einheitliches Gesamtbild dieser Utopie zu umreißen. Der Naumannsche Entwurf bestand aus leitenden Zielbegriffen wie „Industrialisierung", „Demokratisierung", „Dezentralisation". Sie drückten die Hoffnung nicht nur auf die harmonische Entwicklung von Technik, Großbetrieb und „Persönlichkeit" aus, sondern auch auf eine Harmonisierung von städtischen und ländlichen Lebensformen. Die leitenden Konzepte konkretisierten sich insbesondere in den Entwürfen des „Fabrikparlaments" und der „Kleinstadt" bzw. der „Industriedörfer". Hierbei griffen zwei unterschiedliche und teilweise widersprüchliche Ansätze ineinander: einerseits der liberale Fortschrittsoptimismus, der mit Hilfe des englischen Vorbilds und des „Amerikanismus" gesellschaftspolitisch neu formuliert wurde, andererseits die Agrarromantik und die Großstadtfeindschaft, d h. die Annahme, dass die Großstädte der Nährboden des sittlichen und weltanschaulichen Verfalls seien, während das Land ein körperlich und sittlich gesundes Leben ermögliche.

Außerdem gab es vielfältige „kulturprotestantische" Programme bzw. entsprechende Konzepte, um die von Materialismus und Entchristlichung repräsentierte Fehlentwicklung der modernen Kultur durch eine moderne religiöse Kultur zu korrigieren, die von den vorhandenen autoritären Strukturen, Dogma und Hierarchie, gelöst sein sollte. Die Pluralisierung und Säkularisierung der Konfession und der Ausbau der Kirchen zu kulturellen Zentren für die Erfüllung verschiedener religiös-weltanschaulicher Bedürfnisse charakterisierte die Entwürfe des Naumann-Kreises. Es lag hier die Überzeugung zugrunde, dass Moral und Religion die gesellschaftlichen Verhältnisse bestimmten.

Charakteristisch für die Zukunftsentwürfe des Naumann-Kreises ist – wie bisher dargestellt – eine umfangreiche Zusammenfassung von Elementen verschiedener politischer Programme, die damals häufig gegensätzlichen Lagern zugerechnet wurden. Dieser Versuch einer Vermittlung gegensätzlicher Anschauungen war ein programmatischer Ausdruck für die Etablierung einer Volkspartei.

2. Mittelfristig und am *aktuellsten* bestimmten die Erwartungen der inneren und äußeren Umwälzungskrisen die Politik des Naumann-Kreises. Sein politisches Handeln verfolgte zwar die oben erwähnten utopischen Zielbilder, die für eine ferne Zukunft erwartet wurden. Aber in besonders starkem Maße übten die Erwartungen einer bald bevorstehenden Gesamtkrise einen politischen Handlungsdruck aus.

In der Naherwartung einer sozialistischen Revolution fasste der Naumann-Kreis die bisher verstreut oder unklar gebliebenen verschiedenen utopischen Ziele zur systematischen Programmatik einer idealen Zukunftsgesellschaft zusammen, mit der man vor allem dem Entwurf des „Zukunftsstaats" der Sozialdemokratie entgegentreten wollte.

Der Naumann-Kreis verfügte über keine genaue Datierung, was den Revolutionsausbruch anging. Doch die furchtsame Stimmung, verursacht durch die Erwartung, dass das deutsche Kaiserreich am Vorabend einer nie dagewesenen blutigen Sozialrevolution stehe, motivierte innenpolitisch eine scharfe – sogar einseitige – Kritik an den Konservativen und den Junkern. Der Naumann-Kreis beschrieb die Vorherrschaft der Junker und ihrer politischen Vertretung, der Konservativen, als Hauptursache für die Verschärfung der Revolutionskrise und der Gefahr eines nationalen Niedergangs. In seiner Diagnose betonte er immer, dass die Konservativen – besonders durch ihre Forderung nach agrarischen Schutzzöllen – die bisherigen industriellen Fehlentwicklungen verschärfen würden, deren Hauptmerkmale er vor allem im „Manchestertum", in der ungeplanten Urbanisierung und im moralisch-weltanschaulichen Verfall erblickte.

Aber für die Realisierung seiner Zukunftsentwürfe stützte sich der Naumann-Kreis zugleich auf die Erwartung einer anderen Form der Krise, die vor allem die Revolutionskrise und die Gefahr eines nationalen Niedergangs völlig beseitigen sollte. Die erhoffte Krise war der innenpolitische Umschwung durch das Zustandekommen eines sozialen Kaisertums. Im Konzept des sozialen Kaisertums verbanden sich die Erwartung einer Entscheidungskrise, d. h. des Zusammenbruchs der politisch-sozialen Vorherrschaft der Konservativen und die utopische Hoffnung auf eine neue Entwicklung des deutschen Nationalstaats miteinander. Das soziale Kaisertum wurde nicht nur als politisches Entwicklungsmodell für die Zukunft Deutschlands verwendet, sondern auch als geschichtsphilosophischer Begriff, der den *revolutionären* Bruch mit den bisherigen gesellschaftlichen Fehlentwicklungen und zugleich den reformerischen Übergang zur erhofften Zukunftsgesellschaft bedeutete.

Seine Hoffnung auf ein soziales Kaisertum wurde oft eschatologisch ausgedrückt. In dem Augenblick, in welchem sich die gesamtgesellschaftliche Krisenlage zuspitzen würde, sollte – so Naumann – wie ein Weltgericht das soziale Kaisertum entstehen. Hinsichtlich der Anfangsphase des sozialen Kaisertums erwartete der Naumann-Kreis eine kaiserliche Diktatur für die Durchsetzung des Industrialismus und sogar einen gewaltsamen Konflikt zwischen dem Kaiser und seiner sozialreformerisch-industriellen Massenbasis einerseits und den Konservativen und deren agrarisch-klerikaler Gefolgschaft andererseits. In den Prognosen des Naumann-Kreises verdichtete sich die Erwartung des Einsetzens eines innenpolitischen Umschwungs durch ein soziales Kaisertum auf den Zeitraum der *ersten beiden Dekaden des 20. Jahrhunderts.*

Darüber hinaus wirkten die Kriegserwartungen, insbesondere die Erwartung eines Entscheidungskrieges mit England, direkt auf die Handlungen des Naumann-Kreises. Für ihn ging es bei einem deutsch-englischen Krieg um die unvermeidbare Krise hin zur Entscheidung über die Entwicklung des deutschen Nationalstaats bzw. der deutschen Nation als Weltmacht. Hierbei bedingten sich die Verwirklichung eines sozialen Kaisertums und ein siegreicher Krieg mit England gegenseitig.

Als Zwischenziel forderte der Naumann-Kreis einerseits die Rüstung und andererseits den Frieden. Ein Mitarbeiter Naumanns, Helmut von Gerlach, rechnete damit, dass ein geeigneter Augenblick für den Sieg Deutschlands erst in „*vielen Jahrzehnten*" würde gekommen sein.

Auch die Kriegserwartung war mit der Erwartung eines sozialen Kaisertums verknüpft. Indem der Naumann-Kreis das soziale Kaisertum und den Imperialismus als wechselseitige Voraussetzungen deutete, sah er im sozialen Kaisertum die wichtigste innenpolitische Bedingung für einen Sieg in einem bevorstehenden imperialistischen Krieg[2] und erblickte umgekehrt in einem solchen Krieg die wichtigste Motivation für eine innere Einigung, und zwar für die Vereinigung der Arbeiterschaft mit dem Kaisertum.

---

[2] Siehe hierzu ausführlich F. Naumann, Wochenschau (Ein Blick in die Zukunft), in: Die Hilfe 5/39 (1899), 1f.

3. Mit der Erwartung eines sozialen Kaisertums war vor allem die Frage nach der Schaffung einer kaiserlich-industriellen Massenbasis eng verbunden. Um ein soziales Kaisertum zu ermöglichen, stellte man sich grundsätzlich eine antikonservative Koalition zwischen dem sozialreformerischen Bürgertum und der monarchisch-weltmachtpolitisch orientierten Arbeiterbewegung vor. Diese Koalition sollte die bisherige vorherrschende Stellung der Konservativen im Reichstag und in der Regierung übernehmen.

Die *kurzfristigen* parteipolitischen Strategievorstellungen hinsichtlich dieser Koalition hingen unmittelbar mit der Gründung, der Entwicklung und der Auflösung des Nationalsozialen Vereins zusammen. Die Zielvorstellung der Schaffung einer antikonservativen Koalition war das politische Motiv für die Gründung des Nationalsozialen Vereins. Hierbei war vorherrschend das Konzept einer Fusion des zu einer Arbeiterpartei zu entwickelnden Nationalsozialen Vereins mit der revisionistischen bzw. reformistischen Richtung der Sozialdemokratie.

Aber nach 1898 wurde das strategische Konzept für die Massenbasis eines sozialen Kaisertums geändert. Die bisherige Formel „national und sozial" erweiterte sich zur Formel „national, sozial, liberal und industriell". Ein neues Konzept des „Gesamtliberalismus" bzw. des „Kartells der Linken" entstand. Während sich der Naumann-Kreis bisher auf die Schaffung einer nationalistischen Arbeiterbewegung unter der Mitwirkung des Bildungsbürgertums konzentriert hatte, gewannen nunmehr der politische Liberalismus und der Industrialismus neues Gewicht für die antikonservative Koalition von Bürgertum und Arbeiterschaft. Diese Neuorientierungen ergaben sich vor allem aus der Abschwächung der Hoffnung auf die Entwicklungsmöglichkeit von Wilhelm II. zu einem sozialreformerischen Kaiser und auf die schnelle Umwandlung der Sozialdemokratie in eine monarchisch-imperialistische Richtung. Die alte Hoffnung auf Wilhelm II. konnte leicht durch die neue Hoffnung darauf ersetzt werden, dass er wegen seiner freundlichen Haltung zur industriellen Entwicklung notwendigerweise für die Industriearbeiterschaft eintreten werde. Die Erwartung eines Sieges der gemäßigten Sozialdemokratie und deren Bekehrung zur erhofften Richtung verschob sich durch die heißen Debatten zwischen dem linken und rechten Flügel innerhalb des Nationalsozialen Vereins in eine zunehmend ferne Zukunft.

Der Naumann-Kreis verstand sich nunmehr als Vertreter des „Revisionismus" innerhalb des bürgerlich-liberalen Lagers und schrieb die Aufgabe der Umwandlung der Sozialdemokratie der „revisionistischen" Gruppe der Bernsteiner zu. Er suchte unter seinem neuen strategischen Ziel einen Koalitionspartner für die Reichstagswahlen von 1903 und hielt dabei vor allem im linksliberalen Lager Ausschau. Diese Taktik konkretisierte sich nach den Reichstagswahlen in der Fusion mit der Freisinnigen Vereinigung Theodor Barths.

Kritisieren sollte man die bislang herrschende Auffassung, dass dem Konzept eines Volkskaisertums (sozialen Kaisertums) mit radikal nationalistischer und imperialistischer Prägung jeder „Zukunftswert" abgesprochen werden müsse, während die Konzeption des Gesamtliberalismus, d. h. der Gedanke einer einheitlichen Politik von sozialdemokratischer Arbeiterschaft und liberalem Bürgertum als wertvoll anerkannt werden solle.[3] Das soziale Kaisertum stand – wie bereits erwähnt – im Zentrum der gesamtgesellschaftlichen Zukunftshoffnung des Naumann-Kreises. Das Konzept des „Gesamtliberalismus" war ein unentbehrlicher strategischer Bestandteil des Entwurfs des sozialen Kaisertums. Dieser programmatische Versuch des Naumann-Kreises stützte sich wesentlich auf das Ideal einer Führerdemokratie, das den deutschen vom westeuropäischen demokratischen Gedanken um die Jahrhundertwende scheidet.[4]

Bis 1914 zielte das politische Handeln von Naumann und anderen ehemaligen Nationalsozialen auf die Schaffung einer Massenbasis für ein soziales Kaisertum ab. Naumann und die Mehrheit seiner Anhänger versuchten, zunächst ein Bündnis der Linksliberalen und danach eine liberal-sozialdemokratische Koalition zu schaffen, wobei die Einigung der Linksliberalen, d. h. die Fusion zur Fortschrittlichen Volkspartei, ihnen im Jahre 1910 gelang.[5] Auch diejenigen, die der Sozialdemokratie beitraten, nämlich Paul Göhre, Max Maurenbrecher und Gerhard Hildebrand, bemühten sich in der Hoffnung auf das Erwachen des „Nationalsinnes der Masse" und auf die Beseitigung der konservativen Vorherrschaft, diese Partei des Internationalismus und des Materialismus in eine imperialistische und religionsfreundliche Arbeiterbewegung umzuwandeln.[6]

In der Zeit von 1914 bis 1918/19 erlebten Naumann und sein Kreis, dass die von ihnen erwarteten Ereignisse zwar schnell und gleichzeitig eintraten, jedoch anders als sie es sich vorgestellt hatten. Die Abfolge von Kriegsausbruch, Bewilligung der Kriegskredite bzw. Burgfriedenspolitik der Mehrheitssozialdemokratie, Botschaft des Kaisers über die notwendige Einigung des Nationalen und Sozialen[7] und schließlich Entstehung der sog. „Weimarer Koalition" aus Sozialdemokratie, Liberalismus und Zentrum entsprach im wesentlichen ihren alten Erwartungen. Entgegen ihren Erwartungen entwickelte sich der Weltkrieg vor allem zum Krieg zwischen Deutschland und den Alliierten England, Frankreich und Russland. Schließlich geschah ein bisher unvorstellbares Ereignis, der Zusammenbruch des Kaiserreichs und die Abschaffung des

---

[3] Vgl. etwa D. Düding, Der Ns. Verein, 198f.

[4] Hierzu vgl. W. Struve, Elites Against Democracy, Princeton 1973.

[5] Vgl. D. Langewiesche, Liberalismus, 222ff.

[6] Vgl. etwa D. Fricke, Nationalsoziale Versuche, in: BzG 4. Heft (1983), 537ff.; K. Kautsky, Die Wendung zum Nationalsozialismus im Kriege, in: Die Neue Zeit 35/24 (1917, 1. Bd.), 561ff.

[7] Vgl. W. Rein, National-Sozial, in: Deutsche Nachrichten (22. April 1917), Nr. 110.

Kaisertums. Ihre bisherigen Angstprognosen einer Kriegsniederlage und eines Eintritts einer revolutionären Situation erfüllten sich dagegen.

Die anfängliche Begeisterung und Hoffnung verschwand in diesem Zeitraum. Als die DDP, in der sich die meisten ehemaligen Mitglieder des Naumann-Kreises organisierten, an der regierenden „Weimarer Koalition" zusammen mit der Sozialdemokratie teilnahm, fand keiner aus dem Naumann-Kreis, dass langgehegte Hoffnungen sich hier erfüllten. Der Erwartungshorizont wurde daher abermals verschoben.

Für Naumann bedeutete die „Weimarer Koalition" vor allem ein Mittel zur Vermeidung einer kommunistischen Weltrevolution und zur Abwehr der neuen Gefahr des bolschewistischen Russlands.[8] Eine weitergehende Bedeutung dieser Koalition und der Weimarer Republik insgesamt für die Zukunft erkannte Naumann grundsätzlich an und suchte nach einer neuen Synthese von „Republik" und „Volksgemeinschaft". Bei seinem Entwurf für die Umwandlung der vorhandenen Republik in einen idealen Volksstaat stützte er sich auf Max Webers Idee eines Reichspräsidenten, die auf dem Verfassungsmodell der USA beruhte.[9] Aber bevor er diesen neuen Ersatz für das bisherige Konzept des sozialen Kaisertums präzisieren konnte, starb er im August 1919.

Eine enge Freundesgruppe Naumanns, zu der Gottfried Traub, Max Maurenbrecher und August Pfannkuche gehörten, suchte eine neue Synthese von politischem Konservatismus, sozialer Reform und kulturellem Liberalismus. Hierbei wurde ihre Position geprägt von agrarromantischen, großstadtfeindlichen und materialismuskritischen Werten. Darin zeigte sich ihr deutliches Unbehagen gegenüber an der neuen Republik, am politischen Liberalismus und der Sozialdemokratie. Traub, Maurenbrecher und Pfannkuche wollten als Mitglieder der Deutschen Vaterlandspartei und deren Nachfolgerpartei DNVP erneut ihre alte Formel „National-Sozial" für das Zukunftsprogramm der national-konservativen Politik verbindlich machen.[10]

Anders als diese zur extremen Rechten tendierenden alten Freunde versuchte z. B. Ernst Lehmann, seine religiös-sozialistische Zukunftsvision zu konkretisieren. Währenddessen näherte er sich politisch der Sozialdemokratie an, bis er schließlich in der Endphase der Weimarer Republik zu dieser Partei übertrat.[11] Helmut v. Gerlach als bürgerlicher Demokrat bemühte sich in jener Zeit, den Rahmen der neuen Republik mit seinem Ideal „Demokratie und Pazifismus" zu erfüllen. Er glaubte, dass erst da-

---

[8] Vgl. W. Sturve, Elites Against Democracy, 108ff.

[9] Vgl. ebd.; F. Naumann, W 2, 537-573.

[10] Vgl. Aufruf an die ehemaligen Mitglieder des Nationalsozialen Vereins, in: BA Koblenz NL. Traub, Nr. 43., Bl. 182ff.; A. Pfannkuche, National-Soziale Erinnerungen, in: Eiserne Blätter (17.8.1919), 109ff.

[11] Vgl. E. Lorenz, Kirchliche Reaktionen, 161ff.

durch sein Fernziel „Sozialismus" erreicht werden könnte.[12] Der ehemalige Freundeskreis um Naumann zersplitterte sich über die nationalsozialen Zukunftsvorstellungen.

Diesem Vorgang entsprach die Verbreitung des ideologischen Schlagworts vom
„nationalen Sozialismus" und die zunehmende Konkurrenz zwischen verschiedenen
nationalen Sozialismen. So verlor der Naumann-Kreis nach dem ersten Weltkrieg das
Monopol auf dieses Schlagwort.[13]

---

[12] Vgl. H. v. Gerlach, Erinnerungen eines Junkers, o. J., 154ff.; F. G. Schulte, Der Publizist H. v. Gerlach,
157ff.

[13] Vgl. K. Kautsky, Die Wendung (wie Anm. 6); R.-P. Sieferle, Die Konservative Revolution, Frankfurt a.
M., 31ff., 45-73.

ANHANG

1. Einst kommt ein Tag ...

Hugo C. Jüngst aus Berlin

Einst kommt ein Tag, da alle Schatten weichen,
Da ohne Schranken schwillt der Strom des Lichts,
Dann muß die Lüge scheu von hinnen schleichen,
Erzitternd vor der Wage des Gerichts.
Dann naht uns in leuchtendem Sonnenkleid
Lorbeergekrönt die Gerechtigkeit.

Dann muß die Not, die bleiche Not verschwinden,
Dann steht die Menschheit frei, ein neu' Geschlecht,
Dann wird sie Ruhe nach den Stürmen finden,
Dann ist nicht einer mehr des andern Knecht.
Dann grüßen wir jauchzend der neuen Zeit
Siegreiches Banner: Gerechtigkeit!

O komm, du Tag! - Hoch schlagen unsre Herzen
Und harren dein, der heißen Sehnsucht voll;
Dann wollen wir die Wunden gern verschmerzen
Und all das Leid, das dieser Zeit entquoll.
Dann schweigt der Hader! dann ruht der Streit!
Dein ist die Zukunft, Gerechtigkeit!

Quelle: Die Zeit. Organ für nationalen Sozialismus auf christlicher Grundlage 2. Jg. Nr. 49
(27. 2. 1897)

2. Deutschland!

Wenn der Mißmut in die Höhe steigen will, weil die Gegenwart verworren und düster ist, dann hilft uns ein Blick in die Vergangenheit! Was haben die Deutschen schon alles ausgehalten und sind doch nicht untergegangen! Die Deutschen können sprechen wie es im 129. Psalm heißt:

Sie haben mich oft gedrängt von meiner Jugend auf;
Aber sie haben mich nicht übermocht.
Die Pflüger haben auf meinem Rücken geackert
Und ihre Furchen lang gezogen,
Der Herr aber, der gerecht ist, hat der Gottlosen Seile abgehauen.

Erst waren es die Kelten im Westen, die Slaven im Osten der alten Heimat, dann waren Kolonisationsheere der Römer, dann waren es Hunnen und Magyaren,[...] bisweilen schien die Nation verloren, doch aber stand sie immer wieder auf. Auf die Niederlage von Jena folgte der Sieg von Leipzig, und auf den Vertrag von Olmütz folgte Königgrätz. Vor Paris verlas Bismarck die deutsche Kaiserproklamation und auf dem Berliner Kongreß war er der politische Geschäftsführer Europas. Ein Volk , das solches erlebt hat, braucht nicht zu verzweifeln, selbst wenn an seinem Himmel graue Wolken hängen. Das ist ein Gedanke, den uns auf den verschiedenen Evangelisch-sozialen Kongressen Adolf Wagner mit der ganzen Kraft seines immer jugendfrischen Optimismus vorgetragen hat. Wir Deutsche haben noch eine Zukunft, wir müssen nur selbst daran glauben.

Es ist zwar in den Tagen des englischen Königinfestes nicht ganz leicht, deutschen Optimismus zu haben. Dort ist alles das, was wir erst erringen wollen. Dort ist eine Nation, die unter allen Umständen auch in der zukünftigen Epoche der Weltgeschichte, im Kampf um die Erdkugel, eine erste Rolle spielen wird, dort ist ein Handel, der sich die Völker dienstbar macht, eine Industrie, die den englischen Arbeiter vielfach höher gegeben hat, als man es vor einem halben Jahrhundert hätte glauben können. Wir stehen erst im Werden und Wachsen und Kommen für die Verteilung der Erde etwas spät. Dazu fehlt uns jetzt das Gefühl deutscher Einheit und Kraft. Wir sind zerfahren und unter einander gespalten, wir haben keine Führung, wie wir sie brauchen. Wir wollen eine Regierung haben, die wirklich der Zukunft vorarbeitet, aber dort, wo eine große, freudige Führung stehen sollte, steht eine Krisis ohne Ende, ein Hin- und Herschwanken zwischen Agrariertum und Industrialismus, zwischen Landtag und Reichstag, zwischen den Grundsätzen Stumms und den Erlassen von 1890. Wie kann und soll man da dennoch deutsche Hoffnungen haben? Man muß sie haben, es ist Pflicht, sie zu haben, denn wenn wir als Volk im ganzen die Hoffnung verloren haben, dann können wir uns begraben lassen.

Es ist auch noch gar nicht ausgeschlossen, daß ein deutscher Volksfrühling kommt. Sobald das Kaisertum mit den Konservativen bricht und sich mit dem Bürgertum und der arbeitenden Menge verbindet, dann beginnt eine Zeit der geordneten einheitlichen Reformen, in welcher sich eine Elastizität des deutschen Volkskörpers entwickeln wird, über die wir selbst, die wir auf sie warten, erstaunt sein werden. Das Kaisertum und die Masse gehören zusammen, das Kaisertum muß sozial, die Masse muß national werden. Demokratisch auf den Unterstufen, monarchisch auf der Höhe, das ist die einzige Möglichkeit, die beiden gesunden Triebe zu vereinigen, die heute Deutschland füllen: den nationalen und den sozialen Trieb. Ein Kaiser , den die Masse liebt, ist eine Gewalt auf der Erdkugel. Er kann den Kampf der Arbeiter um bessere Lebensbedingungen fördern , indem er diese Arbeiter als eine feste Stütze nationaler Ausdehnungspolitik ansieht. Er kann von seiner Nation große Opfer fordern, da die Nation weiß, daß die Opfer nicht bloß einer Minderheit zu gute kommen werden. Er kann die Kraft seiner Regierung erhöhen, indem er zu ihr spricht: Der Kampf gegen den Umsturz ist unnötig geworden! Wann wird er kommen, der soziale Kaiser? Ohne Zweifel nicht bald, aber er wird und muß kommen, und deshalb ist kein Grund zum Verzweifeln. Es giebt einen Ausweg aus dem Wirren. Heute noch ist das Thor geschlossen, aber man hört das Knarren der Schlüssel, die es öffnen werden. Stumm wird abwirtschaften und die Arbeiterbewegung wird praktische, nationale Politik treiben lernen; beides braucht seine Zeit, aber beides vollzieht sich vor unserem Augen.

Wieviel Böses, das geschehen sollte, geschieht nicht. Das Umsturzgesetz ist als Leiche hinausgetragen worden, und der neue Vereinsgesetzentwurf hat ein Gesicht wie ein Schwindsüchtiger. Es gelingt auf dem falschen Wege nicht viel. Schon das ist etwas Gutes. Gott will es nicht, daß wir ganz in die Hände der Ungerechtigkeit fallen; er verläßt seine Deutschen nicht, solange diese sich nicht selber aufgeben. Darum getrost: Deutschland hat noch eine Zukunft, denn es wird noch eine soziale Zeit erleben müssen.

Quelle: Die Zeit. Organ für nationalen Sozialismus auf christlicher Grundlage 2. Jg Nr. 145 (24. 6. 1897)

TABELLENVERZEICHNIS

ABBILDUNGSNACHWEIS

ABKÜRZUNGEN

ADUZ	Allgemeine Deutsche Universitäts-Zeitung
Anm.	Anmerkung
ASD	Archiv der sozialen Demokratie der Friedrich-Ebert-Stiftung
bes.	besonders
BzG	Beiträge zur Geschichte der Arbeiterbewegung
DDP	Deutsche Demokratische Partei
DNVP	Deutschnationale Volkspartei
DW	Deutsches Wochenblatt
GG	Geschichte und Gesellschaft
GGB	Geschichtliche Grundbegriffe
GPS	Gesammelte politische Schriften
HstA Wi	Hessisches Hauptstaatsarchiv Wiesbaden
HZ	Historische Zeitschrift
JAf	Jahrbuch für Antisemitismusforschung
JCH	Journal of Contemporary History
Jg.	Jahrgang
JzL	Jahrbuch zur Liberalismus-Forschung
LHA	Brandenburgisches Landeshauptarchiv
MWG	Max-Weber-Gesamtausgabe
NL	Nachlass
NPL	Neue politische Literatur
RP	The Review of Politics
SA	Sozialistische Akademiker
SM	Sozialistische Monatshefte
StA Do	Stadtarchiv Dortmund
StA Gö	Stadtarchiv Göttingen
W	Friedrich-Naumann-Werke

QUELLEN- UND LITERATURVERZEICHNIS

1. Archivalische Quellen

ARCHIV DER SOZIALEN DEMOKRATIE DER FRIEDRICH-EBERT-STIFTUNG

Nachlass Paul Göhre
TeilNachlass: Friedrich Naumann (Nationalsoziale Politik)
Sammlung Personalia Göhre

BRANDENBURGISCHES LANDESHAUPTARCHIV

Pr. Br. Rep. 30 Berlin C Polizeipräsidium Berlin,
- Tit. 94, Lit. N, Nr. 12009: Die nationalsoziale Partei (1896-1906)
- Tit. 95, Sect. 4, Nr. 14890: Die Zeitschrift "Die Hilfe" (1897-1914)
- Tit. 95, Sect. 5, Nr. 15122: Die evangelischen Arbeitervereine (1892-1896)
- Tit. 95, Sect. 5, Nr.: 15123: Der evangelisch-soziale Arbeiterverein in Berlin (1895-1905)
- Tit. 95, Sect. 5, Nr.: 15325: Die National-Sozialen (1896-1898)
- Tit. 95, Sect. 5, Nr.: 15326: Der Nationalsoziale Verein für Berlin und Umgegend (1898-1903)
- Tit. 95, Sect. 5, Nr.: 15328: Der Nationalsoziale Verein (1898-1903)

BUNDESARCHIV ABTEILUNGEN KOBLENZ

Nachlass Lujo Brentano
Sozialistische Monatshefte (1894-1911)
Nachlass Gottfried Traub

BUNDESARCHIV ABTEILUNGEN POTSDAM

Nachlass Friedrich Naumann

HESSISCHES HAUPTSTAATSARCHIV WIESBADEN

Nationalsozialer Wahlverein für Frankfurt und umgegend:
I. 1882-97 (407/159, Band 1) II. 1897-1902 (407/159, Band 2)

STADTARCHIV DORTMUND

Best. 5, Polizeiverwaltung
- Nrn. 95: Sozialwissenschaftliche Vereinigung (1896-1906)
- Nrn. 123: Sozialliberaler Verein für Dortmund und Umgebung, Ortsgruppe der Freisinnigen Vereinigung (1903-1908)

STADTARCHIV GÖTTINGEN

Pol. Dir. Fach 161, Nr. 3: Freisinniger Verein
Pol. Dir. Fach 161, Nr. 9: Nationalsozialer Verein (1895-1904)

2. Protokolle, Berichte und Parteischriften

Bericht über die Verhandlungen des 5. Evangelisch-sozialen Kongresses, abgehalten zu Frankfurt a. M. am 16. und 17. Mai 1894, Berlin 1894.

Flugblätter des Nationalsozialen Vereins (Nr. 1-Nr. 7.)

Die Nationalsozialen, v. Centralbureau der nationalliberalen Partei, Berlin 1898.

Nationalsozialer Wegweiser, hrsg. vom Vorstand des national-sozialen Hauptvereins, 1902.

Protokoll über die Verhandlungen des Nationalsozialen Vereins (2. Delegiertentag) zu Erfurt vom 26.-29. September 1897, Berlin 1897.

Protokoll über die Verhandlungen des Nationalsozialen Vereins (3. Vertretertag) zu Darmstadt vom 25.-28. September 1898, Berlin 1898.

Protokoll über die Verhandlungen des Nationalsozialen Vereins (4. Vertretertag) zu Göttingen vom 1.-4. Oktober 1899, Berlin 1899.

Protokoll über die Verhandlungen des Nationalsozialen Vereins (5. Vertretertag) zu Leipzig vom 30. September bis 3. Oktober 1900, Berlin 1900.

Protokoll über die Verhandlungen des Nationalsozialen Vereins (6. Vertretertag) zu Frankfurt am Main vom 29. September bis 2. Oktober 1901, Berlin 1901.

Protokoll über die Verhandlungen des Nationalsozialen Vereins (7. Vertretertag) zu Hannover vom 2. bis 5. Oktober 1902, Berlin 1902

Protokoll über die Verhandlungen des Nationalsozialen Vereins (8. Vertretertag) zu Göttingen am 29. und 30. August 1903, Berlin 1903

Protokoll über die Vertreter-Versammlung aller National-Sozialen in Erfurt vom 23. bis 25. November 1896, Berlin 1896.

Protokolle von den Sitzungen des Nationalsozialen Vereinsvorstandes (Nachlass Naumann, Nr. 53.)

Verhandlungen des 28. Kongresses für Innere Mission in Posen vom 23.-26. September 1895, Posen 1895.

3. Periodika

Allgemeine Deutsche Universitäts-Zeitung

Die Christliche Welt

Deutsche Volksstime. Organ des Bundes Deutscher Bodenreformer

Frankfurter Volksbote. Beiblatt zur "Hilfe". Organ für christliche Vereine in Frankfurt a. M. und Umgegend

Frei-Land. Halbnmonatsschrift für friedliche Sozialreform (1895-96)

Die Gesellschaft. Halbmonatschrift für Literatur, Kunst und Sozialpolitik (begr. u. hrsg. v. M. G. Conrad)

Die Hilfe. Gotteshilfe, Selbsthilfe, Staatshilfe, Bruderhilfe (Seit Oktober 1901 lautete der Untertitel: Nationalsoziales Wochenblatt)

Patria. Jahrbuch der Hilfe

Sozialistische Monatshefte (Sozialistische Akademiker 1895-96)

Die Wahrheit

Die Zeit. Nationalsoziales Wochenblatt

Die Zeit. Organ für nationalen Sozialismus auf christlicher Grundlage

Die Zukunft (hrsg. v. M. Harden)

4. Lexika, Bibliographien, Biographien

Deutsches Biographisches Jahrbuch, hrsg. v. Verband der Deutschen Akademien, Bd. II (1917-20), Stuttgart u. a. 1928.

F. Osterroth, Biographisches Lexikon des Sozialismus, Bd.1, Hannover 1960.

Geschichtliche Grundbegriffe. Historisches Lexikon zur politisch-sozialen Sprache in Deutschland, hrsg. v. O. Brunner/W. Conze/R. Koselleck, Stuttgart 1972-1997.

Karl Georgs Schlagwort-Katalog, 7 Bde. (1883-1912), Leipzig 1913.

Lexikon zur Parteiengeschichte. Die bürgerlichen und klein bürgerlichen Parteien und Verbände in Deutschland (1789-1945), 4 Bde., hrsg. v. D. Fricke u. a., Köln 1983-86.

Meyer's Neues Konversations-Lexikon, 2. Aufl., Bd. 13, 1871.

Milatz, A.: Friedrich-Naumann-Bibliographie, Düsseldorf 1957.

Neue deutsche Biographie, hrsg. v. der Historischen Kommission bei der Bayerischen Akademie der Wissenschaften, 1971-1999.

Die Religion in Geschichte und Gegenwart : Handwörterbuch für Theologie und Religionswissenschaft, hrsg. von H. Gunkel, 2. Aufl., 1927-1932.

Das Staats-Lexikon oder Encyclopädie der Staatswissenschaften, hrsg. v. K. v. Rotteck/K. Welcker, 2 Aufl. (1835-1843), Bd. 13., 1842 / 3. Aufl. (1856-1866), Bd. 12., 1865.

Stammhammer, J.: Bibliographie des Socialismus und Kommunismus, 3Bde., Jena 1909 (Neudruck: Aalen 1963).

5. Zeitgenössische Schriften, Reden und Erinnerungen

Nicht alle Aufsätze und Reden aus den angegebenen Periodika, Protokollen und Berichten sind aufgeführt. Nur einige wichtige sind hier genannt. Ausführlichere Angaben finden sich im Anmerkungsapparat in den jeweiligen Kapiteln.

Die Angabe der Aufsätze aus den Periodika wird wie folgt ausgeführt: Jg. oder Bd./Nr. (Jahr), z. B. 1/1 (1895).

Anonym: "Wer stürzt um?", Zukunft 8 (1894), 577ff.

Anonym: Kann das Kaisertum Wilhelms II. sozial sein?, in: Die Hilfe 4/5 (1898), 3f.

Anonym: Soziales Kaisertum, in: Die Hilfe 5/5 (1899), 3f.

Anonym: Weshalb ich als Beamter nationalsozial geworden bin, in: Deutsche Volksstimme, 9/8 (1898), 236f.

Bauer, F.: Kaiser und Arbeiter. Aufruf zur Bildung einer kaiserlich-sozialistischen Partei, Bonn 1891.

Baumgarten, O.: Meine Lebensgeschichte, Tübingen 1929.

Bernstein, E.: Socialdemokratie und Imperialismus, in: SM 4 (1900), 238ff.

Bernstein, E.: Zur Frage: Socialliberalismus oder Collectivismus?, Berlin 1900.

Beyhl, J.: Die Befreiung der Volksschullehrer aus der geistlichen Herrschaft, Berlin 1903.

Bonus, A.: Von Stöcker zu Naumann, Heilbronn 1896.

Breitscheid, R.: Eine Einführung in die Weltpolitik, in: Die Hilfe 9/41 (1903), 4f.

Brentano, L.: Adolph Wagner über Agrarstaat und Industriestaat, in: Die Hilfe 11/ 23ff. (1901).

Brentano, L.: Mein Leben im Kampf um die soziale Entwicklung Deutschlands, Jena 1931.

Brentano, L.: Sozialpolitik und Umsturzvorlage, in: Die Zukunft, 10 (1895), 397ff.

Curtius, L.: Deutsche und antike Welt. Lebenserinnerungen, Stuttgart 1950.

Damaschke, A.: Aus meinem Leben, Leipzig/Zürich 1924.

Damaschke, A.: Die Bodenreform, Jena 1912[7].

Damaschke, A.: Friedrich Naumann, in: Bodenreform 30/18 (1919), 262ff.

Damaschke, A.: Kamerun od. Kiautschou? Eine Entscheidung über die Zukunft der deutschen Kolonialpolitik, Berlin 1900.

Damaschke, A.: Was ist Nationalsozial?, Berlin o. J., 28ff.

Damaschke, A.: Zeitenwende, 2. Bd. Leipzig/Zürich 1925.

Delbrück, H.: Die Monarchie und die Sozialreform, in: Die Zeit 1/75 (30. 12. 1896.)

Delbrück, H.: Die Partei der Zukunft, in: *Freiland* 7/19 (1896), 284ff.

Esenwein, A.: Die Monarchie und die Sozialreform, in: Die Zeit. 2/6 (8. 1. 1897).

Gelzer, H.: Die Zukunft unseres Christenglaubens III, in: Die Hilfe 5/34 (1899), 9f.

Gerlach, H. v./Molkenbuhr, H.: Sozialdemokratisch oder Nationalsozial? Redekampf zwischen dem Reichstagsabgeordneten Herrn Molkenbuhr und Herrn von Gerlach zu Emden am 15. November 1899, Emden 1900.

Gerlach, H. v.: Der Kaiser und die Arbeiter, in: Die Zeit 1/71 (23. 12. 1896)

Gerlach, H. v.: Erinnerungen eines Junkers, Berlin o. J.

Gerlach, H. v.: Von Rechts nach Links, Zürich 1937.

Goetz, W.: Historiker in meiner Zeit. Gesammelte Aufsätze, Köln/Graz 1957.

Göhre, P./Weber, M.: Die deutsche Landarbeiter. Bericht über die Verhandlungen des 5. Evangelisch-sozialen Kongresses, (Frankfurt a. M. 1894), 54ff.

Göhre, P.: Die evangelisch-soziale Bewegung. Ihre Geschichte und ihre Ziele, Leipzig 1896.

Göhre, P.: Die gegenwärtige Entwicklung des Sozialdemokratismus zur anarchischen Weltanschauung, in: Die Christliche Welt 3 (1889), 447ff.

Göhre, P.: Friedrich Naumann, in: *Die Gesellschaft*, 14/1, Heft 11 (1898), 737ff.

Göhre, P.: Die Partei der Zukunft, in: Die Hilfe 2/38 (1896), 1ff.

Göhre, P.: Drei Monate Fabrikarbeiter und Handwerkerbursche. Eine praktische Studie, Leipzig 1891.

Göhre, P.: Meine Trennung von den Nationalsozialen, in: Die Zukunft 22 (1899), 281ff. u. 432ff.

Göhre, P.: Wandlungen der Nationalsocialen, in: SM 5/12 (1901), 60ff.

Göhre, P.: Wird die Sozialdemokratie siegen?, in: Die Christliche Welt, 5 (1891), 88ff.

Göhre, P.: Zukunftsmusik, in: Die christliche Welt 7 (1893), 519ff., 540ff., 647ff.

Haag, P.: Neue Zeit, dramatisches Zwiegespräch, in: ders. Evangelisch-Sozial, Karlsruhe 1899

Hertzka, Th.: Socialdemokratie und Socialliberalismus, Dresden/Leipzig 1891.

Heuss, Th.: Vorspiele des Lebens. Jugenderinnerungen, Tübingen 1953.

Jasper, Chr.: Ideal der Sozialpolitik, in: Die Hilfe 3/10 (1897), 6f.

Jastrow, I.: Sozialliberal. Ein Weckruf zu den Landtagswahlen, Berlin 1893.

Kautsky, K.: Die Wendung zum Nationalsozialismus im Kriege, in: Die Neue Zeit 35/24 (1917, 1. Bd.), 561ff.

Kopp, K.: Die Industriearbeiter und unsere Grundlinien, in: Die Hilfe 4/4 (1898), 2f.

Kopp, K.: Reichsarbeitsrecht und Reichsverfassung (I/II), in: Die Zeit 1/35 u. 36 (10/11. Nov. 1896).

Kötzschke, H.: Die Gefahren des Neumalthusianismus, Berlin 1895.

Kulemann, W.: Christenthum und Malthusianismus, Göttingen 1897.

Kulemann, W.: Politische Erinnerungen. Ein Beitrag zur neueren Zeitgeschichte, Berlin 1911.

Kulemann, W.: Sozialismus I/II, in: Die Hilfe 2/21 u. 22 (1896), 2f. u. 2f.

Lehmann, E.: Klassenkampf, in: Die Hilfe 2/3 (1896), 2ff.

Massow, C. v.: Reform oder Revolution, Berlin 1894.

Maurenbrecher, M.: 1902, in: Die Hilfe 8/52 (1902), 1f.

Maurenbrecher, M.: Der Sozialismus als eine neue Stufe der Religion, O. J.

Maurenbrecher, M.: Monarchismus, in: Die Hilfe 8/36 (1902), 2f.

Maurenbrecher, M.: Sozialismus und Staat, in: Die Hilfe 9/3 (1903), 3.

Maurenbrecher, M.: Vergesellschaftung, in: Die Hilfe 9/1 (1903), 3f.

Maurenbrecher, M.: Wochenschau (Das preußische Königtum), in: Die Hilfe 7/3 (1901), 1f.

Maurenbrecher, M.: Wochenschau (Der Kaiser), in: Die Hilfe 5/38 (1899), 1f.

Maurenbrecher, M: Das nationalsoziale Experiment, in: Die Hilfe 19/37 (1913), 551ff.

Meyer, H.: Zum größeren Deutschland, in: Die Hilfe 7/34 u. 35 (1901), 2f. u. 4f.

Naumann, F.: Arbeiterkatechismus, in: Werke[= Friedrich-Naumann-Werke, hrsg. von W Uhsadel, Th. Schieder, A. Milatz und H. Ladendorf, 6. Bde. (Köln/Opladen 1964ff.)] 5, 1ff.

Naumann, F.: Asia. Athen, Konstantinopel, Baalbeck, Damaskus, Nazareth, Jerusalem, Kairo, Neapel, Berlin-Schöneberg 1899.

Naumann, F.: Auf dem Wege zum Bonapartismus, in: Die Zeit 2/20 (1902/03: I. Bd.), 626ff.

Naumann, F.: Bebel und Bernstein. Vortrag, gehalten in öffentlicher Versammlung zu Berlin, Berlin-Schöneberg 1899.

Naumann, F.: Briefe über Religion, in: Werke 1, 566ff.

Naumann, F.: Christentum und Familie. Vortrag, gehalten auf dem Dritten Evangelischsozialen Kongreß zu Berlin, Berlin 1892.

Naumann, F.: Christentum und Gewalt, in: Die Hilfe 1/23 (1895), 1f.

Naumann, F.: Christlich-Sozial, in: Weke 1, 341ff.

Naumann, F.: Das Recht eines christlichen Sozialismus (1894), in: Werke I, 402ff.

Naumann, F.: Das soziale Programm der evangelischen Kirche, in: Werke 1, 141ff.

Naumann, F.: Demokratie und Kaisertum, in: Werke 2, 1ff.

Naumann, F.: Demokratie und Kaisertum. Ein Handbuch für innere Politik, Mai 1900[2] / Juli 1904[3].

Naumann, F.: Der Industriestaat, in: Werke 3, 42ff.

Naumann, F.: Der soziale Kaiser, in: Die Zeit 2/15 (19. 1. 1897).

Naumann, F.: Der Weltkrieg, in: Die Hilfe 10/34 (1904), 2f.

Naumann, F.: Deutsche Weltpolitik, in: Deutsches Wochenblatt Bd. 1 (1899), 253ff.

Naumann, F.: Deutschland am Scheidewege, in: Die Zeit 1/27 (1901/02: II. Bd.), 3ff.

Naumann, F.: Die Illusion in der Politik, in: Süddeutsche Monatshefte, 1/3, 1904 (wieder abgedruckt unter dem Titel "Friedrich Naumann als Führer in die Zukunft, in: Die Hilfe 37 35 (1931), 829ff.)

Naumann, F.: Die Kirche der Zukunft, in: Werke 1, 564f.

Naumann, F.: Die Politik des Jahrhunderts, in: Die Hilfe 6/1 (1900), 1f.

Naumann, F.: Die Politik Kaiser Wilhelms II. Vortag, gehalten am 19. 11. 1903 in München, München o. J.

Naumann, F.: Die politischen Aufgaben im Industriezeitalter, in: Werke 3, 2f.

Naumann, F.: Die revolutionäre Phrase, in: Die Zeit 1/32 (1902: II. Bd.), 163ff.

Naumann, F.: Die Sozialdemokratie als Vorarbeit für den christlichen Sozialismus, in: Die Hilfe 1/2 (1895), 3ff.

Naumann, F.: Die wirtschaftlichen und politischen Folgen der Bevölkerungsvermehrung. Vortrag, gehalten am 17. 11. 1903 in München, München o. J.

Naumann, F.: Gedanken zum christlich-sozialen Programm, in: Werke 5, 63ff.

Naumann, F.: Gotteshilfe. Gesamtausgabe der Andachten aus den Jahren 1895-1902, Göttingen 1904.

Naumann, F.: Großstadt oder Kleinstädte?, in: Patria!, Berlin-Schöneberg 1902, 43ff.

Naumann, F.: Handelsverträge oder Brotwücher? Vortrag mit Debatte, gehalten in großer öffentlicher Versammlung zu Berlin, Berlin-Schöneberg 1900.

Naumann, F.: Im Zeitalter Wilhelms II., in: Die Zeit 1/1 (1901/2: I. Bd.), 8ff.

Naumann, F.: Jesus als Volksmann, in: Göttinger Arbeiterbibliothek, hrsg. v. F. Naumann, Göttingen 1896, 1f.

Naumann, F.: Kaiser und Arbeiter, in: Die Hilfe 7/16 (1901), 3.

Naumann, F.: Konservatives Christentum, in: Werke 1., 464ff.

Naumann, F.: Krieg in der Zukunft, in: Die Hilfe 5/16 (1899), 4f.

Naumann, F.: Liberalismus, Zentrum und Parteien, in: Werke 4, 1ff.

Naumann, F.: Masse und Akademiker, in: Die Hilfe 9/40 (1903), 2f.

Naumann, F.: National-sozialer Katechismus. Erklärung der Grundlinien des Nationalsozialen Vereins, Berlin 1897.

Naumann, F.: Nationale Produktion, in: Die Hilfe 7/37 (1901), 3f.

Naumann, F.: Nationale Sozialpolitik, in: Göttinger Arbeiterbibliothek, hrsg. v. F. Naumann, 2/1, 1898, 2f.

Naumann, F.: Nationaler und internationaler Sozialismus, in: Werke 5, 270ff.

Naumann, F.: Neudeutsche Wirtschaftspolitik (1906ff.), in: Werke 3, 71ff.

Naumann, F.: Neudeutsche Wirtschaftspolitik, Berlin-Schöneberg 1902.

Naumann, F.: Sozialdemokratie und Religion, in: Die Hilfe 8/15 (1902), 4.

Naumann, F.: Staatssozialismus, in: Die Hilfe 2/4 (1896), 1f.

Naumann, F.: Unsere Stellung zur Sozialdemokratie (1893), in: Weke 5, 70ff.

Naumann, F.: Was heißt Industriestaat?, in: Die Hilfe 8/14 (1902), 2f.

Naumann, F.: Was tun wir gegen die glaubenslose Sozialdemokratie?, in: Werke 1, 112ff.

Naumann, F.: Was wir Stöcker verdanken, in: Werke 5, 191ff.

Naumann, F.: Was wir wollen ?, in: Die Hilfe 2/1 (1896), 1f.

Naumann, F.: Weltpolitik und Sozialreform. Öffentlicher Vortrag, gehalten in Hamburg, Berlin-Schöneberg 1899.

Naumann, F.: Weshalb nennen wir uns Sozialisten?, in: Werke 5, 266ff.

Naumann, F.: Wochenschau (Der internationale Kapitalismus und der nationale Sozialismus), in: Die Hilfe 6/14 (1900), 1f.

Naumann, F.: Wochenschau (Ein Blick in die Zukunft), in: Die Hilfe 5/39 (1899), 1f.

Naumann, F.: Wochenschau (Zionismus u. Antisemitismus), in: Die Hilfe 5/33 (1899), 1f.

Naumann, F.: Zum sozialdemokratischen Landprogramm, in: Werke 5, 102ff.

Naumann, F.: Zur Entwicklungsgeschichte des Sozialismus, in: Die Wahrheit 6 (1986), 97ff.

Oertzen, D. v. (Hrsg.): Von Wichern bis Posadowsky. Zur Geschichte der Sozialreform und der christlichen Arbeiterbewegung, Hamburg 1908.

Oertzen, D. v., Adolf Stöcker. Lebensbild und Zeitgeschichte, Bd. 2, Berlin 1910.

Otto, B.: Der Zukunftsstaat, in: Die Hilfe 4/23 (1898), 1f.

Pfannkuche, A.: National-Soziale Erinnerungen, in: Eiserne Blätter (17. 8. 1919), 109ff.

Pudor, H.: Die Selbsthilfe der Landwirtschaft. Ein Beitrag zur Zolltarifvorlage, Berlin-Schöneberg 1902.

Rade, M.: Friedrich Naumann in Frankfurt a. M., in: Die Verhandlungen des 36. Evangelisch-sozialen Kongresses in Frankfurt a. M., 21.-23. Mai 1929, Göttingen 1929.

Rassow, H.: Die deutsche Flotte und das deutsche Volk, in: Göttinger Arbeiterbibliothek, hrsg. v. F. Naumann, Göttingen 1897.

Rein, W.: Die deutsche Schule des 19. Jahrhundert, in: Die Hilfe 6/2 (1900), 3f.

Rein, W.: Erziehung- u. Bildungsideale, in: Göttinger Arbeiterbibliothek, hrsg. v. F. Naumann, Göttingen 1898.

Rein, W.: Gegen die Großstadt, in: Die Hilfe 3/8 (1897), 10f.

Rein, W.: National-Sozial, in: Deutsche Nachrichten (22. April 1917), Nr. 110.

Rein, W.: Die zukünftigen Parteien, in: Grenzboten, 13 1890 (wieder in: ders., Kunst- Politik- Pädagogik. Gesammelte Aufsätze, zweiter Band, Langensalza 1911), 1ff.

Rohrbach, P.: Deutschland unter den Weltvölkern. Materialien zur auswärtigen Politik, Berlin - Schöneberg 1903.

Rohrbach, P.: Um des Teufels Handschrift. Zwei Menschenalter erlebter Weltgeschichte, Hamburg 1953.

Ruprecht, W.: Wilhelm Ruprecht und das Haus Vandenhoeck & Ruprecht, in: Menz, G. (Hrsg.): Der deutsche Buchhandel der Gegenwart in Selbstdarstellungen, Leipzig 1925, 123ff.

Schack, W.: Die Nationalsozialen und der neue Liberalismus. Vortrag gehalten auf dem Parteitag der Deutschsozialen Partei (Oktober 1903), Hamburg 1903.

Scheven, P.: Nationalsoziale und die volkstümlichen Parteien. I. Der Freisinn und die Nationalsozialen, o. J. (Diese Schrift befindet sich in: BA Potsdam NL. Naumann, Nr. 285.)

Schlaiker, E.: Geist und Menge, I./II., in: Die Hilfe 9 38/39 (1903), 4f. u. 7.

Sohm, R./Bernstein, E.: "Zukunftsstaatliches". Zwei offene Schreiben an die Redaktion der Cosmopolis, in: Cosmopolis, Bd. 9, Berlin u. a. 1898, 875ff.

Sohm, R./Lorenz, M.: Der Arbeiterstand und die Sozialdemokratie. Zwei Reden gehalten inn öffentlicher Versammlung des evangelischen Arbeitervereins zu Leipzig am 27. März 1896, Leipzig 1896.

Sohm, R.: Die Entwicklung des Staatsgedankens in Deutschland, in: Protokoll über die Verhandlungen des Nationalsozialen Vereins in Göttingen (1.-4. Okt. 1899), 53ff.

Sohm, R.: Die Nationalsozialen und die Sozialdemokratie (Flugblatt des Nationalsozialen Vereins 5, auch in: Deutsche Volksstimme 9/2, 1898, 38ff.)

Sohm, R.: Die sozialen Pflichten der Gebildeten. Erster öffentlicher Abend der Sozialwissenschaftlichen Vereinigung in Leipzig, am 16. 5. 1896, Leipzig 1896.

Sohm, R.: Die sozialen Aufgaben des modernen Staates, Leipzig 1898.

Stöcker, A.: Christlich-Sozial. Reden und Aufsätze, Berlin 1890[2].

Stöcker, A.: Sozialdemokratie und Sozialmonarchie, Leipzig 1891.

Stresemann, G.: Friedrich Naumann, in: Stresemann. Reden und Schriften, 1. Bd., Dresden 1926, 241ff.

Titus, A.: Der gegenwärtige Stand der christlich-sozialen Bewegung, in: Die Wahrheit 6 (1896), 33ff.

Traub, G.: Erinnerungen, München 1949.

Wagner, A.: Adolph Wagner. Briefe. Dokumente. Augenzeugenberichte 1851-1917, hrsg. v. H. Rubner, Berlin 1978.

Wagner, A.: Agrar- und Industriestaat. Eine Auseinandersetzung mit den Nationalsozialen und mit Professor L. Brentano über die Kehrseite des Industriestaats und zur Rechtfertigung agrarischen Zollschutzes, Jena 1901.

Weber, M.: Max Weber. Ein Lebensbild. Mit einem Essay von Günther Roth, München 1989.

Weber, Max: Der Nationalstaat und die Volkswirtschaftspolitik, in: GPS, Tübingen 1958[2], 1ff.

Weber, Max: MWG II/5 (Briefe 1906-08), Tübingen 1990.

Weber, Max: Was heißt Christlich-Sozial?, in: MWG I/4 (Schriften und Reden 1892-1899), 1. Halbband, Tübingen 1993.

Weber, Max u. a.: „Vertrauliches Anschreiben und Programmentwurf für eine neue Tageszeitung", in: ebd., 2. Halbband.

Weinhausen, F.: Die soziale Bewegung des neunzehnten Jahrhunderts, in : Die Hilfe, 6/2 (1900), 5f.

Weinheimer, H.: Die Nationalsozialen, in: SM 3. Jg. 1899, 344ff.

Weiß, J.: Gedanken zum neuen christlich-sozialen Programm, in: Die Hilfe 2/36 (1896), 1f.

Wenck, M.: Die Geschichte der Nationalsozialen von 1895-1903, Berlin-Schöneberg 1905.

Wenck, M.: Friedrich Naumann. Ein Lebensbild, Berlin 1920.

Werner, J.: Sozialrevolution oder Sozialreform?, Halle 1891[2].

Wulckow, R.: Die Geistesbildung der Armen, in: Die Hilfe 1/33 (1895), 2f.

6. Sekundärliteratur

Anonym: Vdster. Fünfzig Jahre Arbeit für Volkstum und Staat. Den Verein Deutscher Studenten zum 6. August 1931 gewidmet von K. Maßmann/R. P. Oßwald, Berlin 1931.

Barkin, K. D.: The Controversy over German Industrialization 1890-1902, Chicago/London 1970.

Beck, H.: Conservatives and the Social Question in Nineteenth-Century Prussia, in: L. J. Jones/J. Retallack (Hrsg.), Between Reform, Reaction and Resistance, Providence/Oxford 1993, 61ff.

Berding, H.: Moderner Antisemitismus in Deutschland, Frankfurt a. M. 1988.

Biefang, A.: Politisches Bürgertum in Deutschland 1857-1868, Nationale Organisationen und Eliten, Düsseldorf 1994.

Bily, L.: "Schwer aber ist es, zu bleiben": Max Maurenbrecher. Theologe, Politiker, Publizist, in: Liberal 33 2 (1991), 117ff.

Blackbourn, D.: The Politics of Demagogy in Imperial Germany, in: Past & Present 113 (1986), 152ff.

Born, K. E.: Gebhardt. Handbuch der deutschen Geschichte Bd. 16, München 1991[14].

Brakelman, G.: Kirche, soziale Frage und Sozialismus. Bd. 1.: Kirchenleitungen und Synoden über soziale Frage und Sozialismus 1871-1914, Gütersloh 1977.

Brakelmann, G./Greschat, M.: Protestantismus und Politik. Werk und Wirkung Adolf Stoeckers, Hamburg 1982.

Brakelmann, G.: Die soziale Frage des 19. Jahrhunderts, Bielefeld 1975[5].

Brakelmann, G.: Ruhrgebiets-Protestantismus, Bielefeld 1987.

Brenning, J.: Christentum und Sozialdemokratie: Paul Goehre; Fabrikarbeiter, Pfarrer, Sozialdemokrat, (Diss.) Marburg 1980.

Bühler, A.: Kirche und Staat bei Rudolph Sohm, Zürich 1965.

Burger, P.: Magnet für werdende Geister? Die Sozialwissenschaftlichen Studentenvereinigungen und der Sozialliberalismus der Jahrhundertwende, in: JzL 3 (1991), 113ff.

Chickering, R.: We Men Who Feel Most German. A Cultural Study of the Pan-German League, 1886-1914, London 1984.

Christ, J.: Staat und Staatsraison bei Friedrich Naumann, Heidelberg 1969.

Conze, W.: Friedrich Naumann. Grundlagen und Ansatz seiner Politik in der nationalsozialen Zeit (1895 bis 1903), in: Schicksalswege Deutscher Vergangenheit. Festschrift für Siegfried A. Kaehler, Düsseldorf 1950, 355ff.

Dahm, K.-W.: Pfarrer und Politik. Soziale Position und politische Mentalität des deutschen evangelischen Pfarrerstandes zwischen 1918 und 1933, Köln/Opladen 1965.

Dahrendorf, R.: Friedrich Naumann - Politik und politische Bildung, in: liberal. Vierteljahreshefte für Politik und Kultur, 27 1985, 31ff.

Dilcher, L.: Der deutsche Pauperismus und seine Literatur, Frankfurt a. M. 1957.

Drehsen, V.: "Evangelischer Glaube, brüderliche Wohlfahrt und wahre Bildung" Der Evangelisch-soziale Kongreß als sozialethisches und praktisch-theologisches Forum des Kulturprotestantismus im Wilhelminischen Kaiserreich (1890-1914), in: H. M. Müller (Hrsg.), Kulturprotestantismus, Gütersloch 1992, 190ff.

Düding, D.: Der Nationalsoziale Verein 1896-1903. Der gescheiterte Versuch einer parteipolitischen Synthese von Nationalismus, Sozialismus und Liberalismus, München 1972.

Dülffer, J./Holl, K.: Bereit zum Krieg. Kriegsmentaltität im wilhelminischen Deutschland 1890-1914. Beiträge zur historischen Friedensforschung, Göttingen 1986.

Eichler, V.: Sozialistische Arbeiterbewegung in Frankfurt a. M. 1878-1895, Frankfurt a. M. 1983.

Eickelpasch, R./Nassehi A.: Utopie und Moderne, Frankfurt a. M. 1996.

Eley, G.: Reshaping the German Right. Radical Nationalism and Political Change after Bismarck, New Haven/London 1980.

Elm, L.: Zwischen Fortschritt und Reaktion. Geschichte der Parteien der liberalen Bourgeoisie in Deutschland 1893 - 1918, Berlin 1968.

Engel, I: Gottesverständnis und sozialpolitisches Handeln. Eine Untersuchung zu Friedrich Naumann, Göttingen 1972.

Engelhardt, U.: "Bildungsbürgertum". Begriffs- und Dogmengeschichte eines Etiketts, Stuttgart 1986.

Engelhardt, U: "Nur vereinigt sind wir stark". Die Anfänge der deutschen Gewerkschaftsbewegung 1862/63 bis 1869/70, 2 Bde., Stuttgart 1977, Bd. 1.

Eppler,E: Liberale und soziale Demokratie. Zum politischen Erbe Friedrich Naumanns, Villingen 1961.

Fehrenbach, E.: Wandlungen des deutschen Kaisergedankens 1871-1918, R. Oldenburg u. a. 1969.

Fleck, H.-G.: Sozialliberalismus und Gewerkschaftsbewegung in Deutschland. Die Deutschen Gewerkverein (Hirsch-Duncker) 1868-1914, Köln 1994.

Fletcher, R.: Revisionism and Empire. Socialist Imperialism in Germany 1897-1914, London 1984.

Frank, W.: Hofprediger Adolf Stoecker und die christlichsoziale Bewegung, Hamburg 1935[2].

Fricke, D.: Nationalsoziale Versuche zur Förderung der Krise der deutschen Sozialdemokratie. Zum Briefwechsel zwischen Max Maurenbrecher und Friedrich Naumann 1910-1913, in: BzG Heft 4 (1983), 537ff.

Friedrich Naumann und die Vereine Deutscher Studenten, hrsg. v. Schriftleitung der "Akademischen Blätter" Zeitschrift des Verbandes der Vereine Deutscher Studenten, Kiel 1960.

Fülberth, G./Harrer, J.: Die deutsche Sozialdemokratie 1890-1933, Darmstadt/Neuwied 1974.

Gilg, P.: Die Erneuerung des demokratischen Denkens im wilhelminischen Deutschland. Eine ideengeschichtliche Studie zur Wende vom 19. zum 20. Jahrhundert, Wiesbaden 1965.

Göggelmann, W.: Christliche Weltverantwortung zwischen Sozialer Frage und Nationalstaat. Zur Entwicklung Friedrich Naumanns 1860 – 1903, Baden-Baden 1987.

Graf, F.-W.: Kulturprotestantismus, in: H. M. Müller (Hrsg.), Kulturprotestantismus, Gütersloh 1992, 21ff.

Grebing, H.: Der Revisionismus: von Bernstein bis zum "Prager Frühling", München 1977.

Greschat, M.: Das Zeitalter der Industriellen Revolution. Das Christentum vor der Moderne, Stuttgart u. a. 1980.

Greschat, M.: Stoecker und der deutsche Protestantismus, in: G. Brakelmann u. a. (Hrsg.), Protestantismus und Politik, Hamburg 1989, 19ff.

Groh, D.: Negative Integration und revolutionärer Attentismus. Die deutsche Sozialdemokratie am Vorabend des Ersten Weltkrieges, Frankfurt a. M. 1973.

Happ, W.: Das Staatsdenken Friedrich Naumanns, Bonn 1968.

Heuss, Th.: Friedrich Naumann und sein Kreis, in: Vom Gestern zum Morgen. Eine Gabe für Gertrud Bäumer, Berlin 1933, 102ff.

Heuss, Th.: Friedrich Naumann. Der Mann, das Werk, die Zeit, Stuttgart/Tübingen 1949[2].

Hoffmann, K. M.: Die Evangelische Arbeitervereinsbewegung 1882-1914, Bielefeld 1988.

Hofmann, B.: Das Lebenswerk Prof. Dr. Wilhelm Reins. Zu seinem 70. Geburtstag, Langensalza 1917.

Hohorst, G./Kocka, J./ Ritter, G. A.: Sozialgeschichtliches Arbeitsbuch II: Materialien zur Statistik des Kaiserreichs 1870-1914, München 1978[2].

Holl, K./List, G. (Hrsg..): Liberalismus und imperialistischer Staat. Der Imperialismus als Problem liberaler Parteien in Deutschland 1890-1914, Göttingen 1975.

Holl, K.: Überlegungen zum deutschen Sozialliberalismus, in: ders. u. a. (Hrsg.), Sozialer Liberalismus, Göttingen 1986, 227ff.

Hölscher, L.: Art. "Industrie", in: GGB 3 (1982), 289ff.

Hölscher, L.: Art. "Utopie", in: GGB 6 (1990), 733ff.

Hölscher, L.: Weltgericht oder Revolution. Protestantische und sozialistische Zukunftsvorstellungen im deutschen Kaiserreich, Stuttgart 1989.

Hübinger, G. /Mommsen W. J. (Hrsg.): Intellektuelle im Deutschen Kaiserreich, Frankfurt a. M. 1993.

Hübinger, G.: Hochindustrialisierung und die Kulturwerte des deutschen Liberalismus, in: Langewiesche, D. (Hrsg.) Liberalismus im 19. Jahrhundert. Deutschland im europäischen Vergleich, Göttingen 1988, 193ff.

Hübinger, G.: Kulturprotestantismus und Politik. Zum Verhältnis von Liberalismus und Protestantismus im wilhelminischen Deutschland, Tübingen 1994.

Hübinger, G.: Kulturprotestantismus, Bürgerkirche und liberaler Revisionismus im wilhelminischen Deutschland, in: W. Schieder (Hrsg.), Religion und Gesellschaft im 19. Jahrhundert, Stuttgart 1993.

Hübinger, G.: Politische Werte und Gesellschaftsbilder des Bildungsbürgertums, in: NPL 32 2 (1987), 189ff.

Imhof, M: "Einen besseren als Stöcker finden wir nicht". Diskursanalytische Studien zur christlich-sozialen Agitation im deutschen Kaiserreich, Oldenburg 1996.

Institut für Marxismus-Leninismus (Hrsg.): Geschichte der deutschen Arbeiterbewegung III, Berlin (o) 1966.

Jansen, M.: Max Maurenbrecher. Der weltanschaulich-politische Weg eines deutschen Nationalisten 1900 - 1930, (Diss. München) 1964.

Janz, O.: Bürger besonderer Art. Evangelische Pfarrer in Preussen 1850 - 1914, vornehmlich in Westfalen, (Diss. Manuskript) Berlin 1990.

Jarausch, K. H.: Student, Society, and Politics in Imperial Germany. The Rise of Academic Illiberalism, Princeton 1982.

Kaiser, J. Chr.: Zur Politisierung des Verbandsprotestantismus, in: W. Schieder (Hrsg.) Religion und Gesellschaft im 19. Jahrhundert, Stuttgart 1993, 254ff.

Kampe, N.: Studenten und "Judenfrage" im Deutschen Kaiserreich. Die Entstehung einer akademischen Trägerschicht des Antisemitismus, Göttingen 1988.

Kehr, E.: Imperialismus und deutscher Schlachtflottenbau, in: H.-U. Wehler (Hrsg.), Imperialismus, Köln 19763, 289ff.

Kennedy, P.: In Vorbereitung auf das 21. Jahrhundert, Frankfurt a. M., 1996.

Kleßmann, Ch.: Die doppelte Staatsgründung. Deutsche Geschichte 1945-1955, Bonn 1991.

Kluge, W.: August Pfannkuche. Sein Leben und Wirken, Mehlbergen 1982.

Köhnke, K. Chr.: Wissenschaft und Politik in den Sozialwissenschaftlichen Studentenvereinigungen der 1890er Jahre, in: Rammstedt, O. (Hrsg.) Simmel und die frühen Soziologen. Nähe und Distanz zu Durkheim, Tönnies und Max Weber, Frankfurt a. M. 1988, 308ff.

Koselleck, R.: Art. "Krise", in: GGB Bd. 3 (1982), 617ff.

Koselleck, R.: Art. "Revolution", in: GGB Bd. 5 (1984), bes. 749ff.

Koselleck, R.: Art. "Volk, Nation, Nationalismus, Masse", in: GGB 7 (1992), 366ff., 380ff., 415ff.

Koselleck, R.: Vergangene Zukunft. Zur Semantik geschichtlicher Zeiten, Frankfurt a. M. 1989.

Koselleck, R: Kritik und Krise. Ein Beitrag zur Pathogenese der bürgerlichen Welt, Frankfurt a. M., 1973.

Kouri, E. I.: Der Deutsche Protestantismus und die Soziale Frage 1870-1919. Zur Sozialpolitik im Bildungsbürgertum, Berlin 1984.

Kramer-Mills, H: Wilhelminische Moderne und das fremde Christentum. Zur Wirkungsgeschichte von Friedrich Naumanns "Briefe über Religion", Neukirchen-Vluyn 1997.

Krey, U.: Der Naumann-Kreis im Kaiserreich: Liberales Milieu und protestantisches Bürgertum, JzL 7 (1995), 57ff.

Krey, U.: Von der Religion zur Politik. Der Naumann-Kreis zwischen Protestantismus und Liberalismus, in: O. Blaschke u. a. (Hrsg.), Religion im Kaiserreich. Milieus, Mentalitäten, Krisen, Gütersloh 1996, 350ff.

Krüger, D.: Nationalökonomen im wilhelminischen Deutschland, Göttingen 1983.

Kupisch, K.: Friedrich Naumann und die evangelisch-soziale Bewegung, (Diss. Berlin) 1938.

Langewiesche, D.: Die Anfänge der deutschen Parteien, in: GG 4 (1978), 324ff.

Langewiesche, D.: Liberalismus in Deutschland, Frankfurt a. M. 1988.

Lepsius, M. R.: Parteiensystem und Sozialstruktur, in: G. A. Ritter (Hrsg.), Deutsche Parteien vor 1918, Köln 1973, 56ff.

Lewerenz, O: Zwischen Reich Gottes und Weltreich: Friedrich Naumann in seiner Frankfurter Zeit unter Berücksichtigung seiner praktischen Arbeit und seiner theoretischen Reflexion, Diss. Heidelberg 1993.

Lichtblau, K.: Kulturkrise und Soziologie um die Jahrhundertwende. Zur Genealogie der Kultursoziologie in Deutschland, Frankfurt a. M. 1996.

Liebersohn, H.: Fate and Utopia in German Sociology, 1870-1923, Cambridge/London 1988

Liebersohn, H.: Religion and Industrial Society. The Protestant Social Congress in Wilhelmine Germany, philadelphia 1986.

Lindenlaub, D.: Richtungskämpfe im Verein für Sozialpolitik. Wissenschaft und Sozialpolitik im Kaiserreich vornehmlich vom Beginn des "Neuen Kurses" bis zum Ausbruch des ersten Weltkrieges (1890 – 1914), Teil 1/II Wiesbaden 1967.

Lindt, A.: Friedrich Naumann und Max Weber. Theologie und Soziologie im wilhelminischen Deutschland, München 1973.

Lorenz, E.: Kirchliche Reaktionen auf die Arbeiterbewegung in Mannheim 1890-1933. Ein Beitrag zur Sozialgeschichte der evangelischen Landeskirche in Baden, Sigmaringen 1987.

Lüdemann, G.: Die Religionsgeschichtliche Schule und ihre Konsequenzen für die Neu-testamentliche Wissenschaft, in: H. M. Müller (Hrsg.), Kulturprotestantismus, 1992, 311ff.

Lukàcs, G: Die Zerstörung der Vernunft, Neuwied a. R. 1962.

Marsch, W.-D.: Zukunft, Stuttgart 1969.

Maßmann, K./Oßwald, R. P.: VDSter. Fünfzig Jahre Arbeit für Volkstum und Staat, Berlin 1931.

Matthieu, J: Das Christentum und die soziale Krise der Gegenwart, Basel 1913.

Menz, G. (Hrsg.), Der deutsche Buchhandel der Gegenwart in Selbstdarstellungen, Leipzig 1925.

Meyer, Th./Miller, S./Rohlfes, J.: Lern- und Arbeitsbuch. Geschichte der deutschen Arbei-terbewegung, Bd. 207/I, Bonn 1984.

Mogk, W.: Paul Rohrbach und das "Größere Deutschland": Ethischer Imperialismus im Wilhelminischen Zeitalter. Ein Beitrag zur Geschichte des Kulturprotestantismus, München 1972.

Mombert, P.: Aus der Literatur über die soziale Frage u. Arbeiterbewegung, in: C. Grün-berg (Hrsg.), Archiv für die Geschichte des Sozialismus und der Arbeiterbewegung, Leipzig 1921.

Mommsen, W. J./Schwenkter W. (Hrsg.): Max Weber und seine Zeitgenossen Göt-tignen/Zürich 1988.

Mommsen, W. J.: "Friedrich Naumann in seiner Zeit", in: Friedrich-Naumann-Stiftung. Mitteilungen. I 1985, 5ff.

Mommsen, W. J.: Einleitung, in: Naumann-Werke, Bd. 3.

Mommsen, W. J.: Max Weber und die deutsche Politik 1890-1920, Tübingen 1974[2].

Mommsen, W. J.: Wandlungen der liberalen Idee im Zeitalter des Imperialismus, in: K. Holl/ G. List (Hrsg.), Liberalismus und imperialistischer Staat, Göttingen 1975, 109ff.

Mrossko, K.-D.: Der religiöse Sozialist Paul Göhre, in: Geist und Tat 19 6 (1964), 173ff.

Mrossko, K.-D.: Paul Göhre und die proletarische Welt, in: Damals 3 (1971), 731ff.

Müller, H. M. (Hrsg.): Kulturprotestantismus. Beiträge zu einer Gestalt des modernen Christentums, Gütersloch 1992.

Müller, J. B.: Der deutsche Sozialkonservatismus, in: H.-G. Schumann (Hrsg.), Konserva-tismus, Königstein/Ts 1984, 199ff.

Münkler, H.: Politische Bilder, Politik der Metaphern, Frankfurt a. M. 1994.

Nipperdey, Th.: Deutsche Geschichte 1866-1918, Bd. II: Machtstaat vor der Demokratie, München 1992.

Nipperdey, Th.: Grundprobleme der deutschen Parteigeschichte im 19. Jahrhundert, in: ders., Gesellschaft, Kultur, Theorie: Gesammelte Aufsätze zur neueren Geschichte, Göttingen 1976.

Nipperdey, Th.: Religion im Umbruch: Deutschland 1870-1918, München 1988, 151ff.

Nitschke, A u. a., Jahrhundertwende. Aufbruch in die Moderne 1880-1930, Reinbeck bei Hamburg 1989.

Nürnberger, R.: Imperialismus, Sozialismus und Christentum bei Friedrich Naumann, in:HZ 170:3 (1950), 525ff.

Pankoke, E.: Sociale Bewegung-Sociale Frage-Sociale Politik. Grundfragen der deutschen "Socialwissenschaft" im 19 Jahrhundert, Stuttgart 1970.

Pohl, H.: Staatliche, städtische, betriebliche und kirchliche Sozialpolitik vom Mittelalter bis zur Gegenwart, Stuttgart 1991.

Pollmann, K.-E.: Landesherrliches Kirchenregiment und soziale Frage. Der Evangelische Oberkirchenrat der Altpreussischen Landeskirche und die sozialpolitische Bewegung der Geistlichen nach 1890, Walter de Gruyter u. a. 1973.

Pribram, K.: Die Wandlungen des Begriffs der Sozialpolitik, in: Die Wirtschaftswissenschaft nach dem Kriege: neunundzwanzig Beiträge über den Stand der deutschen und ausländischen sozialökonomischen Forschung nach dem Kriege, hrsg. v. M. J. Bonn, Bd. 2, München/Leipzig 1925, 223ff.

Puhle, H.-J.: Agrarische Interessenpolitik und preußischer Konservatismus im wilhelminischen Reich (1893 - 1914). Ein Beitrag zur Analyse des Nationalismus in Deutschland am Beispiel des Bundes der Landwirte und der Deutsch-Konservativen Partei, Bonn-Bad Godesberg 1975.

Radkau, J.: Das Zeitalter der Nervosität. Deutschland zwischen Bismarck und Hitler, München/Wien 1998.

Rathje, J.: Die Welt des freien Protestantismus. Ein Beitrag zur deutsch-evangelischen Geistesgeschichte ; dargestellt an Leben und Werk von Martin Rade, Stuttgart 1952.

Reidegeld, E.: Staatliche Sozialpolitik in Deutschland. historische Entwicklung und theoretische Analyse von den Ursprüngen bis 1918, Opladen 1996.

Reulecke, J.: Die Anfänge der organisierten Sozialreform in Deutschland, in: R. vom Bruch (Hrsg.), Weder Kommunismus noch Kapitalismus, München 1985, 21ff.

Reulecke, J.: Sozialer Frieden durch soziale Reform. Der Centralverein für das Wohl der arbeitenden Klassen in der Frühindustrialisierung, Wuppertal 1983.

Ritter, G.-A. (Hrsg.): Das Deutsche Kaiserreich 1871-1914. Ein historisches Lesebuch, Göttingen 1992[5].

Roos-Schumacher, H.: Der Kyffhäuserverband der Vereine Deutscher Studenten 1880-1914. Ein Beitrag zum nationalen Vereinswesen und zum politischen Denken im Kaiserreich, Gifthorn 1986.

Schick, M.: Kulturprotestantismus und soziale Frage. Versuche zur Begründung der Sozialethik, vornehmlich in der Zeit von der Gründung des Evangelisch-sozialen Kongresses bis zum Ausbruch des 1. Weltkrieges (1890 - 1914), Tübingen 1970.

Schieder, Th.: Das Kaiserreich von 1871 als Nationalstaat, Köln 1961.

Schild, A.: Radikale Antworten von Rechts auf die Kulturkrise der Jahrhundertwende, in: JAf 4 (1995), 64ff.

Schneider, C.: Die Publizistik der national-sozialen Bewegung 1895-1903, Diss. Berlin 1934.

Schnorr, S.-G.: Liberalismus zwischen 19. und 20. Jahrhundert. Reformulierung liberaler politischer Theorie in Deutschland und England am Beispiel von Friedrich Naumann und Leonard T. Hobhouse, Baden-Baden 1990.

Schraepler, E.: Quellen zur Geschichte der sozialen Frage in Deutschland, Bd. II., Göttingen 1957.

Schulte, F.-G.: Der Publizist Hellmut von Gerlach (1866-1935). Welt und Werk eines Demokraten und Pazifisten, Diss. Münster 1986.

Shanahan, W. O.: Der deutsche Protestantismus vor der sozialen Frage 1815-1871, München 1962.

Shanahan, W. O.: Friedrich Naumann: A German View of Power and Nationalism, in: Nationalism and Internationalism, New York 1950, 352ff.

Shanahan, W. O.: Friedrich Naumann: A Mirror of Wilhelmian Germany, in: RP 13 (1951), 267ff.

Shanahan, W. O.: Liberalism and Foreign Affairs: Naumann and The Prewar German View, RP 21 (1959), 188ff.

Sheehan, J. J.: Deutscher Liberalismus im postliberalen Zeitalter 1890-1914, in: GG 4 (1978), 29ff.

Sheehan, J. J.: The Career of Lujo Brentano. A Study of Liberalism and Social reform in imperial Germany, Chicago/London 1966.

Sieferle, R. P.: Die Konservative Revolution. Fünf biografische Skizzen, Frankfurt a. M. 1995.

Sponsel, F.: Friedrich Naumann und die deutsche Sozialdemokratie, Diss. Erlangen 1952.

Steinberg, H.-J.: Sozialismus und deutsche Sozialdemokratie. Zur Ideologie der Partei vor dem I. Weltkrieg, Hannover 1967.

Stern, F.: Kulturpessimismus als politische Gefahr. Eine Analyse nationaler Ideologie in Deutschland, Bern/Stuttgart 1963.

Sternberger, D.: Gerechtigkeit für das neunzehnte Jahrhundert. Zehn historische Studien, Frankfurt a. M. 1975.

Struve, W.: Elites Against Democracy. Leadership Ideals in Bourgeois Political Thought in Germany, 1890 - 1933, Princeton 1973.

Theiner, P.: Friedrich Naumann und der soziale Liberalismus im Kaiserreich, in: Karl Holl u.a. (Hg.), Sozialer Liberalismus, Göttingen 1986.

Theiner, P.: Sozialer Liberalismus und deutsche Weltpolitik. Friedrich Naumann im Wilhelminischen Deutschland (1860-1919), Baden-Baden 1983.

Theodor, G.: Friedrich Naumann oder der Prophet des Profits. Ein biographischer Beitrag zur Geschichte des frühen deutschen Imperialismus, Berlin(o) 1959.

Timm, H.: Friedrich Naumanns theologischer Widerruf. Ein Weg protestantischer Sozialethik im Übergang vom 19. zum 20. Jahrhundert, München 1967.

Villain, J.: Der Nationalsoziale Verein 1896 bis 1903. Seine Rolle und Funktion zu Beginn der Epoche des Imperialismus unter besonderer Berücksichtigung seiner Stellung zur Arbeiterbewegung, (Diss. Jena), 1985.

vom Brocke, B.: Sombarts >Moderner Kapitalismus<. Materialien zur Kritik u. Rezeption, München 1987.

vom Bruch, R./Graf, F. W./Hübinger, G.: Kultur und Kulturwissenschaften um 1900. Krise der Moderne und Glaube an die Wissenschaft, Stuttgart 1989.

vom Bruch, R. (Hrsg.), „Weder Kommunismus noch Kapitalismus". Bürgerliche Sozialreform in Deutschland vom Vormärz bis zur Ära Adenauer, München 1985.

vom Bruch, R. (Hrsg.): Friedrich Naumann in seiner Zeit, Berlin/New York 2000.

vom Bruch, R.: Gesellschaftliche Funktion und politische Rollen des Bildungsbürgertums, in: J. Kocka (Hrsg.), Bildungsbürgertum im 19. Jahrhundert, Teil IV.: Politischer Einfluß und gesellschaftliche Formation, Stuttgart 1989, 146ff.

vom Bruch, R.: Kaiser und Bürger. Wilhelminismus als Ausdruck kulturellen Umbruchs um 1900, in: A. M. Birke/L. Kettenacker (Hrsg.), Bürgertum, Adel und Monarchie. Wandel der Lebensformen im Zeitalter des bürgerlichen Nationalismus, München 1989, 119ff.

vom Bruch, R.: Wissenschaft, Politik und öffentliche Meinung. Gelehrtenpolitik im Wilhelminischen Deutschland (1890 - 1914), Husum 1980.

Vondung, K. (Hrsg.): Das wilhelminsche Bildungsbürgertum: zur Sozialgeschichte seiner Ideen, Göttingen 1976.

Voßkamp, W. (Hrsg.) Utopieforschung. Interdisziplinäre Studien zur neuzeitlichen Utopie, 3 Bde., Frankfurt a. M. 1985.

Walz, R. C.: Friedrich Naumann's National-social Society 1896-1903 (Ph. D. Diss.) New York 1971.

Wegner, K.: Theodor Barth und die Freisinnige Vereinigung. Studien zur Geschichte des Linksliberalismus im wilhelminischen Deutschland (1893 - 1910), Tübingen 1968.

Wegner, K: Linksliberalismus im wilhelminischen Deutschland und in der Weimarer Republik, in: GG 4 (1978), 120ff.

Wehler, H.-U.: Deutsche Gesellschaftsgeschichte: Von der "Deutschen Doppelrevolution" bis zum Beginn des Ersten Weltkrieges, 1849-1914, München 1995.

Wehler, H.-U.: Sozialimperialismus, in: ders. (Hrsg.), Imperialismus, Köln 1976[3], 83ff.

Wendland, H.-D.: Der Begriff Christlich-sozial. Seine geschichtliche und theologische Problematik, Köln u. a. 1962.

Winkler, H.-A. (Hrsg.): Organisierter Kapitalismus. Voraussetzungen und Anfänge, Göttingen 1979.

Winkler, H.-A.: „Vom linken zum rechten Nationalismus. Der deutsche Liberalismus in der Krise von 1878/79", in: GG 4 (1978), 5ff.

Wolgast, E.: Art. „Reform, Reformation", in GGB Bd. 5 (1984), 313ff.

Zimmermann, M.: A road not taken - Friedrich Naumann's Attempt at a Modern German Nationalism, in: JCH 17 (1982), 689ff.

PERSONENREGISTER

(Die Anmerkungen sind in den Registern nicht berücksichtigt)

Haag, Paul 155, 238, 242, 250

Hahn, Diederich 65

Hallgarten, Charles 58

Harnack, Adolf von 35-37, 53

Heile, Wilhelm 66

Heinrich, Prinz, Bruder Wilhelms II. 152

Hertzka, Theodor 26, 191f., 195

Hildebrand, Gerhard 84, 262

Hilferding, Rudolf 174, 234

Hirsch, Max 26

Hölscher, Lucian 14

Hötzsch, Otto 80 82

Huber, Viktor Aimé 34

Hübinger Gangolf 70f.

Jasper 192, 198

Jastrow, Ignaz 27, 65

Jentsch, Carl 31

Jüngst, Hugo C. 163

Kanitz, von 131

Katz, Eugen 54

Kautsky, Karl 89, 110, 203

Keßler, Gerhard 66

Klumker, Christian J. 66, 108, 117

Kopp, Karl 198, 224

Koselleck Reinhart, 12f.

Kötzschke, Hermann 42, 52, 67, 114, 122f.

Krupp, Alfred 223

Kulemann, Wilhelm 55, 58, 114, 160, 161, 201

Kunowski, Leopold von 103

Lassalle, Ferdinand 95, 145

Lebnis 226

Lehmann, Ernst 51f. 263

Leinberger 256

Lepsius, M. Rainer 64

Liebknecht, Wilhelm 30, 110

Lorenz, Max 50, 58, 154, 158f.

Lorenz, Ottomar 52

Luxemburg, Rosa 110

Malthus, Thomas Robert 113f.

Martin 154

Marx, Karl 110, 156

Massow, Carl von 97

Maurenbrecher, Max 52-54, 58, 65, 72, 89, 111, 132, 152f., 166f., 170-172, 184, 203f., 216, 251, 262f.

Mendelssohn, J. L. Felix 217

Meyer, Heinrich 220-222

Michalski Heinrich 157

Miquel, Johannes von 129

Molkenbuhr, Hermann 152, 176

Mommsen, Wolfgang 11

More, Thomas 187

Muthard, F. 96

Napoelon I. 143

Naumann, Friedrich 9-11, 12, 17, 29, 33f., 36-46, 48f., 51-55, 58-62, 65, 67f., 71f., 79-85, 87-89, 94, 97-116, 118-122, 124-128, 130, 132-134, 136, 138, 141, 143-145, 147, 149-155, 157-161, 163-170, 172-185, 188-190, 193-195, 197f., 200-205, 207, 212, 215f., 219f.,222, 224-232, 234-237, 239-241, 243f., 249f., 256, 258, 260, 262-264

Neumann, Friedrich J. 58, 222

Nipperdey, Thomas 23, 69